불교사 연구총서 ②

불교정화운동의 재조명

대한불교조계종 교육원 불학연구소 편

불교정화운동의 재조명

불교정화운동은 조계종단을 재정비한 역사적인 사건이자, 기념비적인 운동이었습니다. 정화불사라고 불렸던 이 운동은 1954년 5월에 시작되어 1962년 4월 통합종단이 등장할 때까지 무려 8년간이나 진행되었습니다. 정화운동의 결과 조계종단은 이념과 정통성이라는 측면에서 한국불교를 대표하는 종단으로 거듭났고, 현대불교에서 종단이 나갈 방향을 분명하게 가늠하게 되었습니다.

그러나 정화운동이 역사의 무대에서 물러간 지 어언 50여 년이 지나면서 정화운동에 대한 역사는 종단 구성원들의 관심에서 멀어졌습니다. 즉 정화운동에 담긴 정신, 사상을 찾지 않았고, 정화운동의 최일선에서 수많은 고초를 겪으면서 위법망구하였던 스님들의 행적도 잃어 버렸습니다.

돌이켜 보건대, 정화운동은 일제 식민지 치하에서 한국불교의 정통성과 계율을 수호하려는 스님들의 고투에서 이미 그 싹이 돋아났던 것입니다. 선학원, 대처식육 반대 건백서, 선종 창립, 유교법회 등이 바로 그러한 의식에서 나왔습니다. 해방공간에서도 불교정화를 기하려는 스님들의 행보는 멈추지 않았습니다. 가야총림, 봉암사결사는 바로 그 실례입니다. 불교정화운동은 이러한 자생적인 정화의

지에 의해서 태동이 되었습니다. 정화운동이 발발하자 선방, 토굴 등지에서 수행하고 있던 스님들은 일신의 안위를 돌보지 않고 정화불사의 현장으로 나왔습니다. 조계종단은 이렇게 위법망구의 정신으로 갖은 고초를 마다하지 않았던 스님들의 피와 땀에서 재건되었습니다.

그런데 2006년 2월, 이웃종단인 태고종에서 정화운동과 정화운동의 주역이었던 스님들을 비판, 매도하는 『태고종사』를 발간하였습니다. 그 당시 종단 차원의 대책위원회가 결성되고 해당 문도회에서도 강력한 반발을 하였습니다. 다행히 태고종단에서 『태고종사』의 문제점을 인정하고 추후 수정하겠다고 하여 사태는 진정되었습니다. 그 사건을 접한 저희 교육원 불학연구소에서는 학문적 차원에서 불교정화운동을 정리할 필요성을 느껴 2007년도 초반부터 연구팀을 꾸려 1년간의 연구 활동을 가졌습니다. 이제 그 연구의 성과물을 정리하여 이렇게 소중한 책자를 펴내게 되었습니다.

이 책자가 불교정화운동에 대한 모든 내용을 담당할 수는 없지만 추후 이 분야 연구에 참고가 될 것임은 분명합니다. 저희 교육원에서는 추후에도 종단사에 관련된 문제가 제기되면 그에 대한 학술적인 정리 작업을 지속할 것입니다. 많은 지도 편달을 바랍니다.

이상 발간사에 가름합니다. 감사합니다.

2007년 12월

대한불교조계종 교육원장 청 화

한국 현대불교사와 조계종단사에서 간과할 수 없는 역사 중에서 가장 중요한 대상은 불교정화운동입니다. 널리 알려진 바와 같이 불교정화운동은 식민지 불교의 잔재 청산을 기하면서도 계율의 수호와 청정한 수행가풍을 회복하기 위해 일어났습니다. 정화운동으로 조계종단은 그 이념과 정체성을 재정비하고 1962년 4월에는 통합종단으로 새롭게 태어났습니다. 요컨대 조계종단과 불교정화운동은 불가분의 관계에 있었던 것입니다.

그런데 정화운동이 일어난 지 어언 50년이 지나면서 정화운동에 대한 역사와 정화운동을 추진하였던 스님들의 고투와 정신은 우리들의 관심에서 멀어져 갔습니다. 종단의 민주화, 불교의 사회화, 민중불교, 교단개혁 등이 종단의 이념으로 등장하기도 하였습니다. 불교정화운동은 불교의 근본을 찾고, 한국불교의 정체성을 정비하여 조계종단을 재정비한 기념비적인 운동이었건만 급변하는 역사의 물줄기에서 이탈되었던 것입니다. 그렇지만 정화운동에 담긴 정신, 사상은 종단의 좌표, 노선을 검토할 때에 반드시 살펴야 할 것으로 생각됩니다.

그럼에도, 불교정화운동에 대한 학술적인 정리, 평가 작업은 그간 일부 연구자에 의해서 시도되었을 뿐 종단 차원에서는 큰 주목을 받지 못하였습니다. 그리고 불교정화운동은 그간 운동, 법난으로 그 성격이 논란됨에서 보듯이 그 평가에 대한 이질성이 극심하였습니다. 이는 그 운동의 피해자가 생존해 있고, 그동안 많은 문제점이 노출되어 왔던 점에 기인하고 있습니다. 이러한 점은 결국 2006년 1월에 불거진 『태고종사』 사태에서 극심하게 나타났습니다. 『태고종사』 사태 이후 불학연구소에서는 불교정화운동을 조속히 연구과제로 설정해야 한다는 당위성을 주목하였습니다.

저희 불학연구소에서는 그간 『강원총람』, 『선원총람』, 『근대불교 방함록』 등을 펴냈으며 2006년에는 종단의 역사와 문화를 중점적으로 연구하는 불교사연구위원회를 가동시켰습니다. 이에 불학연구소에서는 2007년도의 연구위원회의 연구 과제로 불교정화운동을 정하고 지난 1년간 연구 활동을 진행해 왔습니다. 이 연구에 동참해 주신 연구위원님과 외부에서 참여해주신 교수님들에게 고마움을 표하는 바입니다. 이 연구가 정화운동 연구의 심화에 디딤돌이 되기를 기대합니다.

추후에도 저희 불학연구소에서는 종단의 역사와 문화, 그리고 종단 차원에서 문제가 되고 있는 주제를 끊임없이 발굴하여 연구 사업을 진행할 예정이오니 아낌없는 후원과 질책을 바랍니다.

감사합니다.

2007년 12월

대한불교조계종 교육원 불학연구소장 현 종

차 례

미군정의 종교정책과 불교계의 분열

이재헌 | 경원대학교 강사

미군정의 종교정책과 불교계의 분열

1. 들어가는 말

조선시대 미증유의 억압에서 벗어나 信敎의 자유를 맞이하였으나 미처 자기정체성을 확립할 겨를도 없이 일제의 식민지 정책에 의해 왜곡되었던 한국불교는 해방 공간에서 새로운 발전을 위한 절호의 기회를 맞이하였다. 1910년대의 불교개혁 패러다임과 1920년대 이후의 불교 청년운동, 그리고 선학원으로 대표되는 선종 부흥 운동 등의 정신을 이어받아 한국불교 본래의 면목을 회복하고, 기독교와의 경쟁과 서구화의 물결 속에서 불교 본연의 대응책을 마련해야 할 역사적인 사명에 직면하게 된 것이다.

해방을 맞이하자마자 비교적 빠른 시일 안에 식민지 체질을 극복하기 위한 자발적인 움직임이 있었고, 별다른 갈등 없이 신구 세력의 교체까지 이루어졌다는 것은 이미 불교혁신의 공감대가 불교계 전체에 넓게 퍼져 있었다는 것이고, 새로운 발전에 대한 여망이 그만큼 컸다는 것을 의미한다.

그러나 이러한 기대와는 달리 미군정의 통치 하에서 일제의 불교 관계 악법의 존속, 적산불하 과정, 그리고 일련의 기독교 우대정책을 통해서 소외와 차별을 겪게 된 한국불교는 일제강점기 이후부터 지속되어 온 불교계 내부의 분열과 내홍, 일제 잔재 청산과 좌우 이념의 대립을 둘러싼 갈등으로 인하여 교세를 확장하거나 종교로서의 사회적 기능에 전념할 수 없었다. 이것은 한국불교가 자기정체성을 확립할 수 있었던 절호의 기회를 잃어버렸다는 것을 의미하는 것이고, 이후 한국불교가 개혁과 정화의 대의명분 속에서도 기나긴 분규와 갈등에 빠져들게 된 원인이 되었던 것이다.

따라서 이 글은 한국불교의 현주소를 가져오게 된 역사적인 전기였던 정화운동의 배경으로서, 해방 공간의 정치적 주체인 미군정의 종교정책이 한국불교를 어떻게 왜곡시켰는지, 그리고 그 와중에서 불교계는 어떻게 굴절되고 분열되었는지를 살펴보고자 한다.

2. 미군정의 종교정책

우리나라 헌법 제20조에는 "모든 국민은 종교의 자유를 가진다"와 "국교는 인정되지 아니하며 종교와 정치는 분리된다"는 내용이 있다. 이것은 종교의 자유와 정교분리를 천명하고 있는 것이다. 그러나 실제의 종교정책을 들여다보면, 사실은 정교분리라기보다 오히려 公認敎제도를 취하고 있다고 할 수 있다.[1] 즉 천주교와 개신교, 그리고 불교를 공인교로 하는 종교정책을 시행하고 있다는 것이다.

이러한 공인교 제도는 미군정의 기독교 우위의 종교정책에서 비롯되었다. 미군정에서 비롯된 기독교 우위의 종교정책이 제1공화국으로 이어져 기독교가 결국 공인교의 위치를 차지할 수 있었고, 제3

---

1) 이에 대한 자세한 분석은 姜敦求, 「美軍政의 宗敎政策」, 『종교학연구』 제12집, 서울대종교학연구회, 1993, 15~42쪽을 참조할 것.

공화국 이후 종교 간의 평등을 보장하여야 한다는 인식에서 불교가 다시 공인교의 위치를 차지하게 된 것이다. 결국 미군정의 종교정책을 통해서 우리나라에서 기독교가 지배적 위치를 차지하게 된 배경과, 그 과정에서 불교가 왜곡되고 분열되는 양상을 살펴볼 수 있을 것이다.

먼저 종교 관련 법령을 중심으로 미군정의 종교정책을 살펴보고자 한다. 1945년 9월 7일에 '조선주민에 포고함'이란 제목으로 태평양미국육군총사령관 맥아더의 이름으로 발표한 포고 제1호에는 "오랫동안 조선인의 노예화된 사실과 적당한 시기에 조선을 해방 독립시킬 결정을 고려한 결과, 조선 점령의 목적이 항복문서 조항 이행과 조선인의 人權 및 종교상의 권리를 보호함에 있음을 조선인은 인식할 줄로 확신"함을 천명하였다.[2] 그리고 미군정의 학무당국은 신교육방침을 각 도에 지시하였는데, '민족과 종교'라는 조항에 '전 조선 학교 교육에 있어서 민족과 종교의 차별을 철폐함'이라는 내용이 들어 있다.[3]

미군정이 종교의 자유를 명시하게 된 것은 일본의 종교계에서부터 초국가주의적, 군국주의적 사상이나 운동을 제거시킴으로써 궁극적으로 일본이 다시는 미국에 위협을 주지 못하게 할 뿐 아니라 세계 평화와 치안에 위해를 가할 수 없도록 하려는 의도였기도 하지만,[4] 사실상 한국에서의 기독교 선교사의 보호와 기독교 신앙의 자유를 확보하는 데에 더 큰 목적이 있었음을 주목해야 한다. 미태평양군 참

---

2) 『매일신보』, 1945. 9. 7, 韓國法制研究會 編, 『美軍政法令總攬』, 1971, 1쪽.

3) 『매일신보』, 1945. 9. 18.

4) Williamm P. Woodard, 阿部美哉 譯, 『天皇と神道』, 東京, サイマル出判會, 1988, 12쪽.

모본부인 GHQ 산하 民間情報敎育局의 종교과의 주요 임무에 '일본과 한국으로 기독교 선교사의 복귀에 관한 정책을 기초하는 일'이 있는 것을 보면 미군정 종교정책의 의도를 잘 알 수 있다 하겠다.[5]

특히 미태평양방면군(AFPAC) 총사령관이었던 맥아더의 종교관을 주목할 필요가 있다. 맥아더는 자기 나름의 독특한 종교적 신앙에 따라 종교 문제에 대해 자주 언급을 하였고, 따라서 민간정보교육국의 종교과는 그것을 배려하지 않을 수 없었다는 것이다. 맥아더는 특정 교파의 신자는 아니지만, 필요할 때마다 하나님의 부르심을 받고 있다는 의식과, 하나님은 언제나 자신의 편에 서 있다는 확신에 차 있는 인물로, 말하자면 메시아 콤플렉스에 빠져 있었다는 것이다. 공식 석상에서 그는 하나님의 부르심을 받아 귀하게 쓰임에 대해 감사한다고 말하기도 했었다는 것이다.[6]

또한 맥아더에 대한 비평가들 중에는 '교황이 로마 가톨릭교회의 지도자이듯이, 자신은 마치 세계 개신교 교회의 최고 지도자'인 것처럼 생각했다고 해도 과언이 아니라고 말했다. 그래서 맥아더는 자주 기독교를 찬양하면서 점령 자체를 '기독교의 이상을 구체적으로 실현하기 위한 것'이라고 말하기도 했다는 것이다.[7]

이러한 맥아더의 종교관은 자신의 휘하에 있던 점령지 일본뿐 아니라 한국에서도 그대로 반영되었다. 따라서 맥아더 휘하 부대에 의한 미군정의 실시로 인해, 해방 공간에서 지배체제의 일체 간섭이 배제된 종교간 새로운 경쟁의 시대가 도래했다기보다는, 일제하의 종

---

5) 박승길, 「미군정의 종교정책과 기독교의 헤게머니 형성」, 『社會科學硏究』 5, 대구 효성가톨릭대학교사회과학연구소, 1999, 69~72쪽.
6) 阿部美哉, 위의 책, 278쪽.
7) 같은 책, 279쪽.

교 간 세력 분포와는 전혀 다른 새로운 기독교 부흥의 종교적 지형
이 만들어졌던 것이다. 그리하여 1947년 10월 9일 미군의 군정장관
대리였던 헬멕은 초대 교황청 사절 환영식에서 "건국은 그리스도의
정신을 기초로 하여야 한다"는 요지의 연설을 하게까지 되었다.[8]

　미군정이 실제로 조선의 모든 종교에 대해 권리를 보호하려는 것
이 아니었다는 것은 불교의 사찰령이나 포교규칙 철폐에 대한 불교
측의 요구를 묵살한 것에 잘 나타나 있다. 오히려 군정청 법령 제21
에서 "모든 법률, 또한 조선 구정부가 발포하고 법률적 효력을 有한
규칙, 명령, 고시 기타 문서로서 1945년 8월 9일 실행 중인 것은 그
간에 이미 폐지된 것을 제하고 조선 군정부의 특수 명령으로 폐지할
때까지 전 효력으로 이를 존속함"[9]을 공포하여 사찰령을 존속시킬
의지를 분명히 하였으니, 이는 불교집단을 행정 조직화하여 그 세력
을 국민 교화의 수단으로 편입시키려 했던 일제의 정책을 그대로 계
승하고자 했던 것이다.

　결국 미군정은 자신들의 점령 목표 달성을 위해 국내지지 세력
중에서 기독교, 특히 개신교 세력을 육성하기로 하였던 것이다. 이것
은 '점령 지역의 사회관계를 본국의 이해관계에 따라 재편한 후, 자
신들의 전략적 목표를 수행해 줄 지원 세력을 국내 지배 세력으로
육성하여 그들에게 국가 권력을 이양하는 것'[10]을 기본적 임무로 삼
고 있던 군정이었기 때문에, 종교의 사회화[11]에 익숙해져 있었던 종

---

8) 강인철, 「미군정기의 국가와 교회」, 『해방 후 정치세력과 지배구조』, 문학과 지성
　사, 1995, 217쪽.
9) 韓國法制硏究會, 앞의 책, 139쪽.
10) 이혜숙, 「미군정의 구조와 성격」, 『해방 후 정치세력과 지배구조』, 문학과 지성
　사, 1995, 45쪽.

교가들을 자신들의 군정 운영에 동원할 수 있는 세력으로 만드는 것이 실질적인 종교간 평등에 입각한 종교의 자유를 보장하는 것보다 더 중요한 일로 생각했기 때문이다.

미군정하에서는 미국의 전후 세계 지배 원칙에 부합하는 종교만이 절대적으로 유리한 사회적 위치에 오를 수 있었다. 그런데 해방공간으로부터 군정기를 거치는 시기에 한국 사회에서 이러한 기준에 가장 부합하는 종교는 기독교였으며, 그 중에서도 개신교가 해외의 원조와 미군정의 적극적인 후원 하에 거의 유일한 공인종교로서 헤게모니를 장악하게 된 것이다. 이 과정에서 불교를 비롯한 비기독교 종교 단체들은 자연히 기독교와의 경쟁적 위치에서 점차 밀려날 수밖에 없었다.

미군정의 이러한 기독교 우위의 종교정책은 일본 종교단체의 재산처리 과정에도 잘 나타나 있다. 이른바 敵産의 처리는 해방공간이라는 새로운 사회구조 형성기에 있어서 확실한 헤게모니를 장악할 수 있는 매우 유력한 물적 기반이었다. 광복 직전 天理敎, 神理敎, 金光敎, 扶桑敎 등 교파신도의 포교당은 327개였는데, 그 중 250여개가 남한에 있었다.[12] 일본불교는 眞宗大谷波, 日蓮宗, 曹洞宗, 眞言宗, 淨土宗 등 9宗 17派의 사원이 138개가 있었고, 이중 120여 개가 남한에 있었다.[13] 그 밖에도 기독교 교회 및 神社 등이 수백여 곳 남

---

11) 종교의 사회화란, 일제의 통치 정책의 일환으로서, 각 종교가 본연의 종교성 보다는 사회적 교화 기능에만 치중케 하여, 새로운 종교적 카리스마의 출현을 통제하고 새로운 종교적 권능자의 탄생을 어렵게 하여 사회통제의 효율성을 높여주는 결과를 초래했다는 것이다. '종교의 사회화'에 대한 좀 더 자세한 논의는 박승길, 앞의 논문, 68쪽을 참조할 것.

12) 『조선통계연감(1943년)』, 1949, 216쪽.

13) 『조선연감』, 1945, 210쪽., 사원 외에 포교소가 전국에 719개가 있었다고 한다.

아 있었다.

일본종교의 적지 않은 재산이 미군정 당시에 어떻게 처리되었는지를 정확히 알 수 있는 자료는 아직 발견되지 않았다. 다만 1946년 2월 6일과 14일에 군정청 문교부 교화국장 최승만과 미국인 국장 크네즈비취 명의로 군정청 재산 관리관에게 보낸 문서를 보면 "가능한 한 일본교회의 재산은 모두 相應한 조선의 기관으로 移屬될 것입니다. 예를 들면 일본불교의 재산은 조선불교에, 일본기독교의 재산은 조선기독교로 等입니다"[14]라고 되어 있음을 볼 때, 미군정은 종교관련 귀속재산을 주로 불교와 기독교에 넘기려고 했던 것을 알 수 있다.

그러나 이러한 표면적인 정책과는 달리 실제 대부분의 적산은 기독교로 넘어갔고, 불교계로 불하되어야 할 일본불교 적산을 임의대로 기독교 단체에 불하하기도 하였다.[15] 이것은 미군정의 목표가 남한에 대한 미국의 지배력을 확보하는 것이었기 때문에 일본종교의 귀속재산도 그러한 맥락에서 처리되었던 것으로 추측된다.

또한 여기에는 미군정의 불교계에 대한 부정적인 인식이 작용했을 가능성도 있다. 당시 사회 안정을 통해 남한에 반공주의 국가를 건설해야 하는 미군정의 입장에서 좌우 이념의 대립과 일제 잔재 청산을 둘러싸고 분열하고 갈등하는 불교계가 그리 탐탁하지 않았을 것이다. 또한 한국불교계도 이러한 혼란 속에서 미군정의 적산처리

---

14) 문교부, 「교회재산등록의 건」, 1946년 2월 6일자, 대한불교조계종총무원 역사기록관 보관 사료 中.
15) 허명섭, 「해방 이후 한국교회의 재형성: 1945~1960」, 서울신학대학원 박사논문, 2003, 123쪽, Table of Japanese Temple Management, Central Buddhist Association, 1946.8.26, 대한불교조계종총무원 보관 사료 중.

과정에 적절하게 대응하지 못했음도 분명한 사실이다.[16]

　광복 직후 불교의 김법린 총무원장은 하지 중장과 만나 일본불교의 사원을 조선불교에서 인수하기로 협의하였다.[17] 그리하여 博文寺, 東本願寺, 西本願寺, 和光敎團, 曹溪學院등 일본불교 여러 종파의 재산을 선학원이 관리하게 되었다.[18] 그러나 1947년 총무원과 선학원 사이에 갈등이 생겨 이들 일본불교 재산을 총무원으로 환수해 오는 사태가 일어나고,[19] 이어 미군정에 의해 사찰임시재산보호법의 인준이 보류되면서 이러한 불하원칙은 잘 지켜지지 않았다. 특히 남산에 있던 東本願寺는 1948년 2월 國民大學館 교사로 사용되면서 불교계는 이에 대한 관리권마저 잃게 되었다.[20] 이러한 일은 미군정 당국이 결국 일본불교의 귀속재산을 조선불교에 선뜻 내어 줄 생각이 없었기 때문에 일어난 것이라고 볼 수 있다.

　적산 처리 과정을 살펴보면 미군정과 군정관계자와의 개인적인 친분 관계에 따라 자의적으로 이루어진 경우가 많았다. 미국 유학 경험이 있었던 한경직, 송창근, 김재준 등 목사들이 天理敎의 적산을 양도받아 오늘날 개신교 발전의 토대를 마련한 것이 대표적 사례이다. 심지어 일본불교 적산 가운데에서도 조선불교계로 양도되지 않고 기독교회로 이양되는 사례들이 많았다. 1946년 8월 26일 조선불교중앙총무원이 경기도 관재청장에게 보낸 '일본불교 적산사원 상황

---

16) 김성관, 「일제와 미군정기의 종교정책이 불교 종립학교에 미친 영향」, 2006, 동국대학교박사논문, 119쪽.

17) 서울특별시, 『서울 六百年史』 제5권, 1983년, 1144쪽.

18) 같은 책, 1140쪽.

19) 鄭柄朝, 「韓國社會의 變動과 佛敎」, 『社會變動과 韓國의 宗敎』, 韓國精神文化硏究院, 1987, 80쪽.

20) 국민대학교, 『국민대학교 50년사』, 1996.

에 대한 보고서'를 보면 조선불교가 접수한 서울 지역 40여 개의 일본불교 적산 가운데 한국의 불교단체가 사용 중인 곳은 11곳밖에 되지 않는다.[21] 이러한 상황은 지방에서도 마찬가지였다.

1947년 9월 19일 조선불교총무원장 김법린이 군정청 재산관리관에게 보낸 공문에서는 "당연히 불교계에 이양되어야 할 일본불교 적산이 하등의 연고 없는 단체, 또는 개인에 의해 불법점거, 또는 부적당하게 이양되어 있으며 이미 점유 중에 있거나 임대차계약 완료된 재산까지도 다른 곳으로 이양되어 있다"[22]며 일본불교 적산이 조선불교계에 이양되어야 한다는 원칙이 충실히 지켜질 것을 호소하고 있다.

지금까지 종교관계 법령과 적산 처리 과정을 중심으로 미군정이 기독교 중심의 공인교적 종교정책을 시행했다는 것을 살펴보았는데, 그 밖에도 여러 가지 사례들이 이를 뒷받침해 주고 있다.

첫째 공휴일 지정이 기독교 중심으로 이루어졌다. 미군정은 1945년 10월 일제에 의해 제정된 국경일을 폐지하고 정월 초하루, 미국독립기념일(7.4), 평화기념일(11.11), 추수감사일, 그리고 크리스마스를 국경일로 지정하였다.[23] 이 중에서 특히 크리스마스는 미군정과 제1공화국 이후 그대로 공휴일로 지정되어 현재까지 이어지고 있다. 미군정 당시 남한의 인구를 2천만 명으로, 그리고 개신교인과 천주교인을 합하여 45만 명으로 잡는다면 그 당시 남한 전체 인구에서 기독교인이 차지하는 비율은 2~3%에 불과하였다. 그럼에도, 크리스

---

21) 위 대한불교조계종총무원 보관 사료 중.
22) 宗敎財産移讓의 件, 대한불교조계종중앙총무원 보관 사료 중, 1947. 9. 19.
23) 『자유신문』, 1945. 10. 19.

마스가 공휴일로 지정되었다는 것은 미군정의 기독교 중심 정책을
여실히 보여주는 것이다.

또한 1945년 기독교계의 요구를 수용해 刑牧제도를 만들었는데,
개신교 목사가 전국 18개 형무소의 교무과장직에 임명되어 형무소
교화사업을 전담하게 되었다. 그리고 기독교는 1947년 3월부터는
일요일마다 서울중앙방송을 통하여 선교 방송을 할 수 있었다. 國營
의 성격을 지닌 서울중앙방송(KBS의 전신)을 이용하여 선교 방송을
했다는 것은 당시 기독교가 國敎의 지위까지 누렸다는 것을 의미한
다.[24] 그뿐만 아니라 기독교계는 일요일에 학교 행사를 금해 줄 것
과 함께 일요일의 공휴일화를 강력하게 건의하였다. 특히 1948년의
총선 일자가 5월 9일 일요일로 정해졌을 때 기독교에서는 이에 강
력히 반대하여, 결국 미군정은 선거일을 하루 늦춘 5월 10일 월요일
로 변경하기도 했다.[25] 이 밖에도 기독교에 공인교적 위치를 부여해
주는 미군정의 종교정책이 제1공화국에 걸쳐서 가능할 수 있었던
것은 기독교를 통해서 상당량의 구호물자가 해외로부터 유입되었기
때문이다.

결국 기독교는 미군정과 제1공화국에서 공인교적 지위를 누렸고
그 보답으로 정권을 지원해 주었던 것이다. 그리하여 미군정 당시
전체 인구의 2~3%에 불과하였던 기독교는 1960년에 가서 전체 인
구의 7.5%를 차지할 정도로 급성장할 수 있게 되었다. 미군정과 제1
공화국의 기독교 공인교적 정책은 다른 종교를 공인하지 않는, 다시

---

24) 강인철, 『한국기독교회와 국가·시민사회, 1945~1960』, 한국기독교역사연구소,
    1996, 187쪽.
25) 『조선일보』, 1948. 3. 9.

말해서 기독교 이외의 종교들에게는 '종교의 자유'를 인정하지 않는 태도로 나타났다. 민간신앙과 무속을 미신으로, 신흥종교를 '유사종교'로 보는 부정적 시각은 이때 마련된 것이다. 그뿐만 아니라 1954년과 1955년 3회에 걸쳐 발표된 이승만의 불교 관련 담화는 정교분리라는 헌법 조항에 당연히 위배되는 것이지만, 대통령으로서 이러한 담화를 할 수 있었던 것은 그를 포함한 제1공화국의 정권 담당자들이 불교를 종교로 인정하지 않았기 때문에 비로소 가능한 것이었다.[26]

3. 불교 개혁을 위한 노력과 불교계의 분열

해방 공간 한국 종교계의 가장 중요한 이슈는 일제의 잔재 청산과 좌우익의 갈등 문제라고 할 수 있다. 미군정이라는 새로운 정치권력하에서 각 종교마다 처해진 현실에 따라 약간의 입장 차이는 있었지만, 해방 공간이라는 특수한 상황 속에서 어떤 종교도 이 두 가지 문제에서 자유롭지는 못했다.[27]

불교계도 해방 직후 이 두 가지 문제로 인해 치열한 내부 갈등을 겪었는데, 거기에다가 禪敎 양종의 교권 투쟁까지 어울려 禪-敎, 比丘-帶妻가 각각 해방정국의 이념적 지형과 결합되어 매우 복잡한

---

26) 강돈구, 앞의 논문, 39~41쪽 참조.
27) 해방 직후 이 두 가지 문제와 관련된 종교계의 상황에 대해서는 강돈구, 위의 논문, 17~26쪽을 참조할 것.

양상의 교권 투쟁으로 나타나게 된다. 중앙총무원과 혁신세력이 서로를 친일-좌경세력으로 몰아 투쟁하였는데, 이러한 친일-반일, 좌익-우익의 갈등은 그대로 당시의 범미주의와 범소주의의 이념적 지형에 따라 반공과 반제로 갈리기 마련이었으며, 이것이 좌우의 이념 분쟁을 통해 더욱 격화되었던 것이라고 할 수 있다.

　해방 직후의 불교계에서 주목할 만한 것은 비교적 빠른 시간 내에 식민지 체질을 극복하고 불교를 혁신하기 위한 자발적인 움직임이 있었다는 것이다. 8월 15일 해방이 되자마자 4일 뒤인 8월 19일 교단집행부가 사직하였고, 8월 21일에는 朝鮮佛敎革新準備委員會를 조직하여 신구 집행부 간에 인수인계까지 진행을 하였다.[28] 불교계가 이렇게 재빠른 움직임을 보일 수 있었던 저력과 배경은 어디에서 찾을 수 있을까? 아마도 불교청년운동을 통한 불교개혁 의식의 지속과 아울러 불교 개혁에 대한 여망이 그만큼 컸다는 것을 의미한다고 할 수 있다. 또한 현실적 정치권력의 공백 상태에서 불교계의 오랜 숙원인 '불교 자주화'[29]를 이룩할 수 있다는 희망에 대해 전불교계가 뜻을 같이 했기 때문이 아닐까 생각한다.

　이리하여 9월 22~23일에 全國僧侶大會가 개최되었는데, 종명 曹溪宗을 폐지하고 朝鮮佛敎로 지칭하는 것과 아울러, 사찰령을 부정하여 朝鮮佛敎曹溪宗總本山太古寺法과 31本末寺法을 폐지하였으며, 각 지방 교구에 敎務院, 중앙에는 總務院을 설치하는 등의 개혁

---

28) 해방 직후 신구 집행부의 인수인계가 큰 갈등 없이 이루어진 상황에 대해서는 김광식, 「8·15해방과 전국승려대회」, 『한국 현대불교사 연구』, 불교시대사, 2006, 16~21쪽을 참조할 것.

29) 불교의 자주화 문제에 대해서는 김광식, 「20세기 불교敎團의 '自主化' 문제」, 『근현대 불교의 재조명』, 민족사, 2000, 360~378쪽을 참조할 것.

조치를 단행하였다. 그리고 敎正에 朴漢永, 총무원장에 金法麟을 추대하였다.

이어 1946년 3월 15일에는 임정요인까지 참석한 가운데 全國敎務會議가 태고사에서 열렸다. 여기서는 '불교의 大衆化'가 가장 시급한 현안과제로 떠올랐으니, '산간·사원 중심에서 도시·대중 상대의 불교'로 전환하는 것을 목표로 하였으며, 불교 혁신에 대한 각계의 의견을 수렴하여 획기적 교구제 실시 강화, 재산통합, 일제강점기 세력 숙청, 광복사업 적극 협조, 敎徒制 실시, 譯經 사업 발기 등을 논의하였다.[30]

여기서 눈여겨보아야 할 것은 재산통합과 교도제의 문제인데, '재산통합'에 대해서는 이른바 5·3·2제도(사찰에 5할, 교구에 3할, 중앙에 2할을 배당)와 재단법인 설립을 결정하였고, 교도제란 대처승의 처리 문제로서[31] 상당히 중요하고도 미묘한 문제였기 때문에 일단 보류하고 더욱 연구하기로 하였다는 것이다. 그뿐만 아니라 불교의 敎憲을 제정하고(1946. 3), 혜화전문학교(뒤에 동국대학교로 승격)를 비롯한 각종 불교 학교의 개교, 해인사에 모범총림 건설(1946. 10), 海東譯經院의 창립(1945. 12), 敵産寺刹 인수·관리 등 많은 일을 처리하였다.

특히 중요한 것은 불교계의 가장 큰 현안이었던 사찰령의 철폐를 위한 활동을 하였다는 것이다. 중앙총무원은 1946년 3월의 교무회의

---

30) 『한성일보』, 1946. 3. 17.
31) 당시 혁신단체들은 대처승을 교도로 지칭하고 교단 일선에서 제외하고자 한데 반하여, 교단집행부에서는 신도와 교단을 조직화하는 교화운동의 차원으로 교도제를 인식하고 있었기 때문에 양측의 입장은 매우 상이하였고, 바로 이 점이 양측의 근원적 갈등 요인이었다.

에서 사찰령 폐지 촉진의 문제를 강력히 추진하기로 결의하였고, 1946년 7월과 8월 두 차례에 걸쳐서 미군정 장관에게 사찰령과 관련 법령에 대한 철폐를 신청하였다.[32] 그런데 미군정에서는 이러한 신청을 받아들이지 않았다. 이에 총무원장 金法麟은 1947년 3월 元世勳 외 25의원의 연서를 얻어 寺刹令과 布敎規則등 4개 법령을 폐지할 것을 立法議院에 정식으로 제출하였다.[33]

그리하여 1947년 8월 8일 사찰령의 폐지와 함께 '寺刹財産臨時保護法'이 입법의원을 통과하게 된다.[34] 이 법의 주요 취지는 종교의 자유를 가로막는 사찰령 등 일제의 악법은 폐지하되 사찰의 재산을 보호할 수 있는 제도적인 장치를 마련하자는 데 있었다. 그리고 사찰의 재산을 관리하고 보호하는 제도적인 장치로 정부 대신 불교의 敎正에게 권한을 부여하자는 것이다.[35]

그러나 미군정 당국은 10월 29일 이 법의 인준을 보류하였다. 그 이유는 사찰재산임시보호법 가운데 '사찰재산'이라는 것이 그 전 일본불교 사원의 재산도 포함된 것으로 해석할 수도 있어 그렇게 되면 막대한 敵産이 조선불교라는 일개 종교단체로 귀속될 우려가 있다는 것이었다.[36] 또한 불교사원에는 국보급 재보가 있기에 정부의 통

---

32) 『한성일보』, 1947. 3. 5.

33) 『동아일보』, 1947. 3. 5.

34) 여기서 중요한 것은 "제1조 寺刹財産은 朝鮮佛敎敎憲에 定한 바에 의하여 朝鮮佛敎敎正의 許可를 受함이 아니면 此를 讓渡하거나 擔保로 提供하거나 其他 處分을 할 수 없음. 寺刹의 負債가 되는 行爲도 亦同함. 제2조 寺刹財産 處分 等에 關하여 國寶, 古蹟, 名勝, 天然記念物 保存令, 森林令, 其他 法令에 의한 行政官廳의 許可 또는 認可를 받고자 할 때에는 朝鮮佛敎敎正을 經由하여야 함." 이 두 조항이다.

35) 강돈구, 앞의 논문, 30쪽.

36) 『경향신문』, 1947. 11. 28.

제가 필요했기 때문이라는 설도 있다.[37] 또한 여기에는 총무원 측과 대립관계에 있던 혁신계열 측의 반대도 개재되었으니, 사찰임시재산 보호법에 대한 미군정의 인준이 보류되자 1947년 11월 12일 총무원 측과 대립 상태에 있던 10여 개의 혁신단체들은 개정된 법이 사찰령의 자구 수정에 지나지 않는다면서, 이 법의 철폐를 주장하는 항의문을 하지 중장, 입법의원의장, 군정장관, 민정장관, 대법원장 등 관계 방면에 제출한 것에 잘 나타나 있다.[38]

미군정이 사찰령의 철폐를 거부한 것은 미군정의 기본적 종교정책을 잘 보여 주는 것으로서, 불교를 배제하고 기독교 위주의 국가를 만들겠다는 의지의 소산이 아닐 수 없다. 그런데 이러한 미군정의 숨은 의도를 알 수 없었던 불교계는 오히려 내분에 휩싸이면서 미군정이 기독교 위주의 정책을 펴나갈 수 있는 빌미를 제공해 주었던 것이다.

이렇듯 해방 공간에 새로이 등장한 총무원이 사찰령의 폐지를 위해 나름대로 노력하고 있는 그 와중에 불교계는 결정적인 분열의 양상을 보이게 된다. 당시 불교계에는 혁신을 표방하는 여러 개의 단체가 활동하고 있었으니, 佛教靑年黨, 革命佛教徒同盟, 佛教女性總同盟, 朝鮮佛教革新會, 禪友婦人會, 在南以北僧侶會, 佛教護法團, 朝鮮佛教學生同盟 등이 있었다. 이들 혁신단체들은 교단 집행부가 교단 혁신을 추진할 자세와 의지가 전혀 없다고 비판하였다. 그리하여 1946년 11월에 개최된 제2회 중앙교무회를 계기로 적극적인 반대

---

37) William C. Kerr, *Notes on Religious Situation in Korea*, 1946, P. 73, CHQ/Records, Cie(A)09083-85.
38) 『동아일보』, 1947. 11. 14.

투쟁을 전개하게 된다.

　이들 혁신단체들은 독자적인 교헌 수정안이 집행부에 의해 거부되자, 더 이상 함께 할 수 없다는 판단하에 1946년 12월에 佛敎革新總聯盟(집행부 의장에 金鏡峯)을 결성하였다. 주목할 만한 것은 선학원 계열의 수좌들이 禪理參究院의 이름으로 여기에 동참했다는 사실이다. 이들은 일제 때부터 선종 수좌들만의 수행 공간을 확보하려 했으나 보수적 지주들에 의해 거부당하는 등 대처승 위주의 교단 집행부에 대해 일종의 피해의식이 있었기에 집행부의 노선에 반발할 수밖에 없었다.

　출범 직후 총연맹은 교단집행부를 부정하는 성명서를 발표하였다. 그들을 친일파의 잔재로 보고 교단을 빙자하여 정치적인 욕구나 사리사욕에만 전념하는 부류라고 비판하였다. 물론 교단 집행부는 혁신단체에 관여하는 인사들에 대해서 그 사상의 배후를 의심하면서 교단의 정상적인 운영을 방해한다고 역공하였다. 급기야 교단 측은 총연맹의 이념이 좌익사상이라 하여 총연맹의 간부들을 경찰에 고소하는 지경까지 이르렀으니, 교단과 혁신단체 간의 갈등은 돌이킬 수 없는 상태가 되고 말았다. 이것은 불교 내부의 문제를 세속적인 공권력에 의지해 해결하려 했던 것으로서 현재까지도 이어지는 불교계의 고질적인 병폐가 드러나게 된 것이다.

　1947년 5월 두 차례에 걸쳐 全國佛敎徒大會를 개최한 총연맹 측은 기존의 교단 간부들이 대중의 기대를 저버리고 공금횡령, 세속명리에 광분하면서 오히려 양심적인 혁신파와 대중들을 중상모략하고 있다고 비판하면서 새로운 교단 기구인 朝鮮佛敎總本院을 발족하였다. 그리고 총본원을 外護하기 위해서 기존의 佛敎革新總聯盟을 해체하고 全國佛敎徒總聯盟으로 전환하게 된다.

이로써 교단은 완전히 이원화되었고, 불교계 전체의 갈등과 대립은 극에 달하였다. 이것은 불교혁신의 대상과 방법에 대한 근본적인 인식의 차이 때문이었으니, 결코 쉽게 해결될 수 있는 것이 아니었다. 교단 집행부가 점진적이고 보수적인 혁신을 추진한 반면에 혁신단체들은 본질적이고 급진적인 혁신을 추구하였다. 교단 측은 혁신파들을 좌익으로 이해하였고, 그들의 움직임을 교단 파괴로 보는 동시에 그들의 노선을 이북불교의 모방으로 간주하였다.

그리고 교단 개혁은 점진적으로 해야 한다고 주장하였다. 즉 "帝王의 佛教에서 民衆佛教에의 解放이나 貴族佛教에서 民衆佛教에의 解放이나 僧團佛教에서 大衆佛教에의 解放은 佛教에 있어 더욱 朝鮮의 特殊 事情에 있어 全然 맞지 않은 理論인 同時에…"[39]라고 하였으니, 교단 측은 혁신 운동의 제반 측면을 '일시의 과도기적 流行病態'로 정리하였다.[40]

이상에서 해방 공간 불교 혁신을 위한 노력이 미군정의 기독교 우위 정책과 불교 내부의 갈등으로 인해 실패했던 과정을 살펴보았다. 이 당시 불교계의 분열은 보수-혁신, 친일-항일, 좌익-우익, 비구-대처 등의 복잡한 양상으로 진행되었는데, 이에 대해서는 자세한 고찰을 요한다고 하겠다.

첫째 보수와 혁신의 대립인데, 이것은 친일과 항일의 대립과 연계되어 나타났다. 혁신단체는 교단집행부를 일제불교에 기생하였던 '守舊僧輩'로 규정하여, 결과적으로 일제 잔재의 척결에 미진할 수밖

---

39) 根秀, 「教界時評」, 『佛教』, 1947. 7, 54쪽.
40) 金光植, 「全國佛教徒總聯盟의 結成과 불교계 동향」, 『韓國近代佛教의 現實認識』, 民族社, 1998, 326쪽.

에 없는 대상들이라고 보았다. 즉 "中央敎務會 代議員들이란 元來
日帝時代에 累年間 寺刹의 主權을 獨擅하다가 解放後에도 依然히
그 餘勢를 死守하야 各 執行機關에서 獨擅하고 있는 保守派들인지
라 自己들의 立場에 不利한 革案을 許容할 리가 없었다"[41]라고 하였
으니, 교단집행부를 일제하에서는 승권을 악용하였고 해방 이후에는
교단의 영도권을 잡아 정치적 욕구로써 교계의 재산만 횡령하는 보
수적 인물로 신랄한 비판을 가하고 있다.

혁신 측의 이러한 비판에 대해 교단 집행부는 적극적으로 반론을
전개하였다. 즉

只今 一線陣容인 先輩 諸位가 獄中에서 갖인 苦楚를 當하고 있을 때
諸君들은 웨 民族的 情熱도 그리없어서 九雲中 숨었든 그대들이었으면
只今 九死十生한 先輩들을 辱說로 代身하면서 反히 親日이니 反逆이니
荒唐한 말을 날리는 것은 諸君 自身의 先輩를 辱하는 것이 諸君 自身의
辱이니 좀 深諒할 것이 아니며 大衆을 通하야 普選을 통하야 信任을 得
한 以上 急하도라도 이 建國의 難關을 넘도록은 互讓互助할 것이 아니
라…아무리 無知沒覺한 兒孩라 하드라도 只今 우리 一線陣容보다 더
나은 敎界와 民族에 革命鬪士를 어듸서 求할 것이랴? 萬一 이분들을
辱하는 者가 있다면 이는 그야말로 그 背後를 疑心치 않을 수 없다.[42]

---

41) 「불교혁신운동소사」, 『불교신보』 15호, 1947. 6. 1.
42) 張道煥, 「敎界寸評」, 『佛敎』 新年號, 1947. 1, 39쪽.

라 하였다. 친일파라는 혁신파의 비판에 대하여, 자신들은 옥고를 치루는 등 오히려 숨어 지내던 젊은 후배들보다 더 당당하게 민족을 위하여 할 일을 했다는 것이다. 그리하여 자신들을 혁명투사로 내세우면서, 이를 인정하지 않는 혁신파들의 사상성을 의심하고 있다. 이렇게 볼 때 우리는 양측의 입장이 너무나 현격하게 다르다는 것을 알 수 있다. 그리하여 이른바 보수파와 혁신파의 대립은 피할 수 없는 것이 되어 버린 것이다.

그런데 해방 공간의 이러한 보수-혁신의 대립은 1920년대의 총무원－교무원의 대립을 연상케 한다. 한때 개혁을 주장하던 인사들이 교단의 중진이 되면 종권 유지에 연연하게 되고, 또 다른 젊은이들이 그들을 보수파로 몰아 배척한다. 그리하여 그들이 종권을 잡게 되면, 얼마 안 있어 또 다른 새로운 세력에 의해 밀려 나게 되는 악순환이 아닌가 하는 생각이 든다. 그야말로 老少간의 대립은 어느 사회에서나 있는 것이지만, 자신들의 의사를 관철시키는 방법이 비불교적이고 배타적인 방법이었기 때문에 악순환이 계속 되는 것은 아닐까 한다.

사실 알고 보면 해방 공간 교단 집행부의 인물들도 1930년대 불교청년운동의 주도자로 크게 활약했던 인물이었다. 교단 집행부의 주요 인물들은 1930년대 불교청년운동의 주도자로 크게 활약하였으니, 항일비밀결사, 卍黨, 朝鮮佛教青年總同盟, 二九五八會 등을 지적할 수 있다. 그들은 일제 식민지 불교정책을 반대하고 자주적인 불교개혁운동을 추진하면서 한용운에게 영향을 받았다. 특히 총무원장 김법린은 프랑스로 유학을 다녀온 후 한용운을 정점으로 한 비밀결사 卍黨의 당원으로 식민지 불교정책에 저항적인 노선을 견지한 대표적인 학승, 개혁파였다. 그러기에 해방 공간 불교개혁의 중심인물로 떠오를 수 있었으며, 해방 직후인 8월 19일 구종단의 종무총장 이종욱에게 종권을 인수받는 자리에서도 핵심적인 역할을 했던 인물이다.[43] 그리고 조선불교혁신위원회 위원장을 거쳐 중앙총무원의 총무원장이 되었던 것이다.

물론 이들이 1930년대 중반 이후 일제의 식민 통치가 극심해지는 현실하에서는 타협, 협조, 좌절의 길을 걸어, 한용운이 생을 마칠 때까지 일제와의 타협을 거부했던 것과는 구별되는 점도 있는 것이 사실이다. 그러기에 해방 공간에서 새로운 젊은 혁신파들에 의해 보수, 친일파로 공격을 받게 되는 것이다.

두 번째는 좌익과 우익의 대립 문제이다. 과연 해방 공간 불교계의 세력을 좌익, 우익으로 구분해 볼 수 있느냐 하는 점에 대해서는 의견이 엇갈리고 있다. 우선 보수파와 혁신파, 노소의 구도이지 좌우익으로 볼 수 없다는 의견이 있다.

세상이 떠들어 左右를 論하게 됨에 따라 이 두 派에도 或은 그런 區別을 붙여보는 사람도 있으나 그러나 確實히 左右라고 이를 만한 것까지는 아직은 없다. 말하자면 불교의 분열은 左右의 싸움이 아니라 老少의 알룩이라고 한다. 實地에 있어 左로 지목받고 있는 革新派의 擧皆 靑年大衆도 어느모로 보든지 熱烈한 宗敎改革에 뜻을 둔 靑年들이요 決코 스사로 左라고 할만한 自信이라든가 理論을 가진 것은 아니다. 그러므로 그들은 恒常 右로 自處하고 있으며 다만 保守派의 너머나 獨裁的인데 不滿을 가지고 좀더 斬新한 時代佛敎를 建設해 보자는 데에 지나지 못한다.[44]

---

43) 「광복절 46돌 증언, 종무 접수한 安光碩居士 인터뷰」, 『불교신문』, 1991. 8. 21.

이것은 좌우의 싸움이 아니라 老少의 알력이며, 혁신파 스스로도 늘 우파를 자처했다는 것이다.

또한 1946년 1월, 모스크바 삼상회의의 산물로 나온 이른바 신탁통치 문제로 나타난 우익 중심의 정치단체로 성격 지을 수 있는 '비상정치회의준비회'에 중앙총무원뿐만 아니라 선리참구원, 불교청년당, 조선불교혁신회가 같이 참여하였다는 점에서 불교계내의 보수파 및 혁신파라 칭하는 부류가 기본적으로 좌익에 경도된 노선이라고 보기는 어렵다는 의견도 있다.[45] .

그러나 어느 집단이나 사회에 있을 수 있는 노소의 알력이라고 하기에는 그 대립의 양상이 지나치게 날카로운 측면도 있다. 실제로 당시 혁신파의 주요 인물인 金龍潭, 張祥鳳, 李富烈, 郭西淳 등은 남북협상을 지지하는 좌경 인물이었으며, 이들 중 일부는 이북을 다녀오기도 하면서 차차 좌경의 색채를 드러내기 시작했다는 것이다.[46] 그리고 金九의 북행에 혁신파 10여 명이 동행하였는데, 그 중 일부가 북한에 잔류하는 사태가 벌어지면서, 이들 혁신파는 결정적으로 좌익이라는 혐의를 쓰게 된다.

또한 사찰토지개혁문제와 관련하여 1947년 6월 25일의 미소공동위원회에 제출한 답신서에서 전국불교도총연맹은 無償沒收 無償分配를 주장하였다. 그런데 중앙총무원측은 그에 반대하여 有償沒收 有償分配를 주장하였다. 토지개혁 문제에 있어서 총연맹에서 '무상몰수 무상분배'를 주장했다는 점은 이들이 완전히 좌익사상가라고

---

44) 「美蘇共委와 佛教」, 『佛教新報』 15호, 1947. 7. 1.
45) 金光植, 「全國佛教徒總聯盟의 結成과 불교계 동향」, 330쪽.
46) 姜昔珠・朴敬勛, 『佛教近世百年』, 中央日報社, 1980, 228쪽.

보기는 어려워도 적어도 좌익적인 사상에 경도된 것만은 사실이 아닌가 할 수 있다. 나아가 혁신파에서 '寺刹土地 所有反對'라는 강령, 또는 '사찰 토지는 국가사업에 제공하라', '승려는 생업에 종사하라'와 같은 주장을 하였는데, 이는 당시 사찰재원의 대부분이 토지 수입이었던 현실을 고려하면, 교단 측에서 수용하기 어려운 문제였다고 할 수 있다.

어떤 면에서는 너무나 순진하고도 나약한 현실 의식을 보여 주는 것이 아닌가 생각한다. 내가 이미 확보하고 있는 기득권을 누군가 빼앗으려고 한다면 이를 거부하는 것이 당연지사일 것이다. 그것은 개인이나 집단도 마찬가지이고 종교집단도 예외일 수 없다. 그런데 사찰 재원의 거의 대부분을 충당했던 토지를 스스로 내놓으라는 주장은 상식적으로 이해가 가지 않는다. 이것은 비현실적으로 순진무구한 의식구조가 아니라면, 말 그대로 사회주의적인 사상에 입각한 것이라고 밖에는 달리 볼 방법이 없는 것이다.

한편 이것을 군정기 미국과 소련의 지배이념에 비추어 보려는 견해도 있다. 즉 미국은 Pax Americana를 구축하기 위하여 분단을 기정사실화하고 남한에서의 사회 안정과 반공 이념에 기초한 시민사회를 건설하려 했기 때문에 일제잔재 청산이나 통일운동은 미군정의 통치 이념에는 들어 있지 않았다는 것이다. 반면에 소련은 그런 미국의 정책기조에 포함된 일본을 약탈적 자본주의로서의 제국주의로 간주하여 反日을 反帝의 사회주의 이념 속에 포함시켜 북한을 점령하고 그러한 사회주의 이념의 확산처로 삼았다는 것이다. 이 결과 해방정국에서는 일제 잔재 청산의 목소리는 자연히 이데올로기적으로 사회주의적 지형에 치우치게 됨으로써, 통일과 진정한 민족독립의 욕구는 전반적으로 좌경화의 경향 속에서 자라나게 되는 결과를 가

져다주기도 했다는 것이다.[47]

셋째는 비구 - 대처의 대립이다. 해방 공간 혁신파들이 가장 중요시했던 문제가 바로 敎徒制였으니, 이는 진정한 수도자에게만 승니의 권한을 부여하고 受戒 및 修道를 거부하는 승니는 敎徒로, 다시 말하면 신도로 전입시키자는 것으로서, 대처승을 교단 중심부에서 배척하고 수도승 중심의 교단으로 탈바꿈하자는 것이다. 당시 전체 승려의 90% 이상이 대처승이었음을 생각할 때, 이것은 결코 간단히 해결될 수 있는 문제가 아니었다. 또한 대처를 인정하는 교단 집행부 인사들은 불교대중화를 목표로 할 때 승려의 결혼은 당연한 것으로 인정하고 있었고, 혁신파들은 대처승이 일제 식민지의 잔재로서 계율파괴의 결과로 보고 있었으니 양측의 입장은 너무도 달랐던 것이다.

이것은 물론 일제에 의해 왜곡된 한국불교의 본래 전통을 회복하자는 것으로서, 아주 중요한 의미를 갖는 문제이다. 또한 이것은 1954년 이후 불교정화의 중요 과제이기도 했다. 그런데 여기서 승려의 권한을 부여할 수 있는 조건으로서 修道의 여부를 들고 있으니, 그것은 곧 대처와 비구의 여부를 의미하는 것이다. 여기서 생기는 의문은 '과연 결혼 여부가 불교 수도의 유일한 기준인지?' 하는 것과 '한국불교의 전통이 계율 밖에는 없는 것인지?' 하는 문제이다. 설사 그렇다 하더라도 '현실적인 다수를 점하고 있는 대처승들의 존재를 하루아침에 부정해 버리는 배타주의가 과연 불교적인 방법이었는지?' 그리고 '그들을 완전히 밀어내려고만 하지 말고 좀 더 포용해 가면서 서서히 바꾸어 갈 수 있는 여지는 없었는지?' 하는 의문

---

47) 박승길, 앞의 논문, 74쪽.

도 든다.

사실상 대처승 배제, 계율 수호 등은 근본불교 및 한국불교의 사상과 정체성 확립에 최소한의 기초이지 그것이 이념이나 노선, 혹은 대안이 될 수는 없는 것이다. 그런데 불교혁신과 정화를 추진함에 있어서 대처승 배제만을 유독 강조하여 저절로 정체성의 기반 축소, 한국불교 이념의 협소를 가져왔던 것이다.[48] 또한 이것은 미군정의 기독교 우위 정책에 대응하여 불교계가 단합하고 역량을 결집해야 할 시기에 오히려 불교계 자체 내의 갈등에 역량을 소진함으로써 새로운 종교지형의 변화에 적극적으로 대응하지 못하게 한 측면도 있다. 대개 어떤 집단이든지 위기에 빠졌을 때는 구심력이 작용하여 단합을 하게 되는데 불교계가 그렇지 못한 것은 당시의 현실인식이 매우 나약하고 순진했거나, 아니면 본질적인 종교적 재평가가 없었기 때문이라고 볼 수 있다.

또한 불교대중화를 목표로 한다고 하면서도, 사실상 신도들을 배제하고 비구승단 중심의 불교 운영에 집착해 온 것을 과연 어떻게 보아야 하는지도 중요한 문제이다. 일반적으로 교단의 구성원은 4부대중이라 하지만 근대 한국불교는 승려, 특히 비구 중심의 배타적인 운영이었던 바, 이것이 교단 활성화의 미흡과 함께 불교 자주화의 한계로 작용[49]한 것은 아니었는지? 생각해 볼 일이다. 전국불교도총연맹의 당면주장에 보면 '眞正한 修道者만이 僧尼의 權限을 享有케 한다.'[50]는 주장이 있는데, 승려를 하나의 권한이나 지위로 보는 권위주

---

48) 김광식, 「정화운동의 전개과정과 성격」, 『새불교 운동의 전개』, 도피안사, 2002, 344~345쪽.
49) 김광식, 「20세기 불교 敎團의 '自主化'문제」, 『근현대 불교의 재조명』, 민족사, 2000, 362쪽.

의적인 발상이 과연 수도자로서 본분에 맞는 것인지 모르겠다. 이와 관련하여 불교의 4부 대중에서 비구승의 위계를 높이려고 하는 한국 불교의 문화에 대해 본질적인 토론이 있어야 한다고 생각한다. 바로 이것이 승려들의 명리 추구 현상과 관계가 깊다고 보기 때문이다.

결국 비구 중심의 승단 운영이란 것은 하나의 명분이었고, 사실 은 종권 획득이 목표 아니었나? 하는 생각을 해 볼 수 있다. 선학원 수좌들의 교단에 대한 부정, 또는 대처승에 대한 배타성에 대해, 일 제강점기부터 보수 지주들에 의하여 배척, 소외되었던 수좌들이 생 존권과 수행공간 확보라는 절체절명의 과제 때문이었다는 주장이 있다.

지금까지 수행에만 전심하던 이판승들에게 생활은 극도로 위태로운 지 경에 이르렀고, 드디어 그들은 사판승들에게 생활 적선의 보상을 기대 할 수 없게 되니, 그들도 이제는 자기 생존을 위하여 자신들이 직접 경 제 주권을 장악해야 하겠다고 생각하게 되었다. 그래서 처음에는 몇몇 절들의 운영권만을 넘겨 자치 자활하게 해달라고 요구했으나 이것이 거 부되자, 마침내는 한국불교 전체의 주권을 장악해야 하겠다는 결심을 하고 전면 투쟁으로 발전하게 되니, 이것이 불교 분규의 근본적인 근인 이다.[51]

이것은 근대 이후 일제강점기를 거쳐 오면서 한국불교가 불교자

---

50) 「全國佛教徒總聯盟 綱領」, 『大衆佛教』 2호, 1947. 6. 1.
51) 黃晟起, 「한국불교의 나아갈 길」, 『불교 사상의 본질과 한국불교의 문제』, 보림 사, 1989, 306쪽.

주화를 위한 교단 건설을 위해 지난한 노력을 경주해 왔지만, 그것이 종교적 동기보다는 불교를 세력화하여 정치적인 권리를 확보해 보자는 데 초점이 맞춰져 있었기에, 즉 불교적 敎相判釋이나 교리적 반성이 아니라 정치적인 목적에 의해 시도되었기에, 이후 한국불교가 정체성을 확립하지 못하고 오늘에 이르기까지 부침을 거듭하게 된 중대한 원인이 되었다고 본다. 다시 말해서 종지의 뚜렷한 확립이 없이 단순히 전국의 사찰을 통제하는 중앙권력기관을 만들려 했기 때문에 이러한 종권의 다툼은 계속 반복될 수밖에 없는 것이다.

또한 정교분리 시대에 걸맞는 존재양태를 설정하지 못하고 전통적인 정교일치 시대의 사고방식에 집착하여 국가 권력과 결탁해야 한다는 강박관념에 사로잡히게 된 것도 문제로 지적한다. 이른바 '護國佛敎'라 하여 국가권력에 저항하여 체제를 비판하고 개혁하는 일보다는 오히려 체제를 옹호하고 그 外護를 바라는 편에 많이 기울었다. 또한 '會通佛敎'라 하여 禪宗도 아니고 敎宗도 아니며 어정쩡하게 얼버무리는 태도도 문제이니, 宗祖와 宗統의 문제도 확립하지 못하고 換父逆祖 논의를 계속하는 조계종의 현실을 냉철하게 돌아보아야 한다. 아울러 전국의 사찰과 승려를 통할하는 중앙집권적인 기관이 꼭 필요한 것인가 하는 본질적인 의문을 제기하고 싶다.[52] 요컨대 단순히 종권을 획득하기 위한 교단의 건설이 아니라 진짜 부처님 정신에 입각해서 처음부터 다시 시작할 필요가 있다는 것이다.

---

52) 이 점에 대해서는 졸고, 「근대 한국 불교개혁 패러다임의 성격과 한계」, 『宗敎硏究』 제18집, 한국종교학회, 1999, 67~90쪽을 참조할 것.

4. 불교 개혁의 희망적 단서

이상에서 살펴본 것처럼 해방으로 인해 불교계가 갱생할 수 있는 절호의 기회를 맞이하였음에도 불구하고, 미군정의 기독교 편향적 종교정책과 불교 내부의 분열로 인해 불교개혁의 토대를 마련치 못하고, 오히려 갈등과 반목의 어두운 그림자를 길게 남기게 되었음을 살펴 보았다. 그렇지만 이러한 굴절의 아픔 속에서도 불교 개혁의 희망적 단서들을 엿볼 수 있으니, 그것은 '봉암사 결사'와 '고불총림' 등이었다.

봉암사 결사는 1947년부터 1950년까지 약 2년여에 걸쳐 이성철, 이청담 등의 주도로 부처님의 근본정신을 회복하자는 취지 아래 이루어진 결사운동이었다.[53] 불교 개혁을 위해서는 무엇보다도 참다운 수행이 필요하다는 전제 아래 공동 수행의 장을 마련한 것이었으니, 그 근본 동기에 대해서 이성철은

우리가 어떻게 근본방침을 세웠느냐 하면, 전체적으로나 개인적으로나 임시적인 이익관계를 떠나서 오직 부처님 법대로만 한번 살아보자. 무엇이든지 잘못된 것은 고치고 해서 부처님 법대로만 살아보자. 이것이 원이었습니다. 즉 근본목표다 이 말입니다.[54]

라고 술회하였다. 여기서 '부처님 법대로만 살아보자'라는 목표가 주

---

53) 봉암사 결사의 전말에 대해서는 김광식, 「봉암사 결사의 전개와 성격」, 『한국현대불교사연구』, 불교시대사, 2006, 36~75쪽을 참조할 것.
54) 「1947년 봉암사 결사」, 『수다라』 10집, 115쪽.

목되는 것은 해방 공간에서 불교혁신에 대한 의견이 대립하는 가운데, 오로지 부처님의 근본적 가르침으로 돌아가야만 한다는 강렬한 의지를 엿볼 수 있기 때문이다. 이것은 破邪顯正의 종교개혁 정신과 다르지 않은 것이다.

그리하여 수행 환경의 개선부터 시작했으니, 법당을 정리하여 사찰 내의 칠성각, 산신각 등을 철폐하고 칠성탱화, 산신탱화, 신장탱화를 제거하였으며, 佛供과 천도재를 거부하고 생활을 완전히 자주적으로 꾸려나갔다. 특히 共住規約이라 하여 엄격한 수행의 규칙을 만들어 실천하였다. 또한 신도들을 대상으로 菩薩戒를 실시하였으며 전통적으로 내려오던 中壇 예불을 폐지하고 이를 반야심경 독송의 례로 전환하기도 하였다.[55] 한편 보살계를 하는 가운데 신도들이 수좌에게 삼배를 하도록 하여 이후 보편적인 관행으로 굳어지는 계기가 되기도 하였는데, 이것이 과연 불법에 맞는 것인지는 좀 더 고찰해 보아야 할 문제라고 본다. 당시 불교계의 화두였던 '불교대중화'라는 관점에서 보더라도, 교단 내에서 모든 교도의 권리와 의무를 동일하게 하려는 것이었는데, 스님들에게 삼배를 하도록 제도적으로 정형화시킨 것이 과연 옳았을까 하는 의문이 남는 것이다.

이처럼 봉암사 결사는 3년이라는 짧은 기간에 이루어진 것이지만, 이후 정화운동의 이념적 기초로 작용하였다. 그뿐만 아니라, 중앙의 교단과는 별개로 오로지 불교의 근본정신을 회복해 보자는 의지를 표출시킴으로써 불교개혁의 흐름에 있어서 하나의 전기를 마련했으며, 오늘날 종단이 나아갈 방향까지 마련해 주었다는 점에서

---

55) 송현주, 「현대 한국불교 예불의 성격에 관한 연구」, 서울대박사논문, 1999, 134~136쪽.

커다란 의의를 갖는 것이다.

한편 古佛叢林은 1947년 宋蔓庵이 백양사를 중심으로 전개한 불교개혁 운동이었다. 여기서 古佛이라 함은 "朝鮮古土 回復한 此時에 佛敎도 回生된 事"에서 보이듯 불교의 회생을 기도한 것이었으니, 옛 이전의 불교로의 회복, 회생을 말하는 것이다. 즉 釋尊과 高師碩德의 정신을 계승하겠다는 의지의 발로였다. 만암은 중앙교단이 종파의식의 부재로 인하여 換父逆祖를 하고 있다고 비판하면서 교단과의 결별을 선언하였으며, 지방을 중심으로 독자적인 교단개혁 운동을 전개하였다.

고불총림의 강령[56]에서 특히 주목을 끄는 것은 제1항의 '三寶護持'에서 삼보를 '佛法僧'이라 하지 않고, '佛法道'라 하였다는 것이다. 이것은 만암만이 가지고 있던 독특한 생각인지는 몰라도 상당히 중요한 의미가 있다고 본다. 아마도 이것은 '불교대중화'의 취지에 따라 僧을 삼보의 하나로까지 높이는 것에서 탈피하여 모든 교도의 권리와 의무를 동일하게 하려는 의도에서 나온 것이 아니었을까 하는 생각이 든다.

또한 제4항의 '法衆組織'에서 "吾敎는 원래 四部衆이 有한 바 現敎門의 事情을 因하여 僧侶 중에 戒體가 완전한 人은 正法衆, 戒體가 불완전한 人은 護法衆이라 稱하고 五部衆을 조직할 事(此는 종래에 理事判制가 有함에 準함)"라고 하여 현재의 4부중에서 5부중으로 가자는 주장을 하고 있음이 중요하다. 이것은 당시 승려의 90%가 넘는 대처승의 존재를 현실로 인정하면서 차선의 대안을 가지고 차차 해결해 나가자는 입장이었다. 즉 사찰의 관리도 우선 삼보사찰부터

---

56) 『고불총림 백양사』, 1996, 백양사, 16~18쪽.

계덕이 완전한 승려가 담당한 이후 차차로 여타 사찰도 기회를 따라서 예전의 면목을 회복하자고 제안하였다. 그리하여 과도적으로는 사찰 내에 동거하는 정법중과 호법중은 그 신분의 분별을 분명히 하고 그에 따른 업무 분장도 구분하자고 하였다. 특히 그 자신 계율과 비구 중심의 운영을 철칙으로 하였기에 그의 주장은 신빙성이 있는 것이다.

만암의 이러한 주장은 현실을 인정하는 바탕 위에 점진적, 단계별로 개혁해 나가자는 것이었다. 또한 포용과 자비라는 불교적 방법으로 정화를 해나가자는 것이기도 했다. 그러나 만암의 이러한 입장은 당시 혁신의 태풍 속에서 교단에서 폭넓게 수용되지는 못했다. 다만 그가 1951년 敎正이 되면서 이러한 고불총림의 정신을 교단 운영에 반영할 수 있는 계기가 성립되기는 하였다.

5. 끝맺는 말

한국불교는 해방 공간에서 불교계의 오랜 숙원인 '불교 자주화'를 이룩할 수 있는 절호의 기회를 맞이하였지만, 미군정의 이른바 기독교 중심적 공인교 제도와 그에 따른 차별대우, 그리고 불교 내부의 분열로 인해 불교개혁은 실패하고 오히려 갈등과 반목의 어두운 그림자를 남기게 되었다.

어떤 면에서 이것은 미군정의 고도의 전략에 의해 부지불식간에 희생당한 측면도 있다. 즉 겉으로는 종교활동의 자유를 보장하고 후원해 주는 척하지만, 사실은 내부적으로 분열시킴으로써 역량을 약화시키려는 전술로서 일제의 1920년대 문화통치 전술과도 유사하다. 그런데 이러한 미군정의 숨은 의도를 알 수 없었던 불교계는 오히려 내분에 휩싸이면서 미군정이 기독교 위주의 정책을 펴나갈 수 있는 빌미를 제공해 주었던 것이다.

그러나 사실은 한국불교 자체의 내부적 취약성에 더 큰 문제가 있음을 부인할 수 없다. 미군정이라는 새로운 정치권력과 그에 따른 기독교의 성장 가능성이 분명히 눈에 보이는 상황이었음에도 불구하고, 불교계 자체의 역량을 결집하여 대응하기는커녕 오히려 불교계 자체 내의 갈등에 역량을 소진함으로써 새로운 종교지형의 변화에 적극적으로 대응하지 못했다는 것이다.

이것은 무엇보다도 한국불교가 자기정체성의 확립에 실패했기 때문이라고 본다. 즉 종교 자유와 정교분리 시대에 걸맞는 존재 양태를 확립하기 위한 진정한 자기반성과 종교적 재평가가 없었다는 것이다. 종지나 사상성보다는 오로지 종권 유지만을 위한 교단 건설에 집착해 왔기 때문에, 종권 획득을 둘러싼 갈등과 대립은 피할 수 없게 되어버린 것이다.

그리고 '불교의 대중화'를 목표로 하였음에도 보수와 혁신, 비구와 대처 등 서로 다른 입장에 따라 이를 각기 동상이몽식으로 달리 해석했음도 지적될 수 있다. 특히 지나친 비구승 위주의 종단 운영에 집착한 나머지 4부 대중 모두를 아우르는 포용적인 불교정화를 이룩하지 못하고, 불교개혁의 논의에 광범위한 대중들의 참여를 차단하는 결과를 가져온 측면도 있다.

그러나 이러한 어려움 속에서도 불교개혁의 희망적 단서를 발견할 수 있음은 퍽 다행스러운 일이 아닐 수 없다. 봉암사 결사의 '부처님 법대로만 살아보자'는 목표는 破邪顯正의 진정한 종교개혁 정신이었고, 만암의 현실에 입각한 점진적, 단계별 개혁 시도는 포용과 자비라는 불교적 가르침에 입각한 것이었으니, 이러한 정신들이 있었기에 오늘날 한국불교는 희망과 가능성이 존재하는 것이다.

그리고 기나긴 조계종의 분규 속에서 새로운 체제에 대한 수요를 대신하면서 등장했던 재가불자 운동, 즉 圓佛敎나 心印佛敎 같은 신불교 운동도 주목할 필요가 있다고 본다. 왜냐하면 거의 유일한 전통 종교인 불교가 급격한 시대의 흐름에 따른 새로운 종교적 수요에 발빠르게 대처하지 못하는 사이, 이들이 먼저 분명한 종지의 바탕 위에서 그 틈새의 종교적 수요를 충족해 주고 있기 때문이다. 요컨대 종교는 종교다워야 하고, 종교의 궁극적 목표는 어디까지나 중생구제에 있음을 잊어서는 안 될 것이기 때문이다.

이승만 정권의 불교정책

김순석 | 한국국학진흥원 수석연구원

1. 머리말

이승만 정권의 불교정책은 현대 불교사에 있어서 매우 중요한 의미를 지닌다. 왜냐하면 이승만 정권의 불교정책은 일제 강점기에서 해방되어 미국의 군정기간을 거쳐서 자주적으로 국민의 총의에 의해서 탄생한 제1공화국 정부의 불교정책이기 때문이다. 일제 강점기 동안 억압과 수탈에 시달렸던 불교계는 해방을 맞이하여 자유로운 공간에서 포교의 자유를 얻었으나 미군정의 종교정책은 공인교정책을 표방하였다.[1] 공인교정책이란 국가에서 공식적으로 인정하는 종교 이외에는 종교로 인정하지 않는 것을 말한다. 그런 까닭에 미군정 기간에 불교는 교세가 위축될 수밖에 없었다. 2년간의 미군정 기간이 지나고 새롭게 탄생한 이승만 정권의 종교정책도 미군정의 공인교정책을 답습하였다. 이승만은 승려가 결혼을 하고 고기를 먹는 대처식육 현상을 일본불교의 특징으로 보고 이것을 청산하는 것이 곧 우리 불교의 정통성을 회복하는 것이라고 생각하였다.[2]

이승만은 1875년(고종 12) 3월 26일 황해도 평산군 마산면에서 부친 敬善과 모친 김해 김씨 사이에서 3남 2녀 가운데 막내로 태어났

---

1) 강돈구, 「미군정의 종교정책」, 『종교학연구』 제12집, 1993, 39쪽.
2) 「사찰을 보존하자」, 『대통령이승만박사담화집』 제2집, 공보실, 1956, 240쪽~242쪽.

다. 그는 왕족인 전주 이씨 가문의 후예였으나 세종대왕의 큰 형인 양녕대군의 다섯째 아들 李訴의 17대손이었기 때문에 오랫동안 벼슬 길이 막혀 빈한한 집안의 자손이었다. 그에게는 형이 둘 있었으나 그가 태어나기 전에 세상을 떠났으므로 사실상 6대 독자인 셈이었다. 어려서부터 그는 엄격한 유학 가문의 자손으로 한학 교육을 받으며 자라났다. 하지만 그의 모친은 독실한 불교신자로서 생일날에는 아들을 절에 보내어 불공을 드리게 하였다고 한다. 그러던 그가 새로운 사상을 접하게 된 계기는 1877년 서울로 이사하여 1895년 배재학당에 입학하여 신학문을 배움으로써 시작되었다.[3] 그가 서울로 오게 된 까닭은 외아들을 훌륭하게 키우려는 어머니가 아버지를 설득하였기 때문이라고 한다. 이승만은 배재학당에서 서재필을 만남으로써 인적·물적으로 많은 도움을 받았다. 이후 그는 아펜젤러·헐버트·언더우드·게일과 같은 선교사들과 밀접한 관계을 가짐으로써 기독교로 개종하게 된다.[4] 기독교로 개종한 이후 이승만은 자신의 삶을 기독교에 헌신하려고 하였다. 해방이 된 이후 1948년 8월 대한민국 초대 대통령으로 취임한 이후 그의 종교정책은 기본적으로 기독교 우대 정책으로 신생 한국을 기독교 국가로 만들고자 하였다. 그는 1948년 8월 대한민국 초대 대통령에 취임한 이래 미군정의 종교정책을 그대로 답습하였고, 1954년 이후에는 종교를 자신의 권력기반을 유지하는데 이용하였다.[5]

---

3) 유영익, 『이승만의 삶과 꿈』, 중앙일보사, 1996, 14~16쪽.
4) 서정민, 「이승만의 기독교 신앙과 민족운동」, 『믿음, 그리고 겨레사랑』, 한국기독
   교역사연구소, 2000, 69~77쪽.
5) 맹청재, 「이승만의 종교활동과 종교정책에 관한 연구」, 목원대학교 신학대학원 석
   사학위 논문, 2003, 76~78쪽.

　　이승만 정권의 불교정책은 기독교 국가 건설이라는 종교정책 바탕 위에 전개되었다. 지금까지 이승만 정권의 불교정책에 대한 연구 성과는 거의 없는 실정이다.[6] 다만 그가 재임한 12년 동안 전개된 이른바 '정화운동'에 관한 연구 성과는 다수 있으나 찬반양론이 엇갈리고 있다.[7] '정화운동'을 긍정적으로 평가하는 측의 입장은 이 운동의 결과로 일제 잔재가 청산되었다고 평가하고, 그에 따라 승단의 위상이 높아졌다고 한다. 하지만 이들도 정화운동의 이념과 지향하는 바는 정당하였지만 실행방법에 있어서 정치권의 개입이 있었다는 사실과 폭력이 사용되었다는 점, 그리고 법정의 송사로 인하여 불교계

---

6) 김광식, 「이승만은 왜 불교계를 정비하였나」, 『내일을 여는 역사』, 서해문집, 2004, 가을.

7) 지금까지 발표된 '정화운동' 관련 연구성과는 다음과 같다.
　목정배, 「불교」, 『서울600년사』, 서울시사편찬위원회, 1983.
　김남수, 「50년대 분규 발생의 정치적 의미 분석」, 『대승정론』 15호, 1997.
　박희승, 「불교정화운동 연구」, 『불교평론』 3호, 2000.
　강인철, 「해방후 불교와 국가 : 1945~1960」, 『사회와 역사』 57, 2000.
　김광식, 「조지훈·이청담의 불교계 '분규' 논쟁」, 『근현대불교의 재조명』, 민족사, 2000.
　______, 「불교 '정화'의 성찰과 재인식」, 『근현대불교의 재조명』, 민족사, 2000.
　______, 「전국 비구승대표자 대회의 시말」, 『근현대불교의 재조명』, 민족사, 2000.
　______, 「사찰정화대책위원회의 개요와 성격」, 『근현대불교의 재조명』, 민족사, 2000.
　______, 「불교재건위원회의 개요와 성격」, 『근현대불교의 재조명』, 민족사, 2000.
　______, 「정화운동의 전개와 성격」, 『새불교운동의 전개』, 도피안사, 2002.
　______, 「이청담과 불교정화운동」, 『청담대종사와 현대 한국불교』, 청담문화재단, 2002.
　______, 「김서운의 종단정화와 그 특성」, 『대한불교조계종과 서운 큰 스님』, 전등사, 2003.
　______, 「고불총림과 불교」, 『한국현대불교사연구』, 불교시대사, 2006.
　______, 「농지개혁과 불교계의 대응」, 『한국현대불교사연구』, 불교시대사, 2006.
　______, 「한국 현대불교와 정화운동」, 『한국현대불교사연구』, 불교시대사, 2006.

의 재산이 탕진되었으며 위상실추를 가져왔다는 점 등은 한계로 지적한다. 반면에 '정화운동'을 부정적으로 평가하는 측의 입장은 용어부터 '법난'·'승단 분규'·'정화라는 이름의 폭력' 등으로 부르고 있다. 이러한 관점은 이승만 정권의 불교정책을 일본불교 잔재 청산이라는 미명 아래 절대 권력과 결탁한 비구 승단이 폭력적인 방법을 동원하여 종권을 탈취하였으며, 여기에 언론사가 가세하여 대처 승단을 매도하였다고 한다.[8] 해방 이후 불교계는 이승만 정권이 들어서고 나서 비구승과 대처승 사이의 대립으로 큰 혼란을 겪었다. 이러한 불교계의 분규 사태는 오랫동안 해결을 보지 못하다가 군사독재 정권이 출범하던 1961년부터 합의점을 도출할 것을 강요받아 1962년 통합종단 출범이라는 형태로 어설프게 봉합되었다. 그렇지만 출범 당시부터 많은 문제점을 안은 채로 발족된 통합종단은 결국 화합하지 못하고 대처측이 1970년에 태고종을 창종함으로써 갈라서고 말았다. 그런 까닭에 같은 사건이지만 보는 관점에 따라 전혀 다르게 서술되고 있다.

필자는 이러한 연구성과를 바탕으로 이승만의 불교정책을 검토하고자 한다. 이승만 정권의 불교정책에서 규명하여야 할 것은 크게 세 가지이다. 첫째, 미군정으로부터 이양받은 일본불교계의 재산인 이른바 적산재산의 처리 문제이다. 그러나 이 문제를 밝힐 수 있는 자료가 부족하여 다음으로 미루어 둘 수밖에 없다. 둘째, 농지개혁에 있어 초기에 경작자에게 불하되었던 사찰 농지가 법 개정을 통하여 다시 사찰로 귀속되는 과정을 밝히는 작업이다. 이 부분은 별도의 연구가 있으므로 본고에서는 제외하기로 한다. 셋째, '정화운동'에 관한

---

8) 宗團史刊行委員會, 『太古宗史』, 2006.

부분은 기존의 연구성과가 불교계 내부의 관점에서 진행된 데 비해서 이승만 정권의 정책 변화에 불교계가 대응하는 양상을 중심으로 검토하고자 한다. 이승만은 1954년 5월 일본불교의 잔재를 청산하고, 한국불교의 정통성을 되찾으라는 담화문을 발표함으로써 정화운동이 시작되는 계기를 제공하였고, 그가 정권에서 하야하는 1960년 4월까지 정화는 진행중이었다. 그런 까닭에 본고는 정화운동을 중심으로 이승만 정권의 불교정책을 살펴보고자 한다.

2. 정화운동의 발발 배경

정화운동의 배경을 일제강점기부터 찾는 견해와 해방 이후부터 보는 견해가 있다. 김광식은 정화운동의 배경을 일제강점기 1919년 중국 상해에서 발행된 '대한승려연합회선언서에 대한불교의 일본화와 절멸에서 구하기 위하여 일제와 혈전을 선언'한 데서부터 연원을 찾고 있다. 그는 대한승려연합회선언서의 정신이 1926년 백용성의 '대처식육 금지 건백서'로 계승되고, 1928년 '조선불교승려학인대회'와 1934년에 성립된 재단법인 '조선불교선리참구원'의 설립으로 이어지고 있다고 본다. 그는 일제강점기 이러한 움직임이 1946년 '조선불교혁신총연맹'으로 연결된 것으로 파악하고, 1947년 봉암사 결사와 같은 해 시작된 백양사의 고불총림으로 이어져 1954년의 전국 승려대회로 연결된다고 보고 있다.[9] 목정배는 정화운동의 발단을 해방

---

9) 위의 김광식 논문, 「정화 운동의 전개와 성격」 참조.

직후 조선불교 조계종의 임원들이 사퇴하고 1945년 9월 전국승려대회준비위원회가 결성된 시점으로 보고 있다. 그는 본격적인 정화운동의 시발점은 1954년 5월 이승만의 담화문 발표에서 찾고 있다.[10]

정화운동의 연원을 일제시대로 보는 견해는 앞서 언급한 일제시대에 조선불교의 전통을 수호하려고 하였던 일련의 사안들이 일본불교 잔재 척결을 주장하였다는 점에서 일면 타당성을 가지는 듯하다. 그러나 정화운동은 척결 대상을 일본불교 잔재와 대처승으로 삼고 있다는 점에서 볼 때 이러한 시각은 다음의 문제점을 가진다. 일제강점기에는 비구승과 대처승이 함께 조선불교의 전통을 회복하는 회합에 주동자로 참여하였지만 정화운동 때는 서로 대립되는 측에 서게 되는 승려가 있음으로써 인적 구성의 연속성이라는 점에서 일치하지 않는 문제가 있기 때문에 적절하지 않다고 본다. 따라서 정화운동 발발 배경은 해방 이후부터 보는 것이 좋지 않을까 한다.

해방 공간 불교계도 일제강점기 총본산 태고사 집행부와 간부들이 퇴진하고, 교계 쇄신을 논의할 조선불교혁신준비위원회가 조직되었다. 이 위원회는 1945년 9월 22일부터 23일까지 전국 승려대회를 개최하여 의견을 결집하였다. 그 결과 일제시대 종명이었던 '조선불교조계종' 대신에 '조선불교'라는 명칭을 쓰기로 하였다. 그리고 '조선불교조계종총본산태고사법'과 '31본말사법'의 폐지를 결의하고, 중앙에 총무원을 설치하여 교계를 총괄지휘하게 하였다. 나아가서 교정 심의기관과 교정 감찰기관을 신설하고 총무원 간부들을 선출하였다.[11] 이때 선임된 집행부 임원은 교정 박한영, 중앙총무원장 김법

---

10) 목정배, 앞의 논문, 「불교」, 『서울600년사』.
11) 김광식, 「8·15해방과 불교계의 동향」, 『한국근대불교의 현실인식』, 민족사, 1998,

린, 중앙감찰원장 박영희 등이었다.

해방 공간에서 정국의 주도권은 좌익 계열이 쥐고 있었다. 좌파 계열의 민족지도자 여운형은 일본의 패망을 예견하고 1944년부터 건국동맹이라는 단체를 만들어 활동하였다. 건국동맹은 1945년 8·15 해방과 더불어 건국준비위원회로 개편되고, 후에 다시 조선인민공화국으로 변모하면서 전국에 인민위원회를 조직하여 해방 공간의 정국을 이끌었다.[12] 불교계의 좌파인 혁신계열은 비구승이 중심이 되어 새롭게 선임된 총무원 집행부의 노선이 온건하다는 이유를 들어 1946년 4월 25일 혁명불교동맹을 만들었다. 혁명불교동맹의 주장은 다음과 같다.

  - 승니와 교도를 구별하자.
  - 사원은 일반에게 공개하라.
  - 사찰토지는 국가사업에 제공하라.
  - 불건전한 교당을 숙청하라.
  - 승려는 생업에 근로하라.
  - 석가불을 본존으로 하라.
  - 종래의 의식을 폐하고, 간소·엄숙한 새 의식을 행하라.[13]

이러한 주장들은 해방 이후 교단을 접수한 총무원의 노선이 온건하다는데서 나온 반발이었지만 과격하고, 현실과는 맞지 않은 측면

250~263쪽.
12) 이기하, 「정치·사회단체의 성격」 한국현대사연구협의회 편, 『한국현대사의 전개』, 탐구당, 1988, 224~227쪽.
13) 「平和社會 建設을 目標로 在京有志가 革命佛教同盟을 設立」, 『東亞日報』.

도 있어 총무원 측에서 수용하기가 어려웠다. 이 밖에도 불교청년당·조선불교혁신회 등의 혁신단체들이 난립하여 혼란스러운 상황이 전개되고 있었다. 이 무렵 중앙총무원에서는 1946년 7월 27일과 8월 22일 미군정장관에게 사찰령과 사찰령시행규칙 등의 철폐를 신청하였다. 미군정청은 이 신청을 받아들이지 않았다. 총무원장 김법린은 원세훈 외 25명 의원의 연서를 얻어 사찰령과 포교규칙 등 4개 법령을 폐지할 것과 '사찰재산임시보호법'을 입법의원에 제출하여 1947년 8월 8일 통과시켰다.[14] 그렇지만 미군정 당국은 이 법의 인준을 보류하였다. 그 까닭은 '사찰재산'이라는 개념에는 일본불교계의 막대한 적산이 조선불교라는 일개 종교단체로 귀속될 수 있다는 우려 때문이었다고 한다.[15]

　비슷한 시기에 혁신계열에서는 선리참구원·불교청년당·혁명불교도동맹·불교여성총동맹·조선불교혁신회·선우부인회·재남이북승려회 등 7개 단체가 선리참구원에 모여 불교혁신총연이라는 연합단체를 결성하였다.[16] 불교혁신총연의 이념은 식민지 불교계 체제극복·전통불교수호·불교의 대중화 지향 등이었다. 불교혁신총연맹이 내세운 교계 쇄신의 대안은 教徒制였다. 교도제의 중심 내용은 사부대중은 모두 석가의 제자이지만 修道와 持戒의 정도에 따라 적절한 역할 구분을 해야 한다는 것인데 대처승은 신도로 전환시켜야 한다는 것이 골자이다.[17]

---

14) 「사찰령 폐지안 입법통과」, 『조선일보』, 1947. 8. 9.
15) 강돈구, 앞의 논문, 「美軍政의 宗教政策」, 28~30쪽.
16) 「佛教革新總聯盟 七箇團體서 結成」, 『朝鮮日報』, 1946. 12. 6.
17) 김광식, 「정화운동의 전개와 성격」, 『새불교운동의 전개』, 도피안사, 2002, 318~
　　321쪽.

해방 공간에서 정화운동의 배경 가운데 빼놓을 수 없는 것은 1947년 '부처님 법대로 살아보자'는 슬로건을 내걸고 시작된 봉암사 결사이다. 이 결사는 성철·청담·우봉·보문·자운 등 20여 명의 승려들이 "일하지 않으면 먹지 않는다"는 원칙과 소작인의 소작료와 신도들의 특별 보시 등을 거부할 것 등 18개 항목을 함께 지켜야 할 규약으로 삼았다. 봉암사 결사는 승가의 위의를 되찾고 人天의 사표로 중생을 구제하려는 근본불교를 지향하였다.[18] 또 하나의 배경으로는 1947년 송만암이 백양사를 중심으로 전개한 古佛叢林 정신에서 찾을 수 있다. 만암은 대처승 문제 해결 방법에 있어 자연스러운 소멸을 제시하였다. 즉 대처승은 상좌를 두지 못하게 하고, 가족들은 사찰 밖에 거주하도록 하여 점진적인 해결 방안을 제시하였다.[19] 1951년 6월 제3대 교정으로 송만암이 선출되자 선학원의 승려 李大義는 비구승들에게 수행 공간을 할애해 달라는 건의서를 제출한다. 이에 만암은 이 건의서를 검토하여 수행승들에게 사찰을 제공하라고 지시하였다. 종정의 지시에 따라 통도사·불국사 등에서 이 문제를 해결하기 위한 회의가 개최되었고, 그 결과 비구승들에게 동화사·내원사·직지사·신륵사 등 18개 사찰을 할애한다는 것이 결정되었다.[20] 불교계는 합리적이고, 평화적인 방법으로 승단의 전통을 회복하려는 방안을 찾아가고 있었다. 이러한 방법들은 승단 내부에서 자체적인 해결방안의 모색 결과로 도출된 것으로 그 실행에 있어 점진적이지만 후유증이 적은 것이었다. 하지만 정화운동의 촉발은 승단

---

18) 김광식, 「봉암사 결사의 재조명」, 『봉암사 결사의 재조명과 역사적 의의』, 봉암사 결사 60주년 기념학술세미나 자료집, 2007, 27~34쪽.
19) 曼庵文集刊行會, 『曼庵文集』, 민족사, 1997, 414~415쪽.
20) 김광식, 앞의 논문, 「한국 현대불교와 정화운동」, 157쪽.

내부의 합리적인 대안 모색과는 전혀 다른 방향에서 시작되었다. 정화운동의 직접적인 계기는 1954년 5월 20일 이승만의 담화문에서 찾아야 할 것이다. 이 담화문이 발표된 계기 역시 치밀하고, 오랜 숙고 끝에 미래를 전망하고 세워진 것이 아니고, 즉흥적이라고 할 수 있을 정도로 우연한 사건으로 시작되었다. 그러나 그 후유증은 상상을 초월하는 것이었고, 한국불교계는 정화운동의 소용돌이에 휘말려서 지울 수 없는 상처가 남게 되었다.

3. 이승만 정권과 정화운동의 전개

이승만은 일본불교가 대처식육을 전파시킴으로써 한국불교의 전통을 말살하였다고 보았다. 그런 까닭에 1954년 5월 20일 첫 담화를 필두로 1955년 12월 8일까지 모두 8차례의 담화를 발표하여 불교계를 유혈의 소용돌이로 몰아넣었다. 그는 불교계 내부에서 일본불교의 잔재를 청산하고 한국불교의 고유한 사상과 전통을 회복하려는 움직임이 진행되고 있는 사실을 모르고 있었다. 더구나 그는 국가의 최고 지도자로서 소관 부처의 장관에게 진상을 파악하여 적절하게 조치하라고 지시한 것이 아니라 구체적으로 대처승을 사찰에서 축출하라는 명을 내렸다. 이렇게 됨으로써 불교계는 자정의 노력을 더 이상 진행하지 못하고 공권력의 힘을 빌려서 파행적인 해결책을 찾게 됨으로써 지우기 힘든 상처를 남기게 되었다. 그는 일본불교 잔재를 청산하고 한국불교의 전통을 회복하라는 담화를 여러 차례 발표하였다. 그가 즐겨 사용한 '일본불교 잔재 청산'은 그가

1954년 5월 20일에 발표한 제1차 담화문에서 잘 드러난다.

> 日人들이 저의 소위 불교라는 것을 한국에 전파해서 우리 불교에 하지 않는 모든 일을 행할 적에 저의 소위 사찰은 도시와 촌락에 석겨 있어서 중들이 가정을 어더 俗人들과 같이 살며 불도를 행해서 온 것인데 이 불교도 당초에 우리나라에서 배워다가 형식은 우리를 모범하고 생활제도는 우리와 절대 반대되는 것을 행해 오던 것인데 이것을 韓人들에게 施行하게 만들어 한국에 고상한 불도를 다 抹殺 식혀 놓은 것이다. … 그 중에 긴요한 것은 日人 중애 생활을 모범해서 우리나라 불도에 위반되게 行한 자는 이후부터는 親日者로 인정받을 수밖에 없으니 家庭가지고 사는 중들은 다 사찰에서 나가서 살 것이며 우리 불도를 숭상하는 중들만을 정부에서 도로 내주는 전답을 개척하여 지지해 가도록 할 것이니 이 의도를 다시 깨닫고 시행하기를 지시하는 바이다.[21]

담화문의 요체는 불교가 우리나라에서 일본으로 전파되었는데 일본 승려들은 대처식육을 함으로써 교리가 변질되어 우리의 전통 불교와는 융합될 수 없다. 그런 까닭에 일본불교의 풍습을 따라 결혼을 한 대처승들은 친일 승려들이니 절에서 축출되어야 한다는 것이다. 담화문의 내용은 일제 잔재 청산과 해방 이후에 국민 총의에 의해 건설된 정부의 입장에서 볼 때 타당한 면도 있다. 대통령의 담화에 따라 비구승들은 동년 8월 24일부터 2일간 서울 안국동에 있는 선학원에서 60여 명이 모여 대표자 회의를 열었다. 이어서 비구

---

21) 「李大統領第一次諭示」, 『佛敎淨化紛爭資料』 한국근현대불교자료전집 68, 민족사, 1996, 13쪽.

측은 9월 28일과 29일 선학원에서 비구승대회를 열고 기존의 기구
와 종헌을 부정하고 새롭게 조계종헌을 제정하고 다음 사항을 결의
하였다.

> ─ 대처승은 승적에서 제거할 것
> ─ 대처승은 호법중으로 할 것
> ─ 교권은 비구승에게 환원할 것[22]

이에 대하여 대처측은 회의를 열어 다음과 같이 결의하여 비구측
에 통보하였다.

> ─ 三寶 사찰인 통도사·해인사·송광사를 비구승에게 수도장으로 제공
>   한다.
> ─ 불교 발전을 위해 분종한다.
> ─ 호법중은 될 수 없다.[23]

비구측은 대처측의 이러한 양보에 만족하지 않고 李淳浩(청담)·
河東山·尹月下 등이 1954년 10월 11일 경무대를 방문하고 불교정화
를 위한 강력한 담화를 다시 내려 주기를 청하였다. 그러자 이승만은
11월 4일자로 '일본식 정신과 습관을 버리고 대한불교의 빛나는 정
통을 살리라'는 요지의 담화를 발표하였다.[24] 비구측의 요청을 수락

---

22) 「佛敎界 紛爭의 裏面」, 『朝鮮日報』, 1954. 11. 28.
23) 위와 같음.
24) 「倭式習慣 버려라 李大統領 佛敎에 談話」, 『京鄕新聞』, 1954. 11. 6.

하여 발표된 이승만의 담화에 힘입어 비구측은 대처측과의 물리적인 충돌을 감행하였다.

해방 이후 일제 잔재를 청산하고 새롭게 건설된 민족국가에 걸맞는 체제와 이념을 확립하는 일은 중요하다. 그리고 일제시대 친일행각을 하였던 세력을 척결하는 일은 무엇보다도 중요한 일이었다. 문제는 대통령의 이 담화를 믿고서 하루아침에 200~500여 명 밖에 안 되는 비구승들이 7천여 명의 대처승을 상대로 종단의 주도권을 장악하려고 무리한 방법을 동원한 데 있었다.[25] 이 당시 종교계의 문제를 관할하는 중앙부처는 문교부였으며 이승만의 담화 내용을 실제로 지휘한 제1공화국 문교부 장관을 역임한 사람과 재임기간은 다음 표와 같다.[26]

이 가운데 이승만이 정화에 관한 담화를 발표한 시기의 장관은 이선근이다. 그는 성균관대학교와 영남대학교 총장을 거쳐 1974년 7월부터 1978년 6월까지 동국대학교 총장을 역임하였다.[27] 그는 동국대학교 총장으로 취임하는 자리에서 호국 불교 정신을 빛내겠으며, 불타정신을 구현하는 도량으로써 대학 내에 법당 건립을 약속하였다.[28] 이러한 점으로 보아서 그는 불교도라고 보아도 큰 무리는 없을 듯하다.

---

25) 김광식, 앞의 논문, 「한국 현대불교와 정화운동」, 166쪽.
26) 교육인적자원부 홈페이지 : www.moe.go.kr 역대 부총리 장관.
27) 『東國大學校 九十年誌』, 동국대학교 90년지 편찬위원회, 1998, 491쪽.
28) 『東大學七十年史』, 동국대학교 출판부, 1976, 184~185쪽.

이승만 정권시기 문교부 장관

순서	성 명	재 임 기 간	종 교
제1대	안호상	1948년 8월 ~ 1950년 5월	대종교
제2대	백낙준	1950년 5월 ~ 1952년 10월	기독교
제3대	김법린	1952년 10월 ~ 1954년 4월	불 교
제4대	이선근	1954년 4월 ~ 1956년 6월	불 교
제5대	최규남	1956년 6월 ~ 1957년 11월	미 상
제6대	최재유	1957년 11월 ~ 1960년 4월	미 상

이선근은 대통령의 뜻을 충실히 받들어 비구승이 종단을 수립하는데 중요한 역할을 하였다. 비구승 측은 1954년 6월 24일과 25일 불교정화추진발기회와 교단정화운동추진준비위원회를 결성하였다. 그리고 8월 24일과 25일에는 전국 비구승대표자대회를 개최하여 정화추진위원 및 대책위원을 선정하였다.[29] 이런 상황에서 정화운동에 불을 지른 것은 동년 11월 4일에 발표된 제2차 담화였다. 2차 담화의 내용 역시 1차 담화의 논지에서 크게 벗어나지 않는다. 요지를 살펴보면 다음과 같다. 지나간 일제시대에 일본이 한인을 일본화시키기 위해 일본 중들이 와서 한인들을 일본불교로 '부처'를 숭배케 한다고 하여 일본 풍속으로 중이 고기를 먹고, 처첩도 두고 못하는 일이 없게 만들어 놓았다는 것이다. 그가 바라는 바는 한국불교의 전통을 회복하고자 하는 승려들은 모두 궐기해서 애국심을 표명하라는 것이었다.[30] 2차 담화가 발표된 지 15일 만에 이승만은 또 다시 담화를 발표

---

29) 「帶妻僧을 反對 比丘僧 大會」, 『朝鮮日報』, 1954. 8. 26.

하였다. 거듭되는 대통령의 담화 발표에 힘입어 비구승들은 대처승들로부터 사찰을 회수하기 위한 사찰 점령을 시도하였다.[31] 이승만 정권은 정화운동 초기 불교계에서 발생한 사태에 대해 비구승과 대처승 사이에 적극적인 중재를 하거나 대안을 제시하지 못하고 수수방관하고 있었다. 뿐만 아니라 한국불교의 전통을 회복하고자 하는 승려들은 모두 궐기하라는 부분에서는 유혈사태를 조장하는 느낌을 주고 있다. 이승만은 유혈사태가 확산되는 것을 보면서 국무회의 석상에서 "불교를 믿으려면 똑똑히 해야 할 것이라"고 말하였다.[32] 국가원수의 이러한 발언은 불교계를 무지몽매한 집단으로 폄훼하는 것으로 적절치 못한 것이라고 밖에 할 수 없다.

　이 담화에 힘입어 비구승들은 1954년 12월 10일부터 13일까지 400여 명이 조계사에서 전국 비구·비구니 대회를 개최하였다. 이들은 대회를 마치고 눈이 내리는 날씨에도 불구하고 종로와 을지로를 지나 광화문을 거쳐 경무대로 향하는 가두시위를 하였다. 이들은 경무대로 가서 대통령을 면담할 예정이었으나 경찰의 제지로 뜻을 이루지 못하고 5명의 대표가 비서실 관저로 들어가서 대처승의 비행을 호소하고, 비서관으로부터 조속한 시일 내에 해결책을 강구하겠다는 답변을 듣고 해산하였다.[33] 이승만이 대처승을 압박하는 논조는 시간이 흐름에 따라서 더욱 강하게 나타난다. 제5차 담화문에서는 대처승들에게 절에서 물러가지 않으면 용서치 않겠다는 강경한 어조

---

30) 「倭式 宗敎觀을 버려라」, 『서울신문』, 1954. 11. 5.
31) 「佛像 앞에서 流血格鬪」, 『조선일보』, 1954. 11. 19.
32) 「새벽의 曹溪寺에 流血劇 帶妻僧, 比丘僧을 襲擊 30名살 重輕傷, 二百餘, 警官 出動으로 鎭壓」, 『동아일보』, 1955. 6. 11.
33) 韓國佛敎僧團淨化史編纂委員會, 『韓國佛敎僧團淨化史』, 1996, 181~182쪽.

로 나타난다. 그 요지는 이러하다.[34]

대처승들은 다 조용히 물러앉아서 어디 가서든지 속인처럼 해 나가는 대로 살 수 있는 것이니 그 방면으로 국가의 위난을 건져야 되겠다는 결심을 가지고 곤란을 만드는 것이 없어야 될 것이다. 생활난이 있으면 정부나 민간에서 혹 원조라도 해 줄 수 있겠으나 불가하게 재산을 내놓지 않겠다고 하든지 자기가 배운 일본 제도가 맞다고 고집하다가는 민중이 결단코 허락지 않을 것이니

대처승들에게 절을 떠나서 생활하게 된다면 생활비를 보조해 줄 수 있지만 절을 떠나지 않고 눌러앉아 있으면 재난을 당하게 될 것이라고 하였다. 제헌 헌법 제12조는 "모든 국민은 신앙과 양심의 자유를 가진다. 국교는 존재하지 아니하며 종교는 정치로부터 분리된다"[35]라고 명시되어 있다. 헌법에 종교의 자유가 보장되어 있음에도 불구하고 헌법을 수호해야 할 대통령은 헌법을 위반하는 말을 하고 있다. 종교계의 문제는 종교계에서 스스로 해결책을 찾도록 해야지 정치권이 공권력을 동원해서 재단하려 들게 되면 정치권과 종교계는 쌍방 간에 치명상을 입게 된다. 물론 국가의 최고 통수권자로서 일제의 잔재를 없애고 싶겠지만 그것이 하루아침에 이루어질 수 있는 사안이 아님은 누구나 알고 있다. 그렇다면 급진적인 방법을 동원하여 많은 피를 흘리면서 사회 전체를 혼란의 도가니로 몰아넣는 해결책이 과연 바람직한 것이었을까. 그렇지 않으면 각계각층의 의견

---

34) 「帶妻僧 물러나라, 李 大統領 佛教紛爭에 再次 談話」, 『조선일보』, 1955. 6. 17.
35) 「대한민국헌법」, 『官報』 제1호, 1948. 9. 1.

을 듣고, 보다 장기적인 계획을 세워 후유증을 최소화하는 방향으로
진행하는 것이 옳았을까.

이승만의 이러한 행보는 제6차 담화문에서 한층 더 강하게 나타
난다. 12월 4일, 이 대통령은 정부 출입기자단과의 회견 석상에서 다
음과 같은 발언을 하였다. "대처승이 절에서 물러나 자중치 않고 소
동을 일으킨다면 그들은 장차 발붙일 데가 없을 정도로 될 것"이라
고 경고하였다. 이에 대하여 비구승 측에서는 대환영을 하고 있는데
이는 우리나라 전통 불교 교리를 다시 찾는데 큰 힘이 될 것이라는
판단에서 나온 것이다.[36]

이러한 논조는 마지막 담화인 8차 담화에 가면 많이 희석된다.
이승만은 1955년 12월 8일 비서관 구본준을 시켜서 내무부 장관과
문교부 장관에게 다음과 같은 지시를 내렸다. "대처승이 사찰과 소속
재산을 내놓고 물러간다면 정부에서 조사해서 임시로 도와줄 수 있
으면 도와 주는 것이니 문교부에서는 이 의도를 받아서 원칙만을 주
장해서 … 많은 사람이 곤란을 피할 수 있도록 하고 … 비구승과 대
처승 간의 지나간 갈등은 모두 잊고 서로 화동해서 지내"라고 하였
다.[37] 그러나 이러한 담화문 내용과는 상관없이 이후에도 유혈사태
는 계속되었다.

---

36) 「微妙해진 佛敎紛糾 大統領 談話에 따라 兩側서 淨化應諾」, 『경향신문』, 1955.
   8. 6.
37) 앞의 책, 『태고종사』, 353쪽.

4. 이승만 정권 정교분리정책의 실상

  이승만 정권의 종교정책은 기본적으로 미군정의 공인교정책을 답습하였다. 그런 까닭에 천주교·기독교 이외의 종교는 국가로부터 보호를 받을 수 없었다. 앞서 제1공화국 헌법에 정교분리가 명시되어 있음을 살펴보았다. 정교분리란 정치권이 종교계 문제에 개입하지 않는다는 것으로 정치권이 종교 문제에 관여하였을 때 큰 부담이 될 수 있음을 알고 있는 위정자들의 이해관계에서 발생하는 사안이다. 그러나 위정자는 마음만 먹으면 어떤 형태로든지 종교 문제에 영향력을 행사할 수 있는 여지는 있다. 종교 문제가 종교 자체의 범위 안에서만 기능 할 경우에는 무방하지만 종교의 영역을 넘어서 사회 내의 범위로 넘어올 가능성은 충분하다. 때문에 위정자는 이 같은 종교의 속성을 파악하고 있기에 정교분리는 명분의 성격이 강하다.[38] 이승만은 누구보다도 이러한 사실을 잘 알고 있었던 듯하다.

  이승만은 1948년 8월 15일 초대 대통령으로 취임하는 선서를 기도로서 하나님에게 호소하여 국민을 놀라게 하였다. 그의 대통령 취임사 가운데는 "오늘 대통령 선서하는 이 자리에서 하나님과 동포 앞에서 나의 직책을 다 하기로 한층 더 결심하며 맹서합니다"[39]라고 말한 대목이 있다. 이후 제1공화국 시대에 국가 의전은 기독교식으로 한다는 전례를 만들었다.[40] 1952년 제2대 대통령 선거 때 대통령

---

38) 김광식, 「이승만은 왜 불교계를 정비하였나」, 『내일을 여는 역사』 17호, 2004, 167~168쪽.
39) '대통령취임사', 「彙報」, 『官報』 제1호, 1948. 9. 1.
40) 최종고, 「第一共和國과 韓國改新敎會」, 『동방학지』, 제46·47·48합집, 1985, 665쪽.

에는 이승만이 압도적인 다수로 재선될 것이 확실하여 걱정할 필요
가 없었지만 부통령 후보에 대해서는 낙관할 수 없었다. 총 9명의 입
후보자 가운데 함태영·조병옥·이갑성·이윤영·임영신 등 5명이 기
독교 신자였기 때문이다. 당시 『기독공보』에는 '전국 기독교인에 고
함'이라는 대대적인 광고를 실었다. 그 광고 내용 가운데 일부를 살
펴보면 다음과 같다.

> 우리 기독교 입후보자 중에서 어느 분이 기독교 표수 이외에 가장 많은
> 부동표를 획득하고 있느냐 하는 것입니다. 왜 그런고 하니 이 가장 많은
> 부동표 수에다 우리 전국 기독교 표수만 집중시키면 우리 기독교인 중
> 에서 당선될 수 있는 방법이 되는 까닭입니다.[41]

제2대 정부통령 선거는 대통령에 이승만, 부통령에 함태영의 당
선으로 끝났는데, 한국 기독교연합회는 1952년 8월 19일 부산교회,
용당교회에서 수양회를 가지고 다음 사항을 결의하였다고 한다.[42]

> 1. 기독교인 정치협의회의 결성을 촉진하여 기독교인의 의사를 정치에
>   반영시킬 것
> 2. 기독교 일간 신문을 발행할 것
> 3. 예배 시 교직자는 예식복을 착용할 것(일체의 구체적인 방법은 한경
>   직·방화일 목사에게 일임키로 함)
> 4. 헌금 기도는 목사가 해야 할 것(아무 준비 없이 여럿이 하는 것은 불미함)

---

41) 「전국 기독교인에게 고함」, 『기독공보』, 1952. 8. 4.
42) 최종고, 위의 논문, 670쪽.

이때 누가 정치와 종교의 분리를 주장한 사람이 있었다면 시대의 이단자가 되고 말았을 것이다.[43] 이승만은 정교분리가 명시된 국가의 대통령으로 재직하면서 자신이 신봉하는 기독교 국가를 만들기 위해서 노력하였던 인물이다. 이제 정화운동과 관련하여 불교계에는 정교분리 정책이 어떤 형태로 나타났는지 살펴보자. 1953년 6월 당시 제3대 교정이었던 송만암은 제13회 중앙교무원회가 개회될 즈음에 「宣示」를 발표하여 불교계의 현안 사안을 해결할 것을 지시하였다. 만암은 현재 조선불교 敎憲을 폐하고 대한불교 조계종이라고 개정된 안을 통과시킬 것과 理事判 同調並行의 美風을 宣揚할 모든 조치를 의결할 것을 당부하였다.[44] 대처승 측은 교단을 修行團과 敎化團으로 나누어 비구승과 대처승의 공존 근거를 마련하였다.[45]

그렇지만 비구승들은 교정의 지시에 따라 점진적인 세월을 두고 교단의 개혁을 이루어 나가기보다 이승만의 담화 발표에 따라서 정화운동을 추진할 태세를 갖추었다. 불교계의 정화운동이 한창 격화되고 있던 1955년 1월 29일 경무대에서 이승만을 만나고 돌아온 李宣根 문교부 장관은 李靑潭을 비롯한 4명의 승려를 장관실로 불렀다. 그는 행정부로서는 교파나 교리에 대한 문제는 일체 언급하지 않고 다만 사찰 경내에 일본 성향이 농후한 승려나 처자를 거느리고 있는 자에 한해서 내무부를 통해 물러가게 할 것이라고 명확한 선을 그었다. 비구승 측의 원로급 승려와 대처승 측에도 비구승들이 있다 하니 그분들과 상의해서 교단 자체 내에서 '정화'를 꾀하도록 해야

---

43) 최종고, 앞의 논문, 670쪽.
44) 「宣示」, 『曼庵文集』. 224~226쪽.
45) 김광식, 앞의 논문, 「정화운동의 전개과정과 성격」, 329쪽.

할 것이라고 말하였다. 비구승 대표는 어디까지나 한국불교의 유구한 전통을 살리기 위해서는 '佛'의 적자인 비구승들이 '헌장'을 확립하여 진정한 틀을 짜 놓지 않고 그저 상의해서 하는 어리벙벙한 중용에는 찬동할 수 없다는 것을 이선근 장관은 누누이 말하였다.[46] 이 신문기사에서 행정부는 특정 교파나 교리에 관여하지 않겠다는 입장을 밝히고, 뒤이어 비구승이 '佛'의 적자이니 대처승을 축출하고 교단의 종헌을 확립하여 전통을 살리라고 말하고 있다. 문교부 장관의 이 같은 발언은 비구승들을 전적으로 옹호하는 것이다. 정부 측의 입장이 이러하였으니 비구·대처 분규의 결과는 이미 판가름이 난 것이었다.

사태가 이렇게 전개되자 국회에서 대통령의 헌법 위반 사실을 문제 삼고 나섰다. 국회 본회의에서는 李宣根 문교부장관과 金亨根 내무부 장관을 출석시키고 대정부 질문에 나섰다. 文鍾斗 의원은 "지난 5월 9일자로 발표한 양장관 공동성명의 시달사항에는 주지의 인허권을 문교부장관이 가진다고 하였고 官製인 불교정화대책위원회를 구성한다고 하였는데 이는 종교 및 신교의 자유를 보장한 헌법 제12조를 유린하는 것이 아닌가"라고 물었다. 李永熙 의원은 "불교 내의 분쟁에 대해서 행정당국이 불법적이고 편파적으로 간섭하고 있다고 보는데 어떠한가"라고 질문하였다. 韓熙錫 의원은 "장관은 대통령 유시만 있으면 아무 비판도 없이 그대로 따라가는 기계적인 존재인가. 이는 위헌 처사에 대한 비난을 대통령에게 돌리려는 것이 아니냐"라고 날카롭게 질문하였다. 이러한 질문에 대해서 이선근 문교부 장관의 답변 요지는 "대통령의 유시는 한국불교의 전통을 살려서 사

---

46) 「노-텃취 방침 이문교장관 비구대표에 언명」, 『동아일보』, 1955. 1. 30.

찰이 그 본연의 모습으로 돌아가 정화되어야 한다는 것으로 생각하고 있다"는 것이었다.[47]

당시 언론은 비구승 측에 호의적이면서도 국회에서 대통령의 위헌 처사가 문제가 되자 행정부는 중립을 지켜야 한다는 입장을 밝혔다. 대처승은 현대 한국 교단의 종권을 의연히 장악하고 있으니 아무리 오늘날 사회가 그릇된 것이 '참'으로 위장되고 '白'이 '黑'으로 만들어져 있다손 치더라고 그것이 당연지사로 보아지겠는가. 더욱이 七千 대처승과 幾萬의 그 眷屬들이 지금 마구 파먹고 있는 故로 佛敎財團이 지금 파멸의 위기에 직면하고 있을뿐더러 국가의 至寶인 팔만대장경은 死藏되어 있고 전국 사찰은 나날이 疲弊될대로 되어 가는 현금에 있어서랴! 아깝게도 이 정화운동에 커다란 흠이 들어가게 되었으니 이것이 곧 관권의 개입인 것이다. 이러한 상황에서 당국은 더 이상 불교계 분쟁에 간섭하지 말고 최악의 경우 이 문제가 재판의 판결을 기다려야 할 경우 '올바른 증인'의 입장에서 역할을 하라고 당부하였다.[48]

불교계 분쟁의 발단이 된 대통령의 유시는 헌법에 명시된 정교분리 원칙을 무시한 처사였음에도 여론은 크게 문제를 삼지 않았다. 여론의 향방이 그러하였던 것은 불교계 정화의 명분이 일제의 잔재 청산이라는데 있었기 때문이었고, 비구승들이 불교계의 주축을 형성하는 것이 타당하다는 묵인이 있었다고 본다. 불교계의 분쟁은 격화일로를 치달아 급기야 국회 본회의에서 논의되었으나 별다른 대안을 찾지 못하였다.

---

47) 「國會서 佛敎紛爭에 質疑 違憲이니 偏派이 辛辣한 論戰」, 『조선일보』, 1955. 6. 16.
48) 「佛敎淨化를 推進하는 길」, 『東亞日報』, 1955. 6. 21.

5. 왜색불교 청산과 한국불교 전통회복 정책

이승만 정권이 당면하고 있던 과제는 친일파 청산 문제와 대한민국의 정통성 확립이었다. 이 두 가지 문제는 동전의 양면처럼 밀접한 관련을 가지는 사안이다. 식민지에서 해방되어 새로운 국가를 형성한 시점에서 식민지 시대에 일제의 앞잡이 노릇을 한 주구들을 처단하는 것은 지극히 당연한 일이었다. 그런데 이승만 정권의 물적 기반은 일제시대 부를 축적한 한민당에 두고 있었기 때문에 친일파 청산은 애초에 실행하기 어려운 과제였다. 부와 권력을 위해 일제와 결탁한 경제계 인물들이 이제는 이승만 정권과 밀착되어 한국 경제를 이끌었다.[49] 이 어려운 과제는 1949년 9월 5일 중앙청 제1회의실에서 대통령 이승만, 국무총리, 국회의장, 특위위원 등이 모여 협의한 결과 10월 4일자로 반민법을 폐지함으로써 풀지 못하고 끝이 났다.[50] 이승만 정권하에서 친일파들은 반공주의자가 되어 다시 득세를 하였다. 이승만인들 왜 친일파를 청산하고 싶지 않았겠는가. 그는 오랫동안 외국에서 생활하였기 때문에 국내의 인적 기반이 취약하였고, 정치를 하는데 필요한 정치자금을 조달하기 위해서는 자본가 계층의 도움이 절실하였다. 그런 까닭에 친일파 청산은 무위로 끝날 수밖에 없었다.

불교계도 예외는 아니어서 1951년 11월 이종욱이 제4대 중앙총무원장에 취임함으로써 불교계의 친일파 청산도 무위로 끝이 난다.[51] 그는 1941년 9월에 불교계의 실질적인 최고 책임자였던 종무

---

49) 이강수, 『반민특위연구』, 나남출판, 2003, 323쪽.
50) 이강수, 위의 책, 317쪽.

총장에 취임한 이래 일본이 패망하는 그 순간까지 그 자리를 지킨 승려이다.[52] 그의 친일 시비 전말을 가리기 이전에 그가 지닌 불교계의 상징성으로 볼 때 친일 문제 척결은 이루어졌다고 볼 수 없다. 그리고 이승만이 여러 차례 담화문에서 언급한 한국불교의 전통을 회복하라고 한 것은 실체가 없다. 그가 알고 있는 한국불교의 전통이란 것은 교리와 승단의 법맥 전수에 대해서는 전혀 아는 것이 없고, 그저 승려는 결혼하지 않고 수도하는 독신자 정도로 알고 있었던 듯하다. 그런 까닭에 결혼한 대처승은 왜색불교의 화신이므로 사찰에서 축출하라는 것이었다. 한국불교의 전통에 대해서 비구측이나 대처측에서도 이렇다 할 언급이 없다. 당시 상황은 양측 모두가 한국 불교의 전통에 대해서 깊이 생각할 여유가 없던 시기였다.

비구승들의 정화운동은 정부 당국과 밀접한 관계를 가지면서 진행되었다. 행정 주무부서와는 사전에 협의를 하면서 추진하였다. 1955년 5월 23일 비구와 대처측은 각각 5명씩으로 구성된 사찰정화대책위원회를 구성하였다. 비구측은 이효봉·이청담·정금오·최원허·윤월하였고 대처측은 이화응·박대륜·김상호·원보산·국묵담으로 구성되었다. 1955년 7월 13일 문교부 차관실에서 개최된 제1차 사찰정화대책위원회에서 이선근 문교부 장관은 다음과 같은 인사말을 하였다. "대처 측에서 오랫동안 대표를 보내지 않다가 이처럼 대표를 보내주신데 대해서 대단히 고맙습니다. 대원칙에 이의가 없으시다면 조속히 해결하여 주십시오. 더욱이 국가원수가 무엇을 요구하는지를 냉철히 판단하여 주시기를 충심으로 바랍니다"라고 하였다.[53] 이선근은

---

51) 임혜봉, 『친일승려 108인』, 청년사, 2005, 637쪽.
52) 임혜봉, 위의 책, 613쪽.

대통령의 뜻을 충실히 받들어 비구승 중심으로 통합을 이루어내고 싶었으나 대처측의 완강한 저항에 부딪히자 거의 협박 수준의 발언으로 인사말을 하고 있다.

불교계의 분쟁이 쉽게 종식되지 않자 이승만은 1955년 8월 4일 기자단 회견 석상에서 다음과 같이 말하였다. 중이 처를 데리고 사는 그것이 큰 문제가 되는 것이 아니라 문제는 우리나라 중들의 종교적 신앙 조리가 일본 중들의 그것과는 특별히 다른 것이 몇백 년 계속되어 왔다. 일본이 한국을 점령하여 한인들을 다 일본인화 시키려 할 때 한국에 충성하려던 중과 교도들은 다 물러났고 일본에 충성하는 새 중들만이 사찰을 차지하였다. 이들 친일하던 중들은 오늘에 와서는 마땅히 물러서야 할 것임은 누구나 이론을 붙일 수 없는 것이다[54]고 했다. 이러한 그의 주장은 비구승이냐, 대처승이냐가 문제가 아니고, 일제시대 친일 행각을 하였느냐, 아니냐가 문제라는 것이다. 그러면서 수차례 담화문을 통하여서 대처승들은 사찰에서 떠나라고 지시하였다. 결국 그의 주장대로라면 대처승은 친일 승려라는 등식이 성립된다. 과연 그런가, 해방 이전에 세상을 떠나기는 하였지만 불교계에서 항일승려의 巨擘으로 꼽는다면 한용운이라는 데는 큰 이론이 없을 것이다. 한용운은 승려에게 결혼을 허용해야 한다고 주장하지 않았는가. 뿐만 아니라 1930년에 결성된 불교계 항일 비밀결사 조직인 만당의 구성원으로 파악되는 24명 가운데 15명은 일본에 유학한 승려[55]들이고, 이들은 대부분 결혼을 한 대처승이다. 이들 가

---

53) 앞의 책, 『韓國佛敎僧團淨化史』, 610쪽.

54) 「倭色僧侶는 물러가라 李大統領 佛敎問題에 言明」, 『東亞日報』, 1955. 8. 5.

55) 김광식, 「朝鮮佛敎靑年總同盟과 卍黨」, 『한국근대불교사연구』, 민족사, 1996, 268 ~269쪽.

운데는 해방 이후 비구·대처의 분쟁에서 대처승 집단에서 대표로 활약한 승려도 있다. 그의 주장은 앞뒤가 맞지 않는 모순을 범하고 있다.

이승만의 담화에 따라 1955년 8월 12일 조계사에서 문교·내무 양부의 관계관이 참석한 가운데 전국 승려대회를 열고, 56명의 종회 의원을 선출하고, 종헌을 개정 선포하는 한편 薛石友를 종정으로 추대하였다.[56] 이후 본격적으로 정화운동을 시작한 비구측은 1년여의 투쟁 끝에 많은 사찰을 확보하였다. 정작 문제는 많은 사찰을 확보한 이후에 발생하였다. 그 당시 선학원 측에서 파악한 비구승의 수는 약 800여 명이었다. 800여 명의 비구승이 7,000여 명의 대처승과 싸워서 얻은 수백 개의 사찰에 주지로 임명할 자격을 갖춘 승려의 수가 턱없이 부족하였다. 40년간이나 대처승들에게 빼앗겼던 사찰을 찾고 보니 새 주인이 될 자격을 갖춘 승려가 드물었다. 비구승들은 전국에 전통 있는 623개의 사찰을 골라 주지를 내정하고 있으나 실제로 문교부에 인허를 신정한 것은 19개 사찰에 불과하였다는 것은 안타까운 현실이었다.[57] 비구승들이 당면한 문제는 식량난이었다. 쫓겨나는 대처승들이 절에 식량을 남겨 놓지 않아서 당국에 구호를 호소하는 등 일찍이 겪지 못한 현상을 경험하였다. 또 다른 문제는 사찰을 유지 재단으로 운영하는 기업체가 가동 중단의 사태에 직면하였다. 공장·극장·회사·운수업 등의 기업체는 알려진 것만 하여도 13개가 넘는데 이들 기업체의 인수는 학교운영재단과 더불어 교착상태에 빠졌다. 결국 불교정화는 대처승들이 비구승단에 빈 절간만 물려준 결과가 되었다.[58]

---

56) 「佛敎紛爭終熄段階 宗正에 比丘側 薛石友氏를 推戴」, 『朝鮮日報』, 1955. 8. 13.
57) 「帶妻僧 包攝 不可避 禪學院側 住持人選에 腐心」, 『東亞日報』, 1955. 6. 22.

결국 비구측은 대처승을 포섭할 수밖에 없었다. 대한불교 총무원은 1956년 1월 26일 대처승 포섭을 위한 문호를 개방하고 대처승의 사찰 복귀를 허용하였다. 종무원 및 주요 사찰을 제외한 일반 사찰에는 전부 대처승을 배치하고 사찰을 재단으로 해서 운영되는 각 기업체의 운영자 역시 종전 사람을 등용할 계획을 명백히 하였다.[59]

바구·대처의 분쟁은 1956년 하반기부터는 물리적 충돌에서 법률적인 소송으로 전화된다. 대처측은 1955년 8월 전국승려대회의 결의 및 불교정화대책위원회의 결의가 무효라는 것을 확인해 달라는 소송을 제기하여 1956년 6월 15일 법원으로부터 승소 판결을 받았다. 법원은 이 결의가 헌법 제12조와 동법 9조·10조·11조·13조·18조 등을 들어 감독 관청의 간섭을 규탄하였다.[60] 이에 대하여 비구측 이청담은 이 공소에 불복하고 서울 고등법원에 항고를 하였다. 서울 고등법원은 대한불교의 정통이 비구측에 있느냐, 대처측에 있느냐는 문제를 놓고 비구측의 손을 들어주었다.[61] 결국 이 문제는 대법원까지 넘어갔고, 대법원은 1960년 11월 24일 대처측에 승소 판결을 내렸다. 사태가 이렇게 되자 비구측 승려들은 법정에 난입하였고, 이 가운데 333명이 구속되는 일이 발생하였다. 이날 법정에 진입한 비구 가운데 6명은 대법원장 비서실에서 대법관의 면담을 요청하면서 할복을 하는 사태가 벌어졌다.[62] 비구승들은 재판의 결과로 정화운

---

58) 「佛敎淨化에 또 難關 比丘僧, 指導級 貧困과 財政難」, 『東亞日報』, 1955. 11. 21.
59) 「帶妻僧들을 包攝 佛敎總務院서 寺刹復歸許容」, 『朝鮮日報』, 1956. 1. 28.
60) 「再燃된 佛敎紛爭 '風磨銅' 盜難 등 싸고 聲明戰」, 『東亞日報』, 1956. 6. 26.
61) 「正統派는 比丘側 서울 高等法院서 佛敎紛爭에 判決」, 『朝鮮日報』, 1957. 9. 19.
62) 「잇달은 亂動에 철추」, 『朝鮮日報』, 1960. 11. 25 할복을 시도한 비구는 柳月灘·金道憲·鄭性愚·文眞靜·李道明·文性覺이었다.

동의 정당성을 보장받는다고 생각하였기 때문에 그만큼 과격한 행동을 하였던 것이다.

이승만이 불교계 내부 상황을 잘 알 수가 없었던 것은 지극히 당연하다. 그렇다면 관계관들에게 불교계 문제를 해결할 수 있는 대책을 강구하라고 지시하는 것이 상식이었다. 그런데 그는 여러 차례나 걸쳐 담화를 발표하고 불교계를 정화하라고 직접 지시를 내렸다. 여기에는 또 다른 의도가 있었다고 보인다. 이러한 점에 대해서 이미 선학들의 지적이 있었다. 첫째 이승만이 대처승 배제를 통하여 불교 문제에 개입한 것은 그의 기독교 우선 중심의 정책에서 비롯되었다는 것이다. 해방 공간 남한을 통치한 미군정의 종교정책이 기독교 중심의 정책이었다는 것과 이승만의 친미노선 정책은 미군정의 정책과 큰 차별성을 갖지 않는다는 점에서 이 주장은 설득력이 있다.[63] 또 하나의 관점은 이승만의 불교 문제 개입은 정치적 목적에서 나왔다는 것이다. 이 주장은 이승만이 불교계 분쟁에 적극적으로 관여한 시기가 1954년부터 1956년까지인데 이 기간 동안 그는 자신의 독재체제를 구축하기 위해서 불교계 문제를 활용하였다는 것이다. 이승만의 유시가 발표된 시기가 공교롭게도 그가 정치적으로 난관에 봉착하였을 때라는 것이다. 1차 유시는 1954년 5월 20일 민의원 선거 다음날이었으며, 2·3차 유시는 중임제한을 철폐하는 개헌안에 대해서 국회에서 찬반양론이 벌어졌던 11월 4일과 19일에 있었다. 4차 유시가 발표된 12월 17일은 사사오입 개헌 이후 야당 의원들이 호헌동지회를 결성하여 개헌 반대 투쟁을 전개하던 시기라는 것이다. 이러한 주장들은 상당한 설득력이 있기는 하지만 입증할 만한 결정적

---

63) 김광식, 앞의 글, 「이승만은 왜 불교계를 정비하였나」, 168쪽.

인 자료가 없는 것이 한계이다. 그런 까닭에 추측만 가능할 따름이
다. 그러나 추측이라고 하더라도 우연한 일치로 돌리기에는 석연치
않은 점들이 많으므로 향후의 과제로 남긴다.

　5·16군사 쿠데타로 이승만 정권이 무너지고 수립된 국가재건최
고회의는 현재 법원에 계류중인 75건에 달하는 소송을 일체 중지할
것을 지시하였고, 새로운 수습 방안을 강구하겠다는 의지를 밝혔
다.[64] 이후 군사정권은 불교 분쟁 수습을 위해 불교재건위원회를 구
성하되 위원회의 구성은 양측에서 추천한 자 가운데서 종교단체 심
의위원회가 제청한 자 5명씩과 심의회에서 추천한 자 3명으로 구성
하기로 하였다. 위원회 구성 후 1개월 내에 불교재건 비상종회를 구
성하여 모든 불교 분쟁을 수습하기로 하였다.[65] 박정희 국가재건최
고회의 의장은 1962년 1월 12일 불교계 분쟁을 자체 내에서 자율적
으로 해결할 기회를 부여하지만 만약에 이 같은 분쟁사태가 계속된
다면 단연코 묵과하지 않겠다는 강력한 경고가 담긴 담화문을 발표
하였다.[66] 불교재건위원회[67]는 양파에서 15명씩 불교재건비상종회
구성에 합의하였다. 불교재건비상종회는 2월 22일까지 새 종헌을 만
들기로 합의를 보았다.[68] 비상종회는 宗名·宗旨 등 제반사항은 합의
를 도출하였지만 승려 자격 문제를 놓고 끝내 합의를 이루지 못하고

---

64) 「佛教分爭 裁判 中止를 指示」, 『東亞日報』, 1961. 10. 22.
65) 「끝없는 佛教紛爭」, 『朝鮮日報』, 1962. 1. 10.
66) 「收拾策 따르도록 朴議長, 佛教紛糾에 警告談話」, 『朝鮮日報』, 1962. 1. 13.
67) 1962년 1월 22일 중앙공보관에서 열린 불교재건위원회 참석한 불교재건위원 명
　단은 다음과 같다.
　비구측 : 李青潭·孫慶山·李行願·崔圓虛·朴秋潭.
　대처측 : 趙龍溟·朴承龍·黃成龍·安興德·李南采.
68) 「22日까지 새 宗憲 만들기로 佛教再建非常宗會」, 『東亞日報』, 1962. 2. 13.

당국에 일임하는 사태가 벌어졌다. 문교부는 승려 자격을 실질적으로 사찰에 독신으로 상주하면서 수도와 교화에 전념하면서 가족 부양에 책임이 없는 자만을 승려로 인정하고, 그렇지 않은 자는 완전한 권한을 가질 수 없는 비정상적인 승려로 인정하였다. 비정상적인 승려는 포교사 및 주지 서리 등 직책에만 등용할 수 있고, 정상적인 승려가 가지는 권한을 행사할 수 없다고 해석하였다.[69] 결국 대처측의 동의를 얻지 못한 채 어정쩡한 상태에서 비구·대처가 함께 참여한 통합종단이 탄생하였다. 통합종단의 종명은 대한불교 조계종이며 교지는 "신라 도의국사가 창수한 가지산문에서 기원하여 고려 보조국사의 중천을 거쳐 태고 보우국사의 제종포섭으로써 조계종이라 공칭하며 이후 종맥이 면면부절한 것이다"라고 규정하였다. 통합종단의 임원은 다음과 같다.[70]

종　　　정 : 이효봉(비구)
총무　원장 : 임석진(대처)
감찰　원장 : 박문성(비구)
감찰부원장 : 안흥덕(대처)
총무　부장 : 윤월하(비구)
사회　부장 : 이남채(대처)
교육　부장 : 문정빈(비구)
재무　부장 : 박기종(비구)

이로써 8년간 지속되어 왔던 험난하였던 비구·대처의 분쟁은 막

---

69) 「帶妻側서 再考陳情 僧侶資格, 文敎部案에 强硬 태도」, 『朝鮮日報』, 1962. 3. 6.
70) 「佛敎 單一宗團 구성 六名의 任員을 選出」, 『朝鮮日報』, 1962. 4. 7.

을 내렸다. 그렇지만 대처승을 정규 승려로 인정하지 않은 상황이어서 불씨는 언제든지 재발할 소지를 안고 있었다. 불교정화 운동은 1970년 5월 대처승들이 태고종이라는 새로운 종단을 창종함으로써 막을 내리게 된다.

6. 맺음말

이상에서 이승만 정권의 불교정책을 살펴보았다. 이승만은 유학적인 가문에서 태어나 어려서 유학적인 분위기 속에서 성장하였다. 그의 모친이 독실한 불교신자였기 때문에 어려서는 사찰 출입도 잦았던 것 같다. 그러나 서울로 올라와 청소년기에 신식학교인 배재학당에 입학하면서 서구 문물을 받아들이고 서양 선교사들과 친하게 지내면서 기독교로 개종하였다. 미국으로 건너간 이후에 그의 기독교 신앙은 더욱 깊어졌다. 한때 그는 일생을 기독교계에 투신할까 하는 생각을 할 정도였다.

해방 공간에서 대한민국의 통치를 담당한 것은 미군정이었다. 미군정의 종교정책은 기독교를 우선하는 정책이었다. 1945년부터 크리스마스는 공휴일이 되었고, 공영방송을 기독교의 선교활동에 이용할 수 있도록 하였으며, 일요일에는 국가의 공식적인 행사를 할 수 없도록 하였다. 이승만은 오랜 망명 생활을 끝내고 해방 이후 귀국하여 대한민국 초대 대통령이라는 영광스러운 지위에 올랐다. 당시의 사회적인 분위기로 그가 대통령이 될 수 있었던 것은 미국에서 오랜 세월을 지냈기 때문에 미국의 노선을 가장 잘 이해하는 사람이었던 점도 있었다. 이승만 정권의 종교정책은 미군정의 공인교정책을 답습한 것이었고, 기독교 우선 정책을 썼다. 그는 헌법에는 종교의 자유가 명시되어 있었고, 국교는 정해져 있지 않았지만 정책적으로는 공인교의 활동을 보장하는 공인교 정책을 표방하였다.

　이승만 정권의 불교정책은 불교계를 혼란에 빠뜨리는 분열책이었다. 해방 이후 불교계 내부에서는 봉암사 결사와 고불총림의 설립과 같은 자정 작업은 시간이 더디지만 후유증이 적은 방안들이었다. 이러한 결사는 불교의 근본정신으로 돌아가자는 것으로 외세로부터 해방된 공간에서 자주적인 면모를 보이는 것으로 큰 의미를 지니는 것이었다. 그러나 이러한 자주적인 움직임은 성급하게 개혁을 성취하려는 비구승 측과 이를 정치적으로 이용한 이승만 정권의 결탁으로 빛을 잃고 말았다. 1954년 5월 20일, 이승만이 절에서 어린아이 기저귀를 널고 있는 모습을 보았다든지 승려가 처와 함께 기거하는 모습을 보았다든지 하는 우연치 않은 사건들을 계기로 하여 불교정화에 관한 담화를 발표한다. 이 담화의 내용은 왜색불교를 청산하고 한국불교의 전통을 회복하라는 것이었다. 비구승들은 이 담화를 40년 동안 대처승들로부터 설움을 받아왔던 승단의 주도권을 회복할 수 있는 계기로 받아들였다. 비구승단의 대표들은 경무대로 이승만을 방문하여 진의를 확인한 다음 일제시대 비구승들이 자주 모였던 선학원에서 비구승대회를 개최하여 의견을 결집하고, 대처승들과 사찰을 들러싸고 격돌을 벌였다. 그 결과 정권의 지지를 등에 업고 많은 사찰을 확보하였지만 적은 비구승의 숫자로는 그 많은 사찰을 관리할 수가 없었다. 결국 정통성을 확보한 비구승단은 대처승을 포섭하지 않을 수 없었다. 이러한 사실은 비구승들이 처음 정화운동을 시작할 때 미처 예측하지 못한 일이었으며, 대처측으로부터 사찰을 접수하는 데는 성공하였지만 정화 본래 목적을 희석시킴으로써 비구 승단의 위상 실추를 초래하였다. 이후 비구·대처의 갈등은 법정 소송으로 비화되어 불교계의 많은 재산을 탕진하게 하였다. 이승만 정권의 불교정책이 불교계의 혼란을 가중시키자 국회는 대통령이 발표한 일련의 담화문과 행정부의 공권력 행사가 위헌의 소지가 있다고 판단하고, 문교부 장관과 내무부 장관을 출석시켜 대정부 질문을 벌이고, 중립을 지킬 것을 요구하였다. 그러나 이승만 정권은 국회의 이러한 요구를 귀담아듣지 않았고, 언론 역시 비구승의 입장을 옹호하였다. 국민 여론 또한 묵시적으로 비구승과 대처승이 대립하는 과정에서 비구승 측이 한국불교의 전통을 계승한 집단이었다는데 동의하였기 때문에 정화운동은 성공할 수가 있었다고 본다.

이승만 정권이 무너지고 새롭게 들어선 군사정권 아래서 강압에 못 이겨 1962년 비구·대처의 통합종단이 발족한다. 그러나 이 통합종단은 승려 자격 문제를 놓고 승단 내부에서 합의를 도출하지 못하고 결국 정부 당국에 일임하여 구성되었다. 출발부터 쳐다보는 지향점이 달랐기 때문에 비구·대처간의 갈등은 1970년 대처승이 태고종이라는 종단을 창종함으로써 마감된다. 비구 승단이 정통성을 확보하였다고는 하지만 그 정통성을 확보하기 위해서 벌레 한 마리를 죽이는 것도 금하는 불법을 신봉하면서 고통 속에 헤매는 중생들을 제도해야 할 승려들이 숱한 피를 흘리는 참극을 보아야 했고, 그 현장의 주인공이 되어야 했다. 한국 현대사가 시작되는 시점에서 시작된 비구·대처간의 분규는 불교계에 많은 상처를 남겼고, 불교계의 질적 하락을 가져왔다. 이러한 사실은 목적이 아무리 숭고하다고 하더라도 그 실행 방법이 나쁘다면 종교계에서 해서는 안 될 일이었다는 교훈을 남겨 두었다고 할 것이다.

불교정화의 이념과 방법

─靑潭 淳浩와 退翁 性徹의 현실인식과 정화인식

고영섭 | 동국대 불교학과 교수

1. 화두 : 문제와 구상

역사에는 가정이 존재하지 않는다. '지금 여기'의 현실과 무관한 가정은 문제 해결에 아무런 도움을 주지 못한다. 때문에 국권 상실이 오늘의 아픈 현실의 원인(遠因)임에도 불구하고 '일제(日帝)에게 나라를 빼앗기지만 않았더라면'이라는 가정의 설정은 공허한 메아리가 될 뿐이다. 문제는 일제와 그로부터 생겨난 식민지 불교의 잔재 척결과 전통불교의 복원 시도를 위한 '정화'[1] 혹은 '법난'의 상처들이 우

---

1) 『維摩經』과 『淨土三部經』 이래 다수의 경전에서 '불국토를 맑고 깨끗하게 한다'는 '淸淨佛國土'로부터 '淨土'의 개념이 나온 것처럼 '淨化' 역시 '淸淨敎團化' 또는 '淸淨僧團化'로부터 나온 것이라고 할 수 있다. '정화'에 대한 종래의 명명은 '淨化運動'을 비롯해서 '淨化', '淨化佛事', '紛糾', '紛爭', '法難' 등으로 불려져 오고 있다. 당시 기득권을 가지고 있었던 쪽(有妻僧. 娶妻僧)에서는 '분규' 또는 '분쟁'을 주로 '法難'이라고 규정하였고, 교단의 청정화를 도모하였던 쪽(獨身僧, 比丘僧)에서는 '정화불사' 혹은 '정화운동'을 주로 '淨化'라고 명명하였다. 때문에 두 교단의 인식의 차이가 반영된 이들 두 개념을 피해 이들을 아우를 수 있는 가치중립적인 '兩分'이라는 표현이 논의를 위해서는 더 적절하다고 볼 수 있다. 다만 이 논고는 조계종단의 불교사위원들이 집필하고 있는 현실을 감안하여 여기서는 '淨化'라는 개념을 사용하였다. 이들 두 기호가 함축하고 있는 의미처럼 한국불교계의 큰 '과제'이자 '상처'이기도 했던 일련의 역사는 여러 가지 문제들로 말미암아 아직까지 학문적으로 엄정하게 평가되고 있지 못하다. 논자는 한국불교현대사를 압축적으로 보여주고 있는 '정화'와 '법난' 이 두 기호가 정당한 평가를 거쳐 '갈등의 소원'을 넘어 '화해의 소통'으로 나아감으로써 불교의 힘과 역할이 우리 사회에 온전히 평가되고 인식되는 계기가 되기를 기대해 본다. 이 글 역시 특정 종단의 이해관계를

리 주변을 휩싸고 돌면서 아직도 아물지 않고 이따금씩 덧나고 있다는 데에 있다. 이 덧남이 마무리되어 굳은살로 탈바꿈 될 수만 있다면 일제 청산을 계기로 '양분'되었던 비구–대처승[2] 대립의 인(원인)-연(조건)-과(결과) 속에서 일어날 어느 정도의 덧남은 오히려 성숙을 위한 학습과정이었다고 여길 수 있을지도 모른다.

이처럼 지난 세기 중반 이래 시작되었던 '정화' 혹은 '법난'은 바로 오늘 한국불교계가 지니고 있는 '상처'와 그로부터 생겨나는 '덧남'의 원인(遠因)이 되어 있다. 작은 상처도 자꾸만 만지면 손독이 올라 덧나게 마련이다. 그 덧남을 온전히 치유하기 위해서는 '원인'에 대한 근본적인 치유책이 제시되어야 한다. 그 '원인'을 치유하지 않고 주변부만을 치유하려 하는 한 완치는 이루어지지 않고 덧남만이 계속 반복될 것이다. 그리고 이 '덧남'이 온전히 아물지 않는 한 미래를 위한 도움대로서 굳은살은 자리 잡기 어려울 것이다.[3]

때문에 종종 한국불교의 정치적 성격으로 규정되고 있는 '호국불교'라는 개념이 한국불교의 '민족주의적 성격'을 보여주는 것이라고

넘어 불교 전체의 미래적 지향을 고민하는 한 불교학도의 학문적 시론이라는 점을 강조해 두고자 한다.

2) 종단사간행위원회, 『태고종사』, 한국불교태고종, 2006, 505쪽. 태고종단에서는 '대처승'이란 말은 교단 분쟁 당시의 造作語이며 실은 '보살승'이 옳은 일컬음이라고 주장하고 있다. 또한 이 보살승은 소승이 아닌 대승의 보살승이라고 하고 있으며, 태고종이 지향하는 바도 대승보살행의 실천이며 그 구현에 있다고 역설하고 있다.

3) 불교정화에 대한 종래의 접근 방식은 '불교와 국가' 혹은 '불교와 정치의 관계에 대한 연구'와 같이 '불교와 사회과학적 연구'가 아니라 비교적 '불교정화운동'과 관련된 불교계의 내부에 맞추어져 있으며, 설사 불교와 국가 혹은 불교와 정치의 관계에 관한 종래 연구들이라 하더라도 대부분이 국가의 '종교정책'에만 맞춤으로써 국가 정책에 대한 불교 지도자들의 반응과 그 결과 등을 포함하는 입체적이고 역동적인 분석으로 나아가지 못했다는 것이 이 분야의 선행 연구에 대한 대체적인 평가이다.

해도, 적어도 해방 후의 역사에서 이 용어의 숨은 의미는 '한국불교의 국가 종속적이고 친여적(親與的)인 정치 성향과 행위 패턴'을 지시하고 있다는 점에서 비판의 근거가 되고 있다.[4] 동시에 이 같은 정치 성향과 행위 패턴의 문제는 한국불교의 국가 종속적이고 친정부적인 정치 성향과 행위 패턴의 뿌리를 어디에서 찾아야 하는가라는 반문의 출발점이기도 하기 때문이다.

정화를 불교와 국가의 관계로 파악하려는 외적 계기의 측면에 집중해 보면 좀 더 다양한 스펙트럼이 형성될 수 있다. 하지만 그것만으로는 정화의 본질을 온전히 그려내기 어려울 것이다. 반면에 불교계의 내분에만 맞추어 보는 내적 원인 규명의 시선 역시 정화를 온전히 그려내는 데에는 한계가 있다. 하지만 논자는 외적 계기를 소홀히 하지 않되 내적 원인 규명에 중점을 두고 논의를 전개할 것이다. 그것이 보다 생산적인 논의로 이어질 가능성이 클 것으로 보기 때문이다.

21세기를 맞이한 한국불교계에는 외형적으로나마 약 반세기 전에 일어났던 정화 혹은 법난으로부터 비롯된 대립의 앙금이 물밑으로 가라앉아 있는 것처럼 보인다. 하여 수면 아래의 잠복이 '휴지' 또는 '종결'로 여겨질 때가 있다. 하지만 지난 2006년『태고종사』의 간행에 대해 조계종이 보인 반응[5]처럼 현실적 이해관계가 걸린 어떤 특정한 사안이 발생할 때마다 그 앙금은 여전히 해소되지 않고 있다

---

4) 강인철, 「해방 후 불교와 국가: 1945~1960」, 『사회와 역사』 제57집, 한국사회사학회, 2000, 80쪽.
5) 한국불교태고종에서 2006년『태고종사』를 간행하여 '법난'이라는 인식을 분명히 하자 조계종단에서는『태고종사』의 '폐기' 혹은 '수거'를 요구하는 적극적인 문제 제기가 있었다.

는 사실을 확인하게 된다. 지금도 정화 혹은 법난으로부터 비롯된 이해관계에 연루된 사람들이 살아있을 뿐만 아니라, 그 대립으로 인한 상처가 아물지 않고 덧나고 있기 때문이다.

그런데 사실상 희유하게도 우리 사회 전역에 걸쳐 있었던 일제의 잔재를 가장 치열하게 청산해 낸 곳은 불교계였다. 이 때문에 청산의 상처 역시 제일 컸었다. 하여 불교계 스스로 과거의 상처를 미래의 굳은살로 탈바꿈시켜 내지 못하는 한 상처를 해소할 길은 끝내 없게 될 것이다. 이 글에서는 불교계 안팎에서 정화의 주역으로서 활약했던 청담 순호(靑潭 淳浩, 1902~1971)와 퇴옹 성철(退翁 性徹, 1912~1993)의 현실인식과 정화인식을 통해 정화의 공과(功過)와 득실(得失)에 대해 살펴보고자 한다.

일제강점기 식민지시대 불교로부터 비롯된 한국불교의 여러 부정적 요소들을 일소하고 전통불교의 복원과 발전적 계승의 문제를 함께 고민한 두 정화 주역의 현실관과 정화관을 살펴보는 것은 불교정화가 어떠한 이념과 방법으로 진행되었는지를 알 수 있는 지표가 되기 때문이다. 논자는 불교정화가 불교 교단이 반드시 성찰하고 넘어가야 할 과제라는 관점 위에서 논의를 전개해 보려고 한다.

2. 정화의 당위와 현실

우리 민족의 해방은 많은 변화와 개혁을 예고했다. 1905년의 을사늑약과 1910년의 경술국치 이래 우리 선열들은 국내외에서 목숨을 던지며 독립운동과 민족해방운동을 멈추지 않았다. 1945년 연합

군의 노력에 힘입어 일본이 항복하면서 해방과 광복이 되자 우리 민족은 주체를 회복하는 듯했다. 그러나 해방 공간임에도 불구하고 우리는 민족의 주체성을 온전히 발휘할 수 없었다. 일본 지배체제는 무너졌지만 미국의 군정이 곧바로 새로운 지배체제를 형성했기 때문이었다.

미군정은 좌우 대립을 빌미로 우리의 정치에 직접적으로 개입했다. 전국에서는 김구의 임시정부를 비롯하여 이승만 계열과 박헌영 계열 그리고 여운형 계열 등이 치열한 경쟁 속에서 주도권 쟁탈전이 벌어졌다. 이 소용돌이 속에서 김구와 여운형은 암살되었고 박헌영은 월북했으며 결국 미국과 연대한 이승만 계열이 집권에 성공하였다. 하지만 미국과 소련을 주축으로 한 남북 신탁통치를 계기로 분단이 이루어지면서 우리는 또 한 번의 민족적 상처를 피할 수 없게 되었다.

미 군정청은 신앙을 이유로 차별하는 군정청의 법령과 명령을 폐지한다고 하면서도 사찰령을 폐지하지 않았다.[6] 이로 인해 일제 식민지 불교의 연속과 변질이 이루어졌고 정화의 필요성이 제기되었다. 해서 식민지 불교의 연속과 변질은 불교정화의 당위를 불러 일으켰다. 때문에 불교정화의 목표는 '식민지 불교 잔재의 청산'과 '한국 전통 불교의 복원'에 있었다. 이 목표를 향해 재야의 비구측과 중앙의 대처측은 종단의 주도권 쟁탈전을 벌이며 저마다 자신들을 정당화시키려고 했다.

결국 몇몇 뜻있는 재야의 비구 수좌들은 중앙 교단에 의지하지 않고 독자적으로 불교정화를 모색했다. 대표적인 정화의 모델은 청

---

6) 강석주·박경훈, 『불교근세백년』, 민족사, 2002 개정판, 198쪽.

담-성철로 상징되는 봉암사와 만암 종헌(曼庵 宗憲, 1876~1957)으로 대표되는 백양사를 거점으로 한 자생적인 정화 그룹이었다. 처음 이들 비구 수좌들은 중앙 교단과 공동보조를 타진해 보려 했다. 하지만 이들이 지향하는 정화의 이념과 방법과 달리 기득권이 있는 대처측은 애초부터 교단을 공유하고자 하는 생각이 없었다.

중앙 교단 역시 사찰령 아래에서 비구측과 대처측이 종단의 종권 쟁탈전에 몰입해 있었다. 선학원을 거점으로 한 재야의 비구측은 뜻 있는 그룹들과 연합하여 혁신단체를 결성했다. 1946년 12월 3일 불교 혁신단체는 종래 교단과는 교계의 혁신사업을 함께할 수 없다며 기존 교단을 전면 부정하면서 조선불교혁신회·불교청년당·혁명불교도동맹·조선불교학생동맹·불교여성동맹·재남이북승려회 등의 혁신단체를 연합한 '불교혁신총연맹'을 출범시켰다.

이들은 독자적인 불교도대회를 개최하고 새로운 교단을 세워 친일파의 숙청과 불교 관련 악법의 폐지, 교도제의 실시, 8교구제의 실시, 사찰 재정의 통합과 효율적 운용을 위한 5·3·2제 실시, 사찰 운영의 개방과 민주화 등을 요구하였다. 그리고 기존 교단의 중앙교무회를 부정하고 1947년 5월 8~9일 태고사에서 불교도대회를 개최했다. 이 대회에서는 혁신운동의 가속화를 위해 새로운 교단인 조선불교총본원을 설립하고 이를 지지할 협력기관으로서 전국불교도총연맹을 결성하였다.

이 기구는 당면주장(當面主張) 10개 안 중 제1주장으로서 "진정한 수도자만이 승니의 권한을 향유케 한다"며 청정 지계 수행자 중심의 혁신을 위한 기본방향을 내세웠다. 당면주장에 제시된 10개 안은 일제 식민지 불교의 청산과 한국 전통불교 복원이라는 정화의 이념에도 부합되는 것이었다. 당시 선학원을 거점으로 구성한 불교혁신총연맹과 전국불교도총연맹의 주체들은 수도하는 승려에게 종단의 실권을 부여하자고 하였다.

'부처님 법대로 살아보자'며 당시 교단과는 무관하게 이루어졌던 봉암사 결사(1947~1950)의 이념 역시 동일한 지향 속에 있었다. 아울러 만암 종헌에 의해 주도된 호남의 고불총림(1947~1950)의 지향 역시 비구승들의 주장과 같은 맥락 속에 있었다. 다만 고불총림은 대처승을 역사적인 산물로 바라보고 현실을 인정하여 승려를 정법중(正法衆, 비구)과 호법중(護法衆, 대처)으로 이원화하여 포용하고 있다는 데에 그 독자성이 있다.[7] 이 같은 고불총림의 지향은 이후 봉암사 결사 이념과 더불어 불교정화의 이념에도 깊이 투영되었다고 할 수 있다.[8]

하지만 당시 교단 집행부를 이끌었던 대처쪽은 교단운영방침 6개안을 표방하였다. 중앙총무원 원장인 범산 법린(梵山 金法麟, 1899~1964)은 당시 불교계의 정황을 "이색(異色)문화 종종색(種種色)의 사상들이 침습(侵襲)하여 온 현 교단"이라고 규정하였다.[9] 그러면서 그는 사찰령 폐지가 최종단계에 와 있음을 알리고 그 대안으로 해방 직후부터 시행키로 한 5·3·2제[10]의 시행으로 교계의 재단을 완성하

---

7) 이후 교정과 종정에 오른 蔓庵은 통합종단의 기본 노선으로 대처승을 '護法衆'으로 칭하면서 대처승의 존속을 인정한 뒤 대처승을 당대로만 제한하여 상좌를 받지 못하게 함으로써 역사적인 산물이자 현실인 대처승을 자연스럽게 정리해 가자는 입장을 지니고 있었다. 이는 고불총림의 강령 11개 항목 중 4항의 '法衆組織'과 5항의 '管衆推戴' 및 6항의 '職務分掌'의 관점을 잇는 것이었다.

8) 김광식, 「고불총림과 불교정화」, 『한국 현대불교사 연구』, 불교시대사, 2006, 77~112쪽.

9) 金法麟, 「四月八日聖誕祭를 맞이하며」, 『佛敎』 7월호, 1947, 7. 3쪽.

10) 강석주·박경훈, 『불교근세백년』, 중앙일보사, 1980, 233쪽. 1945년 9월의 전국승려대회를 통해 본사를 중심으로 한 기존의 본산제를 폐지하고 도 단위로 '교구'를

자는 의견을 제시하였다. 이것은 해방 직후부터 불교계가 내세워 왔던 사찰령 폐지의 이행에 대한 긍정적인 인식 아래에서 나온 것이다.[11]

아울러 그는 혁신운동을 추진한 주도세력에 대해 교단 반역자로 단정하고 거기에 찬동한 개인 및 사원에 대해서는 징계를 가하겠다고 하였다. 그리고 교헌 개정 및 교도전(敎徒典)의 제정은 불교대중화의 준비 단계의 조치이지 어떠한 거친 말이나 승단을 훼손하는 철없는 혁신론에 의거한 것이 아님을 밝히고 있다. 특히 그는 제6안에서 '비구승단으로 재귀(再歸)하는 것은 시대의 역행(逆行)'이라고 규정한 뒤, 불교대중화의 이론적 근거는 만해(萬海)선생의 불교 유신 정신(維新精神)에 입각하여 이루어지는 대승불교 해방불교의 승단임을 천명하고 있다.[12]

해방 이후 우리 민족의 과제는 전 분야에 걸쳐 있는 식민지 잔재를 청산하여 식민지 이전 대한 정부의 정통성을 회복하는 데에 있었다. 하지만 사회 전 분야의 청산작업은 쉽지 않았다. 때문에 그 어느 분야도 식민지 잔재 청산이 끝까지 이루어지지 않았다. 더욱이 '해방 공간 정치'의 과도한 흡입력과 동원력은 '해방'이라는 사태로 빚어진 집단적 흥분을 더욱 부채질했다. 하여 짧은 해방 공간의 좌우 대립과

신설하여 해당지역 사찰들을 관할하도록 한 교구제가 시행되었지만 중앙총무원과 각 도 교무원은 실질적인 본사 통제권을 행사하지 못하고 점점 단순한 연락기관으로 전락했다. 5·3·2제는 각 사찰의 유지비에 5할, 각 도 교구 유지 및 사업기금에 3할, 중앙 사업비에 2할을 배당하도록 한 제도이다. 이것은 사찰재정의 위기와 다양한 사회적 활동을 전개해야 할 중앙 기구의 재정적 빈곤을 극복하기 위해 제기된 방책이었지만 제대로 실행되지 않았다.

11) 김광식, 「전국불교도총연맹의 결성과 불교계 동향」, 『한국 근대불교의 현실인식』, 민족사, 1998, 327쪽.

12) 金法麟, 앞의 글, 4쪽.

미국과 소련의 직간접적인 개입은 식민지 잔재의 청산을 어렵게 했다. 특히 종교 분야의 청산은 매우 어려웠다.

여기에 더하여 남북이 분단되자 식민지 잔재의 청산은 더욱 더 어려워졌다. 또 냉전 이데올로기가 우리 사회를 지배하면서 일제 청산에 대한 관심은 희미해지고 기존의 현실 상황을 인정하는 쪽으로 흘러갔다. 이와 더불어 기존의 현실 상황을 인정하는 쪽이 점점 주도권을 잡게 되었다. 끝내 온전한 일제 청산은 이루어지지 않았고 그로부터 우리 민족의 정체성 확립이 엷어져 갔다. 이 때문에 김영삼-김대중-노무현 정부에 이르기까지 일제청산 과제는 정치적 이슈로 재등장하면서 지금까지 이어지고 있다.[13]

그러나 유독 불교만은 어느 종교도 해결하지 못했던 청산 작업을 마무리 하여 식민잔재를 청산하고 한국불교 전통을 계승한 조계종을 창종하였다. 이것은 종교사적 의미에서만 아니라 사회사적인 의미에서도 민족 정통성을 회복한 대표적인 사례로서 상징적인 의미를 지닌다.[14] 하지만 일제 지배가 낳은 구조적인 문제들과 함께 국가권력의 분쟁 개입이 지속적으로 중요한 영향을 미쳤다는 점에서는 심각한 반성과 성찰이 요청된다.

즉 불교 분쟁은 국가의 공고한 통제하에서 진행됨으로써 갈등의 당사자들로 하여금 국가 권력의 후원을 얻기 위한 경쟁적인 노력을 촉발했고 그 결과 불교 교단의 국가에 대한 자율성을 극히 낮은 수준

---

13) '민족 정기'와 '푸른 역사'를 바로 세운다는 명분으로 시작된 김영삼, 김대중, 노무현 정부의 일련의 친일 청산 작업은 '친일인명사전 편찬' 및 '의문사규명위원회 구성' 등으로 나타났으나 원래의 뜻과는 달리 정략적으로 변질되어 정적을 제어하는 정치적 무기로 변주되기도 하였다.

14) 윤승용, 앞의 글, 167쪽.

에 머물게 했다. 다른 한편으로는 국가가 주도하는 장기적인 내분은 불교 자체의 조직적 통합 능력을 낮은 수준에 머물게 함으로써 불교계의 분열을 고착시켰다. 불교 내분이 정치권력에 의존하여 진행되고 때에 따라서는 법원의 판결이 교단의 운명을 좌우함에 따라 조직을 통합하고 갈등을 관리하는 능력은 더욱 감소하고, 사소한 갈등의 불씨도 장기적이고 파괴적인 분쟁으로 발전하기 쉽게 되었다.[15)]

이와 달리 개신교와 천주교 및 유교 등의 다른 종교계에서는 단지 몇몇 인물의 교체로 모든 문제를 덮어 버렸다. 바로 이 점이 한국현대사의 혼란을 증폭시켰다. 때문에 한국불교는 정화를 통하여 민족정신의 정통성 회복에는 성공했으나 그 과정에서 너무나 혹독한 대가를 치르고 말았다. 한국을 대표하는 정신문화인 불교가 식민잔재를 청산했다는 것이 사회사적으로는 큰 의미가 있었을지 모르나 한국불교의 입장에서는 불교의 내부 역량을 너무 많이 소진하였다[16)]는 평가를 피할 수 없다. 그리고 이러한 소진은 결국 미래 불교의 내포 심화와 외연 확대를 위한 인적 물적 역량의 고갈을 가속화시켰다.

그리하여 타종교에 비해 많은 인적 물적 자원 손실을 입는 바람에 이후 타종교와 경쟁을 위한 내부 발전 역량까지 탕진해 버린 셈이 되었다. 결국 비구 대처 분규로 인하여 사찰재산의 개인적인 횡령과 사찰 분규를 둘러싼 송사과정에서 정재 재산의 탕진이 많았다. 아울러 통합종단를 표방함에도 불구하고 정화의 결과로 인하여 청정 비구 승단이 등장하면서 재가 쪽의 유능한 인적 자원을 많이 상실했다.[17)] 오늘 우리 사회의 지식사회 지형도에서 불교지식인들의 분포

---

15) 강인철, 앞의 글, 108~109쪽.
16) 윤승용, 앞의 글, 167쪽.

도가 적은 것도 바로 이 때문이라고 할 수 있다.

국가의 강력한 개입 아래 진행된 불교계의 정화는 일제 식민지 불교의 잔재 청산과 한국 전통 불교의 복원이라는 당위에는 부합했으나 그 실현 방안에서는 많은 문제점을 자아냈다. 무엇보다도 권력과 불교의 유착으로 표현되는 불교와 정치의 유착은 불교 교단의 정치적 종속의 심화로 이어졌다. 하여 정화의 당위와 정화의 현실 간의 거리는 너무나 멀었고 이 거리를 좁히기 위해 셀 수 없는 인적 손실과 헬 수 없는 물적 손해가 뒤따랐다. 때문에 이 시기에 마땅히 이루어졌어야 할 인재양성을 위한 교육기관 건설과 언론 방송 및 출판문화 등에 대한 관심과 투자가 이루어지지 못했다.

이러한 실기(失期)는 이후 더욱 더 큰 희생을 요구하였고 그로 인한 상처는 계속되었다. 더욱이 오랜 정화과정은 정화의 이념을 퇴색시켰고 현실과 타협한 교단은 불교 대중들에 대한 고민을 상실한 채 내부 주도권 다툼으로 변질되었다. 지속적인 정화의 당위와 불교의 현실은 상충되었고 거기에서 비롯된 상처로 인해 덧남이 계속되었다. 이 모든 공과는 다음 세대에게 고스란히 계승되어 지금도 여전히 잠복되어 있다고 할 수 있다.

해방 공간 전후로부터 청담과 성철은 이미 정화의 당위와 현실을 고뇌하며 '부처님 법대로' 함께 수행하기 위해 나름대로 결사를 준비하고 있었다. 이것은 근본주의적 지향을 띄고 있었다. 그리고 그것은 해인총림의 결성과 봉암사 결사로 이어졌다. 하지만 이들의 현실인식과 정화인식은 다분히 교단 내적인 것이어서 교단 외적인 문제에까지 능동적으로 대처하지 못했다는 한계 역시 있었다.

---

17) 윤승용, 앞의 글, 167쪽.

결국 청담과 성철은 정화의 명분과 이념 설정에는 앞섰으나 정화의 방법과 실현에는 서툴렀다고 할 수 있다. 하지만 명분과 이념 설정의 선도성에도 불구하고 방법과 실현이 서툴렀다면 이것은 정화에 대한 인식과 현실에 대한 인식에 분명히 문제가 있었음을 지적하지 않을 수 없다. 이념과 방법은 분리될 수 없는 것이기 때문이다. 그리고 이들이 말한 근본주의적 지향이 '불교 근본으로의 회귀'인지 아니면 '일제의 침입 이전 조선 불교로의 복원'인지도 분명하지 않다.

따라서 이념과 방법의 이러한 분리는 불교정화 현실의 각박함과 어려움을 보여주는 것이라고 할 수 있다. 본디 이념과 방법은 분리될 수 없다는 관점에서 볼 때 정화 이념의 경직성과 소박성이 방법의 서투름과 왜소함으로 나타난 것은 아닌지 검토해 보지 않을 수 없는 것이다. 이 글의 논의의 초점 역시 이 지점에서 시작하고자 한다.

3. 정화의 이념과 성격

불교 '정화'의 이념과 성격을 온전히 이해하기 위해서는 먼저 '정화'의 개념이 규명되어야 할 것이다. 불교 전통 속에서는 심리적인 정화와 물리적인 정화를 분리하지 않고 있다. 원래 '정화'란 '불토(佛土) 혹은 예토(穢土) 또는 국토(國土)를 청정하게 한다'는 뜻이다. 여기서 '순수한', '청정한', '청정'의 뜻을 지닌 범어 '숫디'(suddhi)를 동사로 보면 중생제도를 위한 붇다의 교화활동을 말하는 것이며 동시에 대승보살의 활동을 말하는 것이 된다.

이것을 형용사로 보면 대승보살이 수행을 완성하고 드디어 성불하여 만든 청정한 세계를 일컫는다. 따라서 청정을 과정으로 볼 것이냐, 결과로 볼 것이냐에 따라 정화를 바라보는 견해가 달리 해석될 수 있다. 『유마경(維摩經)』이 역설하는 '마음이 청정하면 국토가 청정하다'〔心淨則國土淸淨〕는 기치와 『淨土三部經』이래 다수의 경전에서 '불국토를 맑고 깨끗하게 한다'〔淸淨佛國土〕는 언표에서 나온 '청정'은 불교가 지향하는 '맑아지고 깨끗해지는' 것이다.

여기서 청정의 대상은 '국토' 혹은 '불국토'가 된다. 그리고 '정토'(淨土)의 개념은 바로 '불국토를 청정하게 한다'는 뜻에서 나온 것이다. 때문에 '청정'을 동사로 보게 되면 불국토를 청정하게 한다는 수행 과정의 뜻이지만, 이것을 형용사로 보게 되면 이미 수행을 완료하여 이룬 '청정한 불국토'가 된다. 하여 불국토를 보살의 단계에서 볼 것이냐 아니면 부처의 단계에서 볼 것이냐의 관점에 따라 시간 인식이 달라지는 것이다.

불교의 '정화' 혹은 '청정화'에서 '정'(淨[18]) 혹은 '청정'(淸淨)의 뜻은 동사로 보아야 한다. 청정을 동사로 보게 되면 승단 혹은 교단을 깨끗하게 한다는 것처럼 '정화'(淨化) 역시 '청정교단화'(淸淨敎團化) 또는 '청정승단화'(淸淨僧團化)의 줄임말로 풀이할 수 있다. '변화'(變化)란 단어에서 '변'(變)이 '양적 변화'를 의미하고 '화'(化)가 질적 변화를 의미하는 것처럼 '정화' 역시 '양적 변화'의 '정'과 '질적 변화'의 '화'를 공유하고 있는 개념이라고 할 수 있다.

『유마힐소설경』「불국품」의 교설은 의보인 국토와 환경의 청정

---

18) 불교 율장에서 보이는 '淨'(kapiya)의 의미는 '깨끗한', '맑은'의 의미뿐만 아니라 수행에 아무런 무리가 없이 '괜찮은', 또는 '부합하는', 혹은 '합법적인' 등의 뜻을 지닌다.

은 결국 정보인 내 마음의 청정에서 비롯된다고 역설한다.

> 지혜가 깨끗해짐을 따라 그 마음이 깨끗하고, 그 마음이 깨끗해짐을 따
> 라 온갖 공덕이 깨끗하여 지느니라. 그러므로 보적이여! 만일 보살이
> 청정한 국토를 얻으려거든 마땅히 그 마음을 청정하게 가져야 한다. 그
> 마음이 깨끗하면 불국토가 깨끗하여 지느니라.[19]

이 경문은 중생의 지혜가 청정해지면 그 마음이 청정해지고 그
마음이 청정해지면 국토가 청정해진다는 메시지를 주고 있다. 즉 인
간의 삼업이 청정해지면 국토도 청정해진다는 것이다. 행위에는 몸
으로 짓는 세 가지〔殺·盜·婬〕와 입으로 짓는 네 가지〔兩舌·惡口·綺
語·妄語〕와 생각으로 짓는 세 가지〔貪·瞋·癡〕가 있다. 좋은 행위를
하면 십선업(十善業)이 되고 나쁜 행위를 하면 십악업(十惡業)이 된
다. 여기에서 이 십업설을 통한 십선업의 촉구는 불교의 청정관을 잘
보여주고 있다.[20]

『유마경』은 국토의 청정, 세간의 청정이 곧 내 지혜의 청정, 내
마음의 청정으로부터 비롯됨을 역설하고 우리로 하여금 지혜와 마
음의 청정을 촉구하고 있다. 이는 곧 정보가 청정하면 의보가 청정해
진다는 것이다. 즉 보다 근원적인 메시지는 의보 이전에 이미 정보에
내재되어 있다는 것이다. 때문에 '청정화'의 과정은 불교의 궁극적인
지향인 자성청정심이자 법계체성지인 불심(佛心)이며 불지(佛智)의

---

19) 『維摩詰所說經』 上권 「佛國品」 제1(『高麗藏』 제9책, 979중 쪽; 『大正藏』 제14
    책, 538하 쪽). "隨智慧則其心淨, 隨其心淨則一切功德淨, 是故寶積! 若菩薩欲得
    淨土, 當淨其心, 隨其心淨則佛土淨."
20) 졸론, 「불교의 생태관」, 『연기와 자비의 생태학』, 연기사, 2001, 62쪽.

회복을 위한 노력을 말한다.

해방 이후 불교 교단의 정화는 '당위'로 자리 매김 되었다. 하지만 '당위'에 대응하는 '현실'은 만만하지 않았다. 때문에 현실을 풀어 가는 방법 속에서 다양한 스펙트럼이 생겨났다. 그리고 그 빛의 아우라 속에서 정화가 무엇이며, 어떻게 진행시켜야 하는가가 주요 관건이 되었다. 정화의 이념 설정에도 자율과 타율의 입장 및 이 둘을 아우른 절충의 입장이 있었다. 원칙적으로는 자율이었지만 정화의 단계와 기간 및 방법과 실현에 대해서는 저마다 입장의 차이를 지니고 있었다.

정화의 과정에서 이러한 입장이 극명하게 드러나지는 않았지만 문제 해결 방법에 대한 인식 차이는 분명히 엄존하였다. 이 차이로부터 정화의 스펙트럼은 더욱더 다양해졌다. 결국 정부 공권력의 도입으로까지 나아간 것은 정화 주역들의 인식의 차이로부터 비롯된 것이었다. 하지만 그것이 결국 오늘의 많은 부정적 요소까지 떠안게 될 것이란 사실을 안 사람은 지극히 드물었다.

1) 자율적 정화론

한국불교계의 '정화' 혹은 '법난' 또는 '분규'는 좁게는 1954년 11월 19일 이승만의 '정화 담화'[21]에서 1962년 4월 11일 통합종단의 탄

---

21) 흔히 불교학계 일부에서 이승만 대통령의 淨化 '談話'를 淨化 '諭示'로 표현하는 경우가 있으나 이것은 적절한 표현이 아니다. '諭示'란 나라의 皇帝나 불교의 宗正이 내린 명령을 가리키는 표현이므로 '대통령의 담화'를 '황제의 명령'으로 표현할 근거는 어디에도 없다고 할 수 있다. 당시 일간지들은 분명히 대통령의 '대외적 발언'을 표현하는 '담화'로 기술했고 그것이 당대에 널리 유행했으므로 불교 교

생에 이르는 기간 동안 한국불교계에서 일어났던 승단의 청정 교단 화를 위한 일련의 노력을 일컫는다. 넓게는 1945년 해방 이후로부터 1970년 대처측의 분리와 태고종단의 창종에 이르는 기간이기도 하며, 여기서 한걸음 더 나아가서는 그 이후 각 종단 내부에서 끊임없이 시도하고 있는 '혁신' 또는 '개혁'을 통한 현재적 변모까지 아울러 '정화'의 범주에 넣을 수 있을 것이다.[22]

때문에 '정화'라는 용어에는 이미 기존의 것에 대한 '개혁'과 '혁신'의 함의가 내재되어 있다. 여기서 기존의 것이란 우리가 일본에게 국권을 빼앗긴 결과로 생겨난 비주체적이고 몰역사적인 세계관에서 비롯되었던 불교계의 부정적인 현실 일반을 가리킨다.[23] 즉 정화의

단 역시 그것을 그대로 수용하여 우리는 '정화 담화'라고 하면 될 것이다. 일부 신문과 불교계 신문에서 '유시'라고 표현한 적은 있으나 합당한 기호가 아니므로 반드시 교정해서 사용해야 한다는 것이 논자의 생각이다. 『서울신문』 1954년 11월 20일자.

22) '정화'를 1954년 11월 19일 이승만의 정화담화로부터 1962년 4월 11일까지 만으로 한정한다면 태고종단이 창종된 1970년까지를 놓치게 되며, 나아가 태고종단 창종 이후 조계종단 내부에서의 정화문제는 다루지 못하게 된다. 청담이 '조계종단유신재건안'을 제출하면서 조계종단 탈퇴의 선언을 발표한 것은 '정화'의 시기를 한시적으로만 보아서는 안 된다는 것을 암시해 주고 있다. 정화는 오늘도 조계종단 뿐만 아니라 각 종단에서 계속되고 있다. 그 방향은 과거의 정화처럼 일제 식민지 잔재의 청산과 한국불교 복원의 문제를 넘어서서 부처님의 근본 가르침에 입각하여 대 사회적, 국가적, 인류적인 문제까지 고민하는 미래지향적인 '개혁' 혹은 '혁신'의 모습까지 담보하는 정화여야 할 것이다.

23) '정화' 혹은 '법난'에 대한 선행 연구는 종단 차원에서 온전히 다루어지지 않고 있다. 개별적이고 산발적인 발표가 있기는 했지만 좀 더 총체적인 논의가 다루어져야 할 것이라고 본다. 선행 연구로는 다음의 논구들이 있다. 배재민, 「불교 정화 운동의 현재적 조명」, 『불교와 한국사회』 제3호, 1993 ; 노치준, 「해방 후 한국 종교 조직의 특성과 변천에 관한 연구」, 한국정신문화연구원 편, 『현대 한국 종교 변동 연구』, 한국정신문화연구원, 1993 ; 강인철, 「해방 후 불교와 국가: 1945~1960」, 『사회와 역사』 제57집, 한국사회사학회, 2000 ; 김광식, 「조지훈·이청담의 불교계 '분규' 논쟁」, 『근현대불교의 재조명』, 민족사, 2000; 김광식, 「불교 '정화'의 성찰과

대상이 되는 기존의 것은 일제의 강점으로부터 비롯된 한국불교 교단의 부정적 행태와 결과를 지칭한다.

다시 말하면 정화의 대상은 대처승(帶妻僧, 對妻僧)[24] 양산의 현실, 식육(食肉)의 문제[25], 대처 중심의 사찰 독점, 식민지시대에 배태된 적산(敵産) 자산의 처분 방법 등에 관련된 일련의 과제들을 말한다. 이들 과제는 다시 계율을 파괴한 대처〔有妻〕승의 배제 및 단절, 한국 전통불교를 계승하려는 수좌 및 비구승 중심의 교단 수립, 적산 자산의 교단 귀속화 등의 내용으로 환원된다. 나아가 이러한 정화의

재인식」,『근현대불교의 재조명』, 민족사, 2000; 김광식, 「전국 비구승대표자 대회의 시말」,『근현대불교의 재조명』, 민족사, 2000; 김광식, 「사찰정화대책위원회의 개요와 성격」,『근현대불교의 재조명』, 민족사, 2000; 김광식, 「불교재건위원회의 개요와 성격」,『근현대불교의 재조명』, 민족사, 2000; 김광식, 「정화운동의 전개과정과 성격」,『근현대불교의 재조명』, 민족사, 2000; 김광식, 「한국 현대불교와 정화운동」,『근현대불교의 재조명』, 민족사, 2000; 김성환, 「한국 불교의 회고와 반성」,『정세연구』 6월호, 1994.; 윤승용, 「정화운동과 21세기 한국불교」,『교단정화운동과 조계종의 오늘』, 선우도량 한국불교근현대사연구회·불교신문사, 2001; 박승길, 「한국 현대사와 정화운동」,『교단정화운동과 조계종의 오늘』, 선우도량 한국불교근현대사연구회·불교신문사, 2001; 박희승, 「불교정화운동 연구」,『불교평론』제3호, 2000년 여름호; 김광식, 「청담의 민족불교와 영산도」,『마음사상』 제4집, 진주산업대학교 청담사상연구소, 2006년; 김종인, 「1960년대 한국불교와 성철의 활동: 봉암사결사와 해인총림」, 백련불교문화재단, 2006; 김광식, 「이성철의 불교개혁론」,『한국 현대불교사 연구』, 불교시대사, 2006. 이들 논의들은 일부 자료들을 근거로 나름대로 정화의 의미를 밝혀내고 있지만 정화관련 기초자료의 미비로 충분한 분석과 논의에 이르지는 못하고 있다.

24) 『高麗史』 권5, 현종 20년(1029년) 6월 병진일 조에는 '아내가 있는 승려'라는 뜻에서 '有妻僧'으로 쓰고 있으며,『조선왕조실록』 권28, 세조 8년 6월 10일 계유 조목 등『실록』 곳곳에는 '帶妻僧'을 '아내를 마주 대하는 승려'라는 의미에서 '對妻僧'이라고 표기한 용례를 다수 볼 수 있다. 이러한 기록들은 고려시대나 조선시대에도 아내를 지닌 승려들이 적지 않았던 역사적 사실을 보여주고 있다.

25) 1926년 龍城 震鐘 등 127명은 조선총독부에 建白書를 제출하여 帶妻食肉이 당시 불교계의 문제임을 지적하고, 차선책으로 有妻와 無妻 승려의 구분과 함께 無妻 승려를 위한 몇 개의 본산 전용 사찰을 요구한 적이 있었다.

이념적 근거는 선학원의 건립정신, 용성 진종이 주도한 대처식육 금지 건백서 제출 의지, 조선불교학인대회 및 청정 불교를 지향한 고승유교법회(遺敎法會, 1941) 이념의 계승이라는 지점에서 찾을 수 있다.

그런데 이 정화의 대상은 그동안 또렷이 드러나지 않고 물밑에서만 오르내렸다. 때문에 이들 문제들은 지금도 여전히 두 교단의 심층부에 배태되어 있으며 언제라도 재론될 여지가 남아 있다. 뿐만 아니라 이들 문제들은 한국불교계의 깊은 상처이자 잘못 다루면 언제나 덧날 수 있는 환후들이어서 가급적이면 언급을 삼가거나 도외시해 왔다. 그런데 '정화' 혹은 '법난'을 바라보는 조계종과 태고종 두 교단은 확연한 시각 차이와 쉽게 메울 수 없는 간극은 반세기가 지나도 여전하다는 점에서 더 이상 방치해서는 아니될 주제임을 시사해 주고 있다.

두 종단은 수십 년간 갖은 갈등과 대립으로 부대끼어 오면서 지금도 본능적으로 거부하는 인식이 배어 있다. 해서 두 종단의 정체성을 확립하고 있는 『태고종사』와 『조계종사』에 투영된 두드러진 관점의 차이와 거리[26]의 현실에 비추어 볼 때 이 간극을 줄이기는 쉽지 않아 보인다. 무엇보다도 정화로부터 비롯된 여러 상처와 갈등이 수면 아래로 잠복해 있어 언제 다시 폭발할지 알 수 없다는 데에 문제의 심각성이 있다. 그리고 거기에는 타율적 정화로부터 비롯된 상처에 대한 깊은 반성과 성찰이 드리워져 있다.

자율이란 스스로의 의지로 자신의 행동을 규제하는 것을 일컫는다. 즉 자율은 자기 스스로 문제를 해결해 나가려는 관념이자 의지

---

26) 태고종사편찬위원회, 『태고종사』, 태고종, 2005; 조계종사편찬위원회, 『조계종사』 고중세편-근현대편, 조계종출판사, 2005.

이다. 이를 칸트식으로 말하면 어떤 권위나 욕망에도 구애됨이 없이 실천이성에 의하여 스스로 세운 도덕률에 따르는 일을 말한다. 즉 자율이란 실천 이성이 스스로 보편적 도덕법을 세워 이에 따르는 일로서 이성 이외의 외적 권위나 자연적 욕망에는 구속되지 않는 것을 말한다.

때문에 정화로부터 비롯된 상처에 대한 깊은 반성과 성찰 위에서 생겨난 자율적 정화론은 정교분리의 원칙에 의해 교단 내의 자율적 정화만이 교단의 인적, 물적, 정신적 토대를 탄탄히 세울 수 있다고 보는 관점이다. 즉 타율적 정화에 의한 공권력의 개입은 또 다른 문제를 안고 오게 될 것이므로 어떠한 경우라 하더라도 교단 자체의 힘으로 정화를 이루어 내야 한다는 문제의식에 기초한 것이다. 다시 말해서 자율적 정화론은 타율적 정화론이 가져올 부정적 요인에 대한 통찰을 통해 보다 근원적인 문제인식에서 출발한 담론이라 할 수 있다.

이러한 자율적 정화론은 두 종단이 정화 이후에도 여전히 갈등의 원인으로 남아 있는 공권력의 개입으로 인한 각종 부정적 요소의 윤회로부터 그 정당성이 확보된다. 이런 점은 이미 1935년에 제정된 '조선 불교 선종 종헌'에서 식민지 불교정책에 대한 묵시적인 반대 의도가 감지되고 있는 점에서도 확인된다.[27] 뿐만 아니라 혁신단체의 비구승들은 일제 당국의 승인과 협조를 얻어 자신들의 조직인 '선리참구원'을 재단법인화하는데 진력했으며, 그럼으로써 보다 근본적인 수준에서 식민지 권력에 의존하고 식민지 현실을 인정했다고 볼 수 있다[28]는 평가에서도 알 수 있다.

---

27) 김광식, 『한국 근대 불교의 현실 인식』, 민족사, 1998, 238쪽.

그 결과 선리참구원의 재단법인화는 선승들의 존립과 양적 확대를 보장해준 가장 큰 힘이었고, 그런 면에서 어쩌면 일제 당국이야말로 선승들에게 가장 중요한 후원자였다고 할 수 있는 것이다. 때문에 비구승과 대처승은 모두 친일과 반일 진영에 혼재했던 것이 역사적 사실이고, 오히려 대부분의 선승들은 해방 직후에는 친일파 문제를 적극적으로 제기하지 않았던 편이다.[29] 이러한 문제는 소홀히 한 채 문제의 원인을 대상화하여 타자에게만 미루는 지점에서 불교정화의 근본적인 한계가 자리한다고 논자는 생각한다.

한편 일제시대(특히 1920년대)에 사찰령 폐지를 통한 '불교 교단의 자치' 운동을 주도했던 것은 한용운과 불교청년회·불교유신회 세력 등 모두 젊은 대처승이 주류였다. 그리고 1930년대에 반일적인 만당(卍黨) 운동을 주도한 젊은 엘리트 승려들 역시 거의 대처승이었다. 따라서 1920~30년대를 거치면서 '반일 세력은 청년 엘리트 대처승'이라는 관계가 성립되었던 반면, 비구승 가운데 조직적이고 지속적인 민족 운동을 벌인 사례는 거의 찾을 수 없다.[30] 해방 이후 이들 젊은 엘리트 대처승들은 불교 종권을 잡았고 1947년 5월 재야의 비구승들은 다양한 혁신적 단체들을 합작하여 전국불교도총연맹을 결성하고 중앙 교단에 맞섰다.

이런 맥락에서 비구승과 대처승의 차이는 '전통주의'와 '개혁주의'(혹은 근대주의)의 대립구도하에서 제대로 읽히며, 불교의 근대화와 혁신, 대중화 바람은 '개화승(開化僧)'의 맥을 잇는 신진 엘리트

---

28) 김광식, 위의 책, 222~223쪽.
29) 강인철, 앞의 글, 88쪽.
30) 강인철, 앞의 글, 88쪽.

대처승들이 몰고 온 것임이 분명하다는 강인철의 주장은 설득력이
있다. 이 당시 비구는 200명, 대처승은 7,000명이었다. 하지만 통합
종단이 들어선 직후인 1964년 즈음 승려 숫자는 11,899명으로 급증
했다.[31] 비구측은 숫자적 열세를 만회하기 위해 국가 권력의 강력한
개입의 요청[32]과 '급조승'을 필요로 했고 이것은 이후 내내 승려교육
의 문제를 배태시켰다.[33]

---

31) 『대한불교』「1964년 교계백서」, 1964. 12. 27.

32) 강인철, 앞의 글, 81~82쪽. '비구-대처 갈등'을 국가에 의해 촉발되고 격화되었다
는 점에서 갈등의 역사적 배경과 요인, 결과 등과 함께 그것의 종교정치학적 함의
를 파악해 보려는 강인철은 "첫째, 해방 당시 비구승들은 극소수였을 뿐만 아니라
갈등과정에서 폭넓은 평신도의 동원이 이루어지지 않았음에도 불구하고 1950년
대 말경에는 절대 다수인 대처승과의 갈등에서 승리하여 종권을 장악할 수 있었
다. 도대체 어떻게 이런 일이 가능할 수 있었는가? 국가 권력의 강력한 개입이
없이도 과연 이런 일이 가능했을까? 둘째, 불교 분규에 국가가 개입한 의도는 무
엇인가? 국가는 언제, 왜, 그리고 어떻게 종교적 갈등에 개입하는가? 셋째, 국가
개입의 종교적 결과는 무엇인가?"라는 이론적 쟁점들을 제기하고 있으며 논자 역
시 이러한 이론적 쟁점들의 제기에 전적으로 동의하고 있다.

33) 노치준, 「해방 후 한국 종교 조직의 특성과 변천에 관한 연구」, 한국정신문화연구
원 편, 『현대 한국 종교 변동 연구』, 한국정신문화연구원, 1993, 103쪽. 불교정화
가 시작된 1954년 5월 당시에는 1,000여 개의 사찰 가운데 900여 개소를 대처승
이 점유하고 있었다. 하지만 1955년 10월 경에는 대처승이 점유하는 사찰의 수가
450여 개로 감소하였다. 1969년 11월경에는 1,283개의 사찰 가운데 1,005개소가
비구승에 의해 움직여지는 조계종에 등록했다. 나머지 278개 사찰만이 대처승에
의해 점유되거나 미등록 상태로 남아 있었다. 배재민, 「불교 정화 운동의 현재적
조명」, 『불교와 한국사회』 제3호, 1993, 80~81쪽; 김성환, 「한국 불교의 회고와
반성」, 『정세연구』 6월호, 1994, 37쪽. 이 당시 승려수의 변화는 정화의 진행과정
을 읽는 지남이 된다. 1954년 정화 당시에 비구승은 5백 명, 대처승은 7천 명으로
비구승은 전체 승려의 6.7%에 지나지 않았지만, 1955년에는 1천 명을 넘어서고,
1959년에는 2천 7백 명으로 급격히 늘어났다. 반면 대처승의 수는 분규 과정에서
1천 6백 명이 집단으로 이혼 소송을 내는 등 급감했다. 비구승이 급증한 반면 대
처승이 극감한 이유는 당시 결성된 和同委員會의 제안을 받은 일부 대처승들이
비구승들이 주관하는 종권 아래에서 사찰 주지를 맡기 위해 이혼을 단행하고 독
신승의 신분을 회복하려고 했기 때문이다.

동시에 교화에 힘쓰지도 않으면서 1,300여 개에 이르는 사찰의 주지를 맡는[34] 다수의 대처승에 맞서기 위해 비구측이 요청한 공권력의 개입은 또 다른 정화의 대상을 만들어 내는 결과를 초래했다. 즉 제1공화국을 마치 '그리스도 국가'인 것처럼 운영한 이승만은 종교적 차별[35]을 조장하였고, 이로 인해 종교 지도자들의 불만이 누적되고 있었던 시점에 대처측을 지지하던 그는 갑자기 비구측으로 지지의 방향을 전환하면서 정치적 반대 세력의 지지 기반으로 기능할 수도 있는 종교 집단을 약화 내지 중립화하고, 나아가 포섭하려는 '정치적 책략'을 단행하였다.[36]

하지만 비구측을 지지했던 이승만 정권[37]의 몰락과 박정희 정부

---

34) 강석주·박경훈, 『불교근세백년』, 민족사, 2002 개정판, 206쪽.

35) 강인철, 『한국 기독교와 국가·시민 사회 : 1945~1960』, 한국기독교역사연구소, 1996, 185~190쪽. 이승만의 기독교 국가 지향은 1) 성탄절을 공휴일로 지정하고, 2) 국가 주요 의식을 그리스도교식으로 거행하였으며, 3) 군종제도에 개신교와 천주교의 참여만을 허용하고, 4) 개신교 목사들을 전국 형무소의 교무과장으로 임명한 것이 대표적인 것들이라고 할 수 있다.

36) 강인철, 앞의 글, 103~104쪽.

37) 강석주·박경훈, 위의 책, 240~241쪽. "비구측에서 정화를 계획하고 있을 무렵 李承晩 대통령은 서울 교외의 봉국사를 찾아간 적이 있었다. 이때 이 대통령은 절에서 살림하는 것을 보고서 자기가 해외로 망명할 당시에는 절에 여자가 사는 것을 보지 못했는데, 어찌된 일인가고 측근에게 물었다고 한다. 그러나 그때까지만 해도 李 대통령에게는 比丘와 帶妻에 대한 구별이 없었던 것 같다. 그런데 이 대통령이 관악산의 어떤 암자를 찾아갔을 때 그 암자에는 일본에서 돌아온 승려가 일본 여인과 함께 살고 있었는데 일본 옷이 걸려있는 것을 보았고, 또 법당에 천황의 만수무강과 소위 皇軍의 무운장구를 비는 주련이 그대로 걸려 있는 것을 보고 한국불교에서 왜색을 일소해야 한다는 생각을 갖게 되었다고 한다. 또 충남의 灌燭寺를 찾아갔을 때는 당황한 주지가 장발을 감추기 위해 모자를 쓰고 양복 위에 장삼을 입고서 이 대통령을 맞았는데, 그 모양을 본 이 대통령은 불교계를 정화해야 한다는 생각을 더욱 굳혔다고 한다. 이때 대통령은 그 灌燭寺 주지에게 "자네 마누라는 둘이 있겠군" 했는데 과연 그에게는 두 사람의 아내가 있어 물은 이 대통령을 도리어 놀라게 했다고 한다. 어쨌든 1954년 5월, 이 대통령은 당시 사찰의

의 등장은 불교의 또 다른 종속을 예고했다. 이러한 종속과 간섭을 통해 비록 늦기는 했지만 자율적 정화론이 환기될 수 있었던 것이다. 이미 과거의 일이었기는 했지만 퇴옹 성철은 "외부의 힘을 업고 하는 정화운동은 원만한 결실을 거둘 수 없다"[38]며 파계사 성전암에 칩거하며 나오지 않았었다. '외부의 힘을 업는다' 함은 국가 공권력의 도움을 뜻한다. 우리에게는 이미 정치에 종속된 종교가 종교 본연의 임무를 다 할 리가 없다는 사실을 일본불교계의 한국 침투를 통해 뼈저리게 경험했던 역사가 있다. 그리고 우리는 그것으로 인한 갖은 불합리를 정화의 대상으로 설정했던 것이다.

그럼에도 불구하고 불교계가 다시 관성의 원리에 입각하여 공권력의 개입을 허용했다는 것 자체는 자율적 정화론이 얼마나 절실하고 간절하였던가를 반추해 주는 대목이다. 불교는 과거 현재 미래의 삼세를 확보한 종교이며 특히 미래 지향성을 지닌 종교이다. 그리고 과거의 원인과 미래의 결과까지 생각하면서 현재의 문제를 해결할 지혜의 길을 제시하고 있다. 즉 고통의 결과에 대한 자각(苦諦)과 그 원인 규명인 진단(集諦) 그리고 고통의 치유(滅諦)와 거기에 이르는 처방(道諦)의 활로를 열어 주고 있다.

따라서 뿌리를 같이 해온 비구측과 대처측의 두 종단이 이제 대승적이고 미래적인 견지에서 불교의 대사회적 과제를 공동으로 인식해가는 일에 보다 집중해 간다면 그 차이와 간극도 어느 정도는

모습을 직접 보고서 한국불교의 정화에 대한 諭示를 했는데, 주로 왜색의 일소에 중점을 두고 있었다." 이 기록은 정화의 원인이 불교 내부에 있었다는 것을 의미하고 있지만 이승만 정부가 어떻게 불교 분규에 개입하게 되었는가를 보여주는 한 사례가 되고 있다는 점에서 주목되는 기록이라고 할 수 있다.
38) 강석주·박경훈, 위의 책, 209쪽.

좁혀질 수 있을 것이라고 논자는 생각한다. 더욱이 이해 당사자들의 세대교체가 어느 정도 이루어진다면 문제를 해결할 수 있는 방안은 얼마든지 확보할 수 있을 것으로 보인다. 아쉽지만 자율적 정화론이 절실했었다는 반성은 바로 이러한 현실에 대한 성찰에서 가능한 것이었다.

2) 타율적 정화론

불교정화의 주체와 정당성에 대해서는 비구측과 대처측 모두 일리 있는 주장을 내세우고 있다. 그런데 이들 주체들은 모두 자기의 입장에서 문제를 바라보기 때문에 그 입장 속에서만 듣게 되면 그 어느 쪽도 잘못한 것이 없는 것처럼 보이게 된다. 비구측은 몇 개의 수행사찰을 달라고 했지만 대처측이 허용하지 않았기 때문에 정화가 시작되었다고 주장하고 있다. 반면 대처측은 비구측이 공권력의 힘을 빌어 불교의 문제를 교단 바깥으로 끌고나가 오늘의 결과를 초래했다고 비판한다. 이러한 주장들은 일면에서는 일리 있는 주장이 되지만 다른 일면에서는 무리 있는 주장이 된다.

타율이란 자신의 의지로서가 아니라 남의 의지나 명령에 의하여 자기의 행동이 규제되는 일을 말한다. 즉 타율은 의지를 규정하는 법칙이 신의 뜻이나 자연적 충동 따위 의욕의 대상으로부터 부여되는 일이다. 칸트 철학에서 자율은 그 이전의 도덕률을 가리키는 개념으로 쓰인다. 타율적 정화론은 조속한 시일 내에 외부의 물리적 힘을 빌려서라도 교단을 바로 잡아야 한다는 조급함에 입각하여 정화를 추진하려는 관점이다. 이는 정화를 위해서는 방법은 문제 삼지 않으려는 태도와 일치한다.

이미 위에서 지적한 것처럼 불교 교단의 분규는 일제의 국권침탈에서 그 원인(遠因)을 찾을 수 있다고 했다. 하지만 불교 교단의 문제를 대자적인 외부의 문제로만 다루는 한 아무런 진전도 기대할 수 없게 된다. 아무리 대자적인 시각에서 풀어 간다 하더라도 지금 여기의 현실을 바꿔 가기 위해서는 즉자적인 반성과 노력이 전제되어야 한다. 그 반성과 노력의 근거는 곧 붇다의 가르침이 된다. 붇다가 가르친 평등과 화합의 공동체인 상가의 정신으로 되돌아가는 것이다. 그것은 곧 문제의 외적 계기에 앞서 내적 원인에서 찾아가려는 자세라고 할 수 있다.

우리는 어떠한 문제가 생기면 늘 문제가 생기기 이전의 상태로 되돌아가 문제를 해결하려고 해 왔다. 하여 우리의 이상은 멀리는 붇다의 상가를 모델로 삼을 수 있을 것이다. 동시에 가까이는 그 모델을 이어왔던 동북아시아의 오랜 전통 속에서 유지되어 왔던 교단 혹은 승단을 모범으로 삼을 수 있을 것이다. 1954년 당시 기득권이 있던 대처승(유처승, 취처승) 쪽에서는 독신승(비구승, 비구니승)들의 종권 탈취 기도를 '법난'이라고 규정했다.

하여 조계종의 '정화'와 태고종의 '법난'이라는 인식 속에는 종래 '기득권'의 유지와 새로운 '기득권'의 확보라는 시각이 내재해 있다. 때문에 '유지'와 '확보'에 담긴 비구-대처 두 입장의 차이는 대립될 수밖에 없었다. 당시의 문제는 이 대립을 어떻게 최소화하여 한 길로 나아가느냐에 달려 있었다. 이승만의 정화 담화로 본격화되었던 이 시기 정화 불사에 대해서 이념과 성격 규정 및 방법과 전개 과정에 대한 여러 시각이 엄존하는 까닭은 바로 이 때문이다.

즉 이승만의 정화 담화가 있기 이전부터 이미 교단 내에는 자율적 정화론이 존재하고 있었다는 시각이다. 이것은 정화의 원인과 기

원을 일제 강점기 아래서 배태된 식민지 불교에서 그 원인을 찾으려
는 내인론이라고 할 수 있다. 이와 달리 이승만의 정화 담화(명령)와
같은 불교 교단 밖의 공권력이라는 물리적 힘을 불러들여서라도 교
단 내의 친일적 잔재를 해소하자고 주장하는 쪽이 있었다. 이것은 외
인론이라고 할 수 있다. 그리고 이 두 가지 관점을 종합하여 정치와
종교적인 관점에서 정화의 원인과 기원을 찾으려는 시각이 있다.

타율적 정화론은 교단 이외의 힘을 빌어서라도 정화라는 목적을
이루고 말겠다는 관점이라 할 수 있다. 정화가 진행되면서 이러한 관
점은 비구측과 대처측 모두에게서 보이고 있다. 결국 종권을 장악하
기 위해서 수단과 방법을 가리지 않으려 했던 비구-대처 양쪽의 몰
주체성은 공권력을 개입시켰다. 물론 대처측 정치 인사(박성하 등)
다수가 한민당과 함께 반 이승만 진영으로 합류하였던 점도 이승만
이 대처측의 지지에서 비구측의 지지로 돌아선 주요 계기라는 점도
주목되어야 할 대목이다.[39]

뿐만 아니라 제3대 국회의원 선거 바로 다음날 정화 담화의 발표
시점에 주목해 보면, 일종의 '정치적 책략설' 역시 주목되는 것이다.
제2대 국회에서 정치 기반의 취약성을 노출했던 이승만 정권은 제3
대 국회의원 선거를 통해 입법부를 장악하는 데 성공했고, 이를 기반
으로 이승만은 2년 앞으로 다가온 대통령 선거를 겨냥하여 본격적인
시민 사회(특히 종교부문)의 식민화에 나선 것이며 1950년대 후반 이
승만 정부의 종교적 개입은 비단 불교만이 아니라 천주교·유교·천
도교 등 주요 종교들을 망라한 전면적인 것이었다는 점에서, 국가에
의한 시민 사회의 강제적 포섭의 일환으로 불교계의 내분을 조장하

---

39) 『내가 겪은 20세기』, 경향신문사, 1974, 323쪽.

고 개입했다는 것[40] 역시 타당한 지적이라고 생각된다.

이승만 정부는 8차에 걸쳐 정화 담화를 발표하였고 불교 분규에 대한 국가 개입이 상당히 오랜 기간 계속되었다는 점을 감안하면, 이승만 대통령이 사사오입 개헌 파동으로 야기된 지속적인 국내외적 비난 여론과 정치적 위기를 타개하기 위해 여론의 관심을 다른 곳(주로 친일 감정 조장)으로 돌릴 필요가 있었고, 그 일환으로 불교 분규를 조장했다는 지적 또한 옳은 지적이라고 논자는 생각한다. 결국 이러한 '관심 전환설'은 정화 담화의 내용이 '친일승' 내지 '왜색승'을 사찰에서 추방하자는 것이었던 만큼 국민의 관심을 끌만 했고, 실제로도 정화 담화 발표 이후 불교 분규가 갑작스레 언론의 집중적인 관심사로 떠올랐다.[41]

더욱이 비구측 인사가 먼저 이승만을 만나 불교정화의 필요성을 설득했다는 주장의 제기[42]에 따르면 더욱 그러하다. 결국 정권 유지의 필요성에 의해 국가가 능동적으로 불교 분쟁에 개입했음을 알 수 있으며, 그 결과 불교 교단은 정화의 대상이 되었다. 그리고 정부의 정화 개입의 빌미를 주었던 불교계의 타율성은 조선조 5백 년의 통치와 총독부 40여 년의 지배 그리고 미군정 3년의 지배 이래 또다시 이승만 정권 이후 국가가 종교에 개입하는 계기가 되었다는 점에서 불교인들의 근원적인 반성을 촉구하지 않을 수 없게 된다.

일찍이 성균관이 '도덕의 본산'이라고 평가받고 있음에도 오랜 기간 두 그룹으로 나뉘어 갈등한 적이 있었다. 불교계 역시 '자비의 문

---

40) 강인철, 앞의 글, 104쪽.
41) 강인철, 앞의 글, 104~105쪽.
42) 이청담, 「나의 편력」, 『매일경제신문』, 1069호, 매일경제신문사, 1969.

중'이라고 이해되고 있음에도 오랜 기간 두 교단으로 나뉘어 길항해 온 적이 있었다. 유자든 승려든 모두가 인간이며 이러한 역사가 인간의 역사이기에 가능했던 것인지도 모르겠다. 지금 여기의 인간의 일들을 다 헤아리기 어려운 점에서 보면 유자이든 승려이든 이들 모두가 인간이라는 조건으로부터 자유로울 수 없기 때문이다.

그런데 문제는 이렇게 너그럽게 모든 것을 용납하는 방향으로만 나아간다면 유교 교단과 불교 교단이 도덕이니 자비니 하는 깃발을 걸 합당한 이유는 없어지고 말 것이라는 데에 있다. 이들 교단이 내세우는 깃발이 정당성을 확보하기 위해서는 '자비'와 '도덕'에 걸맞은 인격과 지성이 전제되어야 하는 것이다. 그런 것이 없이 단지 오랜 전통과 역사만을 강조하면서 모든 것을 당연한 기득권으로만 여기는 한 그것은 오래가지 못하고 소멸하고 말 것이다. 이 때문에 우리는 역사의 엄정한 평가를 두려워하지 않을 수 없는 것이다.

때문에 무엇보다도 도덕성의 근거이자 기반인 지계(持戒)의 원칙이 요청되는 것이다. 그 원칙은 불교의 교단을 유지하는 이론적 근거인 율장(律藏)이라고 할 수 있다. 그리고 원칙은 구성원이 마땅히 지킬 수 있을 때 만들어지는 것이다. 구성원들이 그 원칙을 온전히 지킬 수 없게 되었음에도 불구하고 그 원칙을 바꾸지 않는다면 그것은 이미 존재 의미를 상실하게 될 것이다. 죽은 원칙은 이미 자기에게서나 타자에게서나 생명성을 상실한 것이기 때문이다.

따라서 불교 승단이 화합중을 표방하는 한 지계는 반드시 지켜 나가야 될 원칙이 되는 것이다. 율장의 '부동주계(不同住戒)'처럼 이념이 달라 함께 할 수 없다면 바깥의 다른 곳에 나와 따로 머물게 하는 것이다. 이 계목을 시설한 것은 원칙을 유지하기 위해서라고 할 수 있다. 다만 일정한 기간 동안의 '부동주'를 마친 뒤에는 다시 '동주'를 위한 절차를 거쳐 화합의 승가 속으로 함께 나아가도록 하는 것이 불교의 화합정신일 것이다. 이렇게 된다면 갈등의 상처가 아물게 될 것이며 이내 화합의 굳은살로 자리 잡게 될 것이다.

3) 정치 종교적 정화론

정치와 종교적인 관점에서 정화를 파악하는 관점은 정화의 주체가 불교 교단이 아니라 국가와 정권이라고 보는 관점이다. 이 정화론은 자율적 정화론과 타율적 정화에도 속하지 않는 또 하나의 시각이라고 할 수 있다. 이것은 미군정과 결탁한 이승만 정부의 탈 민족주의적 성향이 불교를 억압하고 기독교를 암암리에 지원하였다는 견해에서 출발한다. 이러한 경향은 이미 미 군정기의 종교정책 중 불교정책의 부분에서 확인될 뿐만 아니라, 이승만 정부의 종교정책도 그러한 정책의 연속에 있다는 점에서 확인되는 것이다.

물론 이러한 시각이 자율적 정화론과 타율적 정화론과 확연히 구분되는 것은 아니다. 정화를 바라보는 시각에는 내인론과 외인론이 있을 수밖에 없다. 이것은 정화를 내적 요인과 외적 계기로 설명하는 관점이다. 이와 달리 정치 종교적 정화론은 미군정기의 종교정책과 이승만 정부의 종교정책 내에서 확인되는 외인론적 관점이다. 해서 이것은 내적 요인인 자율적 정화론과 내적 요인인 타율적 정화론으로만 해결되지 않는 또 하나의 요인으로 상정될 수 있다.

해방 공간을 맞이한 불교계가 서두른 것은 '일제 잔재의 청산'과 '한국불교의 정통성 회복'이었다. 하지만 미군정의 등장과 좌우익의 갈등으로 인해 이들 문제가 온전히 해결되기 어려웠다. 선과 교 및 비구와 대처의 갈등과 분열은 교권 투쟁으로 변질하였고, 여기에다 다시 친일과 반일 및 좌익과 우익의 대립은 일제 잔재 청산과 한국 불교의 정통성 회복이란 본질을 왜곡시켰다. 특히 사찰과 교구와 중앙에 재산을 배당하는 5·3·2제도에 의한 재산통합과 재단법인 설립 과정에서 불교계 각 조직은 이해관계로 첨예하게 대립하였다.

아울러 대처승을 교도로 지칭하고 일선에서 제외하자는 제안과 교단을 조직화하는 교화운동의 계기로 삼자는 교도제 문제로 인해 미묘한 갈등이 생겨나면서 일본 총독부를 상대로 문제를 공유하고 해결하려던 시대와는 판이한 다른 문제들이 야기되었다. 우선 미군정 아래에서도 존속되고 있던 사찰령의 폐지가 불교계의 가장 큰 과제였다. 당시 총무원장 김법린은 1947년 3월 원세훈(元世勳) 외 25명 의원의 연서를 얻어 사찰령과 포교규칙 등 4개 법령을 폐지할 것을 입법의원에 정식으로 제출하였다.[43] 이렇게 되자 미군정은 1947년 8월 8일 사찰령을 폐지하고 다시 입법의원을 통해 '사찰재산임시보호법'을 통과시켰다.

이 법의 주요 취지는 종교의 자유를 가로막는 사찰령 등 일제의 악법은 폐지하되 사찰의 재산을 보호할 수 있는 제도적인 장치를 마련하자는 데 있었다. 그리고 사찰의 재산을 관리하고 보호하는 제도적인 장치로 정부 대신 불교의 교정에게 권한을 부여하자는 것[44]이었다. 바로 이 대목에서 종권을 지닌 대처측과 재야의 비구측이 극렬하게 대립하였다. 하여 미군정은 10월 29일 사찰재산보호법 가운데 '사찰재산'이라는 것이 전 일본불교 사원의 재산도 포함된 것으

---

43) 『동아일보』, 1947. 3. 5.
44) 姜敦求, 「美軍政의 宗敎政策」, 『종교학연구』 제12집, 서울대종교학연구회, 1993, 15~42쪽.

로 해석할 수 있으며, 그렇게 되면 막대한 적산(敵産)이 조선불교라는 일개 종교단체로 귀속될 우려가 있다[45]며 이 법의 인준을 보류하였다.[46]

이렇게 되자 1946년 11월 12일에 총무원측과 대립 상태에 있던 10여 개의 혁신단체들은 개정된 법이 사찰령의 자구 수정에 지나지 않는다면서, 이 법의 철폐를 주장하는 항의문을 하지 중장, 입법의원 의장, 군정장관, 민정장관, 대법원장 등 관계방면에 제출하기도 하였다.[47] 사찰령을 존속하려는 미군정의 종교정책은 결국 불교를 배제하고 기독교 중심의 국가를 만들겠다는 숨은 의도를 보여주는 것이었다.

그럼에도 불구하고 불교계는 이러한 미군정의 의도를 간파하지 못하고 교단의 분열로 나아가게 되었다. 결국 해방 공간 시기 불교계는 분열로 인해 일본인이 남겨 두고 간 적산의 귀속에 능동적으로 참여하지 못하였을 뿐만 아니라 정치 종교계로부터도 소외되기 시작했다. 1948년의 총선일자가 일요일인 5월 9일로 정해지자 기독교계에서는 강력히 반대하였고 결국 미군정은 선거일을 하루 늦춘 5월 10일 월요일로 변경하기도 했다.

대통령 취임선서에서 기독교인 선서를 한 이승만 정부의 출범은 이러한 소외의 정도를 잘 보여주고 있다. 이승만 정부는 새로운 나라

---

45) 『경향신문』, 1947.11.28.

46) William C. Kerr, Notes on Religious Situation in Korea, 1946. P. 73, CHQ/Records, Cie(A)09083-85. 미군정은 본디부터 일본불교의 적산을 한국불교계에 귀속시키고 싶지 않았으며, 불교사원에도 국보급 재보가 있기에 정부의 통제가 필요했기 때문이라고 주장하는 설도 있다. 이재헌, 「미군정의 종교정책과 불교계의 분열」, 『2007 불교사 연구위원회 워크숍: 불교정화운동의 재조명』, 8쪽. 재인용.

47) 『동아일보』, 1947. 11. 14.

를 건국하면서 모든 정책기조를 기독교 중심으로 운영하기 시작했다. 이미 미군정 행정고문 11명 중 6명이 기독교인 내지 현직 목사[48]였듯이 이승만 정부 역시 이러한 기조를 이어 정책 수립과정에서 기독교 국가로 경사되는 모습을 보여주었다. 미군정과 제1공화국 이래 기독교를 통해서 상당량의 구호물자가 해외로부터 유입되면서 기독교는 내내 공인교적 지위를 누렸고 기독교계는 그 보답으로 정권을 지지해 주었다.

이처럼 정치 종교적 정화론은 미군정과 결탁한 이승만 정부의 탈민족주의적 성향이 불교를 억압하고 기독교를 암암리에 지원하였다는 관점이라고 할 수 있다. 이러한 경향은 이미 미 군정기의 종교정책 중 불교정책의 부분에서 확인될 뿐만 아니라, 이승만 정부의 종교정책도 그러한 정책의 연속에 있다고 보는 관점이다. 그리고 이 점에서 이 담론은 정화론의 한 담론으로서 그 정당성을 확보하고 있다.

따라서 정치 종교적 정화론은 자율적 정화론과 타율적 정화론만으로는 설명되지 않는 또 다른 정화론이라고 할 수 있다. 그리고 이 담론은 정화의 주체가 불교 교단이 아니라 국가와 정권이라는 점에 그 특징이 있다. 그것은 이승만 정부의 종교정책에 나타난 불교정책에서 확인되고 있다.

---

48) 陳德奎, 「미군정의 정치사적 인식」, 『해방전후사의 인식 1』, 한길사, 1990, 52쪽. 11인은 김성수, 김용순(기독교, 목사), 김동원(기독교, 목사), 이용설(기독교), 오영수, 송진우, 김용무, 강병순, 윤기익(기독교), 여운형(기독교), 조만식(기독교) 등이다.

4. 정화의 방법과 전개

위에서 살펴본 것처럼 정화 이념의 사상적 토대를 불교 내부로부터 볼 것이냐, 아니면 불교 외부로부터 볼 것이냐, 혹은 이 두 가지와 다른 또 하나의 담론으로 볼 것이냐에 따라 다양한 관점이 도출될 수 있다. 이 시기에 있었던 정화의 성공 여부에 대한 평가는 다양할 수 있다. 재야에 있던 비구측에서 보면 정화는 종권의 확보라는 면에서 성공한 것이 되겠지만 중앙에 있던 대처측에서 보면 법난으로 표현하는 것처럼 종권의 상실이라는 면에서 보고 있기 때문이다.

아직 분규의 소지가 남아 있기는 하지만 독자적인 종단으로 출발하여 비구측과 대처측이라는 두 구도 아래 이루어지는 대립은 어느 정도 지양된 것이라는 점에서 보면 정화는 나름대로 성공적이라는 평가를 내릴 수는 있을 것이다. 그리고 정화가 이만큼이나마 성공적인 결과를 가져올 수 있었던 것은 국가 공권력의 개입이라는 기제가 크게 작용했음을 부인하기 어렵다.

하지만 국가의 외적 정화 못지않게 교단의 내적 정화의 성공 여부에 대한 평가 역시 중요한 논점이라고 할 수 있다. 청정 교단의 회복이라는 점에서는 논자 역시 정화를 성공적이었다고 평가하고 있다. 그리고 내적 정화가 나름대로 성공적이었다는 평가를 내릴 수 있는 근거는 정화 주역들의 헌신적인 노력에 의해서였다고 논자는 보고 있다.

특히 정화 주역들의 투철한 불교적 이념과 수행력 및 사상적 힘과 의지는 정화를 안과 밖 그리고 위와 아래에서 뒷받침하였고 그 결과 정화가 여기까지 가능했다고 평가할 수 있다. 다만 정화 이후에 일어나는 여러 부정적 요인들은 이후 지속적인 정화의 과정 속에서 풀어가야 할 과제라고 해야 할 것이다.

1955년 대처측과 법정 소송이 진행될 당시 비구측의 문건에는 정화 이념을 이렇게 정리하고 있다. 거기에 따르면 "1) 교단의 정화 (교단체계 확립, 대처승 숙청) 2) 승단 정화(수도원 정비, 재래비구·비구니 재수련, 신도의 재지도, 현대적 포교) 3) 사찰정화(경내 숙정, 사설 사원 정리, 유사불교단체 정리) 4) 도의확립과 생활안정을 꾀하여 국가 정화를 한다. 5) 국제도의(國際道義) 확립과 원자력의 평화추진으로 세계평화를 꾀한다"라고 되어 있다. 이 문건은 교단 정화·승단 정화·사찰 정화·국가 정화·세계 평화의 다섯 단계를 통하여 정화를 점차적으로 이뤄 나가겠다는 의지를 보여주고 있다.

정화 주역의 한 사람인 청담 순호 역시 종정 재직 시절부터 1) 교단의 정화 2) 승려의 정화 3) 신도의 정화를 내세운 적이 있었다. 이러한 단계적인 정화는 정화를 한꺼번에 다 이룰 수 없다는 깊은 인식에서 나온 것이라 할 수 있다. 청담은 지금까지의 정화는 교단의 정화였을 뿐 승려의 정화와 신도의 정화는 이제부터라는 인식에 투철했다. 이처럼 불교 교단의 정화에 대한 청담의 청사진에는 미래를 내다보는 탁견이 있었다. 이러한 그의 인식은 퇴옹 성철과 함께 '부처님 법대로 수행하자'는 의지를 표방했던 해방 이후 봉암사 결사로부터 그 맥을 잇고 있다고 할 수 있다.

1) 봉암사 결사의 연속과 불연속

봉암사 결사는 불교정화의 두 주역인 청담 순호와 퇴옹 성철의 공동 수행과 총림 구상으로부터 시작되었다. 1928년 3월 전국학인대회를 주도하였던 적이 있던 청담은 1941년 수덕사에서 처음으로 성철을 만나 1942년 선학원에서 공동 수행을 하자고 약속하였다. 이들은 서로에게서 불교의 중흥 및 올곧은 수행을 통해 교단을 정화하고 전통불교를 복원하자는 뜻을 확인했다. 1944년 선산 도리사에 머물던 성철에게 문경 대승사로 오라고 편지를 보낸 청담은 해방 이전까지 대승사 쌍련선원에서 머물던 10여 명의 수좌들[49]과 함께 수행했다. 이때 속가의 여식이었던 묘엄은 당시의 상황을 아래와 같이 회고하고 있다.

> 큰 절 대승사 쌍련선원으로 갔더니, 아버지 순호 스님과 성철 스님께서 백지에 무언가 그리고 쓰고 있었다. 옆에서 가만히 들여다보니 아버지 순호 스님은 백지에다 부처님 당시의 영산회상도(靈山會上圖)를 그리고 있었다. 부처님께서 영취[축]산에서 법을 설하시던 당시의 광경 그대로, 우리도 그렇게 살아 보자는 계획을 만들고 있었던 것이다. 조실에는 효봉 스님을 모시고, 선방은 성철 스님이 맡고, 운허 스님과 춘원 이광수 선생에게는 경을 맡기고, 율원은 자운 스님이 맡고, 선원과 강원과 율원을 제대로 갖춘 총림(叢林)을 해인사에 세워 제대로 된 수행 생활을 하며 제대로 된 수행자를 양성하자는 원대한 계획을 세우고 있었던 것이다.[50]

위의 회고에서 눈에 띄는 것은 붓다 당시의 설법처인 '영산회상

---

49) 당시 대승사 선원에는 청담, 성철, 도우, 우봉 이외에도 청안, 자운, 서암 등 10여 명이 머무르며 수행하고 있었다.
50) 묘엄 스님 구술·윤청광 기록, 『회색고무신』, 시공사, 2002, 150쪽.

도'를 그리는 대목이다. 그리고 무엇보다도 주요한 대목은 '붓다 당시의 광경 그대로' '그렇게 살아보자'는 것이다. 이것은 불교 전통의 복원 근거를 붓다 당시의 광경에 두고 있다는 것과 우리도 그렇게 살겠다는 다짐을 보여주고 있다는 점에서 그리고 이후 전개될 정화의 이념과 성격을 분명히 보여주고 있다는 점에서 주목되는 것이다.

또 강원과 선원과 염불원과 율원을 겸비한 종합수도장인 총림을 해인사에 세워 '제대로 된 수행 생활'을 하고 '제대로 된 수행자를 양성하자'는 목표를 두고 있다는 점은 이후 진행될 봉암사 결사의 정신과 불교정화의 정신과 이념을 그대로 담고 있는 것이라 할 수 있다. 청담과 성철은 대승사에서 이러한 결의를 하고 봉암사 선방을 개설하고자 했다. 1946년 선방이 준비되자 가을에 봉암사에 들어가 겨울을 보낸 뒤 1947년 동안거 해제 직후 당시 교단이 주관하는 가야총림에 참가하라는 통지로 인해 다시 해인사로 합류했다.

해방 공간의 교단이 1945년 9월 22~23일 전국승려대회 결의로 창설한 가야총림은 1946년 10월경 구체화되기 시작했다. 청담과 성철은 자신들이 대승사에서 구상했던 총림과 지향이 같다고 판단하고 청담과 성철이 1947년 하안거부터 가야총림에 합류했다. 하지만 최범술(교단 총무부장)과 임환경(주지)의 총림의 제방 운영에 대한 논의 중 특히 총림의 재정문제가 원만히 타결되지 않아 가야총림에 대한 참가와 불참으로 노선이 갈려지기 시작했다. 변두리의 쓸모없는 전답에서 나오는 양식 가지고는 먹고 살 수 없다는 항변이 핵심이었지만 더 이상 공부에 방해가 될 것으로 판단한 성철은 통도사 내원암으로 떠났고 청담은 총림에서 한 철은 나겠다며 가야총림에 잔류하였다.

1947년 서울의 김법룡 거사가 소유하고 있던 수많은 불서와 장

경이 청담과 성철에게 전해지면서 '수좌들이 살기에 적합한 곳'인 봉
암사에 보관되고 두 사람은 이전의 공동 수행을 봉암사에서 이뤄 보
자고 합의하였다. 1947년 가을 성철은 아직 가야총림에서 합류하지
못한 청담과 별도로 봉암사 결사를 내디뎠다. 이때의 상황은 성철의
증언에 잘 드러나 있다.

> 봉암사에 들어간 것은 정해년(丁亥年), 내 나이 그 때 36세 때입니다. 지
> 금부터 36년 전입니다. 봉암사에 들어가게 된 근본 동기는, 죽은 청담
> 스님하고 자운 스님하고 또 죽은 우봉 스님하고, 그리고 나하고 넷인데,
> 우리가 어떻게 방침을 세웠느냐 하면, 전체적으로나 개인적으로나 임시
> 적인 이익관계를 떠나서 오직 부처님 법대로만 한번 살아보자. 무엇이든
> 지 잘못된 것은 고치고 해서 부처님 법대로만 살아보자. 이것이 원(願)이
> 었습니다. 즉 근본 목표다 이 말입니다. 그렇다면 처소는 어디로 정하나?
> 물색한 결과 봉암사에 들어가게 되었습니다. 처음에 들어갈 때에는 우봉
> 스님이 살림 맡고, 보문 스님하고 자운 스님하고, 나하고 이렇게 넷이
> 들어갔습니다. 청담 스님은 해인사에서 가야총림(伽倻叢林)한다고 처음
> 시작할 때에는 못 들어오고, 서로 약속은 했었지만[51]

봉암사 결사의 계기는 청담, 성철, 자운, 우봉 네 사람이었고 이
들은 '이익관계를 떠나 오직 부처님 법대로 살아보자'는 원으로 근본
목표를 삼고 결사를 시작했다. 전체적으로나 개인적으로나 임시적인
이익을 떠나 수행을 위한 방침을 최우선 위에 두었던 것이다. 봉암사
에 처음 입주한 사람은 성철, 자운, 우봉, 보문 네 사람이었고 이후

---

51) 성철, 「1947년 봉암사 결사」, 『수다라』 제10집, 해인사승가대학, 115쪽.

보안, 법웅 등이 가세하여 10여 명이 모여 대중생활을 하였다. 수좌들은 부처님 당시의 법대로라는 방침 아래 순수불교를 지향하기 시작했다.

이들은 제일 먼저 법당 정리를 위한 대중공사를 한 뒤에 부처님과 부처님의 제자들만 남겨 두고 칠성각과 칠성탱화, 산신각과 산신탱화, 목발우를 마당에 모아 놓고 불을 질러 버렸다. 불공은 신도 자신의 성심성의껏 하면 되는 것이므로 승려가 축원을 대신 할 수 없다고 했다. 영가 천도의 경우에도 관련 경전만 읽어주는 형태로 바꾸어 기존 관행을 완전히 정비하였다.

하지만 종래 관행의 거부는 막심한 식량난에 부딪치게 되었고 우봉의 노력으로 군에서 얻은 다대한 양곡 특배로 임시 모면을 하기에 이르렀다.[52] 봉암사 초기 생활은 탁발을 통해 어렵게 유지되었다. 그러나 부처님 법대로 산다는 소문이 널리 퍼지면서 수좌들이 대거 동참하고 신자들의 후원이 물밀듯이 밀려와 수행에 매진할 수 있는 환경이 확보되기 시작했다. 1948년 무렵 봉암사 결사 대중이 증가하면서 성철은 결사의 이론적 기초와 방향을 세워 가기 시작했다.

자운 스님은 율장 연구에 여념이 없었고, 신춘(新春)이 되어 월산 스님 기타 몇 스님들이 더 입주하였다. 나는 하기(下記)의 공주 규약 초안을 대중에게 제시하고 상세한 설명을 가하였다. 고불고조의 유칙(遺勅)을 완전하게 실행한다 함은 너무나 외람된 말이기는 하였지만 교단의 현황은 불조 교법이 전연 민멸(泯滅)하였으니 다소간이나마 복구시켜 보자는 것이 주안점이었다. 그리고 교법 복구의 원칙하에 나의 수시 제안이

---

52) 성철, 『고경』 제9호, 1998년 봄, 5~6쪽.

있을 것인바, 그 제안에 오점이 발견되지 않는 한 대중은 무조건 추종할 것을 재삼 다짐하고 실천에 옮기게 되었다.[53]

고불고조의 유칙을 완전하게 실행하려고 했던 성철의 회고에는 공주규약을 제시한 된 배경이 나와 있다. 즉 성철은 당시 교단은 불조 교법이 전연 민멸하였다는 인식 아래 다소간이나마 교단을 복구시켜 보자고 했다. 특히 '교법 복구'의 원칙은 봉암사 결사의 이념이자 방향이며 이것은 '공주규약'(共住規約)이 제정되게 된 기본 전제였음을 알 수 있다. 나아가 성철은 '교법 복구'의 원칙 아래 '수시 제안'의 무조건 추종을 요청하고 있다.

성철의 제안은 대중들에 의해 무리 없이 수용되어 실천에 이르게 되었다. 여기에서 제시된 공주규약 18조목은 아래와 같다.[54]

1. 삼엄(森嚴)한 불계(佛戒)와 숭고(崇高)한 조훈(祖訓)을 근수역행(勤修力行)하여 구경대과(究竟大果)의 원만(圓滿) 속성(速成)을 기(其)함.

2. 여하(如何)한 사상(思想)과 제도(制度)를 막론(莫論)하고 불조교칙(佛祖敎勅) 이외(以外)의 각자(各自) 사견(私見)은 절대(絶對) 배제(排除)함.

3. 일상(日常) 수공(需供)은 자주자치(自主自治)의 표치하(標幟下)에 운수(運水) 반시(搬柴) 종전(種田) 파침(把針) 탁발(托鉢) 등 여하(如何)한 고역(苦役)도 불사(不辭)함.

4. 작인(作人)의 세조(稅租)와 단도(檀徒)의 특탁(特託)에 의한 생계(生

---

53) 성철, 『고경』 제9호, 6쪽.
54) 김광식, 「봉암사 결사의 전개와 성격」, 『한국 현대불교사 연구』, 불교시대사, 2006, 58쪽.

計)는 차(此)를 단연(斷然) 청산(淸算)함.

5. 단도(壇徒)의 불전(佛前) 헌공(獻供)은 재래(齋來)기 현품(現品)과 지성(至誠)의 예배(禮拜)에 지(止)함.

6. 대소(大小) 이변(二便) 보청(普請) 급(及) 취침(就寢) 시(時)를 제(除)하고는 항상(恒常) 오조(五條) 직철(直裰)을 착용(着用)함.

7. 출원(出院) 유방(遊方)의 제(際)는 대립(戴笠) 진석(振錫)하고 필(必)히 단체(團體)를 요(要)함.

8. 가사(袈裟)는 마면(麻綿)에 한(限)하고 차(此)를 괴색(壞色)함.

9. 발우(鉢盂)는 와발(瓦鉢) 이외(以外)의 사용(使用)을 금(禁)함.

10. 일(日) 일차(一次) 능엄대주(楞嚴大呪)를 과송(課誦)함.

11. 매일(每日) 이시간(二時間) 이상(以上)의 노동(勞動)을 취(就)함.

12. 백월(白月) 흑월(黑月) 포살대계(布薩大戒)를 강송(講誦)함.

13. 불전(佛前) 헌공(獻供)은 과오(過誤)를 부득(不得)하며 조식(朝食)은 죽(粥)으로 정(定)함.

14. 좌차(坐次)는 계랍(戒臘)에 의함.

15. 당내(堂內)는 좌필면벽(坐必面壁)하야 호상(互相) 잡담(雜談)을 엄금(嚴禁)함.

16. 정각(定刻) 이외(以外)는 침와(寢臥)를 불허(不許)함.

17. 법반(法般) 물자(物資) 소당(所當)은 각자(各自) 변비(辨備)함.

18. 여외(餘外) 각칙(各則)은 청규(淸規) 급(及) 대소(大小) 율제(律制)에 의(依)함.

우기(右記) 조장(條章)의 실천궁행(實踐躬行)을 거부(拒否)하는 자(者)는 연단공주(連單共住)를 부득(不得)함.

지사(知事) 백(白)

봉암사 결사의 청규라 할 수 있는 이 공주규약은 이 결사가 지향하려 했던 불교 근본으로의 회귀를 상징적으로 보여주는 조목들로 짜여 있다. 때문에 이 공주규약 18조목은 불계(佛戒)와 조훈(祖訓)을 기초로 한 불조 교칙을 불교 복원을 근거로 삼고 시도된 청규라고 할 수 있다. 동시에 붓다와 조사들의 교훈을 기반으로 한 이 공주규약은 평등과 화합의 공동체인 상가의 규범이라고 할 수 있다.

"고불고조의 유칙(遺勅)을 완전하게 실행한다 함은 너무나 외람된 말이기는 하였지만 교단의 현황은 불조 교법이 전연 민멸(泯滅)하였으니 다소간이나마 복구시켜 보자는 것이 주안점"이라는 성철의 회고에서 알 수 있는 것처럼 그 핵심은 일본의 불교 침탈로 인한 한국불교의 복원에 있었다. 그리고 근본불교로 돌아가는 것이든 일제의 침탈 이전 조선 후기의 불교로 돌아가는 것이든 주안점은 출가정신에 기초한 본분사를 복원하려는 것이었다.

때문에 이 결사에 참여한 수좌들의 현실인식은 일제 식민지 불교로 인한 불조 교칙의 민멸을 가장 큰 이유로 삼았다. 동시에 불조 교칙의 복구는 '부처님 법대로 사는 것'에서 출발하자는 데에 합의했다. 이것은 수좌들의 출가정신의 복원이자 정화의식의 발현이라고 할 수 있다. 하지만 3년간 이루어지던 결사는 1949년이 되면서 빨치산이 출몰하면서 더 이상 지속되지 못했다. 경찰의 잦은 출입으로 수행에 지장이 생겼고 빨치산의 출현으로 수좌들의 생명이 위협받았다.

결국 1949년 9월부터 봉암사의 도서들이 부산의 묘관음사로 이전되면서 수좌 대중들도 고성의 문수암으로 옮겨갔으나 더 이상의 공동 수행은 이루어지지 못하였다. 하지만 봉암사 결사가 보여준 투철한 현실인식과 결사의 자생성, 지계성, 청정성 등은 한국불교사의 새로운 이정표를 열었다. 이러한 봉암사 결사 정신은 이후 불교정화의 두 주역이었던 청담과 성철의 현실인식과 정화인식 속에 고스란히 스며들어 갔다. 그리고 그것은 정화의 이념이 되었고 방법이 되었다.

하지만 불교정화의 이념은 봉암사 결사의 정신과 연속되는 면에서 건강했으나 그것을 실현하려 했던 주역들의 방법은 그것과 불연속되는 면에서 불건강했다. 즉 이념이 옳으면 방법도 옳아야 할 텐데 그렇지 못했다는 것이다. 다시 말해서 방법이 건강하지 못했다는 것은 이념도 건강하지 못했다는 점을 시사하고 있다는 점이다. 바로 이 점은 이후에 진행된 정화의 공과와 득실 속에서 다시 검토될 수 있을 것이다.

따라서 봉암사 결사는 정화 주역들에게 정화 이념을 제공하고 불교의 복원을 도모했다는 점에서는 공(功)과 득(得)이라고 할 수 있지만, 그들이 그것을 감당하기에는 정치적 벽이 너무나 높고 현실적 거리가 너무나 멀어 실현되기 어려웠다는 점은 과(過)와 실(失)이라고 할 수 있다. 그리하여 정화 주역들과 그 주변에 나타나는 이념과 방법의 괴리가 이따금씩 덧나는 정화 후유증의 주요 원인이 되고 있는 것이다. 나아가 불교 대중화에 대한 고려가 부재하여 현대불교와 연속될 수 있는 접점을 확보하지 못했다는 점은 봉암사 결사의 또 다른 한계로 지적될 수 있을 것이다.[55]

---

55) 김광식, 「봉암사 결사의 재조명」, 『봉암사 결사의 재조명과 역사적 의의』, 대한불교조계종 교육원 불학연구소, 2007. 10. 18. 44쪽. 아울러 이 결사에 오대산과 덕숭산 등의 문중 수좌들은 참석하지 않았다는 점은 이 결사의 지역적 한계로도 지적될 수 있는 점이라고 할 수 있다. 논자는 이러한 시각과 관련하여 봉암사 결사의 연속과 불연속에 대해 앞으로의 연구과제로 삼으려고 한다.

2) 정화 담화와 종조 시비

호남지역의 고불총림을 주도하였던 만암 종헌이 교정이 된 뒤
(1951.6.20) 교단 중심부에서 구체화된 수좌 전용 사찰 할애의 문제
는 불교정화 촉발의 결정적인 계기가 되었다. 처음 이 문제를 제기한
사람은 해방 공간 동안 혁신단체에 깊숙이 관계했던 선학원의 이대
의(李大義)였다. 1952년 봄 그는 만암 교정에게 수좌 전용 수행 사찰
을 요구하는 진정서를 제출하였다.

이에 만암 교정은 독신승려 전용 수행 사찰을 제공하라는 유시를
내렸다. 이로 인해 1952년 11월의 통도사 정기 교무회의(종회)에서
그 원칙을 정하였고, 1953년 4월 불국사 법규위원회에서 이판 사찰
로 18개 사찰을 수좌 측에게 제공하는 방침을 확정하였다. 하지만
사판을 담당했던 대처승들은 만암 교정의 이러한 제의를 형식상 확
인하는데 그치고 실행에 옮길 기미는 보이지 않았다. 비구승측은 기
회가 있을 때마다 계획을 실천에 옮기도록 촉구했으나 별다른 반응
이 없었다.[56]

그러자 1954년 5월 20일 이승만 정부는 「대처승은 사찰에서 물

---

56) 강석주·박경훈, 앞의 책, 206쪽. 이때 제안된 사찰은 동화사(대구), 내원사(양
산), 직지사(김천), 보문사(강화), 신륵사(여주) 등 18개였다. 또 정화가 막 시
작되던 1954년 5월 20일 즈음에는 종래 주지들이 이에 응하지 않았다. 정화 한
달 뒤 주지들은 비구들을 달래려고 48개 사찰을 제시했다는 설도 있다. 18개 사
찰을 안 주려면 범어사와 통도사 2개 사찰, 통도사와 해인사와 송광사 삼보 사찰,
삼보 사찰+용주사와 법주사의 5개 사찰만이라도 달라고 요청했으나 대처들에게
거절당한 비구들은 본격적으로 분노를 표출하기 시작했다. 정화의 캐치프레이즈
가 된 "불교 승단에 대처승 없다"라는 구호는 이때부터 나오기 시작했던 것으로
보인다.

러나라, 사찰의 토지를 반환하라」는 제1차 담화를 발표하였다.

지나간 40년 동안에 일인(日人)들이 저의 소위(所謂) 신도(神道)라는 것을 들여와서 저의 황제(皇帝)를 천신(天神)처럼 섬기는 제도를 만들어서 신사참배(神社參拜)를 시킬 적에 선교사(宣敎師) 얼마는 신사참배(神社參拜)를 거부(拒否)해서 한국(韓國)에서 축출(逐出) 당(當)한 사람들도 있었고 피박(被迫) 당(當)한 사람들도 몇이 되었으나, 우리 한인교도(韓人敎徒)들은 신사참배(神社參拜)를 거부(拒否)해서 옥중(獄中)에서 피박(被迫) 당(當)한 사람이 수(數)도 많고 죽은 사람도 여럿이 있었던 것이다. 동시(同時)에 일인(日人)들이 저의 소위(所謂) 불교(佛敎)라는 것을 한국(韓國)에 전파(傳播)해서 우리 불교(佛敎)에 하지 않는 모든 일행(行)할 적에, 저의 소위(所謂) 사찰(寺刹)은 도시(都市)와 촌락(村落)에 섞여 있어서 승(僧)들이 가정(家庭)을 얻어 속인(俗人)들과 같이 살며 불도(佛道)를 행(行)해서 오던 것인데, 이 불교(佛敎)도 당초(當初)에 우리나라에 배워다가 형식(形式)은 우리를 모범(模範)하고 생활제도(生活制度)는 우리와 절대반대(絶對反對)로 되는 것으로 행(行)해 오던 것인데, 이것을 한인(韓人)들에게 시행(施行)하게 만들어서 한국(韓國)의 고상(高尙)한 불도(佛道)를 다 말살(抹殺)시켜 놓으려 한 것이다. 그 결과(結果)로 지금 승도(僧徒)들이라는 사람들은 승(僧)인지 속인(俗人)인지 다 혼돈(混沌)되고 있으므로 우리나라 불교(佛敎)라는 것은 거의 다 유명무실(有名無實)로 되어 있는 것이다.[57]

이 담화에 나타난 정부의 태도는 표면적으로는 대처승은 사찰에

---

57) 한국불교승단정화사 편찬위원회, 『한국불교승단정화사』, 대보사, 1996.

서 물러나고 사찰의 토지를 비구승들에게 돌려주라는 것이었다. 그리고 그 명분은 '승들이 가정을 얻어 속인들과 같이 살며 불도를 행해서 오던 것'인데 '지금 승도들이라는 사람들은 승인지 속인인지 다 혼돈되고 있으므로 우리나라 불교라는 것은 거의 다 유명무실로 되어 있는 것'에서 찾고 있다. 하지만 이미 앞에서 지적한 것처럼 그 이면에는 이승만 정권의 정치적이고 종교적인 책략이 없지 않은 것이어서 담화 내용을 표면 그대로만 받아들이기는 어려운 것이다.

당시 불교계는 정부의 강력한 입장에 접했지만 여전히 자체적으로 문제를 해결할 기미를 보이지 못했다. 농지 개혁과 6.25 전쟁으로 불교 사찰 경제는 극도로 피폐되었다. 이 때문에 이판승들의 수행 환경은 황폐화 되었고 사찰 경제 역시 일대 파탄이 일어났다. 더욱이 사판승들은 그들이 지니고 있는 자기 소유 사찰의 유지와 보호에 급급했다. 그 결과 그들 대부분은 이미 수행에 대한 의식이 오래 전에 탈각되어 있었기에 이판승들에게 수행처를 배려할 마음이 없었다.

농지개혁으로 말미암아 사찰경제(寺刹經濟)에 일대파탄이 일어났고, 승려생활에 큰 위협을 가져오자 …… 지금까지 수행에만 전심(專心)하던 이판승들의 생활은 극도의 위태로운 지경에 이르렀고, 드디어 그들은 사판승들에게 생활 적선의 보장을 기대할 수 없게 되니, 그들도 이제는 자기 생존을 위하여 자신들이 직접 경제 주권을 장악해야 되겠다고 생각하게 되었다. 그래서 처음에는 몇몇 절[寺]들의 운영권만을 넘겨 자치자활(自治自活)하게 해달라고 요구했으나 이것이 거부되자, 마침내는 한국불교 전체의 주권을 장악하겠다는 결심을 하고 전면 투쟁으로 발전하게 되니, 이것이 불교 분규의 근인(近因)이다.[58]

불교정화가 촉발된 결정적 계기는 내인론으로만 보면 이승만의 담화 이전에 이미 불교 내부에 내재해 있었다. 수행사찰 몇 개만이라도 비구승들에게 주어졌다면 그렇게 치열하게 분규가 전개되지는 않았을 것이다. 때문에 정화 태동의 내적 원인은 불교 외부의 공권력의 개입에 의해 본격화 되었다기보다는 오히려 불교 내부에서 점화시켰다고 해야 할 것이다.[59] 논자 역시 이 점을 충분히 공감하면서 논의를 전개하고 있다.

한편 정부의 담화에도 불구하고 비구측과 대처측은 자체적으로 사찰 문제를 해소하지 못했다. 특히 대처승들은 수행 사찰의 할애에 대해 자기 자신의 문제를 넘어서서 생각하지 못했다. 몇몇 절들의 운영권만을 넘겨 자치자활하게 해 달라는 요구가 끝내 거부되자 교단의 정화는 한국불교 전체의 주권 장악 투쟁으로 발전하게 되었다. 그리고 사찰 경제의 기반인 토지의 문제는 결국 승려 자격 문제로 논의의 쟁점을 옮겨 갔다.

1954년 10월 10일 비구측 대표 5인[60]과 대처측은 승려 자격 문제에 대한 이견으로 인하여 타협이 이루어지지 않았다. 이 와중에서 만암 교정은 정화의 취지에는 찬성하지만 그 방법에 동의할 수 없다는

---

58) 황성기, 『불교사상의 본질과 한국불교의 제문제』, 보림사, 1989, 306쪽 ; 황성기, 「한국불교의 나아갈 길」,『불교사상』 제10호, 불교사상사, 1962, 7.

59) 강석주, 정화운동의 회고, 『선우도량』 제11호, 1997.6, 245쪽. "만암스님이 불국사에서 회의를 나갈 때 나도 갔는데 그때 독신승들에게 수행사찰 몇 개만이라도 달라했지요. 그것이 잘 되었으면 일이 커지지 않았어요. 통도사에서 회의를 했고 만암스님이 그런 말을 해서 선학원에서 수좌대회를 한 번 했지요. 그래 가지고 정화운동이 시작되었어요. 그런 와중에 이박사가 유시를 했지요. 유시가 도움이 되었는가는 모르지만 그전부터 정화운동은 태동한 것이지요."

60) 이 때 비구승 대표 5명은 청담 순호, 금오 태전, 원허, 적음, 월하 등이다.

성명서를 발표하였다. 그 이유는 비구측이 태고 보우(太古 普愚)를 부정하고 보조 지눌(普照 知訥)을 종조로 하였으며 태고사(太古寺)를 일방적으로 조계사(曹溪寺)로 바꿔 버린 것에 대해 이는 '아버지와 할아버지를 바꾼 것(換父易祖)'이라며 반발하였다.

만암이 문제제기 한 환부역조는 지금까지 자신을 지탱하였던 정신적 기반을 뒤흔드는 것이었다. 동시에 조선 중기 이래 휴정의 문도들에 의해 정립되기 시작한 조계종의 뿌리를 근본적으로 뒤바꾸는 것이었다. 때문에 종래의 종조를 부정하고 새로운 종조를 확정하는 일은 자신의 정체성을 바꾸는 것이어서 수용할 수 없었다. 비구측은 11월 3일 제2회 종회를 열고 만암을 교정에서 제외시키고[61] 동산 혜일(東山 慧日, 1890~1965)을 종정으로 선출하였다. 비구측과 대처측은 여전히 서로 타협하지 못하고 대립을 계속하였다.

그러자 이승만 정부는 다시 「왜식종교관을 버리라」는 제2차 정화 담화를 발표하였다.[62] 이 담화는 비구측의 주장과 대동소이하였

---

61) 만암의 종조 인식에 대한 문제 제기를 정화주역들인 비구측은 수용하지 않았다. 이러한 인식 때문에 '환부역조설'을 제기한 만암으로 하여금 정화 초기 역사에서부터 대처측으로 활동하게 하는 결과를 초래했다. 결국 비구측의 종헌 제정 과정에서 조계종 종명의 회복과 '태고종조론'를 강력히 주장한 김영수와 '도의종조론'을 주장한 권상로 그리고 '보조종조설'을 제기한 이재열과 이종익으로 삼분되어 극심한 대립을 낳았다. 결국 1954년 6월 20일 제정되었던 종헌에는 종조-도의, 태고(보우)-중흥조의 내용으로 정리되었으며 보조종조론은 조선 중기 이후 단일화된 당시의 태고법통 전통에서 벗어나는 것으로 학문적으로 근거가 없는 것으로 평가되었다. 하지만 이러한 종조 시비는 여기서 마무리 된 것이 아니라 잠시 휴전되었을 뿐이다. 이 시비는 1990년 초반 頓悟頓修-頓悟漸修 논쟁을 계기로 다시 점화되었으며 1994년 改革會議 宗憲에서는 道義-宗祖, 知訥-重闡祖, 太古-重興祖로 삼분시켜 일련의 논쟁을 봉합시켰다.

62) 「倭式宗敎觀 버리라」, 『서울신문』, 1954년 11. 6. "지나간 40여년 동안에는 日本이 韓人들을 일본화시키기 위하여 일본승들이 와서 한인들을 일본불교로 '부

고 결과적으로 정부는 비구측을 지원하는 모습으로 비춰졌다. 비구측은 정부 담화의 지원에 힘입어 11월 5일에 한국불교의 상징적 공간인 태고사에 진입하였다. 그리고 종권을 지니고 있는 대처승측에게 종권 및 사무 양도를 요구하였다.

비구측의 태고사 진입은 점차 사회문제로 확산되었고 국회에서 논의가 확대될 빌미를 주었다. 결국 대처측도 공권력의 압박과 불리한 사회 여론의 현실을 수용할 수밖에 없었다. 1954년 11월 20일부터 24일에 이르는 숙의 끝에 집행부의 퇴진을 결의하고 종권을 태고문손 계열인 대처측 비구들에게 인계하기로 하였다.

청담과 수뇌부는 긴급회담을 갖고 태고사의 총무원을 나아가 종권을 인계받기로 하였다. 하지만 태고사에 진입한 비구측 대중은 종권 인수를 촉구했으나 대처측의 미온적인 태도로 종권 인계가 이루어지지 않았고 더욱이 상호 충돌까지 일어났다. 비구측은 1954년 12월 전국 비구·비구니대회를 개최하여 경무대까지 시가행진을 하였다. 이 와중에서 이승만 정부는 불교 내부 정화에 개입하여 지속적으로 정화 담화를 발표하기에 이르렀다.

정부가 정화 담화를 발표하여 자체 해결을 촉구하였음에도 불구하고 여전히 비구·대처 양측은 타협하지 않았다. 그러자 이승만 정부의 문교부는 불교정화 과정에 개입하여 사찰정화수습대책위원회를 구성하였다. 그리고 이 위원회에서 1955년 2월 4일에 이르러 비구와 대처 양측이 합의한 승려자격 8대원칙을 결정하였다. 1)독신 2)삭발염의 3)수도 4)20세 이상 5)부주초육(不酒草肉) 6)불범사바라

처'를 숭배케 한다고 하여 일본풍속으로 僧이 고기도 먹고 帶妻도 두고 못하는 일이 없게 만들어 놓았던 것이다.”

이(不犯四婆羅夷, 不殺生·不偸盗·不邪淫·不妄語) 7) 비불구자 8) 3년 이상 승단생활 해온 자 등이다. 승려자격 문제는 다시 논쟁을 점화시켰고 공권력 개입의 빌미를 주었다. 이승만 정부의 8차에 걸친 담화의 내용은 아래와 같다.

차수	발표일	내용	비고
1	1954. 5. 20.	「대처승은 사찰에서 물러나라, 사찰의 토지를 반환하라」	
2	1954. 11. 5.	「倭式宗教觀 버리라」·	서울신문
3	1954. 11. 19.	「불교계 정화 희망－李대통령 순리 해결을 종용」	서울신문
4	1954. 12. 17.	「順理로 解決하라, 帶妻僧은 물러가고」	서울신문
5	1955. 6. 16.	「還俗할 覺悟하라－李大統領 帶妻僧 處身에 談話」	중앙일보
6	1955. 7. 13. 7. 14. 7. 15.	사찰정화대책위원회 회의 1차 회의, 문교부차관실 사찰정화대책위원회 회의 2차 회의, 태고사 법당 사찰정화대책위원회 회의 3차 회의, 태고사 법당	조선일보[63]
7	1955. 8. 4.	「倭色僧侶는 물러가라-이대통령 불교문제에 언급」	동아일보
8	1955. 11. 8.	「佛教에 關한 件」 (대통령이 내무부장관과 문교부장관에게 지시한 공문[64])	

---

63) 종단사간행위원회, 『태고종사』, 330~337쪽. 제5차 정화담화는 정부 담화의 형식이 아니라 문교부의 참관하에 사찰정화대책위원회의 3차례에 걸친 회의 내용을 발표하는 형식을 취하였다. 『조선일보』, 1955. 7. 11. "그런데 15일 하오 3시부터 曹溪寺(실제 會議錄과 禪學院側 공고에는 太古寺라 하였음)에서 열린 사찰수습대책위원회에서는 5명의 비구측 대표와 4명의 대처측 대표들이 토의"하였으며 그 "결과로 전국승려대회를 소집하여 새로운 종회의원을 선출하기로 표결지었다고 하며 同 僧侶大會는 오는 8월 1일부터 同. 5日까지 5일간 曹溪寺(공고문에는 太古寺)에서 內務部에서 작성한 獨身僧 명단에 기재되어 있는 승려들이 모여 개최될 것이라고 한다"고 적고 있다.
64) 종단사간행위원회, 『태고종사』, 352~354쪽. 불교 분규 과정을 보고 받은 이승만 대통령은 비서관 구본준을 시켜서 내부무장관과 문교부장관에게 '佛教에 關한 件'이라는 공문을 하달하고 있다. 논의는 대체적으로 지금까지의 담화를 종합하고 있다.

정부는 총 8차에 걸친 정화 담화를 발표했고 뒤이어 공권력을 투입시켜 불교계에 물리적인 영향력을 행하였다. 정교 분리의 원칙이 엄연함에도 불구하고 정부는 불교계 스스로가 자정의 능력을 상실했다는 판단을 그 명분으로 삼았다. 하지만 그 명분은 다분히 정치적인 시각에서 내린 주관적인 판단일 뿐이었다.

물론 내인론에 근거하면 공권력을 불러들인 주체는 명백히 불교 교단의 외부가 아니라 내부에 있었다. 비구－대처 양측은 교단의 주도권을 잡기 위해 필요하다면 공권력의 부름도 마다하지 않았다. 그 결과 불교 교단은 공권력의 통제와 종속으로부터 자유롭지 못한 역사를 열어 가고 말았다. 타율적 정화인식은 불교 분규에 정치권력이 개입하는 계기가 되었고 상당히 오랜 기간 동안 이러한 모습을 띠게 했다.

따라서 수행사찰 할애 문제와 종조 시비로 심화된 불교정화의 흐름은 정화에 대한 근본적인 성찰과 반성을 촉구하게 하였다. 그리고 그것은 청담과 성철의 정화 이념과 성격 규명 속에서 해명해내야 할 과제이다.

3) 청담의 대자적 타개론

성철과 달리 청담은 불교정화의 전면에 서서 총지휘를 한 인물이다. 때문에 그에게는 정화에 대한 이념과 방법이 어느 정도 정립되어

『태고종사』에서는 이 공문의 형식을 취한 '記'에 대해 "이 여덟 번째의 유시 또한 예외일 수는 없지만 그 시기의 문제성과 또 마지막 유시라는 점 및 첫 번째 유시 이후로 줄곧 같은 망발을 되풀이하면서 끝내 전통 태고종단의 설자리를 여지없이 박탈해버린 치욕스런 법난의 역사적 증언으로 후세에 전하기 위해 전문을 실었다"라는 표현으로 이승만 정화 담화에 대해 '언급할 가치도 없다'고 평가하고 있다.

있었다고 볼 수 있다. 하지만 그 방법에는 성철의 자율적인 정화론과 즉자적인 타개론과 달리 타율적인 정화론과 대자적인 타개론이 어느 정도 개입되어 있다고 볼 수 있다. 그리고 그러한 타율적인 정화론과 대자적인 타개론은 불교계 정화의 지형도를 변형시켰다. 나아가 그것은 정화 주역이었던 청담으로 하여금 조계종단 탈퇴라는 극단적인 선택에 이르게 하였다.

대자(對自, für sich)는 타자에 대한 부정적 태도에 의해 자기 자신이 일정한 한계를 소유하는 실재로서 독립성을 주장하는 상태를 일컫는다. 즉 헤겔의 변증법에서 즉자의 직접 상태로부터 발전한 제2의 단계를 말한다. 이는 바깥과의 끊임없는 관계 속에서 문제를 해결해 나가려는 태도를 말한다. 다시 말해서 다른 것과의 관계에 의하여 자기를 자각하고 자기 자신과 대립하는 것을 말한다.

정화에 대한 입장을 표명한 청담의 글에서 드러나고 있는 것처럼 그의 대자적 타개론은 정화 과정에서 구체적으로 드러나고 있다.[65] 특히 이러한 관점은 청담이 대처측과 국가에 대하여 자기를 자각하고 자기 자신과 대립하는 대목과 자신의 견해를 보여주는 대목에서 잘 나타나고 있다. 일찍이 청담은 이미 1928년 3월 각황사에서 열렸던 조선불교학인대회의 주도적인 역할을 하였다. 그는 이때부터 이미 '일본 식민지 불교의 영향으로 인한 세속화의 극복'과 '불교의 정통성 회복'으로 요약되는 불교정화의 당위성을 역설하였었다.

---

65) 청담의 정화에 대해서는 다음의 논문이 참고 된다. 김광식, 「이청담의 불교정화정신과 조선불교학인대회」, 『한국현대불교사연구』, 불교시대사, 2006 ; 김광식, 「이청담과 불교정화운동」, 『한국현대불교사연구』, 불교시대사, 2006.

지금의 우리 불교는 너무 세속화되어 있으므로 우리 젊은 학인스님들이 불교의 정통성 회복에 앞장서야 한다.[66]

청담의 정화인식은 불교의 세속화가 과도하다는 데에 있다. 이 때문에 그는 불교의 정통성 회복이 무엇보다도 시급함을 절실하게 느끼고 있었다. 이러한 그의 생각은 봉암사 결사에서 성철과 의기투합하여 진행시켰던 일련의 과정에서도 확인되고 있다. 그리고 뒷날 불교의 도총섭을 맡아 정화를 주도해 가면서 보여준 모습에서도 드러나고 있다.

근대 한국불교(韓國佛敎)의 정화운동(淨化運動)이란 불교와 불법을 두고 하는 말이 아니라 교단을 구성하고 있는 승단(僧團)의 정화(淨化)를 말하는 것이다. 청정(淸淨)해야 할 승려(僧侶)가 본래의 의미를 상실하고 있을 때 마땅히 본사(本師) 세존(世尊)께서 정하신 율법(律法)에 따라 대치되는 요소는 제거해야 한다. 이 운동이 바로 '근대(近代) 한국불교(韓國佛敎)의 정화(淨化)'이다.[67]

그는 정화의 대상이 불교와 불법이 아니라 '승단'이며 그 목표는 '승단의 정화'임을 분명히 하고 있다. 그리고 '율법을 지켜야 하는 승려의 본래 의미의 회복'을 정화의 목표로 삼고 있음을 보여주고 있다. 하여 율법에 대치되는 요소는 제거할 것임을 분명히 천명하고 있

---

66) 불교전기문화연구소 편, 『다시 태어나도 이 길을-청담큰스님 평전』, 불교영상, 1996, 184쪽 ; 「해동불교의 거본 청담 큰스님」, 『청담대종사전서 : 가까이서 본 청담 큰스님』 제6책, 불교영상, 2005, 57쪽.
67) 「나의 편력 119, 종단과 결별」, 『매일경제신문』, 1969. 9. 3.

다. 이러한 청담의 정화인식은 1968년 8월 12일 조계종단의 탈퇴를
선언하는 소명서(疏明書)에도 잘 나타나 있다.

> 본인이 이번에 조계종에서 탈퇴한다고 한 것은 한 종도(宗徒)로서, 소
> 위 한 종단의 원로로서, 또는 정화운동의 횃불잡이로서 근 20년간 심혈
> 을 기울여 보았으나, 나의 무능력과 부덕의 소치와 또는 시운(時運)의
> 탓인지, 잘되어 가는 일은 적고 잘못되는 일이 많으며, 종단은 정화재운
> (淨化在運)되기보다 앞길이 어두워 가기만 한다. 그러니 한 종단의 원
> 로라는 입지에서 수수방관(袖手傍觀)하기는 마음 괴로운 일이므로, 차
> 라리 그 권외인(圈外人)이 되는 것이 떳떳하다고 생각되며, 그 권외에
> 서라도 나의 본원(本願)은 조금도 변함없기에 이번에 탈퇴를 선언하기
> 에 이르렀던 것이다. …… 돌아보건대 8·15 광복과 아울러 우리 겨레에
> 게는 조국재건(祖國再建)과 민족중흥(民族中興)의 큰 과업이 지워졌던
> 것이며, 우리 불교도에게는 특히 천육백 년(千六白年) 역사의 전통과
> 민족의 얼이 깃들어 있는 불교를 정화(淨化), 재건(再建)함으로써 상실
> 되어 가는 인간을 되찾고 무너진 국민도의(國民道義)를 재건하며 혼탁
> 한 사회를 정화하여, 구국제세(救國濟世)에 이바지하려고 일어선 것이
> 불교정화운동이었다.…… 그 '정화(淨化)'란 먼저 교단을 정화하여 안으
> 로 '수도승단(修道僧團)·정법불교(正法佛敎)'를 확립하고 밖으로 새로
> 운 교화운동(敎化運動)을 일으키어 '인간개조(人間改造)·도의재건(道
> 義再建)'·사회정화(社會淨化)의 과업을 수행함으로써 조국재건(祖國再
> 建)의 터전을 마련하고 나아가서 세계평화에 이바지하려는 것이다.[68]

---

68) 이청담, 「疏明書」, 『대한불교』, 1969. 8. 17.

　　이처럼 청담의 정화 이념은 교단의 정화에 머물지 않는다. 즉 그는 교단을 정화하여 안으로는 '수도승단과 정법불교'를 확립하고, 밖으로는 새로운 교화운동을 일으켜 인간개조와 도의재건 및 사회정화를 거쳐 조국재건의 터전 마련과 세계 평화에까지 이바지하려 한다고 표방하고 있다. 이것은 그의 정화인식이 불교 교단의 정화를 넘어 세계 평화로까지 나아가는 붓다의 본래 정신을 지향하고 있음을 보여주는 대목이다.

　　하지만 정화 주역들과 주변의 현실을 고려하지 않은 채 정화에 대한 이러한 이념의 과잉이 정화에 대한 경직성을 도출할 수밖에 없었다. 아울러 불교계와 국민에게 불교정화에 대한 시선을 극단적으로 보여 준 점도 없지 않다는 점에서 시사하는 점이 적지 않다. 그리고 정화에 대한 이같은 의식의 과잉이 결국 조계종단의 탈퇴로까지 이어진 것으로 보인다. 하여 정화에 대한 재평가가 이루어지고 있는 현 시점에서 청담의 정화인식이 지니고 있었던 경직성은 지적되어야 할 대목이라고 할 수 있다.

　　1954년 5월 20일 이승만 대통령은 불교계 정화에 대한 담화를 발표했다. 이른바 공권력의 발동이 시작되었다. 이 담화는 비구측과 대처측 모두에게 큰 영향을 미쳤다. 한동안 두 그룹은 공권력 개입이 미칠 영향을 자기중심적으로 이해하면서 사태의 추이를 관망했다. 대처측의 종단 집행부는 6월 20일 교무회의를 소집하여 종헌 개정을 통해 비구승단과 교화승단의 공존을 시도했다. 이와 달리 비구측은 6월 24~25일에 선학원에서 불교정화추진위원회와 교단정화추진위원회를 출범시키면서 정화에 본격적으로 나설 준비를 하였다.

　　청담이 불교정화에 본격적으로 뛰어들어 중심에 선 것은 1954년 8월 24~25일 선학원에서 열렸던 전국비구승대표자대회에서부터였다. 이 대회에는 전국의 수좌 대표 60명이 참가하여 1) 교단 정리 2) 승니 교양 3) 종헌 제정이란 정화의 이념과 방법을 결정하였다. 이 세 가지 결정 사항은 이후 추진된 불교정화의 이념과 성격 및 방향과 방법의 사상적 기반을 형성하였고 청담의 대자적 정화론의 주축이 되었다.

우선 청담은 정화의 당위성 위에서 합의를 이끌어 내기 위하여 지혜를 발휘했다. 즉 강경파와 온건파가 대립할 것을 염두에 두고 1) 비구와 비구니는 동거하지 말고 일절 거래를 말 것 2) 승적을 새로이 할 것 3) 사승 퇴속 시는 다시 스승을 정할 것 4) 가정 정리가 완료되지 않은 승려는 속히 정리할 것이라는 4개 항목의 자숙조건을 제시하였다. 이것은 앞으로 자신이 추진해 나갈 정화의 방향을 암시한 것이었다.

종헌제정 작업과 정화불사에 전념하였던 청담은 9월 28~29일 선학원에서 전국비구승대회를 개최했다. 이 대회에서 가장 문제가 된 것은 대처승의 승려 자격 문제였고 대처승을 호법대중으로 처리한다고 결론을 도출했다. 그리고 9월 30일에는 전국비구승대회에서 선출된 종회의원들은 새롭게 종단 집행부를 구성하였다. 이어 집행부는 이전 교정이었던 만암 종헌을 종정으로 유임시켰고 나머지 간부는 모두 새롭게 교체하였다. 이러한 일련의 과정에서 정부는 담화를 발표하면서 지원에 나서게 되었다.

1954년 11월 5일 이승만 정부의 「왜식종교관을 버리라」는 제2차 담화가 보도되자 태고사에 진입한 비구측 대중은 종권 인수를 촉구했으나 대처측의 미온적인 태도로 이루어지지 않으면서 충돌이 일어났다. 이 담화는 비구측의 주장과 대동소이하였고 결과적으로 비구측을 지원하는 모습으로 비춰졌다. 청담과 수뇌부는 긴급회담을 갖고 태고사의 총무원으로 나아가 종권을 인계받기로 하였다.

11월 19일 이승만 정부의 「불교계 정화 희망- 이대통령 순리 해결을 종용」이라는 제3차 담화가 보도되면서 양측의 갈등은 심각한 대립으로 확산되었다. 그리고 12월 17일 이승만 정부는 「순리로 해결하라, 대처승은 물러가고」라는 제4차 정화 담화를 발표하였다.[69]

이(李)대통령은 십구(九)일 상오 "불교계의 정화를 위하여 순리로운 해결을 하는 방도로서 불교도는 정부방침에 순응하라"라는 요지의 담화를 발표하였다. 우리 정부에서 해가려 하는 것은 이전 한국에서 해 가던 것을 할 수 있는 대로 필요한 것은 복구하고 일인(日人)들이 들어와서 강제와 세력으로 해서 한인들을 일본화시키려고 했던 것은 다 폐지시키려는 것인데 이 정책은 정부에서나 민간에서나 동일한 보조로 나아가야 할 것이다. 요사이 문제가 되어 있는 일본식 중(僧)에 관해서 이 정책을 행하는 방식으로는 정부에서 이 사실을 공포하고 일본식 중을 다 내 보내라고 하면 무슨 다른 수가 없을 것이다. 이런 강제의 색태(色態)를 보이지 아니하고 순리(順理)로 일본식 중들이 이것을 양해하고 각자 형편을 따라서 이 제도를 복종하면 이 문제가 순리로 해결되고 가정가진 중들이 민간에 섞여 살면 아무 문제가 없을 것이므로 이 정책으로 행해 가지고 몇 번 성명했던 것이다. 그러므로 각각 개인들의 사사 의견을 줄여 가지고 이론(理論)을 만들지 말 것이고 정부 관리들은 중앙(中央)이나 지방이나 다 이 정책으로 한국불교가와 일본불교가를 나누어 놓고 일본식 중들은 차차 양보하고 충돌(衝突)없이 자발적으로 해 나가도록 권면(勸勉)해야 할 것이고 여러 가지로 순리발심으로 해도 일본식 중들

---

69) 「順理로 解決하라, 帶妻僧은 물러가라」, 『서울신문』, 1954. 12. 18.

이 짐짓 반항해서 쟁론(爭論)을 일으키려고 할 때에는 그제는 정부에서 이 정책을 포기(抛棄)하고 원칙대로 집행해 나가려는 것이니 이 의도를 잘 양해하는 중에서 각 개인에게나 전체에게 손해가 없기를 바라는 바이다.[70]

담화의 내용은 일본승들로 하여금 양보하고 충돌없이 자발적으로 해나가도록 하되 일본승들이 반항하면 정부에서 순리의 정칙을 포기하고 원칙대로 집행하려는 경고라고 할 수 있다. 이러한 경고의 담화는 내용은 부드러웠지만 논지는 강고했다. 이 담화 속에는 '대처승=친일세력'과 '비구승=항일세력'이라는 비구측의 구도가 투영되어 있었다. 하지만 이러한 단순 도식의 전선 수립은 역사적 근거와 설득력이 약한 것이었다.

1955년 6월 16일 이승만 정부는 「還俗할 覺悟하라－李大統領 帶妻僧 處身에 談話」라는 제5차 정화 담화를 발표하였다.[71] 제6차 정화 담화에 이어 1955년 8월 4일 이승만 정부는 「倭色僧侶는 물러가라-이대통령 불교문제에 언급」이라는 제7차 정화 담화를 발표하였다.[72] 이 담화에 뒤이어 제8차 담화까지 발표하기에 이르렀다. 이러한 담화를 접한 비구측은 나름대로 힘을 얻어 대처측과 대립했다.

이대통령의 유시를 계기로 활기를 띤 정화운동의 초기 무렵에는 2백 명에 불과한 비구승으로는 전국의 사찰을 다 관리할 수가 없으니 몇 개의

---

70) 「불교계 정화 희망: 이대통령 순리해결을 종용」, 『서울신문』, 1954. 11. 20, 강석주·박경훈, 『불교근세백년』, 민족사, 2002 개정판, 210쪽 재인용.
71) 「還俗할 覺悟하라-李大統領 帶妻僧 處身에 談話」『중앙일보』 1955. 6. 17.
72) 「倭色僧侶는 물러가라-이대통령 불교문제에 언급」, 『동아일보』 1955. 8. 4.

사찰만을 비구측에 할애하고 나머지는 대처승에게 당대만 맡기되, 사찰에서는 가정생활을 하지 못하게 하자는 여론이 있었다. 그리고 그 같은 생각을 가진 비구승들은 유시 이전에 정화를 하자 했을 때도 필요한 몇 개의 도량을 얻고자 하는 것이었으므로 우선 도량을 확보한 다음, 차차 도제(徒弟)를 양성하여 서서히 정화해 가야 한다고 하였다. 대처승의 기득권을 당대에 한해서 인정하는 이 제안은 종정 송만암 스님의 뜻이기도 했다. 이효봉 스님과 정금오 스님도 같은 생각을 가진 스님들이었다. 한편 하동산 스님과 이청담 스님은 그러한 생각에는 반대의 입장이었고 과격한 편이었다. 종정 송만암 스님은 이효봉스님과 정금오 스님의 뜻을 대처측에 알리고 조정을 주선했다. 그러나 자기가 가진 사찰을 내놓지 않으려는 것과 첨예화된 양측의 감정적 대립 때문에 종정스님의 뜻은 이루어지지 않았다.[73)]

당시 대체적인 여론은 비구측에게 수행 사찰 몇 개만 할애해 주고 나머지는 대처측에게 당대에만 맡기고, 사찰에서는 가정생활을 하지 못하게 하자는 것이었다. 하지만 자기가 가진 사찰을 내놓지 않으려는 대처측과 첨예화된 양측의 감정적 대립은 종정의 유시조차 설득력이 없었다. 이렇게 되자 비구측은 자신들의 요구가 묵살 당했다고 생각하기에 이르렀다. 이에 비구측은 '불교에 대처승 없다'는 강공으로 대처측을 몰아붙이기 시작했다.

결국 비구 대처 양측의 대립은 타협되지 않자 문교부가 개입하여 사찰정화수습대책위원회가 구성되었다. 1955년 2월 4일에 이르러서는 승려자격 8대 원칙이 결정되었다.

---

73) 강석주·박경훈, 위의 책, 211쪽.

1) 독신(獨身)

2) 삭발염의(削髮染衣)

3) 수도(修道)

4) 20세(歲) 이상(以上)

5) 불주초육(不酒草肉)

6) 불범사바라이(不犯四婆羅夷, 不殺生, 不偸盜, 不邪淫, 不妄語)

7) 비불구자(非不具者)

8) 3년 이상 승단생활(僧團生活) 해온 자[74]

   제1항의 독신에 대한 원칙의 결정은 대처승의 신분이 당대까지만 수용된다는 것을 의미했다. 그리고 반드시 수도와 3년 이상 승단생활을 해온 자 등으로 결정한 것은 비구와 대처측의 거리를 좁히는 대목이라 할 수 있다. 이러한 원칙에 비구 대처 양측이 합의했다는 것은 앞으로의 관계 개선을 시사하는 것으로 읽혀졌다. 그리고 승려 자격이 양측의 합의로 결정되었음은 정화운동이 진일보한 것으로 이해되어졌다. 비록 이러한 합의에 이르기까지 정부의 개입이 있었지만 승려상에 대해 합의했다는 점에서 그 의미가 적지 않았다.

   하지만 그것으로 정화가 매듭지어지지 않았다. 결국 제8차에 이르는 정화 담화를 거치면서 비구측과 대처측은 대립을 계속하였고 불교정화는 극단으로 치달았다. 비구측을 지지했던 이승만 정부의 하야는 대처측의 복원을 이끌어 내었고 박정희 정부의 등장은 종교에 대한 국가 개입의 빌미를 주었다. 결국 1962년 통합종단의 탄생은 타율적인 정화로 매듭지어졌지만 그 불씨는 여전히 남아 있었다.

---

74) 김광식, 「정화운동의 전개과정과 성격」, 앞의 책, 332쪽 재인용.

청담은 1962년의 통합종단의 탄생 이후에도 대처측 출신 대다수
가 화동위원회를 주도하는 현실을 목도하면서 깊은 자괴감을 금하
지 못했다. 이후 그는 조계종 종정으로서 '조계종단유신재건안'을 제
안했지만 종회에서 처리되지 않자 종단을 탈퇴하는 극단적인 선택
의 길을 걷기에 이르렀다. 이는 대자적 타개론에 기초한 청담의 타율
적 정화론 역시 태생적인 한계가 있었다는 것을 의미했다. 그리고 대
중들과 공유되지 못하는 이념과 방법은 성공할 수 없다는 사실을 보
여준 것이었다.

따라서 불교정화의 이념에서는 앞섰으나 방법은 그러지 못했다
는 세간의 평가는 정당한 평가로 볼 수 없다는 것이 논자의 생각이
다. 청담의 정화론은 성철과는 또 다른 점에서 설득력이 없지 않았지
만 정화 이념이 과잉되었고 경직되었다는 점에서 그것 역시 처음부
터 한계를 지니고 있었던 담론이라고 할 수 있다.

4) 성철의 즉자적 타개론

사실 성철은 비구-대처 분쟁에 능동적으로 참여하지 않고 수행
불교의 전통을 견지했기에 정화의 한 주역으로 보기는 힘들지도 모
른다. 하지만 정화를 물리적인 국토의 청정화나 승단의 청정화만으
로 한정지을 수 없다는 점에서 그 역시 정화의 주역으로 평가하는
데에 있어서 하등 문제가 되지 않는다. 그는 정화를 청담과 같이 대
자적 타개의 담론이 아니라 자내의 힘과 이념에 의해 이루어져야 한
다는 즉자적 타개론을 역설하였다.[75]

---

75) 성철의 현실인식과 정화인식에 관한 논구로는 다음과 같은 글들이 있다. 김광식,

이미 앞에서 살펴본 것처럼 성철은 타율적 정화론으로는 이 문제를 해결할 수 없음을 분명히 보여주었다. 성철은 봉암사 결사의 방향을 불교의 근본 지향으로 잡게 했고 아울러 불교 본래의 '화합' 혹은 '육화(六和)' 정신에 맞는 자율적 방법론에 의해 정화가 이루어져야 함을 몸소 수행불교의 전통을 견지하는 몸가짐으로 보여줌으로써 오늘날에도 여전히 후학들에게 영향을 미치고 있다.

성철은 당시의 승려들과 불자들이 무격신앙에 좌우되고 부처님 말씀에 근거하여 살고 있지 않음을 극력 비판하였다. 때문에 승려들의 위상을 높이고 신앙과 사상에 의해 불교정화를 해야 한다는 것이 그의 소박한 정화론이었다. 특히 승려들의 위상을 높이기 위해 그 스스로 보여준 치열한 수행자상은 여타 수행자들에게 귀감이 되었고 그것은 뒷날 수행자들의 이상적인 삶의 모습으로 자리매김 되었다.

고불고조의 유칙과 유훈 및 청규와 교법 그리고 부처님 법대로를 지향한 그의 즉자적 정화론은 근본불교 지향으로 수렴되어 있었다. 하여 특히 불교의 근본이 중도사상에 있다고 단언하면서 대승불교의 어떤 경전이든지 중도사상에 입각해서 설법되어져 있다면 그것은 부처님 법이고, 그렇지 않으면 부처님 법이 아니라고 주장하는 대목에서 그의 근본주의 지향은 과도하게 설해져 있다고 평가받기도

「이성철의 불교개혁론」, 『퇴옹 성철의 깨달음과 수행』, 예문서원, 2006; 허우성, 「간디와 성철」, 『퇴옹 성철의 깨달음과 수행』, 예문서원, 2006; 박해당, 「성철 법맥론에 대한 비판적 검토」, 『퇴옹 성철의 깨달음과 수행』, 예문서원, 2006; 조명제, 「백일법문과 근대불교학」, 『1960년대 전후 상황과 성철스님의 역할』, 대한불교조계종 백련불교문화재단, 2006; 신규탁, 「'정화'에 대한 퇴옹 성철의 사상」, 『한국불교학』 제49집, 한국불교학회, 2007. 11.

한다.[76]

때문에 성철의 개혁론이란 이름으로 전해진 그의 정화론은 일종의 근본주의에 빠질 위험성이 없지 않다는 지적은 설득력이 있다고 할 수 있다. 이러한 관점은 최근 성철 관련 논문들에서 조심스럽게 제기되고 있다. 그리고 이러한 그의 생각이 정화의 명분과 이념 설정에는 앞섰으나 정화의 방법과 실현에는 서툴렀다고 평가받는 근거가 되고 있다. 동시에 그것은 정화의 명분과 이념 설정 및 방법과 실현에 서툴렀다면 그것은 처음부터 정화에 대한 인식에 문제가 있었던 것이 아니냐는 지적이 없지 않다.

결국 논의의 초점은 정화의 이념과 방법은 분리될 수 없다는 것에 있다. 물론 그가 말하는 근본주의적 지향이 '불교 근본으로의 회귀'인지 아니면 '일제의 침입 이전 조선 불교로의 복원'인지는 분명하지 않다. 이것은 불교정화 현실의 각박함과 어려움을 보여주는 것이라 할 수 있을 것이다. 이 때문에 성철 정화 이념의 경직성과 소박성이 방법의 서투름과 왜소함으로 나타난 것은 아닌지 검토해 보지 않을 수 없게 된다.

종교의 개혁이란 본시 교조의 근본사상에 입각해서 조금이라도 배치된다면 그것은 개혁이 아니고 역행이 되고 맙니다. 세월이 지나감에 따라

---

76) 조명제, 앞의 글, 44~45쪽. 논자는 성철의 중도관은 일종의 환원론에 함몰된 우려가 없지 않다. 즉 2500여년이라는 시간과 아시아라는 세계 공간에서 다양한 문화, 사상, 역사와 접촉하면서 형성된 불교의 사상과 문화는 그야말로 광대무면한 문화와 사상을 담고 있는데, 그것을 거꾸로 그 기원이나 원류로 환원하여, 중도라는 하나의 개념과 틀로 규정하는 것이 가능한 것인가?라는 근본적인 물음에 대답하기가 쉽지 않다고 주장하고 있다.

교법이 위배되고 폐단이 생기게 되는데, 변질된 폐단을 완전히 청소하
고 교조의 근본사상으로 환원하는 것이 개혁이라고 봅니다.[77]

하여튼 성철의 근본불교 지향은 교조의 근본사상으로 환원하려는
데에 있었다. 그것은 그가 생각하는 개혁이 어디를 향하고 있는지를
나름대로 의미 있게 보여주고 있다. 성철은 곧 불교의 근본으로 되돌
아가는 것이 개혁이라고 이해하고 있으며, 불교정화를 통해 궁극적으
로 나갈 이상 역시 바로 부처님 당시 상황의 재현이었다고 할 수 있
다. 논자는 이것을 성철의 즉자적인 개혁론이라고 명명하고 있다.
즉자(卽自, an sich)는 현상에서 독립한 그 스스로의 존재 자체이
며 모든 현상적 외관으로부터 독립하여 실재함을 말한다. 헤겔의 변
증법의 근본 개념으로서 대립이 발전하지 않은 채 잠재해 있는 사물
의 발전 단계 중 제1단계를 일컫는 말이다. 이를 달리 말하면 다른
것과 관계를 갖지 않고 그 자체로서 존재하고 있는 일이나 그런 존
재를 말한다.

이 같은 일련의 정부 방침에 힘입어 비구측은 8월, 선학원에서 전국비
구승대표자대회를 갖고 불교정화운동을 시작했고, 9월에는 전국비구승
대회를 가졌다. 이 대회는 종정에 송만암 스님, 부종정에 하동산(河東
山) 스님, 도총섭(都摠攝)에 이청담 스님, 총무원장에 박성하(朴性夏)
스님 등으로 진용을 구성하고 정화운동을 추진하기로 정했다. 대부분
의 비구승이 참석한 대회에 오직 이성철 스님만이 참석을 하지 않았다.
비구승대표자회의를 마치고 찾아간 하동산 스님에게 이성철 스님은

---

77) 『조선일보』, 1984. 3. 17.

"외부의 힘을 입고 하는 정화운동은 원만한 결실을 거둘 수 없다"고 말했다. 그리고 이같이 예견한 스님은 파계사 성전암에 칩거하여 나오지 않았다. 어쩌면 스님은 오늘과 같은 한국불교의 상황을 예견했는지도 모른다.[78]

이러한 성철의 태도는 '외부의 힘을 입고' 하는 정화가 아니라 '자기의 힘을 입고'하는 정화가 진정한 정화임을 역설해 주고 있다. 이는 봉암사 결사가 지향했던 자생성과 연속되고 있다. 이러한 자생성을 확보하기 위해 한동안 그는 파계사 성전암에 들어가 두문불출하였던 것이다. 이것은 진정한 정화는 자기의 힘으로부터 나오는 것임을 온몸으로 역설한 것이라고 할 수 있다. 이 부분에서는 논자 역시 같은 생각을 지니고 있다.

하지만 성철의 이러한 생각에 변화의 조짐이 보이기 시작한 것은 훨씬 뒤였다. 그는 종정이 된 1980년대에 출범한 비상종단의 출범을 계기로 자신의 불교개혁을 실행에 옮기려고 했다. 그리고 그것은 봉암사 결사 정신과 나름대로 연속점이 있었던 것으로 보인다. 비상종단의 출범으로 인해 불교의 전통과 근본이 흔들릴 수 있다는 경험을 통해 비상종단 퇴진 이후 불교개혁에 대한 소신을 일단 접고 자신이 직접 그 문제를 제기하지 않는 방향[79]으로 갔지만 이러한 성철의 관점은 정화에 대한 그의 입장이 즉자적 타개론으로만 고정되어 있지 않고 대자적인 타개론으로 시도될 수 있었다는 사실을 보여준다.

이처럼 그의 정화론은 근본주의 지향을 떠나 있는 것처럼 보이지

---

78) 강석주·박경훈, 앞의 책, 209쪽.
79) 김광식, 「이성철의 불교개혁론」, 『한국현대불교사연구』, 불교시대사, 2006, 407쪽.

는 않지만 그 나름대로 역동적인 지평을 지니고 있었다고 평가할 수 있다. 하지만 정화 주역들과 그 주변 사람들의 현실을 충분히 고려하지 못했다는 평가는 정화 이후 전개된 한국불교 현실 전반이 이것을 잘 말해 주고 있다. 다만 그것이 성철 한 개인의 책임으로만 돌릴 수 없다고 하더라도 이후 한국불교에서 차지하는 그의 위상을 감안할 때 이러한 책임에서 그 역시 자유로울 수 없을 것이다. 따라서 그의 '정화론' 혹은 '개혁론'은 '공'과 '득'의 관점에서만이 아니라 '과'와 '실'의 측면도 동시에 지니고 있다고 볼 수밖에 없을 것이다.

5. 불교 정화에서 두 사람의 위상

붓다는 수행자에게 있어서는 좋은 벗〔善友〕은 자신의 수행에 있어 절반〔半〕이 아니라 전부〔全〕임을 일깨워 주었다. 즉 그는 '범행의 절반은 이른바 선지식·착한 벗·착함을 따르는 것이요, 악지식·나쁜 벗·나쁜 일을 따르는 것이 아니다'[80]라고 했다. 이처럼 도반은 수행자에게 있어서 모든 것이라고 할 수 있다. 청담에게 있어 성철은 그런 존재였고, 성철에게 있어 청담 역시 그런 존재였다.

청담은 이미 1928년 3월 전국학인대회를 주도하였던 경험이 있었다. 1941년 수덕사에서 청담은 10년 연하의 성철과 처음으로 만나 의기투합하였다. 이들은 오래지 않아 1942년 선학원에서 공동 수행을 하자고 약속하였다. 그리고 서로에게서 불교의 중흥 및 올곧은 수

---

80) 『雜阿含經』 제27, 726경(『高麗藏』 제18책, 977하 쪽; 『大正藏』 제2책, 195중 쪽).

행을 통해 교단을 정화하고 전통불교를 복원하자는 뜻을 확인했다. 1944년 선산 도리사에 머물던 성철에게 문경 대승사로 오라고 편지를 보낸 청담은 해방 이전까지 대승사 쌍련선원에서 머물던 10여 명의 수좌들과 함께 수행했다.

이를 계기로 두 사람은 동지로서 도반으로서 급격히 가까워지게 된다. 우선 청담과 성철은 대승사에서 이러한 결의를 하고 봉암사 선방을 개설하려고 했다. 오랜 노력 끝에 1946년 선방이 준비되자 두 사람은 그해 가을 봉암사에 들어가 겨울을 함께 보내었다. 1947년 동안거 해제 직후 이들은 당시 교단이 주관하는 가야총림에 참가하라는 통지를 받게 되었다.

1945년 9월 22~23일 전국승려대회 결의로 창설한 가야총림은 1946년 10월경 구체화되기 시작했다. 청담과 성철은 자신들이 대승사에서 구상했던 총림과 지향이 같다고 판단하였다. 청담과 성철은 1947년 하안거부터 가야총림에 합류했다. 하지만 최범술(교단 총무부장)과 임환경(주지)이 제시한 총림의 제방 운영에 대한 논의 중 특히 총림의 재정문제가 원만히 타결되지 않아 가야총림에 대한 참가와 불참으로 노선이 갈려지기 시작했다.

항변의 핵심은 변두리의 쓸모없는 전답에서 나오는 양식 가지고는 먹고 살 수 없다는 것이었다. 하지만 이러한 항변으로 충돌하게 된다면 공부에 아무런 도움이 되지 않을 것으로 판단한 성철은 통도사 내원암으로 떠났다. 하지만 청담은 총림에서 한 철은 나겠다며 가야총림에 잔류하였다. 이 대목에서 대쪽 같은 성철의 성품과 보다 유연한 청담의 성품이 엿보인다. 또한 8척의 키인 성철과 5척 단구인 청담의 면모에도 서로 대비되는 점이 있다.

1947년 서울의 김법룡 거사가 소유하고 있던 수많은 불서와 장경이 청담과 성철에게 전해졌다. 두 사람은 '수좌들이 살기에 적합한 곳'인 봉암사에 이 책들을 보관하면서 이전에 못다 한 공동 수행을 봉암사에서 다시 이뤄보자고 합의하였다. 1947년 가을 성철은 아직 가야총림에서 합류하지 못한 청담과 별도로 봉암사 결사를 시작하였다. 이때의 상황은 성철의 증언에 잘 드러나 있다. 이후 다시 만난 이들은 각기 봉암사 결사에서 만나 '부처님 법대로 살자'는 기치로 함께 생활하며 삼 년을 함께 수행했다.

빨치산이 들끓고 경찰이 출동하기 시작하면서 봉암사 도량은 어수선해졌고 수좌들의 목숨까지 위험한 지경에 이르렀다. 결국 성철은 파계사로 떠났고 청담 역시 다른 수행처로 길을 떠났다. 하지만 이들의 관계는 끊이지 않고 오래도록 유지되었다. 그리고 두 사람은 이후 불교 정화의 소용돌이 속에서 저마다의 자리에서 봉암사 결사 정신의 기치를 이어갔다. 성철은 수행불교의 전통을 견지하면서 불교 내부에서 정화를 지속하였고, 청담은 저자의 한복판에서 정화를 주도하였다.

청담은 1954년에서부터 1962년 통합종단이 서기까지 도총섭의 소임을 맡아 불교 교단의 정화에 헌신하였다. 성철 역시 경상도 일대의 사찰을 무대로 모범적인 수행 정진을 통해 교단 내부의 정화를 이끌었다. 이들은 정화시기 내내 교단의 중심이었을 뿐만 아니라 정화 이후에도 종정(청담, 성철)과 수행가풍의 재정립을 통해 불교정화의 소임을 다하였다. 그리고 봉암사에서 그들과 함께 수행을 하고 지도를 받은 혜암과 법전은 봉암사 결사 정신의 계승과 그 후광에 의해 이후 각각 조계종의 종정에까지 오르게 되었다.

이들 두 사람은 불교정화에서 일정한 위상을 지니고 있으며 그것은 봉암사 결사에서 시작된 출가정신의 회복과 수행에서 비롯된 힘이라고 할 수 있다. 비록 봉암사 결사에 기초하여 이루어진 정화 이념은 한계가 없지 않았지만 어느 정도나마 불교정화를 완수하였고 불교의 출가 문화를 우리 사회에 대중화시키는 데 혁혁한 공헌을 했다. 따라서 두 사람이 불교정화와 불교 개혁에서 보여준 모습과 현실 속에는 우리시대 불교계의 모든 가능성과 한계성이 동시에 투영되어 있다고 할 수 있다. 그리고 바로 이러한 시각 때문에 불교정화를 대상화해서 평가하고 판정하는 태도를 경계하지 않을 수 없게 되는 것이다.

6. 보림 : 정리와 과제

1) 얻은 것과 잃은 것

불교정화를 통해 얻은 것은 전통 불교의 복원이었다. 종래 전통 불교 의식과 청규 등은 정화 과정을 통해 어느 정도 복원될 수 있었다. 사의법(四依法)으로 표현되는 초기 율장의 출가정신이 최소한의 소유를 표방하고 있듯이 정화 주역들 역시 처음에는 몇 개의 수행 사찰 할애만을 요청할 정도로 소박한 수행자 정신에서 출발했다. 하지만 그러한 요구가 수용되지 않으면서 교단 정화의 불길은 드높이 치솟았다.

결국 정화과정에서 빚어진 산물은 새로운 정화의 대상이 되기에 이르렀다. 즉 전국 1,800여 개 사찰의 주지 발령을 위해 양산한 급조승과 그들 문하에서 비롯된 무학승의 양산은 심각한 승려교육의 문제를 제기했다. 또 불교계 전체에 크게 부족한 인재의 손실을 가져옴으로써 우리 사회 내에서의 위상 확보에도 일정한 차질이 있었다. 물론 이것을 반면교사 혹은 타산지석의 계기로 삼을 수만 있다면 오히려 긍정적인 점이 없지 않았다는 시선을 확보할 수 있다.

그리고 국내의 어느 종교도 해결하지 못했던 청산 작업을 불교만이 마무리하여 식민잔재를 청산하고 한국불교 전통을 계승한 조계종을 창종할 수 있었다. 이것은 우리 종교사적 의미에서만이 아니라 사회사적인 의미에서도 주목되는 지점이다. 즉 여타 종교와 달리 민족 정통성을 회복한 대표적인 사례로서 상징적인 의미를 지닌다. 하지만 일제 지배가 낳은 구조적인 문제들과 함께 국가 권력이 불교계의 분쟁에 지속적으로 개입하여 영향을 미치고 있는 현실에 대해서는 심각한 반성과 성찰이 요청된다.

즉 불교 분쟁은 국가의 공고한 통제하에서 진행됨으로써 갈등의 당사자들로 하여금 국가 권력의 후원을 얻기 위한 경쟁적인 노력을 촉발했고 그 결과 불교 교단의 국가에 대한 자율성을 극히 낮은 수준에 머물게 했다. 이러한 의타성은 이후에도 여당 체질과 친여적인 성향에 머무르는 현실로 나타나고 있다는 점에서 불교정화를 통해서 잃은 점이라고 할 수 있다.

한국불교는 정화를 통하여 민족정신의 정통성 회복에는 성공했으나 그 과정에서 너무나 혹독한 대가를 치르고 말았다. 한국을 대표하는 정신문화인 불교가 식민잔재를 청산했다는 것이 사회사적으로는 큰 의미가 있었을지 모르나 한국불교의 입장에서는 불교의 내부 역량을 너무 많이 소진하였다는 평가를 피할 수 없다. 그리고 이러한 소진은 결국 미래 불교의 내포 심화와 외연 확대를 위한 인적 물적 역량의 고갈을 가속화시켰다.

그리하여 타종교에 비해 많은 인적 물적 자원 손실을 입는 바람에 이후 타종교와 경쟁을 위한 내부 발전 역량까지 탕진해 버린 셈이 되었다. 결국 비구 대처 분규로 인하여 사찰재산의 개인적인 횡령과 사찰 분규를 둘러싼 송사과정에서 정재 재산의 탕진이 많았다. 아울러 통합종단를 표방함에도 불구하고 정화의 결과로 인하여 청정 비구 승단이 등장하면서 재가쪽의 유능한 인적 자원을 많이 상실했다. 오늘 우리 사회의 지식사회의 지형도에서 불교지식인들의 분포도가 적은 것도 바로 이 때문이라고 할 수 있다.

또한 국가가 주도하는 장기적인 내분은 불교 자체의 조직적 통합 능력을 낮은 수준에 머물게 함으로써 불교계의 분열을 고착시켰다. 불교 내분이 정치권력에 의존하여 진행되고 때에 따라서는 법원의 판결이 교단의 운명을 좌우함에 따라 조직을 통합하고 갈등을 관리하는 능력은 더욱 감소하고, 사소한 갈등의 불씨도 장기적이고 파괴적인 분쟁으로 발전하기 쉽게 되었다.

이러한 점은 청정한 정신을 기초로 하는 불교의 본래 의미를 왜곡하는 방향으로 나아갈 경향이 있다는 점에서 잃은 점이라고 할 수 있다. 민족 문화의 7할 이상을 담보하고 있음에도 불구하고 정치 경제적 배경의 미비와 지식사회 속에 오피니언 그룹을 형성하고 있지 못한 현실은 불교에 대한 사회의 평가와 시선 역시 긍정적이지만은 않다는 점에서 잃은 점이 적지 않다고 할 수 있다.

2) 끝낸 것과 남은 것

일제 잔재의 청산은 어느 정도 끝낼 수 있었으나 남아 있는 문제도 적지 않다. 특히 적산의 처리 문제와 분규 사찰과 재산 및 정통성 문제 등은 지금도 해결되지 않은 상태로 남아 있다. 그리고 이러한 역사적 유산이 곧 '한국불교의 국가 종속적이고 친여적(親與的)인 정치 성향과 행위 패턴'을 지시하고 있다는 점이 아직 불교정화를 끝내지 못하고 남은 문제가 되고 있다. 나아가 국가 종속적이고 친여적인 정치 성향과 행위 패턴의 문제가 한국불교의 국가 종속적이고 친정부적인 정치 성향과 행위 패턴의 뿌리가 되고 있다는 점이 정화 이후에도 아직 끝내지 못한 것이라고 할 수 있다.

이 때문에 국가의 강력한 개입 아래 진행된 불교계의 정화는 일제 식민지 불교의 잔재 청산과 한국 전통 불교의 복원이라는 당위에는 부합했으나 그 실현 방안에서는 많은 문제점을 자아냈던 것이다. 특히 권력과 불교의 유착으로 표현되는 불교와 정치의 유착은 불교 교단의 정치적 종속의 심화로 이어졌다. 뿐만 아니라 정화의 당위와 정화의 현실의 거리는 너무나 멀었고 이 거리를 좁히기 위해 셀 수 없는 인적 손실과 헬 수 없는 물적 손해가 뒤따랐다. 하여 이 시기에 마땅히 이루어졌어야 할 인재양성을 위한 교육기관 건설과 언론 방송 및 출판문화 등에 대한 관심과 투자가 이루어지지 못했다.

이러한 실기(失期)는 이후 더욱더 큰 희생을 요구하였고 그로 인한 상처는 여전히 남아 있다. 더욱이 오랜 정화과정은 정화의 이념을 퇴색시켰고 현실과 타협한 교단은 불교 대중들에 대한 고민을 상실한 채 내부 주도권 다툼으로 변질되었다. 그 결과 지속적인 정화의 당위와 불교의 현실은 상충되었고 거기에서 비롯된 상처로 인한 덧남이 끊이지 않고 있다. 그리고 이 모든 공과는 다음 세대에게 고스란히 계승되어 지금도 여전히 수면 아래에 잠복해 있다.

청담은 통합종단의 탄생 이후에도 대처측 출신 대다수가 화동위원회를 중심으로 불교계를 주도하는 현실을 목도하면서 깊은 자괴감을 금하지 못했다. 결국 그는 조계종 종정으로서 자신이 제안한

'조계종단유신재건안'이 처리되지 않자 종단을 탈퇴하는 극단적인 선택의 길을 걷기에 이르렀다. 이와 달리 성철은 1980년대에 출범한 비상종단의 출범을 계기로 자신의 불교개혁을 실행에 옮기려고 했다. 하지만 비상종단의 출범으로 인해 불교의 전통과 근본이 흔들릴 수 있다는 경험을 통해 비상종단 퇴진 이후 불교개혁에 대한 소신을 일단 접었다. 그리고 성철 자신이 직접 그 문제를 제기하지 않는 방향으로 나아갔던 점 등을 통해 정화만으로는 해결할 수 없는 지점들이 여전히 엄존하고 있다는 사실을 알 수 있다. 나아가 이들 두 사람이 스스로 제시했던 정화 이념과 방법 사이에서 한 실존적 인간으로서 느낄 수밖에 없었던 다양한 국면들이 있었을 것으로 보인다.

이러한 거리는 대자적 타개론에 기초한 타율적 정화론 역시 한계가 있었다는 것을 보여주고 있다. 아울러 즉자적 타개론에 기초한 자율적 정화론 역시 한계가 있었다는 사실을 암시해 주고 있다. 결국 대중과 공유하지 못하는 정화의 이념과 방법은 성공할 수 없으며, 이념이 정당하다면 방법도 정당해야 한다는 것을 반추해 주고 있다. 결과론적이지만 이념과 방법의 불가분리성이 정화의 완성을 열어 가는 지름길임을 정화 주역들은 미처 생각하지 못했던 것은 아닌가 생각하게 된다.

그러므로 청담 순호와 퇴옹 성철의 현실인식과 정화인식이 불교정화의 이념과 성격 규명에서는 앞섰으나 방법과 전개 과정에서는 그러지 못했다는 세간의 평가는 정당한 평가로 볼 수 없다는 것이 논자의 생각이다. 청담의 정화론은 성철과는 또 다른 점에서 설득력이 없지 않았다. 하지만 그의 정화인식은 이념의 과잉과 경직 그리고 방법과 전개 과정의 거리로 인해 처음부터 한계를 지니고 있었다. 뿐만 아니라 정화 이념과 방법의 분리는 불교정화 현실의 각박함과 어려움 때문이었다고도 할 수 있다.

그것은 아마도 불교정화에 대한 구극적 진리로서의 '이념'과 방편적 진리로서의 '방법'이 우리들의 의식 속에서 이미 다양한 스펙트럼으로서 내재하지 못하였기 때문일지도 모른다. 따라서 정화 이념의 경직성과 소박성이 정화 방법의 조급함과 서투름으로 나타난 것은 아닌지의 반성이 명료하게 이루어져야 한다. 그리고 그 위에서 정화의 원인과 과정으로부터 비롯된 부정적 요인들이 다시는 일어나지 않도록 타산지석과 반면교사로 삼는 일이 현단계에서 우리가 해야 할 급선무라는 통찰일 것이다.

'정화운동'시대의 宗祖 갈등 문제와 그 역사적 의의

김상영 | 중앙승가대 불교학과 교수

1. 머리말

1950~60년대의 한국불교는 분열과 갈등으로 점철되었던 안타까운 역사를 간직하고 있다. 이 시기 불교계의 역사는 '정화운동'[1] '정화불사'로 규정되기도 하며, '분규' '법난' 또는 '비구 대처의 분쟁'으로 규정되기도 한다. 동일한 역사를 놓고 이처럼 다양한 평가가 이루어지고 있는 원인에 대해 우선 史觀의 차이를 지적할 수 있을 것이다. 하지만 이른바 정화운동의 역사는 사관의 차이를 지적할 만큼 충분한 연구가 축적되어 있지 않다. 기초적이고 기본적인 연구조차 제대로 진행되지 못한 상태에서 사관의 차이를 운운하는 태도는 결코 바람직하지 못하다.

정화운동은 대한불교조계종과 한국불교태고종이라는 종단의 분립으로 귀결되었다. 이후 조계종이 비구승단을 표방하면서 역사적 정통성과 정당성을 획득해 나간 반면, 태고종은 극히 일부의 전통사

---

1) 최근 '정화운동'이라는 용어가 지나치게 확대되고 있는 듯한 느낌이 든다. 이 시대 불교사를 '정화'라는 용어로 대표할 수 있을 것인지에 대한 문제는 별도로 연구해보아야 할 사항이지만, '정화운동'이 이미 고유명사처럼 인식되고 있는 현실을 감안할 때 「백용성선사의 불교정화운동」이라든가 「1980~90년대 한국불교 정화사」 등과 같은 논문 제목은 적지 않은 혼선을 불러일으킬 수 있다. '정화'는 1950~60년대 비구측 승단이 내세웠던 불교운동의 방향이자 명분론이었다. '정화운동'이라는 용어는 일단 이러한 협의적 개념으로 정리해두는 것이 보다 타당하지 않을까 한다.

찰을 점유한 채 대처승단의 굴레를 벗어나지 못하고 있는 현실이다. 정화운동 시기의 역사를 평가함에 있어 이 같은 현실은 적지 않은 장애 요인이 되고 있다. 보다 객관적이고 합리적인 정화운동사를 서술하기 위해 우리는 정화운동의 결과, 즉 정화운동의 승리자와 패배자를 양분하고 그것에 함몰되어 정화운동사를 바라보는 식의 선입견을 벗어날 필요가 있지 않을까 한다.

최근 1950~60년대 정화운동사에 대한 학문적 관심이 증대되고 있다. 金光植은 일련의 연구를 통해 정화운동시대에 대한 이해의 지평을 확대해가고 있다.[2] 그는 특히 전국비구승대표자대회(1954년),

---

2) 김광식, 「8·15해방과 불교계의 동향」, 『불교사연구』 창간호, 1996(『한국근대불교의 현실인식』, 민족사, 1998).

———, 「불교혁신총연맹의 결성과 이념」, 『한국근대불교의 현실인식』, 민족사, 1998.

———, 「전국불교도총연맹의 결성과 불교계 동향」, 『한국근대불교의 현실인식』, 민족사, 1998.

———, 「조지훈·이청담의 불교계 '분규' 논쟁」, 『한국민족운동사연구』22, 1999(『근현대불교의 재조명』, 민족사, 2000).

———, 「불교 '정화'의 성찰과 재인식」, 『금오문도회 수련법회자료집』, 1999(『근현대불교의 재조명』, 같은 책).

———, 『우리가 살아온 한국불교 백년』, 민족사, 2000.

———, 「전국비구승대표자대회의 시말」, 『근현대 불교의 재조명』, 민족사, 2000.

———, 「사찰정화대책위원회의 개요와 성격」, 『근현대 불교의 재조명』, 민족사, 2000.

———, 「불교재건위원회의 개요와 성격」, 『근현대 불교의 재조명』, 민족사, 2000.

———, 「정화운동의 전개과정과 성격」, 『교단정화운동과 조계종의 오늘』, 선우도량, 2001(『새불교 운동의 전개』, 도피안사, 2002).

———, 「청담 스님과 불교정화운동」, 『청담대종사와 현대 한국불교의 전개』, 청담문화재단, 2002.

———, 「이청담과 조계종 유신재건안연구」, 『새불교 운동의 전개』, 도피안사, 2002.

———, 「김서운의 종단정화와 그 특성」, 『대한불교조계종과 서운큰스님』, 전등사, 2003.

———, 「한국현대불교와 정화운동」, 『대각사상』 7, 대각사상연구원, 2004.

사찰정화대책위원회(1955년), 불교재건위원회(1961~1962년) 등 정화운동사에서 중시되는 구체적 사안들을 정밀하게 분석함으로써 정화운동사 연구의 바람직한 방향을 제시해 놓은 것으로 평가된다. 정화운동사 연구는 무엇보다 기초 자료의 정리와 간행이 우선되어야 한다. 이 같은 필요성에 의해 최근 10여 년간 매우 의미 있는 자료정리 작업이 진행되었지만,[3] 아직까지 해결해야 할 과제는 많이 남아 있는 상태이다. 특히 조계종과 태고종이 보관하고 있는 관련 문건은 정리 작업에 이은 공개 절차가 시급히 진행되어야 한다. 조계종과 태고종은 최근 종단사를 편찬, 발간하였다.[4] 종단사가 지니는 특성상, 이들 저술은 분명한 한계를 지니고 있다. 하지만 이들 저술을 통해 오히려 향후 정화운동사가 어떠한 방향으로 연구되어야 하는지에 대한 문제의식은 더욱 선명해졌다는 느낌이 든다.[5]

    _____, 「이청담의 불교정화정신과 조선불교학인대회」, 『마음사상』 2, 진주산업대 청담사상연구소, 2004.

    _____, 「고불총림과 불교정화」, 『불교사연구』 4·5합집, 중앙승가대 불교사학연구소, 2004.

3) 도광, 『한국불교승단정화사』, 한국불교승단정화사편찬위원회, 1996.

    『불교정화분쟁자료』, 한국근현대불교자료전집 68권, 민족사, 1996.

    동국대 석림동문회, 『한국불교현대사』, 시공사, 1997.

    선우도량 한국불교근현대사연구회, 『신문으로 본 한국불교 근현대사』 상·하, 선우도량출판부, 1995.

    선우도량 한국불교근현대사연구회, 『22인의 증언을 통해 본 근현대불교사』, 선우도량출판부, 2002.

    대한불교조계종, 『사진으로 본 통합종단 40년사』, 조계종출판사, 2002.

4) 대한불교조계종 교육원, 『조계종사-근·현대편-』, 조계종출판사, 2001.

    종단사간행위원회, 『태고종사-한국불교 정통종단의 역사-』, 한국불교출판부, 2006.

5) 이외의 정화운동과 관련한 주요 연구성과는 다음과 같다.

    강석주·박경훈 공저, 『불교근세백년』, 1980, 중앙일보.

    강인철, 「해방 후 불교와 국가: 1945~1960」, 『사회와 역사』 57, 한국사회사학회, 2000.

    1941년 조선불교조계종이 성립된 이후 종단 구성원들은 종조 문
제에 대한 갈등을 겪은 바 있다.[6] 太古寺法 제4조의 '본종은 태고보

김남수, 「50년대 분규 발생의 정치적 의미 분석」, 『대승정론』 15호, 1997.

김선근, 「청담대종사의 정화사상」, 『마음사상』 2, 진주산업대 청담사상연구소, 2004.

김영태, 「승가 본래의 역사성과 한국불교교단정화운동의 史的 의의」, 『청담대종사
　　　와 현대 한국불교의 전개』, 청담문화재단, 2002.

김응철, 「청담대종사 정화운동의 근본정신 연구」, 『마음사상』 2, 진주산업대 청담
　　　사상연구소, 2004.

김종인, 「1960년대 한국불교와 성철의 활동-봉암사결사와 해인총림」, 『1960년대
　　　전후 상황과　성철스님의 역할』, 백련불교문화재단, 2006.

목정배, 「청담의 참회정신과 정화불교」, 『청담대종사와 현대 한국불교의 전개』,
　　　청담문화재단, 2002.

박승길, 「한국현대사와 정화운동-정화운동의 사회적 영향과 조계종단의 정체성-」,
　　　『교단정화운동과 조계종의 오늘』, 선우도량, 2001.

박희승, 「불교정화운동 연구-불교정화운동을 보는 한 시각-」, 『불교평론』 3호,
　　　2000 여름.

배재민, 「불교정화운동의 현재적 조명-50년대 정화운동을 통해 본 불교혁신운동
　　　의 방향-」, 『불교와 한국사회』 3, 불교사회연구소, 1989.

백　운, 「한국불교정화운동에 있어서 東山스님과 범어사의 역할」, 『대각사상』 7,
　　　대각사상연구원, 2004.

서경수, 「정화의 소용돌이 25년」, 『법륜』 25호, 1970.

송월주, 「불교정화운동의 재조명」, 『한국불교정화이념의 재조명』, 1989.

＿＿＿, 「청담의 구세관과 한국불교의 비구승단재건」, 『청담대종사와 현대 한국불
　　　교의 전개』, 청담문화재단, 2002.

신태악, 「우리나라 불교정화운동」, 『교육평론』 29, 교육평론사, 1961.

유승무, 「정화운동의 사회적 결과-반동기와 내분기의 제도화를 중심으로-」, 『대
　　　각사상』 7, 대각사상연구원, 2004.

＿＿＿, 「청담의 불교(교단) 정체성과 정화운동의 전개과정」, 『마음사상』 2, 진주
　　　산업대 청담사상연구소, 2004.

윤승용, 「정화운동과 21세기 한국불교」, 『교단정화운동과 조계종의 오늘』, 선우도
　　　량, 2001.

지　명, 「해방후의 불교계와 정화운동」, 『한국불교사의 재조명』, 1994.

청　화, 「한국현대사 속의 불교정화운동」, 『한국불교정화이념의 재조명』, 1989.

하춘생, 『보살승단의 정체성과 실천이념』, 엔타임, 2006.

현　담, 「불교정화운동의 민족사적 과제」, 『법회』 21호, 1986.

우국사를 종조로 한다'는 조항을 놓고 도의, 지눌 등을 종조로 해야한다는 다양한 주장이 제기되었던 것이다. 하지만 이 시기 종조 논쟁은 사법 개정으로까지 이어지지는 않았던 듯하다. 8·15 해방 이후탄생된 朝鮮佛敎는 종단이 아닌 교단의 형식을 취하고 있었다. 따라서 조선불교 교단은 별도의 종조를 추대하지 않았으며, 이후 1954년조계종 종명이 회복되는 과정에서 종조 문제는 다시 불거지기 시작하였다. 특히 이 시기 사회와 불교계에 일시적으로 '비구측 – 보조파' '대처측 – 태고파'라는 인식이 강하게 자리 잡고 있었다는 사실은 정화운동사를 평가하는 데 있어 적지 않은 어려움을 주고 있는 문제이다. 비구측이 내세우고자 했던 '정화'의 명분과 보조 지눌을 종조로해야 한다는 주장 사이에서는 그 어떠한 상관관계를 발견할 수 없기때문이다.

蔓庵의 이른바 '換父易祖說'은 정화운동 시대 종조 법통 문제를상징적으로 드러내 주는 사례로 주목된다. 만암은 이미 1947년 조선불교 교단을 轉宗轉派 換父易祖의 경우에 해당한다며 통렬하게 비판한 바 있다. 그리고 1954년 비구측 승단이 보조 지눌을 종조로 내세우는 종헌 개정을 단행하자, "정화의 원칙에는 찬성하나 그 방법론은 반대한다"는 성명을 발표하고 종정직 사퇴를 결행하였다. 종조 문제에 대해 유독 강한 입장을 견지하였던 만암의 宗史觀이라든가, 비구측 승단이 지눌을 종조로 내세우고자 했던 의도와 그 과정에 대해서는 보다 면밀한 검토의 필요를 느낀다. 본 논문은 이 같은 필요성

---

6) 김상영, 「일제강점기 불교계의 종명 변화와 종조·법통 인식」, 『불교근대화의 전개와 성격』, 대한불교조계종 교육원 불학연구소 편, 조계종출판사, 2006, 256~264쪽 내용 참조.

에 의해 정화운동 시기의 종조 문제와 관련한 인식과 제반 논의를
정리해보고자 하는 목적에서 작성되었다. 이를 통해 정화운동 시기
의 승려들이 지니고 있던 불교사인식 수준과 정화운동의 진행과정
에서 나타난 종조 문제에 대한 내용이 어느 정도 밝혀질 수 있을 것
으로 기대한다.

2. 해방 공간기 불교와 朝鮮佛敎敎憲

8·15 해방 이후 우리 사회는 급격한 변화기를 맞이하였다. 불교
계 역시 예외일 수 없었으며, 해방이 되자 기존 조선불교조계종을 이
끌던 집행부는 1945년 8월 17일 종무원 전원이 스스로 사퇴하는 결
정을 내렸다. 이어 식민지 불교의 잔재를 청산하겠다는 의지를 지닌
일부 승려와 청년 불자들이 교단 인수 작업에 들어갔다. 이들은 8월
18일 조선불교혁신준비위원회를 결성하였으며, 20일 총본산 태고사
에서 종무를 인수하였다. 김법린·최범술·유엽 등의 승려가 중심이
되었던 조선불교혁신회는 9월 22일부터 23일까지 태고사에서 전국
승려대회를 개최하였다. 광복 이후 첫 승려대회로 기록된 이 대회는
각 지방의 본산 대표 5명씩 모두 60여 명이 참가하여 진행되었다. 이
대회는 식민지 불교를 청산하겠다는 뚜렷한 목적을 지니고 있었다.
대회 참가자들은 태고사법과 본말사제도를 폐기하였으며, '조선불교
조계종'이라는 종단명칭을 '조선불교'라는 교단 이름으로 바꾸고 종
정의 위치에 敎正을 두는 변화를 단행하였다. 아울러 중앙총무원 등
의 새로운 교단 기구를 출범시키기도 하였다.[7]

조선불교라는 신설 교단은 조선불교교헌의 제정, 반포를 통해 정비되어 갔다. 승려대회에서 선정한 교헌 기초위원과 법규위원회가 성안한 교헌은 1946년 3월 제1회 중앙교무회의에서 통과되었으며, 1946년 5월 28일 정식으로 반포되었다. 총 26장 106조로 구성된 조선불교교헌은 해방공간기 불교인들의 식민지시대 청산을 위한 의지가 담겨 있다는 측면에서 중시될 필요가 있다. 본 논문의 주제와 관계된 내용을 살피기 위해 교헌의 일부 내용을 옮겨 보도록 하겠다.

제1장 名稱

제1조 불교가 고구려 소수림왕 2년에 전래한 이래 역사적으로 지역적으로 조선적 전통과 형태를 가지게 된 것을 조선불교라 칭함.

제2장 敎旨

제2조 조선불교는 불타의 自覺覺他 覺行窮滿의 根本旨를 體하야 元曉聖師의 동체대비의 大乘行願을 修하며 普照國師의 定慧兼修에 의하야 직지인심 견성성불을 爲主함으로써 교지로 함.
조선불교는 소의경전을 한정하지 아니함.

제4장 傳燈

제4조 조선불교의 전등계승은 羅麗時代에 오교구산의 종파적 분별을 가젓스나 근고 이래는 종파를 초탈한 종합불교의 교지를 가진 태고보우국사 이하 碧溪正心禪師의 법맥을 이은 청허휴정선사와 부휴선수선사의 법맥을 授受하는 예에 從함.[8]

---

7) 대한불교조계종 교육원, 『조계종사-근·현대편-』, 앞의 책, 157~160쪽.
   하춘생, 『보살승단의 정체성과 실천이념』, 앞의 책, 16~18쪽.

조선불교교헌은 일제불교 극복 및 청산이라는 당면 과제를 담아 내기 위한 일차적 목적을 지니고 있었다. 따라서 1941년 조선불교조계종 출범 이후 제기되었던 종조 및 법통과 관련한 제반 논의는 전혀 고려되지 않은 상태에서 교헌이 작성되었다는 사실을 확인할 수 있다. 이 교헌에서는 우선 종조와 관련한 언급이 전혀 없다는 점이 주목된다. 당시 불교계가 종단이 아닌 '교단'의 형식을 택했기 때문이다. 교헌 제3장 本尊에서 '조선불교는 大恩教主釋迦牟尼佛을 본존으로 한다'는 내용만 수록하고 있을 뿐이다. 교헌을 성안한 승려들은 불교전래 이후 '역사적으로 지역적으로 조선적 전통과 형태를 가지게 된 것' 모두를 조선불교라고 칭하고 싶었던 것 같다. 이들은 특정 시대, 특정 종파의 범주를 벗어나 한국불교 모두를 총괄하는 개념의 교단 설립을 추구하고 있었다. 일제 강점기를 갓 벗어난 시대의 환경, 즉 민족이라든가 국가의 개념이 유독 강조될 수밖에 없었던 시대정신을 반영한 결과로 보인다. 제2장 教旨에서는 이러한 조선불교의 특성을 원효와 지눌에게서 찾고자 했던 의도를 살필 수 있다. 불타의 근본지를 체득하고, 원효의 '동체대비의 大乘行願'을 수행하며 지눌의 정혜겸수에 의한 '직지인심 견성성불'을 위주로 한다는 교지의 내용이다. 원효의 교학과 교화행, 그리고 지눌의 정혜겸수를 바탕으로 하는 선수행을 강조하는 내용을 담고자 했던 것으로 보인다. 계속해서 제4장 傳燈에서는 이른바 법통의식이 반영된 표현을 담고 있다. 5교9산의 종파적 분별 단계를 지나 보우에 이르러 '종합불교'의 교지가 형성되었으며, 이후 정심-휴정, 선수의 법맥을 따르는 것으로 전

---

8) 조선불교교헌은 『불교근대기타자료(3)』(한국근현대불교자료전집 65권, 민족사, 1996)에 수록되어 있다.

등의 기조를 삼고 있는 것이다. 이 같은 인식은 이른바 태고법통이 그대로 반영된 결과로 생각된다. 결국 조선불교 교헌은 선과 교를 두루 융섭하는 한편, 교는 원효에게 선은 지눌에게 각각 대표성을 부여하고자 하였으며, 법통은 조선중기 이후 단일 법통으로 전해지던 태고법통을 계승한다는 사실을 밝혀 놓고 있다.

해방 정국의 혼란스러운 사회분위기 속에서 조선불교 교단 집행부에 반대하는 이른바 불교혁신단체들이 속속 결성되었다. 1945년 9월 21일 결성된 불교청년당에 이어 불교혁신회, 혁명불교도연맹, 불교여성총동맹, 선우부인회 등의 단체들인데 이들은 기존 중앙총무원 집행부를 비판하면서 교단의 진보적 혁신을 주장하였다. 이들은 교단의 제2회 중앙교무회의가 개최되기 하루 전인 1946년 11월 28일 불교혁신총연맹 결성을 위한 준비위원회를 구성하였고, 교무회의에 교헌 개정안을 제출하였다. 교단 집행부가 이들의 요구를 수용하지 않자 혁신단체들은 집행부를 성토하는 성명서를 발표하고 12월 3일 조선불교혁신총연맹을 발족하였다. 이 연맹은 선학원 수좌들이 동참하면서 비구 중심의 교단 재건이라는 기치를 내걸었고, 교단 집행부는 연맹의 좌경 성향을 비판하면서 이들에 대항하였다. 정화운동의 핵심 이념에 해당하는 대처승 문제는 이미 총연맹이 조선불교 교단 집행부를 비판하는 과정에서 제기되고 있었다. 총연맹은 조선불교 총본원이라는 별도 기구를 설립하여 기존 조선불교 총무원과 대립하였고, 이러한 양상은 1948년 초반 무렵까지 지속되었다. 하지만 이후 총본원의 세력이 급속하게 약화되면서 6·25 한국전쟁 직전 직후의 불교계는 기존 조선불교 교단이 대표하는 형국을 유지할 수 있었다.[9]

한편, 이 시기 불교사에서 蔓庵 宗憲(1876~1956)의 활동은 유의

할 필요가 있다. 그는 정화운동 기간 동안 대처측을 대표하는 역할을 자임함으로서 적지 않은 비판과 오해의 대상이 되기도 하였다. 하지만 정화운동사를 정리하는 과정에서 그의 행적과 사상에 대한 재평가 작업은 반드시 필요하다. 해방 이후 만암의 행적을 이해하기 위해 다음의 글 내용을 살펴보도록 하자.

> 소위 현 교단은 하등의 반성을 不得한즉 若此而止則 조선불교가 可謂 轉宗轉派에 換傳易祖의 경우에 달하므로 부득이 현교단과 絕緣을 聲明하고 오직 불타의 大威德의 광명과 반도의 모든 高師碩德의 餘光을 繼하여, 一燈이 百千燈을 燃함을 滿心弘誓하는 정신하에 爲先 左記의 약간 동지를 구하여 舊臘月 8일 불타 성도일을 기하여 고불총림 결성식을 거행하고 同名題下에 新發足을 經營하는 바로다.
>
> 불기 2974년 臘月 8일
> 牧羊山人 宗憲 白[10]

만암은 혁신세력에 의해 설립되었던 조선불교 총본원의 총본원장으로 천거된 바 있다(1947년 5월 8일부터 개최된 전국승려대회). 만암이 총본원장으로 어느 정도 실질적인 활동을 펼쳤는가에 대해서는 좀 더 연구해 보아야 하겠지만, 그가 기존 조선불교 교단 집행부와 다른 노선을 걷고 있었음은 분명한 사실로 보인다. 위 인용문은 만암이 1947년 12월 8일 발표한 「고불총림결성성명」이라는 글의 뒷부분이다. 이 글에서 보이듯이, 만암은 현 교단이 하등의 반성을 하

---

9) 대한불교조계종 교육원, 『조계종사-근·현대편-』, 앞의 책, 160~169쪽.
10) 「고불총림 결성 성명」, 『만암문집』, 대성출판사, 1967, 100쪽.

지 않고 있다는 사실을 비판하였다. 그러면서 당시 교단은 '轉宗轉派에 換傳易祖의 경우'에 해당한다고 주장하였다. 앞서 언급한 것처럼, 조선불교 교헌은 종단의 개념을 벗어난 것이었다. 따라서 조선불교 교단은 종조나 종지 등과 관련한 뚜렷한 정통성을 확립하지 못하는 한계를 지닐 수밖에 없었다. 이러한 모습은 오히려 치열한 논쟁 과정을 거쳐 조선불교조계종이 탄생했던 1941년과 그 이후의 불교사 인식 수준에서 퇴보한 것이라고 평가할 수 있다. 만암은 조선불교 교단의 이 같은 인식에 대해 문제점을 느끼고 있었던 것 같으며, 그것의 개정을 위해 노력하였으나 뜻을 이루지 못하였다. 이러한 상황에서 그는 고불총림 결성을 추진한 것으로 보인다. 만암의 宗史觀은 고불총림의 강령과 청규를 통해서도 살펴볼 수 있다.

- 조선불교는 청허 부휴 兩先師 외 다른 문손이 無한지라 此를 乘하야 법을 유통함에는 지역원근이 無關인 경우에 倭狐時에 本末制度와 去後 敎區制度가 법통에 격리 소원의 弊를 致케 하니 可謂 完肉成瘡인 事(「宗脈承統」, 고불총림 강령)
- 종맥의 承統에 吾宗은 임제문손으로 태고보우 조사의 전통을 계승하며 卽心卽佛의 哲理를 철저적 悟得하며 본종 종풍에 遺漏가 無키를 周圖함(고불총림 청규)[11]

앞서 살펴보았듯이 만암은 해방공간기 조선불교 교단의 법통 의식을 비판한 바 있다. 그리고 위에서 소개한 고불총림 강령과 청규

---

11) 고불총림 강령과 청규에 대해서는 김광식이 상세하게 언급한 바 있다(「고불총림과 불교정화」, 『불교사연구』 4·5합집, 중앙승가대 불교사학연구소, 2004).

내용처럼, 그가 지니고 있던 법통관은 태고법통이었음을 알 수 있다. 아울러 강령에서 표현된 '倭狐時에 本末制度와 去後 敎區制度가 법통에 격리 소원의 弊를 致케 하니'라는 내용을 통해, 그는 일제 불교의 영향으로 태고법통을 상실하게 된 것으로 이해하고 있었음을 살필 수 있다.

만암은 1951년 3월 21일(음 2.14) 방한암 제2대 교정이 오대산 상원사에서 입적하자 같은 해 6월 20일 제3대 교정에 취임했다. 이후 만암은 조계종으로의 종명 회복을 추진하였는데, 이 때의 상황에 대해서는 『불교근세백년』의 "박한영 스님의 뒤를 이어 교정에 추대된 송만암 스님은 고불회의 취지를 살려 종명을 조계종이라 하고, 교헌을 종헌으로 바꾸고 새로 제정된 종헌에는 스님이 평소 갖고 있던 뜻을 반영해서 교화승(대처)과 수행승(독신)의 구별을 했다. 송만암 스님은 대처승을 교화승이란 이름으로 사실상 인정하고 있었다. 그러나 사찰은 수행승이 맡아야 한다고도 생각하고 있었다. 때문에 1951년 이종욱 스님이 총무원장이 되었을 때 그러한 문제를 연구하도록 지시했다"[12]는 내용을 참고할 수 있다. 대처승에 대해 지니고 있던 만암의 이 같은 인식은 이후 정화운동 주역들에게 수용되지 않았으며, 결국 만암은 정화운동 초기의 역사에서 대처측 인사로 활동하는 결과를 낳고 말았다.

---

12) 강석주・박경훈 공저, 『불교근세백년』, 중앙일보, 1980, 235~236쪽.

3. '정화운동' 시기의 종조 갈등 문제

대처승 중심의 일제강점기 불교는 뜻있는 승려들에 의해 이미 그 문제점이 여러 차례 지적되고 있었다. 앞서 살펴보았던 해방공간기의 불교에서도 선학원을 중심으로 한 수좌들은 대처불교의 문제점을 통렬히 비판하고 그의 개선을 적극 추진하고자 하였다. 하지만 당시 교단 집행부의 대부분을 차지하고 있던 대처승들은 비구 중심의 불교개혁에 동조할 수 없었다.

한국전쟁 이후 불교계는 이 같은 문제점을 그대로 안고 있는 상황이었다. 1952년 봄, 선학원 수좌 大義는 당시 교정이었던 만암에게 불교계 개혁에 관한 건의서를 제출하였다. 대의를 비롯한 선학원 수좌들은 특히 修禪道場의 제공을 강력 요청하였는데, 교정 만암은 이 일을 계기로 평소 구상하고 있던 비구 대처문제의 해결 방안, 즉 理判과 事判을 활용한 수행승과 교화승의 이원적 조화 방안을 제시하였다. 이에 따라 1952년 11월 통도사 중앙교무회의에서 비구 대처 양측의 의견이 적극 개진되는 대화의 장이 마련되었으며, 이듬해 4월 불국사에서 개최된 법규위원회에서 동화사 등 18개 사찰을 수좌 전용 사찰로 지정하는 결정이 이루어졌다. 하지만 이 결정에 대한 수좌들의 불만이 높았고, 18개 사찰의 할애도 즉각적으로 이행되지 않으면서 교단의 대립 양상은 심화되고 있었다.[13]

1954년 5월 20일, 이승만 대통령은 「대통령 지시서한」이라는 이름의 담화(유시)를 발표하였다. 이 담화 발표는 지금까지 한국 현대

---

13) 대한불교조계종 교육원, 『조계종사-근·현대편-』, 앞의 책, 195~196쪽.

불교정화운동의 결정적 빌미를 제공케 한 사건으로 평가되고 있다.[14] 담화 발표 이후 교단은 6월 20일 중앙교무회의를 개최하여 종헌개정안을 통과시켰다(7월 3일 종정 재가, 7월 6일 시행). 이 개정안은 특히 조계종으로의 종명 회복을 이루었다는 역사적 의의를 지니고 있는데, 이때 제정된 종헌개정안[15]은 현행 대한불교조계종 종헌과 거의 유사한 종조 및 법통의식을 지니고 있어 주목된다. 먼저 종헌 첫 장에 수록되어 있는 「종헌선포문」은 "恭惟컨대 我 종조 道義 國師께서 조계의 正統法印을 嗣承하사 迦智靈域에서 宗幢을 높이 揭揚하심으로부터 구산문이 列開하고 五敎派가 병립하여 禪風敎學이 檀域에 彌漫하였더니 고려의 쇠약과 함께 정치파동이 始初할새 태고국사께서 諸宗을 包轄하사 조계의 單一宗을 公稱하시니 이는 我國 불교의 특색인지라 널리 만방에 자랑할 만한 史實이어니와…" 라는 내용으로 이루어져 있다. 극히 일부 표현만 제외하면 현행 조계종 종헌 전문과 동일하다.

또한 종헌 제1조의 "本宗은 조계종이라 칭한다. 본종은 신라 도의국사가 創樹한 가지산문에서 기원되어 고려 보조국사의 重闡을 거쳐 태고 보우국사의 諸宗包攝으로써 조계종이라 공칭하여 이후

---

14) 이승만대통령의 담화는 비구측 승단이 정화운동을 추진함에 있어 결정적 명분을 제공한 것으로 평가된다. 태고종은 이에 대해 "신앙의 자유는 헌법에도 정해져 있는데 그 「대한민국 헌법」을 제정한 책임자(제헌국회 의장)였던 그가 대통령이라는 권한으로 종교 내적인 문제를 마구 간섭하여 명령조의 지시문을 (그것도 형편 없는 문장으로) 내리고 있는 것이다"는 비판적 입장을 견지하고 있다(『태고종사』, 앞의 책, 250쪽). 정화운동의 진행 과정에서 이승만은 총 8차에 걸친 담화를 발표하였는데, 이들 담화를 비롯한 공권력의 개입 문제는 향후 정화운동사를 연구하는 데 있어 보다 세밀하게 검토될 필요가 있는 과제에 속한다.
15) 『불교정화분쟁자료』(한국근현대불교자료전집 68권, 민족사, 1996)에 전체 내용이 수록되어 있다.

그 종맥이 면면부절(綿綿不絶)한 것이다"는 내용과, 제6조의 "본종은 신라 선덕왕 5년에 조계 혜능조사의 증법손 서당선사에게서 심인을 받은 도의국사를 종조로 하고, 고려의 태고 보우국사를 중흥조로 하여 그 이하 청허와 부휴의 양 법맥을 繼繼承承한다"는 내용도 현행 종헌과 거의 동일하다. 이로써 현재 대한불교조계종 종헌에 담겨 있는 宗史觀은 1954년 6월 20일 제정된 종헌의 정신을 그대로 계승하고 있다는 사실을 확인할 수 있다.[16]

반면 선학원을 중심으로 한 비구들은 이승만의 담화를 계기로 정화운동발기위원회를 결성하였으며, 곧이어 불교교단정화대책위원회를 출범시켰다. 그들은 1954년 9월 28~29일 전국비구승대회를 선학원에서 개최하는 등의 독자적 행보를 계속 추진해 나갔는데, 이때 개최된 비구승대회에서 종조를 지눌로 바꾸는 등의 종헌개정안을 수립하였다.[17] 비구측에 의해 새롭게 제정된 종헌은 적지 않은 파문을

---

16) 1935년 1월 5일 공포, 시행된 선학원의 「조선불교선종 종헌」 제1조, 제6조도 거의 유사한 내용으로 이루어져 있다. 하지만 李在烈은 조선불교선종 종헌이 1955년 위작된 것이라는 주장을 제기한 바 있는데, 그 사실 여부에 대해서는 뚜렷한 결론을 내리기가 어려운 상태이다(김상영, 「일제강점기 불교계의 종명 변화와 종조・법통 인식」, 앞의 책, 249~250쪽 내용 참조).

17) 필자는 이 때 제정된 종헌 자료를 아직까지 열람하지 못하였다. 다만 이 종헌의 내용을 간접적으로 전하고 있는 글들을 통해 당시 종헌이 종조를 지눌로 하였다는 사실을 확인할 수 있을 뿐이다. 이철교는 「불화 이재열」(『세속에 핀 연꽃』, 대한불교진흥원, 2003, 332~333쪽)에서 당시 종헌 제5조의 내용을 소개하고 있는데, 여기에도 '종조 보조국사'라는 표현이 명기되어 있다. 한편, 조계종에서 편찬한 『조계종사-근・현대편-』에는 "이 대회와 종헌에서 나타난 가장 중요한 사실은 기존 대처승들을 승려로 인정하지 않고 재가불자인 호법중으로 처리하였다는 점과 종조를 태고국사가 아닌 보조국사 지눌로 정했다는 것이다. 대처측이 종조를 태고국사로 모셨다는 점에서 보조종조론은 대처측과의 차별화를 명확하게 보여주는 것이었다"(198~199쪽)는 내용이 있다. 하지만, 앞서 살펴보았듯이 1954년 6월 20일 제정된 종헌상의 종조는 도의로 명기되어 있음이 분명하다. 『조

일으켰다. 이로 인해 만암의 이른바 '환부역조설'이 제기된 것은 너무도 유명한 일화다. 또한 이때부터 일반 언론에서는 '비구측-보조파, 대처측-태고파'라는 식의 구분된 표현을 사용하기 시작하였는데, 이 점은 결국 정화운동의 명분에 상당한 혼선을 불러일으키는 결과를 초래하고 말았다. 다음의 신문 자료를 참조해보도록 하자.

① 불교내의 주도권을 쟁탈하는 비구승과 대처승간의 분규는 바야흐로 절정에 달한 느낌이 있어 두 차례나 유혈극까지 벌어졌다. 그러면 그 분규는 어디서부터 시작되어 현재 어떠한 현상에 놓여있는 것인가? ㅑ三일 날짜로 모 수사당국에서는 그동안의 조사결과를 고위층에 보고하게 되었는데 동 조사내용은 대략 다음과 같다 … 대한불교 조계종단 내에는 신라 선종 사굴산의 개조인 通曉品日大師의 법통을 계승하였다는 비구승과 신라 도의국사가 창건한 가지산문에서 기원되어 고려 태고 보우국사에 기인되었다는 기존세력인 대처승의 두 가지 종파가 있는데 …(「佛敎界 紛爭의 裏面」,『朝鮮日報』1954. 11. 28일자).

② 한국불교계에서 비구승과 대처승간의 쟁탈전으로 약 반년 간에 걸쳐 피투성이의 파쟁을 계속하고 있는데 이 불교계의 분규는 날로 심각한 스캔달을 일반에게 보여주고 있어 자비스러운 부처님까지 놀라게 하고 있다 … 산속에서 모여나온 비구승들은 八월 十六일 안국동 선학원에서 이 대통령의 담화에 호응하는 제一차 비구승 대회를 九월 二十八, 二十九 양일에 또 二차 대회를 열고 불교기구 종헌을 부인하는 한편 새로 불교조계종의 헌장을 제정하고 종조는 보조국사로

───────────────

계종사』의 이 내용은 수정될 필요가 있다.

갈 것을 주장하고 각 부처 간부를 비구승으로 개선 결정하였다. 이리하여 총무원과 감찰원의 영도권을 일제 조종하에 갖고 있었다는 대처승들은 배척을 받게 되고 二대 종파의 불교가 나타나게 되었다.…十一월 二十五일 비구승들에게 사무 인계할 것을 협의하고 있던 전기 대책위원들은 무자비한 스님 一당들의 침입으로 대혼란을 일으키어 부처님상 앞에서 유혈이 벌어지었다. 머리를 빡빡 깎은 이 비구승들은 「우리들이 정통 비구승이니 사무인계는 우리에게 하라」고 외치면서 「피」의 소동을 일으켜 경찰신세까지 지게 하였다. 그런데 이 비구승들은 종정과 종조를 달리 추대하는 비구승의 一파인 것이다. 이로써 비구승도 헤게모니 문제로 분렬되게 되었다 …(「佛敎界의 內紛－"大統領談話"로 發端 話題를 싣고 "淨化"는 繼續－」,『京鄕新聞』, 1954. 12. 20일자).

③ 오늘의 커다란 하나의 社會문제로 化한 佛敎界의 紛爭－여기 限定된 紙面을 通해 그 全貌를 살피기는 매우 어려운 문제이므로 大略 그 骨子만을 살펴보기로 한다 … 三個月後인 九月 二十八·九 兩日에 다시 全國大會를 열고 曹溪宗憲章을 制定하여 九五퍼센트의 帶妻僧으로 構成된 旣成 佛壇機構 및 太古宗憲을 全的으로 否認하는 한편 그들은 다음과 같이 主張을 내걸었다 … 이로서 普照國師(比丘僧)와 太古法師(帶妻僧)로 그 宗祖를 달리하면서 佛敎淨化문제를 둘러싸고 도는 紛爭은 드디어 熱戰으로 化하였던 것이다 … 그런데 이토록 紛爭이 오래도록 繼續되고 있는 原因을 文敎部側의 말을 빌자면 旣成宗會에서 制定한 宗憲을 無視하고 들어갈 수 없는 만큼 이 宗憲을 어떻게 改正하여 雙方間의 圓滿한 妥協을 求할 수밖에 없다고 말하고 있는 것에 起因하는데 이는 一種의 佛敎革命으로 看做할 때 어느 程度 矛盾이 있는 말로 一部人士들의 非難을 免할 수 없다.

왜냐하면 大韓佛敎의 進路가 어디냐고 決定을 내릴 적에 반드시 雙
方의 妥協이 필요한 것도 아닐뿐더러 旣成佛敎團의 宗憲이 그르다
고 斷定을 할 때는 그 宗憲은 自然 效力을 喪失하게 되기 때문이라고
보고 있다(「佛敎界의 분규 문제 全貌」, 『東亞日報』, 1955. 1. 26일자).

비구측의 종헌 제정 이후 양측의 대립 양상은 더욱 격화되었고,
비구측의 태고사 진입 사태(1954.11.5)로 인해[18] 양 세력 간의 격렬
한 폭력사태가 반복되는 문제가 발생하고 말았다. 위에서 소개한 신
문 자료는 이러한 폭력사태가 발생한 원인과 문제점을 분석하고, 그
것을 비판하는 내용으로 이루어져 있다. 그런데 위 인용 자료에서 보
이듯이, 당시 신문 기사는 '비구측-보조파, 대처측-태고파'라는 식
의 표현을 일반화시켜 사용하고 있다. 아울러 두 세력은 종조를 달리
하는 별개의 종파로까지 인식되는 상황에 이르게 된 것으로 보인다.
서로 조계종이라는 종명을 고집하면서, 정작 종조 문제를 놓고 별개
종파로까지 인식되고 마는 기이한 현상이 발생하게 되었던 것이다.
필자는 당시 승단이 종조를 누구로 할 것인가를 놓고 이렇게까지 첨
예한 대립을 한 이유가 무엇이었을까 하는 점에 대해 적지 않은 의
문을 느끼고 있다.[19] 이 문제와 관련한 이해를 위해서는 일제강점기

---

18) 비구측은 이 때 태고사의 현판을 내리고 조계사라는 새로운 사찰 현판을 달았다.
   이에 대해 『조계종사』는 "이는 종단의 명칭이 조계종이므로 총본산도 그에 걸맞
   게 조계사로 정하자는 취지로 보인다. 또한 고려의 조계종조 보조국사를 종단의
   종조로 택하여 대처측이 주장하는 태고종조설과 여기에 바탕을 둔 태고사에 대한
   단절의 의미가 담겨 있다"고 평가하였다(『조계종사』, 앞의 책, 200쪽).
19) 필자는 정화의 명분과 보조 지눌을 종조로 하는 종헌 개정 의도 사이에서 그 어떠
   한 상관 관계도 발견할 수 없다. 일시적이기는 하지만, '비구측-보조파, 대처측-
   태고파'라는 인식이 자리 잡고 있었다는 사실 자체가 정화운동의 명분을 상당 부

후반에 진행되었던 종조, 법통 논의를 상기하지 않을 수 없다.[20]

사실 조선불교조계종은 1941년 출범과 동시에 종조·법통문제를 둘러싼 뜨거운 논쟁시대를 보낸 적이 있다. 종단 구성원들이 조계종 종명의 회복에는 별다른 갈등 요인을 보이지 않다가, 정작 종단 출범을 계기로 종조·법통과 관련한 격한 논쟁을 펼쳐 갔던 것이다. 이 시기 논쟁의 중심에는 金映遂(1884~1967)가 있었다. 그는 일제강점기 불교계에서 조계종명의 회복을 가장 먼저 주장하였을 뿐 아니라, 가장 지속적으로 주장한 인물이기도 하였다. 그의 조계종사관은 철저하게 태고보우를 종조로 추앙하는 '태고종조론'의 입장이었다. 그런데 조계종 출범 이후 김영수와 유사한 종사관을 지녔던 權相老(1879~1965)까지 문제점을 지적하고 나서면서 이후 수년간 조계종 종조 논쟁은 끊이지 않고 지속되었다. 권상로는 '도의종조론'의 입장을 견지하고 있었다. 특히 그는 도의-보우에 이르는 전법 계통이 담겨 있는 신자료를 소개하면서, 조계종 종조는 도의가 되어야 한다는 입장을 더욱 강력하게 주장하기도 하였다. 권상로뿐만 아니라, 이 시기를 전후하여 종조 문제에 이의를 제기하는 경우가 많아지자, 김영수는 다소 격한 어조의 반론을 펼쳐 나갔다. 특히 그는 종조와 관련된 문제는 '不遷之條件'이라면서 언론이든 학술행위든 종조와 관련된 논의는 금지해야 한다고 하였다. 아울러 종조 개정은 태고사 교단

분 왜곡시키거나 희석시키고 마는 결과를 낳고 말았음이 분명하다. 정화운동의 핵심 명분이었던 왜색불교의 청산이라든가 대처승의 축출을 위해 굳이 지눌을 종조로 추대해야할 이유는 없었다. 1954년 9월 28~29일 전국비구승대회에서 종헌이 개정되고, 이후 비구 승단이 '보조파'로 불리워졌다는 사실은 이 시기 불교사의 가슴 아픈 장면으로 기억될 필요가 있지 않을까 한다.

20) 이 주제와 관련하여 필자의 논문(「일제강점기 불교계의 종명 변화와 종조·법통 인식」, 앞의 책)을 참조하기 바란다.

의 파괴로까지 이어질 것이라는 경고성 발언을 하기도 하였다.

이 시기에 제기된 조계종 종조 관련 이설은 권상로의 도의종조설과 함께 이재열의 보조종조설이 있다. 보조종조설은 이미 이능화의 『조선불교통사』에서 그 단초를 찾을 수 있지만,[21] 본격적 주장은 李在烈(1915~1981)에 의해 이루어졌다. 그는 특히 1942년 「祖道復古에 관한 성명서 및 그 이유서」를 발표함으로써 당시 불교계에 적지 않은 파문을 불러 일으켰다. 이재열은 『曹溪宗源流及傳燈史之根本的硏究』, 『曹溪宗傳燈譜竝開宗敎旨』 등의 방대한 연구를 진행해 나갔지만, 이러한 이재열의 주장과 연구에 대해 김영수와 권상로는 혹독한 비판을 하였다. 김영수와 권상로는 조계종 종조 문제를 놓고 서로 다른 주장을 하면서도 이재열의 주장에 대해서는 공동으로 비판을 가하였다. 그들은 태고법통을 정통으로 인식하는 부분에 대해서 이미 충분한 공감대를 형성하고 있었기 때문이다.

1940년대의 논쟁 과정을 거치면서 김영수의 태고종조론은 점차 타당성을 상실해간 것으로 보인다. 김영수는 무엇보다 보우 이전에 조계종이 엄존하고 있었다는 역사적 사실을 부인하기 어려웠다. 또한 그가 중시했던 가지산문의 전통을 고려할 때 보우보다는 도의가 오히려 종조 위상에 걸맞지 않느냐는 논리를 근본적으로 부정할 수 없었다. 이로 인해 그는 결국 '後조계종'이라는 궁색한 논리까지 제시하고 나섰지만, 조계종명을 회복한 이후 제정된 최초의 종헌에서 (1954. 6. 20) 조계종의 종조는 도의로 확정되는 변화를 보이게 된다. 필자는 이러한 변화, 즉 1941년 조선불교조계종이 태고보우를 종조

---

21) 이능화는 『조선불교통사』 하권 「二百品題」 속에 '普照後始設曹溪宗'이라는 항목을 설정하고 지눌과 그의 문도, 송광사 등과 관련한 다양한 내용을 수록하였다.

로 명시하였다가 1954년에 이르러 도의로 변화되었던 과정 자체를 합리적이고 순리적인 절차를 거친 것으로 평가하고 싶다.

비구측이 내세운 보조종조론은 앞서 언급하였듯이 이재열의 주장을 근간으로 한다. 여기에 이재열과 절친한 관계였던 李鍾益(1912~1991)의 연구와 논리가 더해졌을 것이다.[22] 특히 이재열은 해방 이후 불교혁신세력에 적극 가담하면서 선학원 수좌들과의 관계를 돈독히 유지하였는데, 이를 계기로 이재열은 1954년 9월 전국비구승대회에서 제정한 비구측 종헌에 보조종조론과 관련한 내용을 담아낼 수 있었던 것으로 보인다.[23] 좀 더 연구해 보아야 할 과제가 되겠지만, 정화운동을 주도했던 승려 가운데 보조종조론을 뚜렷하게 내세웠던 인물은 찾아지지 않는다. 1954년 12월 17일 문교부가 마련했던 양측의 대화 자리에서 비구측은 종조 문제는 조율 대상이 될 수 있다는 뜻을 밝히기도 하였다. 또한 1955년 7월 14일 개최된 제2차 사찰정화대책위원회 자리에서도 비구측 대표들은 종조 문제와 관련하여 완고한 입장을 표명하지 않고 있다.[24] 이재열과 이종익의

---

22) 이종익은 『조선불교조계종중흥론』(보련각, 1976) 서문에서 "벌써 30여 년 전에 「조선불교진흥론」을 썼고 다음 「조선불교의 진로」를 썼으나 다 간행되지 못하고 8. 15를 맞았다"고 하였다. 이로 보면 이종익은 해방 직전 무렵부터 보조종조론을 주장하였던 것 같다.

23) 이재열과 이종익은 1947년 5월 12일 「환속성명」을 발표하고 승단을 떠났으므로, 이들이 비구측 종헌 제정에 참여했을 때의 신분은 재가자였을 것이다. 선학원 수좌 李大義는 1952년 만암에게 수도승단의 재건을 건의하였고 이어 불교혁신회를 주도하던 이법운 등을 만나 교단정화운동을 발기하였는데, 이재열은 이때 이대의의 권유로 정화운동에 가담하게 된 것으로 보인다(이철교, 「불화 이재열」, 앞의 책, 331~332쪽).

24) 대처측의 박대륜이 "종회라 하면 무슨 宗을 의미하는 것입니까"라고 하자, 윤월하는 "조계종입니다"라고 하였다. 다시 박대륜이 "종조를 보조스님으로 하나 태고스님으로 하나 의문입니다"고 하자, 윤월하는 "다 태고문손입니다"라고 하였다. 그

강력한 주장에 비해, 정작 비구측 승려들은 보조종조론을 그다지 중요하게 인식하지 않고 있었음을 알 수 있다.

비구측 종헌이 반포된 이후 종정 만암은 강력한 반대 의사를 표명하였다. 만암은 정화의 취지에는 찬동하면서도 환부역조하는 집단과 함께 할 수 없다는 뜻을 굽히지 않았으며[25], 비구측은 東山을 새로운 종정으로 추대하면서(1954. 11. 3) 만암의 뜻을 따르지 않았다. 1956년 2월 15일에 작성된 다음 글을 통해 이 때의 일에 대한 만암의 심정을 잘 살필 수 있다.

此時에 이 대통령 유시가 나오게 되었다. 이 기회에 소위 비구 등이 궐기하여 태고 선사를 종조로 숭앙하는 독신승과 대처승을 배척하는 동시에 한국 승려는 모다 태고 문손임에도 불구하고 종조 태고 선사를 일조에 말살하고 보조 국사로 換置하게 되니, 이에 전국 불교는 분규하게 됨을 면할 수 없게 되었다. 이 분쟁에 있어서 문교 내무 양당국은 소위 보조파 비구측을 일방적으로 비합법적으로 원조하여 합법적으로 된 종래의 종단 영도권과 전재산을 강압적으로 인계시켰다. 이와 같이 해서 소위 비구들은 한국불교를 집권운영하게 되었다. 그런데, 비구수는 이백여 명이요 비구니수는 사백여 명이다. 그리고, 종단운영이나 각사찰 주지로나 감당할 만한 자격자는 극소수라고 하지 아니할 수 없다. 그런

러자 이청담도 "종의 문제는 다 태고문손이다"고 하였다.
『불교정화분쟁자료』(앞의 책, 381쪽).
25) 교단정화의 취지에 적극 찬동했던 만암은 10월 15일, "비구측이 보조국사 종조설을 지지하는 것은 환부역조"라고 반발하면서, "정화의 원칙에는 찬성하나 그 방법론은 반대한다"는 성명을 발표하였다. 그는 종정 사퇴와 아울러 정화운동에서 손을 뗀 후 백양사로 내려가 고불회를 중심으로 수행과 교화에 전념했다.

데, 전국 사찰수는 일천칠백 개나 되니, 어떻게 그 운영 책임을 감당하겠는가. 그러하니 그 운영에 있어서 소위 신도라고 하는 사회 인사를 채용하게 되었다. 그 결과로 종단은 경제적으로 위기에 봉착하였다. 또한 비구들은 수양이 부족한 탓으로 각 방면에 불미한 일이 자주 발생하게 되었다. 그뿐만 아니라 소위 비구는 수도하여 불조의 혜명을 전속하는 중대한 책임이 있음에도 불구하고 이와 같이 집권 운영에만 분망하면 何暇에 수도할 수 있을까. 이러고 보니 우리 종단은 멸망하게 되고, 불조 혜명은 단절하게 됨을 면할 수 없게 되었다. 오호라 어찌 통탄함이 이보다 더함이 있으리오. 그러면 어떻게 하면 불교를 살릴 수 있으며 종단을 부흥시킬 수 있을까. 첫째로 종조를 바꾸어서는 아니 된다. 소위 인심을 선도하는 종교인으로서 換父易祖하면 종교적으로 신앙을 혼란시킴이요, 도의적으로도 대의명분을 말살시킴이라, 결국 우리나라에 있어서 민족정기까지도 혼란시키는 불미한 점이 없지 아니할 것이다. 환부역조란 것은 도저히 있을 수도 없는 일이요, 절대로 있어서는 아니 될 것이라고 하지 아니하면 아니 된다.[26]

만암은 해방공간기부터 일제불교의 잔재를 청산하는 일에 앞장섰다. 그의 불교정화관은 고불총림을 통해 표명된 것처럼 현실 인정, 점진적인 정화, 단계별 정화였다.[27] 그는 비구 중심의 승단 재건 필요성은 적극 인식하면서도 대처승을 호법승(호법중)[28]으로 인정하면서 점진적인 정화의 방법을 주장하였다. 하지만 위의 글에서 표현

---

26) 「대한불교문제」, 『만암문집』, 앞의 책, 88쪽.
27) 김광식, 「고불총림과 불교정화」, 앞의 책, 277~278쪽.
28) 정화운동이 전개되는 과정에서 비구승은 수행승, 대처승은 교화승으로 지칭되기도 하였다.

되었듯이 당시 비구 승단은 이 같은 만암의 방법을 수용하지 않았다. 특히 종헌 개정을 통해 보조 지눌로 종조를 바꾼 일은 만암과 비구 승단이 결별하게 되는 결정적 계기가 되고 말았다. 만암은 종조를 바꾼 일을 換父易祖라고 하였으며, 이것은 "종교적으로 신앙을 혼란시킴이요, 도의적으로도 대의명분을 말살시킴이라, 결국 우리나라에 있어서 민족정기까지도 혼란시키는 불미한 점이 없지 아니할 것이다. 환부역조란 것은 도저히 있을 수도 없는 일이요, 절대로 있어서는 아니 될 것이라"고 강변하였다. 그의 뚜렷한 宗史觀, 法統觀을 고려할 때 종조를 바꾸는 일은 용납하기 어려운 일이었다. 결국 1954년 9월 28~29일 개최된 전국비구승대회에서의 종헌 개정은 종정 교체와 '비구측– 보조파'라는 기형적 결과를 초래한 것으로 평가할 수 있다.

비구측과 대처측의 격심한 대립상을 진정시키기 위해 당시 정부는 적극적으로 개입, 조정하는 역할을 하였다. 그 결과 1955년 7월 13일 문교부에서 제1차 사찰정화대책위원회가 개최되었으며, 이후 제5차 위원회를 거쳐 1955년 8월 12일~13일 전국승려대회를 개최하게 되었다. 비구측은 이 승려대회를 통해 합법성을 확보하게 되었으며, 대처측은 이 해 10월 15일 「태고종단사수동맹 선언서」를 발표하면서 다시 비구측과 대립하는 형국을 보였다. 비구측은 이때 개최된 전국승려대회에서 종헌 수정안을 통과시켰다.[29] 그런데 이때 통과된 수정안의 종조, 법통과 관련한 부분은 1954년 6월 20일 제정되

---

29) 이 때 새롭게 제정된 종헌은 「전국승려(비구승) 대회통과 조계종종헌」이라는 유인물로 전하고 있다. 표지에 '단기 4288년(1955년) 8월 12일 수정'이라는 문구가 있으므로 종헌 개정은 8월 12일에 이루어졌음을 알 수 있다. 이 유인물은 김광식 선생의 도움으로 열람할 수 있었다. 지면으로나마 깊은 감사의 인사를 전한다.

었던 종헌과 동일한 내용으로 이루어져 있다. 도의-종조, 보우-중흥조의 내용을 그대로 따르고 있는 것이다. 보조종조론은 학문적으로도 많은 문제를 지니고 있을 뿐 아니라, 조선중기 이후 단일화된 당시 불교의 태고법통 전통에서도 크게 벗어나는 문제점을 지니고 있었다. 일시적으로 비구측 종헌에 반영되었던 이 설은 결국 부정적 결과만을 초래한 채, 1년도 못되어 폐기되고 마는 결과를 낳게 되었다.

4. 통합종단 출범 이후의 종조 논의

4.19혁명 이후 대처측은 정화운동의 부당성을 지적하면서 종권 회복을 위해 총력을 기울여 나갔다. 조계사를 비롯한 상당수의 사찰에서 점거와 관련한 폭력사태가 발생하였으며, 비구측은 비상대책위원회를 구성하고 제2회 전국승려대회(1960. 11. 19)를 개최하면서 대처측에 대응하였다. 이후 5.16 군사쿠데타가 발생하였고, 당시 정부의 중재 아래 불교재건비상종회가 개원 되었다(1962. 2. 12)[30]. 종회

---

30) 이재열, 이종익 등은 이 무렵(1961. 9. 30) 다음과 같은 내용의 「불교분쟁해결에 관한 진정서」를 제출한 바 있다. "仰惟컨대 ① 우리 조계종은 석가모니불의 교법이 중국을 거쳐 고구려 소수림왕 2년에 公傳함으로부터 역사적으로 지역적으로 독자적 전통과 형태를 갖추게 된 한국불교의 정통파를 대표하는 종단이오며 ②그 종지는 종조보조국사께서 불교의 진수와 선교 指歸를 그 覺地上에 회통하여 개립하신 성적등지 … 대승행원을 성취함에 있고 ③그 宗權은 부모처자와 절연하고 조계종에 출가하여 수계수도하는 비구·비구니에게 있음은 多言을 요하지 않는 바입니다. 그러나 이 조계종은 불행하게도 ①이조 인조시 僧海眼의 換祖易宗으로 인하

의원 구성비와 승려 자격문제를 놓고 양측은 또 다시 대립 양상을 보이다가, 새로운 재건비상종회를 발족한 이후 이른바 통합종단의 종헌을 확정, 공포하게 되었다(1962. 3. 25). 이어 1962년 4월 11일 역사적인 통합종단의 개원식을 치르게 됨으로써 정화운동의 역사는 일단락되었다.

통합종단의 종조 및 법통과 관련한 인식은 아래의 종헌 전문을 통해 잘 살펴볼 수 있다.

공유(恭惟)컨대 아(我) 종조 도의국사께서 조계의 정통법인(正統法印)을 사승(嗣承)하사 가지영역(迦智靈域)에서 종당(宗幢)을 게양(揭揚)하심으로부터 구산문이 열개(列開)하고 오교파(五敎派)가 병립하여 선풍교학(禪風敎學)이 근역(槿域)에 미만(彌漫)하였더니 여조(麗朝)의 쇠퇴와 함께 교세가 부진하려 할새 태고국사께서 제종(諸宗)을 포할(包轄)하사 조계의 단일종(單一宗)을 공칭(公稱)하시니 이는 아국(我國) 불교의 특색인지라 세계만방에 자랑할만한 사실이어니와…(이하 생략)

종헌 전문은 조계종의 역사와 정통성을 천명한 내용으로 이루어져 있다.[31] 이 가운데 위에서 소개한 부분은 도의-태고 보우로 이

여 임제종 태고파로 행세하기도 하고 ②최근에는 權某의 筆端作戱에 의하여 선종 가지파로 換祖易宗 되었을 뿐 아니라 ③비구·대처 양파의 분쟁을 야기시켰으며 ④이로 인하여 사찰의 재산과 문화재를 수호하기 심난하게 되었으니 어지 통탄치 않으오릿가…"

31) 이종익은 "故 張瑞龍師가 기초한 원안에 의한 현 조계종헌에는 '도의국사를 종조로 하고 여말 태고국사를 중흥조로 한다는 허구의 결론에 이르게 되었다"고 하였다(『조선불교조계종중흥론』, 앞의 책, 11쪽). 장서룡이 종헌을 기초하였다는 사실을 살필 수 있는 부분이다. 통합종단 종헌에 담겨있는 종사관은 도의종조설과

어지는 조계종의 연원을 밝힌 내용이다. 여기서는 먼저 '도의국사께서 조계의 정통법인을 사승하사'라는 표현이 주목된다. 이미 잘 알려져 있는 내용이지만 조계는 중국 선종 6조 혜능을 상징하는 말이다. 그가 수행했던 조계산을 줄여 '조계'라 하였으므로 조계는 혜능과 그의 법을 이어받은 南宗禪을 상징하는 의미로 통용되었다. 따라서 도의가 조계의 정통법인을 사승하였다는 종헌 전문의 표현은 조계종이 혜능과 남종선에 역사적 사상적 근거를 두고 있다는 의미로 이해된다.

또한 종헌 전문에서는 도의에서 비롯한 조계종의 역사가 태고 보우에 이르러 공칭의 단계를 거치게 되었다고 밝히고 있다. 물론 조계종의 명칭이 역사 속에 등장하는 시기는 보우가 활동하던 시기보다 앞서고 있지만, 이러한 표현은 조계종 법통상에서의 중요성을 강조하기 위한 측면으로 이해할 필요가 있다. 즉 조선 중기 이후 한국불교 禪家의 법통은 태고 보우-서산 휴정을 적통으로 하고 있으며, 종헌 전문은 이러한 인식이 반영된 결과라는 것이다.[32]

태고법통관이 중심된 것으로, 이것은 이미 권상로에 의해 구체적으로 제시된 바 있는 학설이기도 하다. 그런데 권상로는 비구측에게 폭행을 당해 입원을 한 적이 있으며(『동아일보』, 1954. 11. 26일자), 1955년 1월 불교정화대책위원회 석상에 대처측 대표로 참석하기도 하였다. 이러한 권상로의 조계종 사관이 1954년 6월의 종헌과 1955년 8월의 종헌을 거쳐 현 조계종단의 핵심 사관으로 자리하게 되었다는 점은 참으로 많은 생각을 불러일으키게 한다.

32) 종헌 전문의 내용과 함께 "본종은 대한불교 조계종이라 칭한다. 본종은 신라 도의국사가 창수한 가지산문에서 기원하여 고려 보조국사의 重闡을 거쳐 태고 보우국사의 제종포섭으로서 조계종이라 공칭하여 이후 그 종맥이 綿綿不絶한 것이다"는 조계종 종헌 제1조의 내용도 조계종 법통과 관련하여 중요한 사실을 명기하고 있다. 종헌 제1조의 내용은 종헌 전문과 다소 차이가 난다. 도의-태고 보우 사이의 역사에서 고려 보조국사의 '중천' 사실을 명기하고 있는 것이다. 비록 '중천조'와 '중흥조'라는 표현상의 차이는 있지만, 지눌과 보우는 조계종을 중흥시킨 중흥

통합종단 이후 종조 및 법통과 관련하여 1963년에 있었던 종헌 개정안 발의 문제가 주목된다. 다음의 내용을 살펴보도록 하자.

종헌선포문을 삭제하고 다음과 같은 전문을 신설한다. 「恭惟컨대 372년에 秦僧 순도화상이 전교한 이후부터 전개되었던 小·律·相·密·圓의 五敎 諸派와 신라 사굴산 통효대사가 847년에 귀국함을 전후하여 列立되었던 傳佛心印의 禪宗諸派를 화쟁통일코자 궐기하신 宗祖海東佛日 보조국사께서 … 이에 불조의 가호있기를 기원하면서 우리 조계종도와 우리 후손들이 다같이 준수할 대한불교조계종 종헌을 다음과 같이 개정한다.[33]

위 자료는 1963년 11월 대한불교조계종중앙종회 의장 명의로 작성된 종헌개정안의 일부이다. 이 종헌개정안은 실행 단계에까지 이르지는 못하였던 것으로 보이는데, 이 개정안에서 지눌을 다시 종조로 표현하고 있는 점이 주목된다. 즉 당시 종단 구성원 가운데 일부는 지속적으로 지눌종조론을 주장하고 있었다는 사실이다. 이 무렵 제기된 보조종조론 역시 이재열, 이종익 등이 주도하였던 것으로 보이지만 실제 종헌 개정안을 발의한 승려들에 대해서는 좀 더 살펴보아야 할 과제로 생각된다.

정화운동의 주역 청담은 1969년 7월 5~7일 개최된 조계종 제20회 중앙종회에 「대한불교조계종 유신재건안」을 정식 안건으로 제출

조로서의 위상을 함께 지니고 있는 것으로 보아도 무방할 것이다. 종헌에 담겨 있는 조계종 사관에 대해서는 필자가 작성한 「총설」(『조계종사-고중세편』, 조계종출판사, 2004, 11~14쪽)의 내용을 참조하기 바란다.
33) 『불교정화분쟁자료』(앞의 책, 727~728쪽).

하였다. 이 재건안은 '대한불교조계종 유신재건위원회'에서 작성한
것으로 되어 있는데,[34] 여기에서 조계종의 종조 문제를 다시 언급하
고 있어 주목된다. 이에 대한 김광식의 견해를 살펴보도록 하자.

> 유신재건안의 부록으로 첨부되어 있었던 종조, 종지, 종통의 정립안과
> 조계종전 편찬요목의 내용을 간추려 제시하겠다. 종조, 종지, 종통의 정
> 립안은 '법운거사 초안'이라고 한 것을 보면 이종익의 글로 이해된다. 우
> 선 종조부터 그 내용을 보면 당시 조계종단의 종헌에 제시된 도의국사
> 종조는 조계종의 종조가 될 수 없다고 주장하였다. 그 대신 종조는 보조
> 국사 지눌로 변경해야 한다고 강조하였다. 따라서 종지도 자연 보조국
> 사의 사상을 따라야 한다고 보았다.[35]

김광식의 지적처럼 유신재건안의 종조, 종지, 종통 부분은 이종
익이 서술하였다. 이종익과 청담은 한때 서로 다른 노선을 취하고 있
었지만, 이 무렵 다시 뜻을 함께한 것으로 평가된다.[36] 사실 청담은
보조종조설에 대해 뚜렷한 신념을 지니고 있지 않았다. 따라서 유신
재건안에서 주장하였던 종조, 종통 문제는 이종익의 신념이 그대로
반영된 것으로 보아야 한다. 청담이 제출했던 유신재건안은 종회에

---

34) 김광식은 혜성 스님의 회고를 토대로 대한불교조계종 유신재건위원회 및 발기인과
　　관련된 인물로 이종익, 김한천, 이불화(이재열), 현오 등을 들었다(김광식, 「이청담
　　과 조계종 유신재건안연구」, 『새불교 운동의 전개』, 도피안사, 2002, 432~443쪽).
　　일제강점기부터 줄곧 보조종조론을 주장해온 이종익과 이재열이 함께 들어 있어
　　눈길을 끈다.
35) 김광식, 「이청담과 조계종 유신재건안 연구」, 위의 책, 453~454쪽.
36) 김광식은 1968년 불국사 사태가 일어난 이후 이종익이 종단 개혁을 주장하였으
　　며, 이 과정에서 청담과 재결합한 것으로 보았다(같은 논문, 440~443쪽).

서 본격적인 논의가 이루어지지 않았다. 이것은 사실상의 부결을 의미하는 것이었고, 청담은 이에 대해 종단 탈퇴라는 극단의 방법을 택하고 나섰다. 이때의 상황을 전하는 신문 기사 내용을 살펴보도록 하자.

十二日 大韓佛教 조계종단에서 탈퇴한다고 밝힌 현대 한국불교의 상징 李青潭스님은 "다리 밑에서라도 참된 젊은이들을 깨우쳐 순수한 비구 이념을 구현하는 것이 내 여생의 소망이며 앞으로도 계속해서 「대한불교 조계종 유신재건안」을 적극 추진하겠다"고 개인적인 강한 집념을 비쳤다. 교내외에 짙은 의아감을 불러 일으킨 青潭스님의 이와 같은 돌연한 종단 탈퇴는 이를 계기로 한국불교계 숙원인 정화 등의 과제를 실현하는 또 하나의 계기를 마련한 느낌이다. 李스님이 종단 탈퇴를 결심한 것은 지난달 五일 제二十회 대한불교 조계종 중앙종회 뒤였다. 李스님은 이 총회에서 ① 도제교육 현대화 ② 역경 번역 사업 현대화 ③ 포교 사업 현대화를 내용으로 하는 대한불교 조계종 유신재건안을 역설했으나 비교적 냉담한 반응을 불러일으킨 데서 四十八년간 몸을 담아 이끌어 온 이 종단에서 벗어나기로 한 것이라고 밝히고 있다. 그런데 이러한 李스님의 결심을 가속시킨 이면에는 전통을 살리고 현실을 타개한다는 취지로 이뤄진 통합종단이 발족 직후 대처승측이 따로 떨어져 나가고 거의 비구승만으로 운영되어 오는 이 종단의 현재 여건과 종단 운영진과의 불협화음도 없지 않은 듯.[37]

청담의 종단 탈퇴는 당시 불교계와 사회에 큰 반향을 불러일으켰

---

37) 『동아일보』, 1969년 8월 13일자.

다. 그가 당시 불교계에서 차지하고 있던 위상을 고려할 때, 이러한 파장은 일면 당연한 현상일 수도 있었다. 그런데 위 신문 기사에서 보이듯 청담은 당시 종단의 종조, 법통 문제를 중시하지 않았다. 그의 종단 탈퇴는 불국사 사태 이후의 종단 여건과 종단 집행부에 대한 불만이 누적된 데서 비롯한 행동이었다. 결국 통합종단 출범 이후 제기되었던 종조 문제 역시 이종익, 이재열 등이 지니고 있던 소신을 관철하기 위한 시도였던 것으로 이해할 수 있을 것이다.

5. 맺음말

종파불교와 종조의 문제는 불가분의 관계를 맺고 있다. 특히 선을 종지로 하는 조계종의 경우 종조 문제는 곧 선종의 핵심 사항이라 할 수 있는 법통 문제와 직결되는 것이기 때문에 더욱 민감한 사안이 될 수밖에 없다. 이로 인해 1941년 조선불교조계종이 출범한 이후 종단 구성원들은 줄곧 종조, 법통 문제와 관련한 논쟁을 벌여왔다. 일제강점기 종조, 법통 논의는 태고사법에 규정된 보우종조설에 대한 도의종조설, 지눌종조설 등으로 대표할 수 있다. 이 시기 종조 논쟁은 충분한 학문적 연구를 바탕으로 진행되었으며, 그 과정에서 집단 이익이나 특정 세력의 명분을 앞세운 흔적은 찾아볼 수 없다. 이들의 논쟁은 때로 격한 방향으로 전개되기도 하였지만, 논쟁의 주된 원인은 종사관 즉 한국불교 선종에 대한 사관의 차이에서 찾아진다.

1954년부터 본격적으로 전개되기 시작한 이른바 '정화운동' 시기의 종조 문제는 일제강점기와 그 성격상 많은 차이점이 발견된다. 1954년 9월 전국비구승대회에서 제정한 비구측 종헌에 보조 지눌을 종조로 하는 내용이 명기되자 당시 종정이었던 만암은 '환부역조'를 주장하면서 비구 승단과 결별하였다. 이것은 이 시기 종조 논쟁이 지니고 있던 문제를 극명하게 드러내 주는 사례로 평가된다. 이 시기 일반 언론에서는 '비구측－보조파, 대처측－태고파'라는 식의 구분된 표현을 사용하기 시작하였다. 하지만 비구측이 내세우고자 했던 '정화'의 명분과 보조 지눌을 종조로 해야 한다는 주장 사이에서는 그 어떠한 상관관계를 발견할 수 없다. 이 점은 결국 정화운동의 명분에 상당한 혼선을 불러일으키는 결과를 초래하고 말았다.

비구측은 1955년 8월 12일~13일 개최된 전국승려대회를 통해 종헌 수정안을 통과시켰다. 그런데 이때 통과된 수정안의 종조, 법통과 관련한 부분은 1954년 6월 20일 제정되었던 종헌과 동일한 내용으로 이루어져 있다. 도의－종조, 보우－중흥조의 내용을 그대로 따르고 있는 것이다. 한때 채택되었던 보조종조론은 학문적으로도 많은 문제를 지니고 있을 뿐 아니라, 조선중기 이후 단일화된 당시 불교의 태고법통 전통에서도 크게 벗어나는 문제점을 지니고 있었다. 일시적으로 비구측 종헌에 반영되었던 이 설은 결국 부정적 결과만을 초래한 채, 1년도 못되어 폐기되고 마는 결과를 낳게 되었다.

1962년 통합종단 출범 이후에도 보조종조설이 몇 차례 제기되었다. 이재열, 이종익 등이 주도한 보조종조설은 건의서, 또는 종헌개정안의 형태로 제기되었지만 실행 단계에 이르지는 못하였다. 이후 1969년 청담의 유신재건안에서 보조종조설은 다시 등장하였다. 하지만 청담의 종단 탈퇴로까지 이어졌던 유신재건안의 종조 법통 관련 내용은 청담의 소신과 별개의 문제로 볼 필요가 있다.

　　조계종 종조 법통 문제는 일제강점기 치열한 논쟁을 거치면서 다양한 학문적 성과를 거두었지만, 이후 정화운동 시대와 통합종단 시대에 이르러 그 성격이 변질되고 말았다. 특히 비구 대처 분쟁 과정에서, 또는 통합종단의 주도권을 다투는 상황 속에서 종조 법통 문제가 함께 거론되었다는 사실은 宗史의 본질을 벗어나는 부정적 결과를 초래하였다. 결국 1950~60년대 진행된 종조 법통 논의는 일제강점기의 학문적 수준을 크게 벗어나지 못하며, 그 순수성 측면에서도 바람직하지 못한 내용을 다수 노출시켰던 것으로 평가할 수 있겠다.

불교 정화공간과 사회복지

윤승용 | 한국종교문화연구소 연구위원

1. 서론

  해방 이후 1950년대의 한국사회는 민족적으로는 시련과 격동의
시기이기도 하지만 종교사적으로는 현재의 한국 종교지형이 형성된
시기이기도 하다. 일제로부터 해방된 이후 미군정기를 거쳐 한국전
쟁으로 이어지는 제1공화국 시절은 우리에게는 격동의 세월이요 고
난의 세월이었다. 그 때문에 봉사와 희생적인 삶을 강조하는 종교의
사회복지활동이 절실히 필요한 시절이었음에도 실제 그러한 역할을
제대로 한 종교는 일부에 지나지 않는다.[1] 당시 이 땅의 모든 종교는
식민지 잔재 청산과 더불어 교단을 새롭게 재건하여 재정비하느라
남을 생각할 여유가 없었던 시기였다.

  한편, 우리말에 '구슬이 서 말이라도 그것을 꿰어야 보배'라는 말
이 있다. 종교가 아무리 좋은 사회적 이상을 가지고 있다 하더라도
그에 따르는 사회적 활동이 없다면 그 종교는 '생동하는 종교'라고
할 수 없다. 종교의 사회활동은 그 종교가 지향하는 이상을 현실에
실현하는 종착점이다. 그리고 종교 자체의 사회화와 근대적 운영능
력을 담보하지 않으면 종교의 사회 활동은 불가능한 일이다. 일반적

---

[1] 다른 전통적 종교의 침체에도 불구하고 기독교만이 급격하게 성장하거나 사회활
  동이 활발하였다.

으로 종교의 사회 활동은 종교에 대한 사회적 규제력을 극복하고 최대한 자율공간을 가질 때 그리고 종단으로서는 제도정착기를 지나서 사회참여기[2)]에 들어섰을 때 활발한 사회활동이 가능하게 된다. 사회활동을 담보하기 위한 이념과 주체의 형성, 그것을 수행할 재원의 확보, 그리고 전문 인력과 프로그램 같은 운영체계 등이 마련되어 있지 않다면 아무리 종교가 사회활동을 하고 싶어도 여건이 형성되지 않아 불가능한 일이 된다.

본고의 정화공간과 사회복지라는 주제는 시대적으로 정화공간, 영역으로는 불교의 사회복지라는 두 축으로 구성되어 있다. 그런데 1950년대 한국불교를 고려한다면 이 두 축의 연결고리를 찾기가 쉽지 않다. 정화공간이라면 조계종단이 태동하는 시기이고, 이 시기의 사회복지라면 불교와는 별로 관련이 없다. 단지 한국전쟁의 와중에서 기독교와 관련된 '전쟁구호물자'와 '밀가루 신도'가 먼저 떠오른다. 그럼에도 사회복지의 중요성을 고려하여 그 흔적이리도 추적해야 한다면 몰라도 그렇지 않다면 보잘것없는 것을 찾아 서술할 필요가 있을까 하는 의구심이 든다. 당시 한국전쟁으로 사회복지 수요는 폭발적으로 증가했음에도 불구하고 기독교에서만이 그 기회를 잘 활용하여 사회적 공신력과 교회성장의 기틀을 마련하였다. 그런데, 불교는 왜 그것이 불가능했는지를 그리고 왜 종단의 시선이 시회활동과 같은 외부로가 아니라 내부로 축소되었는지 살펴보려는 것이다.

구체적으로는 글의 전반부는 당시 불교의 물적, 이데올로기적 한계를 살펴보기 위해 1950년대의 문화적인 상황과 편향적인 종교정

---

2) 종교의 발전단계별 구체적인 내용은 3.종교계 사회복지활동 현황의 첫머리에서 설명하고 있다.

책, 일제잔재의 청산과정, 냉전의식의 정착과정을 살펴 당시 불교의 사회적 위상을 검토하였으며, 후반부는 1950년대 종교계 사회복지 활동과 불교계 사회복지활동을 살펴본 다음 불교 사회복지활동의 이념과 주체, 재원, 운영방안 등을 분석하고 결론에서는 기독교와 비교하여 사회복지사업의 한계와 평가를 정리해 보고자 한다.

2. 1950년대 종교계 환경과 현황

1) 편향적인 종교정책

1945년 해방은 자주적으로 쟁취한 것이 아니기 때문에 당시 일제잔재의 청산과 근대민족국가를 형성하는 데 일정한 한계가 있을 수밖에 없었다. 특히, 남북에 미군과 소련군이 진주하여 한반도내 좌우 대립과 갈등은 격화되고 급기야 뜻하지 않게 남북은 분단되고 말았다. 남한에 진주한 미군정은 좌익세력의 팽창을 저지하기 위해 친일파를 비롯한 기독교 우익세력을 활용하였다. 이 때문에 미군정은 당시 시대적 과제인 일제잔재 청산을 추진할 수도 없었으며, 도리어 남한 사회에 좌우 대립과 갈등만을 더욱 증폭시키는 요인이 되었다. 미군정은 우익세력을 지원하게 되었고, 그 우익세력 가운데서도 상해 임시정부세력보다는 친미적이고 감리교 신자인 이승만세력을 옹호하게 된다. 그 결과 남한에서는 이승만 중심의 우익세력이 대한민국을 수립하고, 북한에서는 김일성 중심의 좌익세력이 조선민주주의 인민공화국을 건설하여 한반도 주도권을 놓고 남북 간의 극심한 체제경쟁을 시작한다. 이 체제경쟁은 정부 수립 2년이 지난 1950년 6

월 한국전쟁으로 귀착되었다.

전쟁으로 경제가 황폐해진 가운데 일제로부터 강제 귀속시킨 귀속재산의 불하와 대외원조의 확대 그리고 불안전한 농지개혁을 통해 한국사회의 물적 토대가 완전히 새롭게 형성된다. 비민족적인 독점자본이 형성되고 국내 노동자 농민을 수탈하는 새로운 경제구조가 만들어졌다. 다음 상부구조로는 한국전쟁을 거친 남북분단의 상황에서 과도한 체제경쟁은 신앙대중의 시민권을 약화시켜 이승만 독재체제가 형성된다. 그 독재통치와 동맹한 반공이데올로기의 절대화로 인하여 시대적 과제인 식민지잔재 청산과 근대민족국가 형성은 고사하고 해방 이후 반공지상주의로 인하여 민족주의와 민주주의의 세력은 계속 탄압을 받아 왔다.[3] 물론 특정종교가 그러한 이데올로기 지형과 친화성을 가진다면 사회 주도 종교가 되고 마땅히 사회문화적 규제력이 약화되고 사회적 활동공간이 한층 넓어질 수 있을 것이다. 그러지 못할 경우 사회문화적 규제력이 강화되고 사회활동공간이 축소될 것이다. 결과적으로는 전통적 종교문화의 쇠퇴와 서구적 종교문화의 성장으로 드러나게 된다.

또한 한국전쟁으로 인한 대규모 인구이동은 그나마도 남아 있던 전통문화를 뿌리째 흔들어 놓았고, 팝송과 같은 미국의 대중문화가 급속히 확산되었다. 미국에서 대중의 인기를 끈 마릴린 먼로와 같은 연예인의 내한 위문공연은 한국인들에게 선풍적인 인기를 얻었고, 이를 계기로 서구의 노래와 맘보춤이 크게 유행하였다. 이러한 미국 대중문화는 1951년 6월에 개원한 주한 미군방송(AFKN)으로부터 우리사회에 크게 확산되었다. 그와 함께 기독교 선교방송으로 출발한

---

3) 체제 밖의 진보당 혁신계와 체제내의 민주당의 성장을 탄압한 것을 말한다.

1954년 한국 최초의 민간방송인 기독교방송(CBS)의 역할도 무시할 수 없다. 이같이 미국 대중문화의 확산과 더불어 냉전체제의 고착으로 말미암아 주체적인 전통문화가 주도적인 제도문화로서 자리 잡을 수 있는 어떠한 공간도 허락하지 않았다. 설령 허락된다고 하더라도 민중의 삶과는 관계없는 비정치적이고 형식적인 전통문화만이 소통되었으나, 그것은 하부문화로 전락하거나 지하문화로 흘러 들어가 대중으로부터 소외되고 말았다. 소외된 전통문화는 1960년대 이후 근대화과정에서도 민중의 삶과는 관계없이 관주도적인 발전과정을 거치게 된다.[4]

당시의 종교정책도 이러한 사회 문화적인 흐름을 잘 반영하고 있다. 해방이 되자 미군정은 일본축일을 폐지하고 기독교의 축일인 크리스마스를 공휴일로 정했다. 지금도 휴일로 남아 있지만 당시 천주교인을 포함한 기독교인이 국민의 약 2%정도(45만정도)에 불과하였다.[5] 그럼에도 미군정은 크리스마스를 공휴일로 지정하였고, 다음 1947년 3월부터 일요일마다 국영방송에 해당되는 당시 서울방송에 기독교 선교방송을 할 수 있도록 허락하였다. 이것은 실제로는 우리의 종교문화적인 상황을 고려하지 않은, 국교의 지위를 누린 특혜였음을 의미한다. 그 다음 기독교의 신앙적 활동을 고려하여 일요일에는 국가의 행사를 피해 주는 배려가 있었다. 이는 일요일에 교회행사를 위해 학교행사와 정부행사를 금지해줄 것을 요구하는 것에 대해 정부가 배려해 준 것이다.[6]

---

4) 조현범, 「산업화와 민속」, 『한국종교연구회회보』 5호, 1994.
5) 강돈구, 「미군정의 종교정책」, 『종교학연구』 12집, 1993. 37쪽.
6) 정부는 1948년 총선거를 당초 5월 9일 일요일에 하기로 하였으나 기독교계 반발로 5월 10일 월요일에 실시하였다.

미군정의 지지를 받고 출범한 제1공화국은 미군정의 종교문화정
책을 그대로 이어받았다. 1958월 8월15일 이승만 대통령은 대통령
취임선서를 개신교식 기도로 시작하였고, 다음해 4월에는 기독교인
의 항의로 인하여 국기에 대한 경례를 국기에 대한 주목으로 변경하
였다. 또한 한국전쟁 중에 대통령령으로 1951년 2월7일 기독교중심
의 군종제도를 도입하여 군에 대한 기독교 선교의 편의를 제공[7]하
였다. 이 군종제도에 불교가 참여한 것은 월남전 당시인 1969년 9월
의 일이다. 군종제도 창설 당시 군의 기독교인 비율은 5% 정도에 불
과하였으나 1956년에는 군의 기독교인 비율이 15%까지 상승할 수
있었다. 특히, 17만 명의 공산군 포로 가운데 6만여 명이 기독교로
개종하는 데 성공했다고 한다.[8] 이상과 같은 기독교에 관련한 여러
사례는 미군정과 제1공화국이 기독교에 선교기회를 특별히 배려하
는 기독교 공인교 정책 때문에 가능했던 것이다.

2) 식민잔재 청산과 종교계의 재건과 분열

해방을 맞은 한국 종교들은 일본 교단과의 통합으로 말살의 위기
에 몰렸다가 다시 재건되는 과정을 거치게 된다. 일제는 한국 종교를
탄압하여 폐쇄하거나 식민지 지배에 순응하는 친일종교로 개편시켰
다. 그 과정에서 교단도 일본 교단과 통합되거나 식민통치를 위한 제
도적 장치들에 결박당해 자주적 활동이 불가능해 진 곳도 많다. 그러

---

7) 이 군종제도에는 장로교, 감리교, 성결교 등의 개신교와 천주교만이 참여할 수 있
   었다.
8) 강돈구, 앞의 글, 39쪽.

므로 종교계에서는 해방은 잃었던 교단을 재건하고 일제잔재 청산이라는 당면과제를 시급히 해결해야 했다. 그 청산작업은 친일파를 처단하는 인적 청산작업, 일본 적산자산을 처리하는 물적 청산작업, 그리고 각종 관련 법규나 시행령 등을 폐지하는 제도적 청산작업으로 각 분야의 필요에 따라 각각 진행되었다.[9]

불교계는 해방 직후에 열린 30본산 대표자회의에서 친일승의 색출 추방을 만장일치로 결의하고 친일파를 색출하여 추방하는 조치를 취했다. 그리하여 당시 조계종 종무총장 이종욱 등 교단간부들이 총사직하고 김법린, 최범술, 허엽 등이 종단 운영권을 인수하게 된다. 또한 1945년 9월에 열린 전국승려대회에서는 사찰령과 태고사법, 31본말사법의 폐지를 결의하였으며, 중앙총무원을 새로 조직하고 각 도에 교무원을 설치하며 전국을 13개 교구로 나누는 교구제를 신설하기로 결정하였다. 이렇게 되자 불교계는 일제잔재 청산 작업이 간단하게 처리될 수 있을 것 같았다. 그러나 이런 기대는 이내 무너지고 만다.

중앙총무원은 적산사원의 관리권과 소유권을 둘러싸고 선학원과 갈등이 생겼으며, 불교청년당, 불교여성총동맹, 혁명불교동맹, 선우부인회, 재남 이북승려회, 불교혁신연맹 등 혁신계 6개 단체가 선학원과 연합하여 1946년 11월에 조선불교혁신총연맹을 결성하고 불교총본원이라는 기구를 만들어 중앙총무원과 대립하였다. 불교총본원은 당시 새로 진용을 갖춘 중앙총무원이 만든 제도개혁안이 일제하에서 시행된 사찰령에 의해 제정된 총본산법을 자구만 수정한 것이라 개혁이 미흡하다고 비판하면서 중앙총무원에 좀 더 철저한 개혁

---

9) 한국종교연구회, 『한국종교사 강의』, 청년사, 1998. 410~415쪽.

안을 요구하였다. 이에 대해 중앙총무원측은 선학원을 비롯한 혁신동맹 관련자들을 좌익으로 몰아 당국에 고발하기도 하는 등 내부 갈등이 심화되어 갔다. 결국 철저한 불교 개혁을 부르짖던 불교계 혁신세력들은 미군정에 의해 좌익으로 지목되어 해산당하고 그 일부 인사들은 월북하게 된다.[10]

또한 미군정은 불교계 여망을 무시하고 1945년 11월 일제하 구법령의 존속을 결정하여 사찰령을 비롯한 불교관련 법안들을 그대로 유지시켰다. 이에 1947년 3월까지 몇 차례에 걸쳐 중앙총무원의 김법린 총무원장과 19명의 대의원이 사찰령과 사찰령 시행규칙, 포교규칙, 사원규칙 등 한국불교의 자주적 발전을 가로막는 일제의 악법을 폐지해줄 것을 건의하였으나 미군정은 이를 끝내 불허하였다. 이로써 불교계는 제도적인 차원에서 일제잔재를 청산하는 길은 원천적으로 차단되고 말았다. 이와 더불어 인적 청산 작업도 결국에 가서 희석되어 친일승들이 해방 공간의 혼란과 한국전쟁을 계기로 대부분 교계 일선에 다시 복귀하였다.[11] 그것만이 아니라 일본화된 신앙전통을 민족 전통불교로 다시 회복하는 일도 인적 청산과 물적 청산이 맞물려 해결되지 못하고 향후 정화운동의 과제로 남게 되었다. 이 같이 인적청산의 실패, 사찰령의 폐지 불가, 조선불교 신앙전통의 회복 등 식민잔재 청산의 어느 하나도 제대로 정리된 것이 없었다.

---

10) 정병조, 「한국불교의 성찰과 전망」, 『1945년이후 한국종교의 성찰과 전망』, 1989. 63쪽.
11) 예컨대, 이미 정계로 진출하였던 이종욱은 1951년 10월 총무원장에 복귀하였고, 이후 재단법인 동국학원 이사장, 국회의원 등을 거쳐 1977년에는 '대한민국 건국 훈장 국민장'을 받고 1978년에 국립묘지에 안장되는 과분한 영광을 안게 된다. 그리고 기타 친일 행각으로 지탄받던 권상로, 김태흡, 임석진 등도 이내 불교계의 지도급 인사로 다시 복귀하게 된다(한국종교연구회, 앞의 책, 414쪽).

이런 과제들이 이후 1954년 이승만의 정화 유시를 거쳐 비구- 대처 분쟁과 맞물려 불교계 정화운동으로 귀결된다.

　한편 개신교는 1937년경부터 신사참배를 용인하고 일제에 협력하였지만, 적지 않은 신자들이 개인 신앙의 차원에서 신사참배를 거부하고 투옥됨으로써 일제와 갈등을 일으켰다. 이 때문에 개신교회의 일제잔재 청산작업은 해방과 더불어 풀려난 '출옥성도'들을 중심으로 논의되었다.[12] 그들은 일제 말기 개신교회 지도자들이 보인 친일적 행각에 대해 통회와 자숙 등 정화운동에서 교회의 재건을 시작해야 한다고 주장하였다. 그러나 이런 재건 원칙에 대해 일제에 순응하였던 교계 지도자들은 강력히 반발하였다. 즉 그들은 '신사참배에 대한 회개와 책벌은 하나님과의 직접적인 관계에서 해결될 성질의 것'이며 '교회를 등에 지고 일제의 강제에 어쩔 수 없이 굴한 사람도 배려해야 한다'고 주장하였다. 이같이 출옥성도들을 중심으로 한 통회 자복운동은 기득권을 가지고 있던 기존의 '일본 기독교 조선교단' 측 인사들과 갈등을 일으키면서 큰 실효를 거두지 못하고 흐지부지되고 말았다.

　또한 물적, 제도적 일제잔재 청산 작업은 일제에 의해 강제적으로 통합된 '일본 기독교 조선교단'을 여하히 처리하는가의 문제였다.[13] 1945년 8월 17일 승동교회에서 각 교파의 대표들이 모여 이 문제를 협의한 후, 일단 교파가 통합되었으니 그 힘을 유지하여 건국사업에 기독교의 영향력을 행사하자고 결의하고 '조선교단'으로 명칭만 변경하였다. 그러나 1946년 1월에 감리교가 완전 재건을 선언하

---

12) 전용복, 『한국장로교회사』, 성광문화사, 1983. 73~75쪽.
13) 한국종교연구회, 앞의 책, 412쪽.

였고, 1946년 4월 제2회 '조선기독교 남부대회'에서는 사실상 교단이 해체되고 다시 개별 교파로 환원되었다. 이어서 1947년 봄까지 일제 말에 추방되었던 미국인 선교사들과 선교부가 속속 입국하면서 한국의 개신교계는 또다시 근본주의적이고 교파주의적인 미국인 선교사들의 영향력 하에서 끊이지 않는 분쟁과 교파 분열의 소용돌이로 말려들어 갔다. 이로써 일제 잔재의 청산이라는 과제는 교회 주도권 다툼과 신앙의 선명성 경쟁, 그리고 진보와 보수의 이념 갈등에 밀려나고 말았던 것이다.

한편, 일제하에서도 단일한 중앙집권적 교계제도를 유지하고 있었던 천주교회는 사목(司牧)에 관련된 지침도 로마 교황청 포교 교서에 의존했었기 때문에, 제도적인 차원에서 한국 천주교회가 주체로 나서 일제 잔재를 청산해야 하는 문제는 아니었다. 그러나 천주교회 역시 노기남 대주교의 주도하에 아무런 신앙적 갈등 없이 신사참배를 행하였고, 각 성당에서 황군의 무운장구를 기원하는 미사를 지냈으며, 각종 헌납금을 거두어 총독부에 바치는 등 노골적인 친일 행각을 벌였던 것은 부인할 수 없는 사실이다. 이에 대해 한국 천주교회는 이제까지 어떠한 인적 청산작업이나 참회의 고백도 없었으며, 오히려 미군정청장 하지와의 밀월관계 속에서 정치적 영향력을 확대하는 데만 열심이었다.[14]

이상에서 본 바와 같이 이 땅의 어느 종교도 일제잔재 청산의 과제를 제대로 달성하지 못함에 따라 해방 이후 어느 종교도 사회발전을 위한 도덕적 토대를 구축하는 데 실패하였다.[15] 천주교와 개신교

---

14) 최종고, 「제1공화국과 한국천주교회」, 『한국교회사 논문집1』, 한국교회사연구소 1984. 848~851쪽.

는 교황청이나 해외 선교부에 그 모체를 두고 있었기 때문에 물적 제도적 차원에서의 청산 문제는 그다지 큰 문제가 아니었다. 인적 청산작업으로 대체로 마무리될 수 있었지만 반면 불교와 같은 전통 종교들은 인적 청산작업만이 아니라 일제가 제정한 각종 법령과 제도들에 의해 왜곡된 신앙적, 조직적 문제들까지 극복해야 하는 복잡하고도 어려운 과제를 안고 있었다. 특히, 불교에서의 청산작업은 인적 청산만이 아니라 물적 청산과 종단의 청산까지 즉, 기존종단을 청산하고 새로운 종단을 건설해야 하는 그야말로 혁명적인 작업이었다. 이 과정에서 기득권을 지키려는 대처측과 혁신적인 종단의 창설을 바라는 비구측간에 생사를 건 격렬한 투쟁이 진행될 수밖에 없었다. 반면에 기독교는 불완전하나마 간단하게 인적 청산작업을 마무리하여 체제를 정비하였고 나아가 미소냉전체제에서의 반공이데올로기 동맹을 맺어 사회 활동을 하는데 상당히 유리한 고지를 점령하게 된다.

3) 월남종교인과 냉전의식의 정착

해방 공간의 좌우 대립과 남북분단 그리고 한국전쟁은 이 땅의 이데올로기 지형차원에서 결정적인 영향을 끼쳤다. 특히, 북한 정권과 갈등을 일으키던 종교인들이 1.4후퇴 때 대거 월남하여 남한의 종교지형을 바꾸어 놓는다. 당시 북한에서 지주와 종교인 숙청으로 말미암아 월남하게 된 이들은 남한 종교계에 인적 자원을 보강하는 단순한 차원이 아니라 남한의 종교계 특히, 기독교의 성장과 반공교

---

15) 윤승용, 『현대한국종교문화의 이해』, 한울, 1997. 104~105쪽.

회로서 친미반공냉전체제 동맹에 핵심적인 역할을 담당하게 한다.

당시 북한 지역의 천도교인은 약 150만, 불교인은 약 50만, 개신 교인은 약 20만, 천주교인은 약 5만 3,000여 명이었으며, 1945년부터 1953년 사이에 월남한 사람 가운데 개신교인은 대략 7~8만명, 천주교인은 1만 5천~2만 명 정도였을 것으로 추정된다.[16] 개신교와 천주교인이 월남한 숫자가 천도교와 불교인에 비해 압도적으로 많다. 이는 천도교와 불교인들의 계급적인 기반의 차이에서 생겨난 것으로 볼 수 있다. 특히, 북한의 혁명 과정에 대해 반발한 수도원을 가진 천주교 세력과 선교사들이 주도하고 보수적 신앙의식을 가진 개신교의 서북세력[17]이 대거 월남한 것이다. 이들은 이미 1930년대 조선에 유입된 사회주의와 갈등관계를 경험한 바 있고, 해방 초기 북한의 정권 수립과정에서도 사회주의 진영과 많은 갈등을 일으킨 바가 있었다. 1946년 중반 토지개혁 등 민주개혁이 실시되면서 지주층을 기반으로 1945년 결성된 '이북5도 연합노회'측이 매우 약화되고 1946년에 결성된 진보적인 '북조선기독교연맹'측이 상대적으로 강화되자, 양 조직 간의 대립이 노골화하기 시작하여[18] 결국 이북5도 연합노회

---

16) 한국종교연구회, 앞의 책, 405쪽.

17) 평안도와 황해도 지방의 개신교 세력을 말한다. 일제시대에는 평양을 한국의 예루살렘이라고 할 정도로 기독교의 중심지였다.

18) 1945년부터 1947년까지 북한 지역에서 반제 반봉건 민주주의혁명의 민주개혁이 이루어지던 시기에 북한 개신교회는 이러한 사회적 흐름에 저항하는 '이북5도연합노회'와 그렇지 않는 '북조선기독교연맹'으로 양분된다. 연합노회측은 이승만을 지지하고 비밀리에 미군정과 연락을 취하는 등 대부분 친미주의자들이었으며, 이후 북한 각지에 산재한 재건파 세력과 함께 강력한 반혁명, 반공세력이 된다. 반면 진보적 이념과 민중지향성을 표방한 '조선기독교연맹'에는 북한 지역 개신교 목사의 약 3분의 1정도가 참여하였는데, 함경도와 황해도 출신들이 주류를 이루고 있었다.(위의 책, 406쪽)

를 중심으로 한 개신교인들이 대거 월남하게 된다.

반면, 북한 천주교회는 해방 당시 북한 사회의 혁명적 움직임에 동참할 만한 어떠한 진보적 분파도 부재하였으며, 적어도 1920년대 이후부터 지도부가 정교분리의 외피 속에서 완전히 친일화되었기 때문에, 교회 전체가 혁명의 대상이 될 가능성이 컸다. 특히 일제 말엽까지 유일하게 선교활동을 할 수 있었던 베네딕토회 소속의 독일인 사제들이 총살당하거나 수감되었으며, 대표적으로 막대한 토지를 소유하고 있던 덕원의 분도수도원은 1946년 3월의 토지 개혁으로 모든 토지를 몰수당하고 교구장이 서울교구에 도움을 청하는 일이 벌어졌다. 그래서 천주교회는 서울교구에서는 '가톨릭과 악마와의 전쟁'을 선포하여 북한당국을 자극하였다.[19]

천주교의 경우에는 월남한 북한지역 교구소속 신부들이 남한지역 교구에 분산적으로 위탁되어 해당 교구장의 통제하에 활동하여 집단적으로는 별다른 움직임을 보이지 않았다. 이와는 달리 장로교를 위시한 개신교 월남인들은 매우 응집력이 강한 집단으로 남한에서 신속하게 독자적인 교회들을 설립해 나갔다. 이 과정에서 앞서 언급한 바와 같이 기독교중심의 공인교 정책, 귀속자산의 특혜적 불하, 대외원조의 분배 창구로서의 역할 등과 더불어 당시 재입국하고 있던 미국 선교사와 선교부의 지원을 받았다. 특히, 개신교 월남인들은 예배를 볼 장소와 생활 근거지를 마련할 필요에 따라 1945년 말 월남한 장로교의 한경직(韓景職) 목사와 김재준(金在俊) 목사는 미군 정청으로부터 서울시내 40개소에 달하는 천리교의 귀속재산을 불하받아 교회설립에 착수하였다. 천리교본부가 있던 동자동에는 조선신

---

19) 한국종교연구회, 앞의 책, 408쪽.

학교와 성남교회가, 가장 큰 천리교회가 있던 저동에는 영락교회가, 두 번째로 큰 천리교회가 있던 동사헌정(東四軒町)에는 경동교회가 설립되었다.[20] 이러한 상황은 서울에서만 생긴 것은 아니었다. 대구 동부교회는 천리교 경상교회의 자리에 세워졌다. 이 같은 사례들을 고려해 볼 때 남한 내의 기독교 계통과 신도 계통의 귀속재산은 대체로 개신교에 불하되었을 것이며, 이들 귀속재산이 월남한 피난민의 주요터전이 되었다. 통계상으로도 해방 후 10년간 신설된 2천여 개의 개신교교회 가운데 90% 이상이 피난민의 교회였다.[21]

이렇게 성공적으로 안착한 월남 종교인들은 이에 대한 반대급부로서 '성스러운 반공주의'를 제공하였다. 북한 정권과 갈등하면서 이미 노정하고 있던 그들의 생래적 반공의식은 이제 더욱 증폭되어 극단적인 형태로 발전하면서, 이승만으로 대표되는 남한의 극우반공체제의 이데올로기적 도구로 정착하였던 것이다. 그 중 대표적인 것은 기독청년면려회, 서북연합회와 영락교회의 청년회 및 학생회였다. 이들은 무력투쟁도 불사하면서, 반탁운동, 기독교민주동맹 창립대회장 습격, 제주항쟁 진압 등 '반공건국, 멸공건국, 승공건국'의 행동대원으로 맹활약하였다. 이러한 활동을 배경으로 한국전쟁을 거치면서 남한의 기독교회는 이른바 '우익의 탁월한 상징'으로 자리를 잡았다. 이 과정에서 월남 개신교인들의 활동은 한국의 기독교를 주도하며 한국사회에서의 친미냉전반공 이데올로기 지형을 형성하는 데 핵심적인 역할을 담당하고 기독교가 이 땅에 반공의 전초기지이자 동시

---

20) 강돈구, 앞의 글, 31~35쪽.
21) 대한민국건국십년지 간행회, 『대한민국건국십년지』, 건국기념사업회, 1956, 553 쪽(위의 글, 재인용).

에 친미보수의 원조가 된다. 말하자면 한국사회의 체제수호의 핵심에 서서 지배체제와 이데올로기 동맹을 맺고 있었다. 따라서 국가에서 제공하는 선교의 장을 기독교가 선점하는 일은 너무도 당연한 일이였다. 이같이 확고한 기독교의 이데올로기적 동맹은 4.19를 계기로 보수와 진보로 균열이 일어나게 된다.

3. 불교 정화공간의 사회복지

1) 종교계의 사회복지활동

종교의 근대적인 사회활동은 종교 자체의 사회화를 전제로 한다고 했다. 여기서는 종교의 사회복지 활동의 현황과 평가를 위하여 종교의 사회화 단계를 기준으로 삼아 정리해볼 것이다. 종교의 사회화는 다음과 같은 단계를 거쳐 이루어진다. 먼저 정체성을 확립하는 종교 창립기, 세속조직으로 정착되는 제도정착기, 자기조정에 의해 사회에 적응하는 사회화기 즉, 사회참여기로 진행된다. 이것을 종교의 사회활동이라는 차원으로 개편해 보면, 창립기가 사회활동의 이념과 주체를 형성하는 시기라면, 제도정착기는 사회활동을 위한 인적 물적 자원을 확보하는 시기이고, 사회참여기는 시대에 맞는 적절한 운용방안을 마련하는 시기이다. 각 단계가 진행됨에 따라 종교의 활동은 내부의 신앙적인 활동에서 외부의 사회적인 활동으로 점차 그 영역이 확대되고, 그 방식도 직접 포교에서 간접적인 포교로 나아가게 된다.

한국전쟁은 정부가 수립된 지 얼마 되지 않아 사회복지의 폭발적인 수요를 낳았다. 그 전쟁은 유혈적인 참극이라는 점 외에도, 신분제와 그에 따른 도덕체계를 붕괴시킨 전쟁이며 생존이라는 몸부림 앞에서 우리사회 공동체성을 파괴한 전쟁이었다. 이 전쟁은 남한의 엄청난 인적 물적 피해만이 아니라도 분단 체제를 고착화하는 결과를 가져왔다. 그리고 전쟁의 참화는 우리 민족에게 많은 좌절과 절망감을 가져다주었다. 100만 명에 가까운 인적 피해는 물론이고, 200만 명에 가까운 피난민, 460만 명의 전쟁 이재민이 발생하였다.[22] 특히, 전쟁으로 인하여 고아가 되거나 생계에 고통 받은 어린이들이 급속히 늘어만 갔다. 해방 이후 33개 아동복지 기관수가 1948년 정부수립 당시 96개로, 1950년에는 116개, 1953년 440개, 그리고 1959년 654개로 증가해 갔다.[23]

그것만이 아니었다. 전쟁 이후 농촌에는 잠재실업이 증가했으며, 제대군인이 늘어나면서 도시빈민이 형성되었다. 개인의 삶의 근거는 뿌리째 뽑히고 사회는 집단적으로 정신적 공황에 처하게 되었다. 어느 곳이든 간에 구호의 손길을 요구하였고, 여건이 된다면 인간구제를 본업으로 삼는 종교가 그것에 응답하여 사회적 책임을 다해야 하는 절박한 시기였다. 그러나 일제잔재 청산 과정에서 종단의 재건이 아직 이루어지지 않았기 때문에 한국의 어느 종교도 독자적으로 그것을 해결할 만한 역량을 갖추지 못하고 있었다. 예컨대, 재건과정에서 불교는 대처와 비구의 대립으로 혼돈의 상황에 있었고, 기독교는 각기 교단별로 헤쳐모여 하면서 특히, 개신교의 최대교단인 장로교

---

22) 정병준, 「한국전쟁」, 『한국역사입문3』, 한국역사연구회, 풀빛, 665~667쪽.
23) 이혜경, 「민간사회 복지 부분의 역사와 구조적 특성」, 한국 비영리 영역과 사회발전 세미나(연세대 동서문화연구원, 1986, 10쪽).

가 신사참배문제 때문에, 자유주의 신학문제 때문에, 에큐메니칼운
동 때문에 3차에 걸쳐 교단 분열[24]이 일어나고 있었다.

그럼에도 불구하고 구호의 손길을 받아 준 유일한 곳이 기독교의
해외선교부였다. 당시에는 한국 경제체제를 원조경제체제라고 말할
만큼 한국경제 전반이 외원기관에 의지할 수밖에 없는 현실이었다.
해외선교부와 연계된 기독교 교회만이 사회사업을 진행할 수 있었
다. 실제적으로는 교인들이 사회사업의 수혜자이자 동시에 사회사업
의 대행기관이 되었다. 한국교회가 대행기관의 역할을 할 수 있게 된
데는 그만한 역사적인 배경이 있다. 기독교 해외선교단체들은 일찍
부터 선교의 목적으로 기독교의 사회사업을 해 왔으며, 그 영역도 상
당히 다양하여 일반 빈민이나 고아, 노인만이 아니라 장애인, 미혼모
까지 특수영역까지도 확대하고 있었다. 이는 해외에서 사회사업을
위한 재원만이 아니라 전문 인력과 다양한 프로그램을 가져와 시행
해 왔기 때문이다. 이들은 이미 1,800년대 천주교 수도원 중심으로
내한하여 교육과 의료로서 이미 선교적 터전을 마련하였다. 그들은
분명 그리스도의 복음을 전하는 데 있었지만 그로 인하여 한국의 근
대화된 사회복지활동이 시작되었다.

구호의 수요가 폭발한 당시 위기에 처한 한국을 돕기 위해 55개
의 외국인 원조단체[25]들이 대거 내한하게 된다. 이들 외원단체들은

---

24) 전용준, 앞의 책, 61~123쪽 제2장 분열사 참고.
25) 1950년대 대표적인 외원단체로서는 극빈구호단체인 기독교세계봉사회, 결손가정
   의 아이들을 보호하고자 하는 양친회, 구호, 사회복지, 의료 등 물질적 재정을 보
   조하는 가톨릭구제회, 구호사업과 재활을 지원하는 세계구호위원회, 나병환자를
   구제하는 구라선교회 등을 들 수 있다.(최무열, 『한국교회와 사회복지』, 나눔의
   집, 148~151쪽)

다양한 목적과 형태를 가지고 있다.[26] 이같이 한국전쟁을 계기로 들어온 외원기관들[27]은 우리 사회 사회사업의 초석을 마련하였다. 비록 전쟁 이전에 내한했다 하더라도 그 본격적인 사회활동은 대체로 전후에 이루어졌다. 전쟁 이전부터 활동한 외원기관[28]은 총 28개로 2곳을 제외하고는 모두 천주교나 개신교에 관련된 기관이다. 규모는 알 수 없지만 통계상으로는 개신교가 16곳, 천주교가 10곳으로 나타나 있다. 개신교와 관련성이 있는 외원단체는 미국 호주 캐나다 등의 선교회가 주류를 이루고 있으며, 천주교는 프랑스, 독일을 비롯한 수도회들이 중심을 이루고 있다.[29] 이러한 외원단체들이 많아지자 정부와의 효율적인 공조를 위하여 7개 외원기관이 모여 카바(KAVA)라는 민간외원기관협의체가 형성되었다. 당시에는 이 카바가 제2의 보사부라고 불릴 만큼 사회복지분야에서 차지하는 비중이 높았다.[30]

---

26) 사회복지사업을 목적으로 한 순수한 외국 민간단체가 있는가 하면, 선교 단체에 비하여 사회복지 사업규모가 커서 병원, 사회복지시설, 학교 등을 직접 운영하는 단체도 있다. 선교사업이 주목적이나 사회복지시설, 소규모의 병원, 진료서 등을 소유한 반(半)선교 사업단체가 있을 수 있고, 전도사업이 주목적인 단체로서 소량의 구호물자배급으로 비교적 사업규모가 적은 단체도 있으며, 선교사업이 주목적이라서 사회 사업실적이 없는 단체도 있다.(최무열, 앞의 책, 161쪽)
27) 여기서 외원기관이란 그 본부가 외국에 있고 그 본부의 지원으로 국내에서 의료사업, 교육사업, 사회사업 또는 사회개발 등 사회복지사업을 행하는 비영리적인 사회사업기관으로서 그 사업자원이 외국에서 마련되고 실질적으로 외국인에 의하여 운영되는 원조기관을 말한다.
28) 미군정 당시에는 미국교육단, 미국원조단 등 27개의 주한미 민간구호단체 가운데 종교와 직접적으로 관련이 있는 단체로는 기독교세계봉사회(CWC), 메노나이트중앙위원회(MCC), 유니테리안봉사위원회(USC), 천주교국민후생협의회(NCWC), 기독청년회(YMCA), 기독교여자청년회(YWCA) 등 7개 단체가 있다(강돈구, 앞의 글. 42쪽).
29) 카바 40년의 편찬위원회, 『외원사회사업기관 활동사』, 홍익재, 1995, 56쪽.
30) 1964년에는 70여개 기관이 이 카바에 가입하였는데,[1] 이들 중에서 28개 단체는 교육, 보건, 사회복지, 구호 및 지역개발 프로그램에 직접 관련된 기관이고, 42개

〈카바에 속한 외원기관(1945년부터 1950년대)의 종교 분포〉

종교	계	기독교	천주교	구세군	비종교	비고
단체수	74	36	26	1	11	
	100	48.6	35.1	1.3	14.8	

카바40년사 편찬위원회, 『외원사회사업기관활동사』, 홍익계, 1995, 217쪽.

한편, 사회복지학계에서는 한국에서 근대적 성격의 사회복지[31]가 시작되는 시기를 1970년부터라고 한다.[32] 그 이전에는 사화복지사업이라고는 하지만 시설사회사업이 아니라 전근대적인 사회구휼활동이라는 것이다. 시설복지사업이 급증한 것은 해방과 한국전쟁 이후라고 볼 수 있다. 한국전쟁은 우리나라 사회복지에 두 가지 큰 변화와 동시에 문제점을 가져왔다.[33] 첫째, 정부수립 후 단계적·계획적으로 준비되어 왔던 사회부의 모든 정책을 단절한 채 이 임시적, 응급적 구호정책만으로 대처한 점이고, 둘째는 막대한 외국 원조로 인해 전시 및 전후에 우리 국민의 자활에 큰 활력소가 되었으나 우리 사회에 의존적 구제방식을 심화시켜 놓았다는 점이다. 요컨대, 1950년대 사회복지는 봉사인력을 제외하고는 기독교 선교단체인 외

단체는 선교 또는 기독교 전도목적을 제1로 하되 2차적으로 교육 프로그램과 구호, 보건, 사회복지 및 재활사업에 관심을 갖는 기관이었다. 거의 대부분의 외원 기관들이 분명하게 기독교적인 색채를 띠고 활동하였음을 보여 주고 있고, 주로 개신교와 천주교 단체임을 밝히고 있다.

31) 사회복지란 종교계 물적 인적 자원을 이용하여 교회와 사회에 봉사하는 활동 또는 노력이라는 조작적 정의에서 출발하고자 한다.

32) 권오규, 『사회복지발달사』, 홍익제, 2000, 319쪽.

33) 손준규, 「우리나라 초기 사회복지행정에 대한 분석연구」, 『행전논집』 11~12집. 1982. 140~148쪽 제3장 제2절 6.25 후의 사회사업 참고.

원단체들이 주 역할을 하였으며 그것도 서구의 전문적인 프로그램을 가져와 다양한 복지 영역으로 확대해 갔다. 이런 외원단체들은 1950년부터 1960년대까지 많은 역할을 해 오다가 1960년대 국가의 책임에 의한 자주적인 사회복지사업이 나타나기 시작하자 1970년대를 고비로 하여 외원이 급속히 감소하여 활동도 약화된다.

2) 불교계의 사회복지활동

이 땅에서 불교의 전통적인 사회복지사업은 고려시대로 거슬러 올라간다. 구제의료기관으로서 광종 14년 빈민과 질병자를 구제하는 제위보, 동거대비원, 혜민국 등이 있었는데, 이는 모두 불교정신에 입각한 국가가 운영하는 불교복지사업기관이다. 조선시대 경국대전 이전(吏典)에는 의료구제 기관으로 혜민서와 활인서를 두는 규정이 있고, 예전(禮典)에는 경로, 혼비보조, 노인과 고아에 대한 수양과 의료관급, 의약규제 등을 규정하고 있다. 병전(兵典)에는 면역과 구휼(救恤)의 제도를 규정하고 있다. 이 같이 고려시대에는 사회사업이 불교적 자비심의 영향에서 출발하였으나 조선시대에는 법적 기초가 마련되고 유교사상에 기반으로 체계적인 사회사업이 시행되었다.[34] 그리고 제반 여건이 어려웠던 일제강점기에도 일부 승려들의 대중 구호사업이 있었던 것[35]으로 보인다.

그러나 해방 이후 불교계는 당시 사회가 요구하는 제도적 사회사

---

34) 권오규, 앞의 책, 319쪽.
35) 백용성선사, 만해 한용운, 나선호선사 등이 빈민과 병자에 대한 구제사업을 중생 구제가 보살행이라는 차원에서 개별적으로 시행해 왔다(이용권, 「불교사회복지사」, 『한국불교사회복지총람』, 불교사회복지정보지원센터, 1022~1024쪽).

업에 제대로 동참할 수 없었다. 1950년대에는 사원경제가 빈약하여 사찰이 사회사업을 하기보다는 오히려 여러 수좌를 비롯한 불교계 자체가 사회사업의 대상이 될 정도로 어려운 지경이었다. 사회복지의 수요가 급격히 늘어난 한국전쟁 과정에서도 재원이 부족한 사찰은 사회 기여는 접어 두고 사찰운영에도 급급한 정도였다. 정화분규가 어느 정도 수습된 1970년대 말을 기준으로 사회복지시설의 통계를 보면, 기독교계통이 1,200여 개이고 불교를 표방한 사찰 또는 불교인이 운영하는 복지시설이 26개에 불과했다.[36] 당시 불교계 종단은 근무자의 자격증이 필요한 시설사회복지라는 근대적 복지사업에 적응하는 것도 어려웠을 뿐만 아니라 정화분규로 인하여 사찰에서 운영하고 있는 보육원이나 양로원마저도 도리어 문을 닫는 경우가 있었다.

결론적으로 불교계는 정화분규가 끝나는 60년대 후반에 이르기까지 근대적인 시설복지사업에 눈을 돌릴 수 있는 여력이 없었다고 평가된다. 그래도 불교복지사업의 흔적을 살펴본다면 아동복지 분야에서 약간의 사례를 찾을 수 있다.[37] 해방 전후에 어려운 환경에서도 몇몇 사찰이 보육원이나 고아원을 운영하고 있었다. 해방 전 통도사 마산 포교당 대자유치원, 무량사 보육원, 정곡사 고아원 등과 사회사업체인 화광 보육원, 자정원, 목포 고아원 등이 운영되고 있었던 것으로 보인다. 그리고 해방 이후에는 1948년 재가불자가 해명 보육원을, 1949년 대전 보육원을 설립하였다. 그러나 한국전쟁 이후 사찰과 불교계가 직접 운영한 아동복지 기관에 관한 기록은 보이지 않는다.

---

36) 『한국불교총람』, 대한불교진흥원, 1993년. 기획특집 참고.
37) 이용권, 앞의 글, 2025쪽.

단지 재가자가 운영하는 보육시설만은 계속된 것으로 보인다.[38] 이후 60년대 이르러 그 영역이 확대되어 청소년복지에서는 1966년 청소년교화연합회가 창립되어 포교방법론의 차원에서 출발하였고, 장애인복지는 1967년 천마재활원에서 시작하였다.

이상의 사례들을 종합해 볼 때 1950년대 불교의 사회복지는 재가자가 운영하는 몇 곳을 제외하고는 거의 보이지 않는다. 이렇게 된 근본 원인은 정화분규로 인하여 사회복지에 대한 이념과 주체가 불분명하였고, 농지개혁으로 인하여 사찰의 재원확보가 어려웠으며, 현대적 전문 인력과 프로그램을 운영하는 역량이 없었기 때문으로 볼 수 있다.

4. 불교계 사회복지활동의 한계와 평가

1) 이념과 주체의 문제 : 정화운동

불교복지의 기본이념이 되는 자비, 보시, 불전, 생명존중 등의 사상은 본래 불교의 핵심사상으로서 그것을 실천하는 것이 보살행이며, 이 보살행의 실천을 통하여 불국정토가 이루어진다. 그러나 이 땅에 불국정토를 건설하는 일은 관념적인 불교이상만으로는 불가능하다. 그러한 이상을 실현하기 위해서는 구체적인 사회활동에 맞는

---

[38] 1952년 설비된 혜능 보육원과 부산의 자혜원이 설립되었고, 1953년에는 의정부 쌍암사 보육원과 경주의 대자원, 1954년 광명 보육원, 1968년에는 대각 보육원과 부산의 서애원 등이 운영된 것으로 알려져 있다. 노인복지에서는 1952년 부산에서 재가불자가 정화 양노원을 설비하면서 시작되었다(같은 글, 2005쪽).

이념과 주체가 분명해야 한다. 그러기 위해서는 무엇보다도 앞서 언급한 것처럼 먼저 종단의 사회화가 필요하다. 그러나 당시의 불교현실은 종단의 사회화는 고사하고 새로운 종단이 창립하는 과정에 있었기 때문에 사회복지에 관련한 이념도 주체도 형성할 수 없는 단계였다고 할 수 있다. 1950년대 한국전쟁과 정화분규는 외부 도움이 전혀 없었던 불교계에서 사회복지를 포함한 사회활동을 전재한다는 것이 현실적으로 불가능한 상황이었다.

여기서 우리는 정화운동의 이념과 성격이 사회복지를 포함한 종단의 사회활동에 어떤 영향을 주었는지를 검토할 필요가 있다. 정화운동은 일제 식민지 불교의 잔재를 극복하려는 몸부림이면서 동시에 현 조계종단을 형성하는 계기가 되는 사건이다.[39] 그 태동은 일제 강점기까지 거슬러 올라간다. 임제종 운동에 나타난 종지 수호정신, 선학원의 창건정신, 승려독립선언서에 나타난 민족불교 수호정신, 백용성의 대처식육 금지 건백서에 담긴 전통불교 수호정신, 선학원 수좌들이 주도한 조선불교선종의 창종정신, 고승유교법회에 담겨 있는 승풍과 계율의 회복정신 등이 그것이다. 해방 이후에는 불교 혁신 단체들에 의해 청정 수좌를 교단의 중심으로 삼으려는 노력이 지속되었으며, 후에 봉암사 결사에 나타난 불교정신의 회복노력과 청정 수좌들의 수행전용사찰 요구도 여기에 속한다.

일반적으로 정화운동의 기점을 1954년 5월 '대처승은 물러가라'

---

39) 불교정화는 1954년 5월 당시 이승만대통령의 불교정화 유시 즉 "대처승은 사찰 밖으로 나가라"는 발언으로 촉발된 1954~1970년의 당시 불교계의 주요 활동을 지칭한다. 그러나 협의의 의미로는 조계종단 내외에서 대처승을 불교 계율과 한국불교의 전통에서 어긋난 것으로 인식하고 그 대처승을 사찰에서 축출, 혹은 승려의 자격 불인정을 기하였던 일련의 사실·사건·산물 등을 총칭한다.

는 이승만 대통령의 정화유시에 두고 있지만 불교개혁의 필요성은 그 이전부터 교단과 재야에서는 앞서 언급한 바와 같이 여러 곳에서 끊임없이 제기되어 왔다.[40] 이들 개혁세력들이 해방이후 불교혁신연맹을 만들어 조직적인 활동에 들어감에 따라 불교정화운동이 본격적으로 시작된다. 불교혁신연맹이 추구한 혁신의 주안점은 대처승을 교단운영의 중심에서 배제하고 사찰의 토지는 농민인 소작인에게 분배하자는 것이었다. 1952년 봄 수좌들이 수행을 위한 환경을 개선해 달라며 당시 송만암 교정에게 건의서를 제출한다. 당시에는 농지개혁에 의하여 불교계의 사원경제가 형편없이 위축되어 선방도 폐쇄되고 해서 이들의 주거와 생존문제가 큰 문제가 되었다. 이에 수좌들은 18개 사찰을 비구 수행사찰로 양도할 것을 요구하였으나 결국 해결되지 않았다. 그 때문에 1953년 가을 선학원에서 그 해결책을 모색하고자 '전국비구승 대표자회의'가 열렸고, 그 이듬해 4월 이승만 정화유시가 내려져 수좌들의 불만을 점화시킨 것이다. 이로써 대처비구의 대결은 격화되었고, 급기야 정화운동은 본래의 이념을 상실하고 정화분규로 이어진다. 이어 종단의 주도권과 사찰의 경제권을 두고 극심한 갈등을 노정하였다. 그 결과 1955년 8월13일 '전국승려대회'를 기점으로 하여 종단과 사찰의 주도권은 비구승에게로 넘어갔으며, 대처측은 이에 대해 불만을 품고 소송을 제기하였다. 이러한 유사한 소송이 4.19, 5.16을 거치면서 급격히 늘어만 가게 된다.

그러면 정화운동의 이념은 사회 복지적 이념을 얼마나 담고 있을까.

---

40) 윤승용, 「정화운동과 21세기 한국불교」, 『교단정화운동과 조계종의 오늘』, 선우도량, 2001. 161~164쪽.

1957년 만들어진 '불교정화 30년 계획'[41]을 보면

① 교단의 정화(교단체계 확립, 대처승 숙청) ② 승단정화(수도원 정비, 재래 비구 비구니 재수련, 신도의 재지도, 현대적 포교) ③ 사찰정화(경내 숙정, 사설사원 정리, 미신 유사불교단체 정리) ④ 도의확립과 생활안정을 꾀하여 국가정화를 한다. ⑤ 국제 도의확립과 원자력의 평화추진으로 세계평화를 꾀한다.

고 되어 있다.

소위 정화세력이 지향하는 개혁의 청사진이라고 할 수 있는 30년 계획은 사회복지의 이념과는 관련된 것이 별로 보이지 않는다. ①~③까지는 사회적 활동과 별로 관계없는 종단 내부의 문제이고, ④와 ⑤는 도덕의 확립으로 국가정화와 세계평화를 추진하는 내용이다. 이 계획에서 보면 종단의 시선이 내부문제에 한정되어 있어 사회적 활동에 대한 지향성이나 적극성이 전혀 드러나지 않고 있다. 도리어 불교는 종단 재건과 개혁에 인적 물적 자원을 투여하는 바람에 이후 종단의 발전 역량까지 소진하고 말았다. 정화분규로 인하여 종무행정의 공백 때문에 사찰재산의 횡령과 사찰분규를 둘러싼 송사과정에서 불교정재들이 탕진되었으며, 청정비구 종단이 등장하면서 사회활동을 위한 재가 쪽의 유능한 인적 자원을 활용하는 길도 어려워지게 되었다. 사회복지 차원에서 보면 당시 정화운동은 교단 태동기에서 제도정착기로 가는 길목에 위치하는 단계라서 후일 사회참여기로 가기 위한 어떠한 전망도 가지고 있지 않은 상태라고 평가된다.

------

41) 『경향신문』, 1957.9.24, 「대처승측의 숙청 등 비구측서 30년 계획」.

2) 재원확보의 문제 : 농지개혁

　　남한의 토지개혁은 토지와 산림을 물적 토대로 삼고 있던 사찰의 재정기반에 결정적인 영향을 주었다. 토지개혁으로 인한 사찰농지의 상실도 문제였지만 그것에 대한 후속처리 과정에서 운영의 잘못으로 사찰정재가 더 많이 상실된 것으로 보인다. 그 결과 산골에 기반을 둔 많은 사찰이 존속의 위협까지 받게 된다.

　　1949년 5월21일 농지개혁법이 공포되면서 북한에 이어 남한에서도 농지개혁이 시작되었다. 농지개혁은 자경 및 자영 농민에게 농지를 배분하는 것이 원칙이었다. 그런데 사찰의 농지는 대체로 농민에게 소작을 주고 소작료를 징수하는 것이 당시 관행이라서 농지개혁법에 의한 농지 소유문제가 발생하였고, 그리하여 사찰 농지의 대부분은 그 농지를 소작하고 있는 소작인에게 넘어가게 되었다. 당시 이러한 농지개혁은 불교계의 경제적 기반에 큰 타격을 가한 중대한 문제였다.

　　1950년 10월 법이 본격적으로 시행되자 최소한의 생활도 영위하기 어려운 사찰들이 생겼다. 그리고 사찰재정의 어려움으로 제반 사회활동이 위축된 것은 물론이고 승려들의 생계까지도 위협받는 국면에 이르렀다. 강원과 선원이 문을 닫고 심지어는 사찰유지도 불가능하게 된 곳도 생겼다.[42] 불교계는 이러한 어려운 상황을 정치권에 알리고 그 대책을 수립해 주도록 요구하게 된다. 결국 정부가 불교계의 요구를 수용하여 농지개혁에서 나타난 불교계의 모순과 문제점

---

42) 김광식, 「농지개혁과 불교계 대응」, 『한국현대불교사연구』, 불교시대사, 2005. 114~115쪽.

에 대한 해결책을 모색하게 되는데, 특히, 이승만 대통령이 민족 문화유산의 하나인 불교사찰의 유지에 관한 대책을 강구하라는 유시(諭示)가 있었고, 그와 관련된 정부안이 25차 국무회의(1952. 4.1)를 통과하게 되고, 1954년 7월 6일 농림부, 내무부, 문교부 등의 장관이 사찰농지의 반환이 이루어지도록 하라는 요지의 공문을 각 시도에 발송하게 된다. 이에 조계종 총무원은 1952년 '사찰유지대책위원회'를 구성하고 자경농지의 반환을 중심으로 활동하게 된다.

당시 불교계가 정부에 요청한 내용은 다음과 같다.[43]

① 사찰농지도 특별 보상하는 문교재단의 농지와 동일하게 취급하여 15할을 가급해줄 것. ② 사찰유지의 목적으로 한 재단이 지가증권(地價證券)을 가지고 기업체를 매수 또는 관리 운영코져 할 때는 최우선권을 인정해 줄 것. ③ 전국에 있는 귀속재산 중 전에 일본 불교사원과 차(此)에 속한 모든 적산 또는 그가 가지고 있는 기업체 급(及) 기타 문화기관은 현재 여하인(如何人)이 관리하고 있든지를 물론하고 차를 불교에 무상으로 양여해줄 것. ④ 사찰복구에 요하는 긴급한 자금, 사찰 또는 사찰유지를 목적으로 한 재단이 유지하는 귀속기업체의 운영에 요하는 자금은 특별융자로서 융통해줄 것. ⑤ 국보사찰 또는 국가적 보존을 요하는 사찰에 대해서는 그 유지비의 일부를 국고에서 지출해 줄 것

등이다.

이 내용을 살펴보면 당시 불교계가 당면한 경제 상황을 짐작할 수 있다. 토지에 관련된 조항을 제외하고는 사찰유지를 위해 기업체

---

43) 위의 글. 119쪽 재인용.

를 인수 관리 운영할 수 있고, 일본불교의 귀속자산을 제대로 인수받지 못하고 있었으며, 향후 사찰문화재 관람료의 징수를 위한 의향을 드러내고 있다.

이에 대해 문교부가 국무회의에 부의한 「사찰보호유지책」[44]은 다음과 같다.

① 이미 분배된 농지의 반환이 불가능하므로 정부의 적절한 조치로써 농지를 다시 매입하여 사찰 자경지를 확보하도록 하고, ② 사찰을 문교 재단으로 인정하여 사찰농지에 대해 특별 보상을 하게 하고 ③ 사찰 또는 사찰유지 운영에 요하는 자금과 자경지 구입에 대한 자금, 보유한 기업체의 운영자금은 현재 실시중인 군수화학 공업 등에 대한 융자와 동일하게 특별융자해 줄 것, ④ 일본 불교재산은 공유재산이므로 귀속재산의 사용권을 사찰에 이양하도록 함. 단 임대인에 대한 정당한 보상비용은 사찰이 지불함. ⑤ 전란으로 인한 사찰복구는 무상으로 원조하거나 또는 유상자재를 원적으로 배당함.

이것이 불교계와 정부가 공동으로 수립한 '사찰유지를 위한 5대 방책'이었다. 이후 총무원은 관련된 자료들을 각 부처에 제출하고 이 5대 방책의 시행을 촉구하였다. 그러나 그 시행시기가 전쟁 중이었을 뿐만 아니라 최대의 종단분규가 시작된 정화시기였기 때문에 제대로 시행되었는지 또는 시행되었다 하더라도 결과가 어떤지 확인하기가 쉽지 않다. 총무원의 '사찰유지대책위원회'와 관련된 기록

---

44) 사찰보호유지책의 전문을 필자가 필요한 부분을 요약한 것이다. (앞의 글, 128~130쪽)

이 1952년 12월까지 있다고 하나 그 뒤의 활동에 대한 구체적인 자료가 보이지 않는다고 한다.[45] 이후 '사찰유지대책위원회'에서 추진한 사찰의 자경농지 회수문제도 1957년에도 완결되지 않았으며, 문교재단으로 인정받아 특별보상을 받은 지가증권으로 귀속재산을 매수하거나 다양한 기업체를 인수받았거나 투자를 했을 것인데, 그 결과도 알 수가 없다.

이렇게 사찰의 재정적 기반을 변화시킨 농지개혁은 민족문화로서 전통사찰의 보존을 위해 1952년 대통령이 불교와 관련하여 처음으로 유시까지 촉발시킨 상당히 중요한 사건이다. 이는 1954년 대통령의 정화유시와도 상당한 관련성이 있다. 당시 농지개혁은 사찰경제의 피폐로 이어졌고, 이는 수좌들의 생존문제를 야기하였다. 이것이 정화운동의 시초가 되는 수좌들은 18개의 수행전용 사찰요구로 이어진다. 그리고 농지개혁 문제점을 해결하고자 이승만 대통령이 내린 유시는 1954년 내린 정화유시와 같은 취지 즉, 불교문화 유산을 보호해야 한다는 취지를 담고 있다.[46]

이상과 같이 1950년대 불교계의 경제적 기반을 뒤흔든 농지개혁은 사찰의 재정이 고갈되고 정부로부터의 보상은 정화분규를 겪으면서 많은 부분 소실된 것으로 보인다. 이것이 1950년대 불교계 갈등의 본질이자 향후 사찰경제기반이 변화하게 되는 단초가 된다. 구체적으로는 사찰의 재정이 농지에서 이탈되고 농지개혁이 완료되던 1968년 이후에는 농지와는 별도로 사찰의 자립과 자생의 길이 모색

---

45) 앞의 글 140쪽.
46) 1953년 5월 4일 이승만 대통령의 농민들의 양보를 촉구하는 담화발표 내용을 볼 때 민족문화유산의 보호를 강조하고 있다(앞의 글, 134~136쪽).

된다. 그러나 그 자립책은 여의치 못했고 1970년대 초반부터 시작된 국립공원 입장료, 사찰문화재 관람료 징수에 의존하게 되는 쪽으로 나아간다. 이것은 지대나 소작료를 통해 운영하던 사찰이 근대적 재원확보 방식으로 전환되었다는 데 대해서는 상당한 의미가 있으나 불교의 신앙대중과 관계없는 재원확보 방안이라서 이후에 사부대중의 불교공동체를 형성해 나가는데 근본적인 장애로 작용한다. 즉, 신도의 보시 없이 종단이 유지될 수 있어서 사찰의 주도권을 가진 승려중심의 사찰로 변질되었으며, 종단의 사회화에 대한 필요성도 그만큼 감소되었다. 문제는 당시에는 종단이 재원을 확보하기가 어려워 사회활동을 하기가 힘들었다는 것은 인정되지만 그 이후에도 종단의 사회활동이나 사회변화에 따른 사회적 요구에 대한 반응을 무디게 하고 말았다.

5. 결론

이 글은 당초 50년대 불교계의 사회복지를 포함한 사회활동을 살펴보기 위한 것이었으나 불교의 정화운동을 제외하고는 다른 활동이 미미했던 관계로 분석의 대상이 될 만한 자료를 찾기가 쉽지 않았다. 당시 불교는 기독교에 비하여 사회복지를 포함해서 사회활동이라고 내놓을 만한 것이 별로 없다. 물론 사회복지활동의 몇몇 사례들은 있을 수 있으나 그것은 일제강점기부터 형성해온 전통적인 것을 유지한 것에 지나지 않았다. 그리고 종단분규가 60년대까지 지속되고, 분규가 마무리되는 70년도까지 불교는 내부의 문제에만 얽매여 적극적인 사회복지 사업을 포함한 대외적인 사회활동을 제대로 할 수 없었다. 조계종이라는 새로운 교단이 창출되는 과정에 있었기 때문에 사회복지사업의 이념도 주체도 형성되기 이전의 단계였다. 또한 농지개혁으로 인하여 사찰이 도리어 복지의 대상이 될 정도로 종단 내에 재원 축적도 어려웠으며, 운영방법에서도 근대시설사회복지에 적응하기도 쉽지 않은 상황이었다. 따라서 여기서는 불교계가 이같이 사회복지활동이 부진할 수밖에 없었던 원인을 간략하게 정리해 보기로 한다.

첫째, 1950년대에는 남북분단과 한국전쟁으로 인하여 사회복지에 대한 수요가 폭발적으로 증가하였다. 이러한 폭발적인 수요에 대해 이타적인 삶을 지향하는 모든 종교는 적극 대처해야 할 상황이었음에도 남한의 종교들은 일제잔재의 청산과정서 혼란과 분열을 거듭한 상황이기 때문에 어느 종교도 그것을 독자적으로 담당하기에는 역부족이었다. 종교의 발전단계 측면에서 보면 당시 불교는 종단의 창립기에서 제도 정착기로 가는 도중에 있었으며, 기독교는 교파 간의 분열은 있었지만 근대적 훈련을 받은 다수의 인력을 가지고 있어서 제도정착기에서 사회참여기로 가는 길목에 있었다. 이같이 어느 종교도 독자적으로 추진할 만한 역량을 가지지 못했음에도 해외 선교단체의 지원을 받은 기독교만이 사회복지사업을 널리 펼쳐 사회적 공신력을 획득하고 많은 선교효과를 거두게 된다.

둘째, 50년대 불교는 일제잔재 청산작업에서 출발하여 신앙전통을 회복하려는 정화운동을 거쳐 종권의 헤게모니를 잡으려는 정화분규로 귀착된다. 인적 청산(친일종교인 숙정, 혁신세력과의 좌우갈등), 물적 청산(일본귀속자산의 처리), 제도적 청산(사찰령의 철폐 등), 신앙(선과 수행. 비구중심)전통회복 등의 일제잔재 청산 작업이 실패하였고 그와 더불어 농지개혁으로 인하여 사찰경제의 기반이 상실(정화분규로 인해 농지개혁에 대한 대응 한계)되자 단순한 일제잔재청산의 단계를 넘어 민족불교 전통회복이라는 불교정화운동으로 확대되었다. 이후 정화운동은 역사적 사회적 공간에서 불교의 사부대중도 아닌 성직자집단 내부의 공간으로 그 시선이 축소되었고, 결국 대처-비구간의 생존기반을 확보하고자 하는 사활을 건 투쟁으로 확산되었다. 이 과정에서 불교의 중심적 문제는 한국사회의 역사적, 사회적 시선을 상실하고 불교내의 종단과 성직자 위주의 축소지향적인 자폐적 시선으로 축소되어 버렸다. 따라서 조계종의 대사회활동을 지향하는 사회화에 근본적인 장애가 되었고 지금도 그 영향을 받고 있다.

셋째, 이 글에서는 별도로 다루지는 않았지만 신앙적 특성과 교단의 운영방식에서도 사회복지의 활동의 성장차이를 이끌어 내는 사회화의 격차가 생긴다. 친교공동체의 성격을 가진 기독교는 전문평신도의 참여 문턱이 낮아 사업 참여가 쉽고, 자본주의 체제에서 성장했기 때문에 종교의 사회화가 자연스럽게 해결될 수 있다. 반면에 수도공동체의 성격을 가진 불교는 전문평신도의 사업 참여가 어려울 뿐 아니라 아직도 전통적인 훈습을 지키고 있기 때문에 종교의 사회화가 쉽지 않다. 지켜야 할 신앙전통과 시대조류를 따라야 할 운영방식은 구분되어야 한다는 것이 필자의 생각이다. 이러한 신앙적 특성은 전통적 방식의 교단을 운영하고 있는가 또는 근대적 방식의 교단을 운영하고 있는가의 운영방식의 격차에서 근대적 시설사회복지사업의 교단 참여와 성공여부가 결정될 수도 있다. 특히, 조계종의 연원이 되는 불교정화운동은 승려와 종단의 시선이 내부에만 관심을 두고 있어 지금도 내부의 문제를 벗어난 것에 대해서는 별로 관심을 두지 않는다. 이것이 종단을 사회화하는 데 큰 장애로 작용하고 있다. 보살행을 실천하는 사회복지사업이야말로 재가신도들을 잡아 둘 수 있는 가장 좋은 영역이다. 그러기 위해서는 사회복지사업과 같은 사회활동을 할 수 있도록 전문 재가신도들을 끌어 들이고 신도들의 보시와 참여에 의해 종단이 운영될 수 있도록 운영시스템을 개선해야 할 필요가 있다.

넷째, 기독교가 사회복지사업을 원활하게 수행할 수 있었던 것은 무엇보다도 선교를 지향하는 외원단체의 적극적인 지원이 있었기 때문이다. 이들 외원기관이 기독교 선교를 목적으로 사회복지사업을 적극 지원했을 뿐 아니라 근대적인 운영방식과 전문인력, 그리고 전문 프로그램을 제공하였다. 그와 더불어 식민잔재 청산을 인적 청산만으로 쉽게 마무리하고 친미반공냉전질서인 지배체제와 이데올로기 동맹을 맺으면서 권력과 유착하여 비록 종교의 장에서 소수라고 하더라도 사회적 활동공간을 확보하였으며, 많은 적산재산을 불하받고 해외원조의 분배 창구가 됨으로써 사회복지 활동의 기반을 확보하였다. 그리하여 교단의 분열이 있었다 하더라도 적극적인 사회활동을 하는 데에서는 큰 문제가 없었던 것이다. 기독교의 이러한 성공은 사회적 공신력을 획득함으로써 기독교가 종교문화로서의 이질감을 상당히 상쇄시켰다. 즉, 개항기에 기독교가 근대문명의 기호로 역할을 하였다면, 이 시기는 비록 선교사의 지원에 의해 이루어졌지만 사회복지활동을 통하여 생존에 필요한 합리적인 생활종교로써 자리를 잡게 된다. 여기에 월남 종교인들이 창립한 생활근거지로서 교회가 한국교회의 모델이 되면서 신앙대중의 실생활과 교화가 밀착되는 결과를 가져와 신도들에 의한 자립교회의 기초를 마련하였다.

끝으로 이 글이 처음 기획했던 것보다 내용 분석이 빈약하고 체계적이지 못하다. 자료가 부족하다 보니 정화공간이나 사회복지에 대해 분명한 분석 없이 나열만 하였다. 그리하여 글의 주제와의 관련성이 부족하고 너무 추상적인 논의가 진행되고 말았다. 특히, 자료의 부족으로 기독교와의 비교분석이 체계적으로 이루어지지 못해 앞으로 더 많은 보완이 필요할 것으로 생각된다.

불교정화운동과 화동위원회

김광식 | 부천대 교양과 초빙교수

1. 서언

1950~1960년대 한국불교의 중심적인 흐름은 불교정화운동이었다. 불교정화운동은 식민지 불교의 잔재를 극복하고, 불교를 바르게 정립하려는 의도로 추진되었다. 그 결과 왜색불교로 지칭된 대처승들이 기존 종단에서 배척되었고, 비구승을 중심으로 한 조계종단이 한국불교의 중심 종단으로 자리잡게 되었다. 그러나 그 과정에 공권력의 의존, 반불교적인 행태, 불교재산의 망실, 수행풍토의 퇴진 등 숱한 문제점을 야기하였다.[1] 나아가서는 정화운동 당시부터 대척점에 섰던 비구승, 대처승은 각기 개별적인 종단인 조계종과 태고종으로 양립하게 되었다.

한편 정화 당시에는 비구승과 대처승이 승려, 종단, 계율, 한국불교의 정통성을 바라보는 입장, 이해관계가 매우 이질적이었음은 널리 알려진 사실이다.[2] 비구승, 대처승 간의 현실인식이 첨예하게 대립하였고 그러한 인식은 현재까지도 지속되고 있다. 그런데 필자는

---

1) 정화운동에 대한 개요, 성격 등에 대한 것은 아래의 졸고를 참고할 수 있다.
   김광식, 「정화운동의 전개과정과 성격」『새불교운동의 전개』, 도피안사, 2002.
   김광식, 「한국 현대불교와 정화운동」『한국 현대불교사 연구』, 불교시대사, 2006.
2) 이른바 대처측은 교리관, 수도관, 계율관 등에서 비구측과 큰 차이가 있다고 주장하였다.

불교정화운동을 연구하면서 비구승, 대처승 양측이 공유할 수 있는 현실인식은 없었을까에 관심을 갖게 되었다. 이를테면 같은 시대에 출가하고 수행하였던 승려들 간에는 공유할 수 있는 최소한의 공통분모로서의 현실인식은 있었을 것이 아닌가 하는 것이다. 이러한 공통적인 인식이 있었다면 비구승, 대처승 간의 치열한 대립으로 인한 한국불교 전체적인 노선, 피해에 대해서도 동질적인 우려를 하였을 것이다.

따라서 비구승, 대처승 양측의 동질적인 인식은 양측의 화해, 타협, 조정의 분위기를 가능하게 해주는 요인이 될 수 있는 것이다. 그래서 필자는 불교정화운동이 전개되었던 기간, 혹은 정화운동의 대강이 고착된 이후에 양측이 타협, 화합을 시도한 사례는 없었던가에 대해서 적지 않은 관심을 갖게 되었다. 그런 관점에서 자료를 찾다 보니, 정화운동이 한창 치열하게 전개되었던 기간에도 비구, 대처 양측은 화해, 타협을 시도한 사실을 파악하였다. 이에 그 움직임은 당시 불교계에서는 '和同'이라고 지칭되었다. 양측의 본격적인 화동의 흐름은 1960년대 중반에 등장한 '大韓佛敎曹溪宗 和同委員會'로 구체화되었다. 이 화동위원회는 비구, 대처 양측이 합류된 1962년 4월에 출범한 통합종단이 1962년 9월경부터 진통을 겪었던 불교계 정황에서 촉발되었다. 즉 통합종단에서 대처측의 이탈, 대처측의 소송제기, 불교정화 정신을 유지할 수 없는 불교계 풍토의 조성, 수행문화 퇴보, 불교 대중화의 혼미 양상 등이 중첩되면서 불교계는 일대 혼란에 직면하게 되었다. 이에 비구, 대처 양측에서 이 같은 불교계 풍토와 정서를 방관할 수 없다는 인식을 하였던 일단의 승려들이 화해, 화동해야 한다는 강력한 주장을 하였다. 그리하여 양측의 종단 및 집행부에서도 그 화동의 흐름을 인정하여 일시적으로 화합 분위기가 연출되기도 하였다. 그러나 결과적으로는 대처측에서 화동위원회를 부인, 배척하는 정서가 나타나고, 조계종단 내부에서도 화동을 추진한 주체의 2선 후퇴, 화동과 불교정화와의 상충이 노골화되면서 결과적으로는 화합, 화동은 사라지게 되었다. 그 산물로 대처측의 태고종단이 출범하였다고 보인다.

이에 본 고찰에서는 위와 같은 배경이 있었던 정화운동 기간의 화동의 움직임, 그리고 1960년대 중반의 화동위원회의 전모를 소개하고자 한다. 이로써 불교정화운동에 대한 연구를 심화시키면서 격동의 불교 현장에서 중도를 지향하였던 승려, 화합을 시도하였던 역사를 발굴하고 나아가서는 재평가를 시도하고자 한다. 그간 이러한 불교정화 당시의 화합, 화동에 대해서는 주목을 거의 하지 않았는바, 필자는 그 고뇌 및 활동의 역사에 숨결을 불어 넣고자 한다.

2. 통합종단 출범 이전 화동의 흐름

1954년 5월에 시작된 불교정화운동은 1955년 8월 12~13일 전국승려대회를 기점으로 일단락되었다. 그 결과 종단의 종권을 비롯하여 전국 각처 사찰의 운영권은 비구측으로 넘어갔다. 이에 중앙 집행부 및 전국 각 사찰의 주지들이 비구승 중심으로 대거 교체되었다. 그러나 이에 대하여 이전 종단을 주도하였던 이른바 대처측은 그에 반발하며 그 해소를 위한 사법부 제소로 나아갔다. 사법부에서의 논란도 비구, 대처가 각각 승소를 하면서 일진일퇴의 상황이었다. 이렇게 사법부에서의 공방이 전개되면서 그에 필요한 불교의 삼보정재가 점차 탕진되어 갔고, 각 사찰에서의 폭력을 비롯한 갈등도 증대되어 갔다. 이러한 제 현상은 비구, 대처 양측으로서는 곤혹스러운 결과였다. 그러므로 양측은 대화, 타협의 필요성을 절감하였던 것이다.

이러한 배경하에서 타협의 분위기를 촉발한 것은 이선근 문교부 장관의 퇴진이었다. 이선근 장관은 이승만 대통령의 불교정화 유시를 적극 수용한 당사자였기에, 그의 퇴진은 양측의 대응 전선에 새로운 변화를 제공하였다. 이선근 후임으로 취임한 최규남 장관은 1956년 6월 25일 불교 분쟁은 헌법에 의거해 행정부의 간섭 없이 자율적 해결에 맡겨야 한다는 소신을 개진하였다. 당시 그 발언은 비구, 대처 양측의 대립에 변화를 주기에 충분하였다.

이와 같은 신임장관의 방침은 전임 장관과 정반대적인 것이 될 것이며 재연된 비구 - 대처승간의 분규에 새로운 국면을 가져 오게 될 것이다. 비구승단은 내부에 하등의 기반도 없이 정부당국의 비호로써 대한불교의 영도권을 장악하였으나, 서울 지방법원에서는 비구승단에 의한 교권 교체를 성립케 한 8월 승려대회 자체를 무효판결함으로써 객관적인 모든 정세는 그들 비구승단에게는 전적으로 불리하게 전개되고 있다.[3]

이런 보도기사에 나온 바와 같이 비구승단의 위축이 예상되었다. 그에 반해 대처측은 일시적으로 정화 발발 이전으로의 회귀를 갈망하면서 주도권을 잡으려고 하였다. 그러나 최규남 장관의 소신 발언은 원칙적인 입장이었지만, 그가 자신을 임명한 이승만 대통령과 자

---

3) 『조선일보』, 1956. 6.26, 〈불교분쟁 재연 신임 문교부장관 발언〉.

신이 문교부장관 취임 이전에 행한 정부정책을 정반대로 전환시킬 수 있는 정책을 추진하는 것은 간단한 것이 아니었다. 이를 단적으로 반영해 주었던 것이 1956년 6월 20일에 비구측의 요청으로 대한불교조계종 종정으로 설석우를 문교부가 증명해 주었던 사실이다. 이에 대하여 대처측은 그 시정을 요구하였으나 최규남은 대처측 요구를 수용치 않았다.[4]

바로 그때, 1956년 7월 7일 대처측 불교분규 수습 대책위원장인 이종욱은 비구측 이청담에게 분규 수습 3대 원칙을 제안하는 공문을 발송하였다. 이는 대처측이 6월 29일, 대처측 제15회 중앙종회에서 의결한 수습 3대원칙에 의거한 것이었다. 당시 대처측이 제시한 그 내용은 다음과 같다.

- 宗團은 修行僧과 敎化僧으로 한다.
- 宗正, 總務院長, 各道 宗務院長 및 主要 寺刹 住持는 原則的으로 修行僧으로 한다.

  但, 修行僧 中에서 資格者가 없을 境遇에는 敎化僧으로 充當할 수 있다.
- 宗會 構成은 修行, 敎化 兩側의 同伴數로 한다.

  註 修行僧이라 함은 獨身者로서 理判僧이라고도 하며 敎化僧이라 함은 非獨身者로서 事判僧이라고도 한다.[5]

---

4) 이에 대해서는『조선일보』1956년 7월 31일의 〈비구중심으로 정화 최문교부장관, 불교분쟁에 천명〉이라는 내용에 잘 나온다.
5)『태고종, 총무원 문서철』IV, 69~60쪽.『한국불교 근현대자료전집』(민족사) 69쪽, 「불교정화분쟁 자료」, 479쪽.

이 제안은 불교정화운동이 전개된 이래 대처측이 줄기차게 주장한 핵심 내용이 반영된 것이었다. 즉 대처승을 교화승이라는 명칭으로 공인받고, 대처승들이 종단의 운영에 비구승과 대등하게 참여할 수 있는 권리를 보장받는 것이었다. 요컨대 대처승의 존재 자체를 인정케 하려는 것이었다. 그러나 비구측은 이런 제안을 실질적으로 검토치는 않았다고 보인다. 비구측이 이 제안을 전연 검토치 않은 것은 당시 대처측이 제소한 사법부 송사라는 돌발적인 문제가 대두되었기 때문이다. 1956년 7월 27일, 서울 지방법원은 본안 판결 확정시까지 비구측의 종정, 조계사 및 총무원의 직권행사를 중지하고 대처측이 그 직무를 대행케 한다는 가처분 결정을 내렸다. 이에 비구측은 조계사에서 물러나 선학원으로 자신들의 거점을 이전하였다. 그리고 대책을 강구하면서 천막 농성을 벌이기도 하였다. 그에 반해 대처측은 태고사에 간판을 걸 채비를 하면서, 7월 30일부터는 태고사에서 종무를 보려고 준비까지 하였던 것이다. 이렇게 급격하게 변화된 환경에서는 양측의 타협의 분위기가 나올 수 없음은 자명한 것이다.

마침내 대처측은 사법부 판결에 의거 8월 4일 태고사 진입을 시도하였으나 비구측의 완강한 저항에 의해 성사시키지는 못하였다. 이에 대처측 총무원장인 임석진은 진입, 저지에 관련된 사건 경위를 밝히면서 이승만 대통령에게 종단 화합 3대원칙에 의거 종단 재건을 요망하는 진정서를 보냈다. 그러나 대처측의 이러한 요구는 발전적으로 수용되지 않았다. 오히려 사법부는 8월 14일, 7월 27일의 가처분 결정을 취소하고 비구측의 승소를 결정하였다.[6] 이렇게 대처측이 수세로

---

6) 대처측은 즉각 상소하였다. 그러나 1957년 9월 17일 서울 고등법원에서도 비구측의 승소를 판결하였다.

급변하자 대처측이 제안한 화합 노력은 일시적으로 퇴진하였다.

바로 이렇게 사법부를 무대로 양측의 대결이 전개되었지만 비구, 대처 양측 그 일방도 완전한 승리를 기하지는 못한 것이다. 즉 비구측은 일시적으로 사법부 1심에서 패소하여 정화운동의 타당성과 종권 유지에 불안감을 감출 수 없었을 것이다. 역설적으로 보자면 정화운동의 논리를 인정받고 종권 유지만 확고하다면 어떠한 타협도 할 수 있었을 것이다. 더욱이 전국 각처의 사찰에서 수시로 전개되는 대처측과의 대립을 해소시킬 대책을 찾아야만 되었다. 한편 대처측도 당시 상황에 대해서 느긋한 자세를 가질 수는 없었을 것이다. 사법부에서의 패소, 가처분 당시 조계사 진입의 미성사 등은 대처측 논리의 공인화가 간단치 않은 것임을 예견케 해주는 것이다. 이러한 상황과 현실인식은 양측의 화해, 타협의 분위기를 조성하였다고 보인다.

이런 배경하에서 1956년 10월 20일, 비구측과 대처측은 화해를 하기 위한 和同合議案을 극적으로 발표하였다.[7] 그러면 당시 발표된 화동합의안의 전모를 제시한다.[8]

佛教僧團 紛爭의 和解를 위한
和同合意案

和同合意案

韓國佛敎는 原則的으로 比丘(獨身)僧團의 主導下에서 運營한다.

---

7) 『태고종 총무원 문서철』 Ⅳ, 106~111쪽.
8) 이 자료는 동방불교대학 교학처장인 하춘생님이 자료 제공한 것임을 밝힌다.

1. 僧團和合案

가. 住持僧

1) 中央總務院長의 院長과 各部 部長

2) 中央監察院의 院長과 副院長

3) 道 宗務院의 院長

4) 重要寺刹의 住持와 布教堂의 布教師

左記 諸職은 原則的으로 削髮 染衣 不酒草肉의 僧行을 守하는 獨身者에 限하여 適材適任한다.

단) 離婚者도 獨身者로 認定하여 適材適任한다.

若 四項의 適任者가 不足될 境遇에는 削髮 染衣 不酒草肉의 僧行者를 適任한다. 大衆 相對의 布教師에 대하여는 特例를 容認한다.

나. 事務僧(假稱)

1) 中央總務院의 局課長과 이하의 諸職

2) 中央總務院의 監察委員

3) 道 宗務院의 局課長과 이하의 諸職

4) 各 寺刹의 三職과 布教堂의 事務職

5) 敎育機關과 財團機關의 諸職

左記 諸職은 削髮 染衣 不酒草肉의 僧行을 守하는 信心堅固者에 한하여 適材適任한다.

다. 資格限界

左記 諸項에 關한 適材適任의 資格 限界는 宗憲에 依한다.

라. 僧籍

僧籍은 獨身 又는 削髮 染衣者에 限하되 今後부터는 帶妻同居

者의 新入僧籍은 받지 않는다.

現存 在籍僧尼로서 削髮 染衣를 忌하는 자와 一妻以上의 妻帶 同居者는 一律로 除籍시킨다.

但, 現存 在籍僧尼로서 官公署의 就任者는 그의 信願에 從하여 在職 中 休籍한다.

2. 宗團統合案

1) 兩 總務院의 現幹部 總辭退

2) 元老 中心의 新幹部 組織

3) 兩 總務院의 機構解體와 兩 總務院의 機構 關係 一切를 新幹部에 引繼

4) 一人 宗政制와 宗會議員制를 廢止하기로 하고 宗政은 八十歲 以上 長老 元老의 委員制, 宗會代行은 元老會에서 行하기로 한다. 道 宗務院制도 廢止할 것을 前提하기로 한다.

5) 元老 中心의 統合構想과 新發足의 方案

6) 淨化의 實踐

3. 推進方案

1) 左記 和同合意案은 提案會意者의 合意에 의하여 成案된 것임으로 此를 兩 總務院의 宗正과 宗會議長과 中央總務院長의 同意 承認의 署名捺印을 連하여 元老會議에 移牒 施行케 한다.

2) 元老會는 文敎部의 旣定方針에 從하기로 하고 再請을 文敎部長官에게 依賴한다.

이 합의서는 비구측의 이효봉과 이청담이, 대처측은 이화응과 김
상호가 공동 대표의 이름으로 나온 것이다. 이 합의가 나온 배경, 추
진 등에 대해서는 필자가 자세히 조사하지는 못하였다.[9] 다만 양측
이 사법부를 배경으로 전개된 대립을 중지하고 불교발전을 고려해
야 한다는 당위적인 전략에서 나온 것이 아닌가 한다. 실제 화동합의
안의 내용을 들여다보아도 비구, 대처 양측은 명분과 실리라는 측면
에서 문제시 될 것은 없을 정도로 절묘한 타협안으로 볼 수 있다. 우
선 비구측은 비구승단이 종단을 주도, 운영한다는 대원칙을 이끌어
냈으며, 종단 간부와 주요 사찰의 주지는 비구승(독신승)이 담당함
을 보장받았다. 그러고는 실질적인 대처승의 배제뿐만 아니라 추후
에는 대처승을 전연 인정치 않겠다는 것 등에서 정화운동의 타당성
과 종권유지를 기하게 되었다. 그에 반해 대처측은 종단 및 사찰, 포

---

9) 『태고종사』(종단사간행위원회, 2006) 388쪽에서는 이에 대하여 열네 번의 회담을
　　거친 것이라고 하였다. 그리고 홍희서, 안용호, 김정파, 황태주, 정한택 등 신도들
　　의 협조에 의해 나온 성과물로 주장하였다.

교당의 실무자에 기존 대처승(사무승)이 그대로 존속케 하였다. 특히 교육기관 및 불교재단의 현상 유지, 종단 구성원인 승려 자격에서 기존 대처승의 완전 배제에서 독신자 및 이혼한 대처승까지 인정받음으로써 승려로서의 위상의 변동을 억제하였다는 점 등에서 급격한 파장은 피할 수 있는 방안이었다. 특히 기존 1인 종정, 종회제도를 개선시하겠다는 합의를 도출하였기에 대처측의 명분도 점차 넓힐 수 있는 여지를 갖게 되었던 것이다. 문제는 이런 합의안을 양측 종단의 공식 기구에서 동의를 받아내는 것이 관건이었다.

그런데 이런 화동합의안이 공표된 지 불과 3개월 후인 1957년 1월 16일 대법원에서는 종단 대표는 비구측 종정인 설석우가 아니고, 대처측 송만암이므로 서울고법은 심리를 다시 하라는 환송결정을 하였다. 이런 변화에 힘입은 대처측은 그를 환영하면서 정화운동의 부인, 정화운동의 모순, 화합의 전말을 담은 성명서를 발표하였다.[10] 이에 대하여 비구측은 6월 29일 총무원장 이효봉의 이름으로 성명서에 담긴 대처측의 주장을 반박하는 성명서를 발표하였다.[11] 그 요지는 1956년 10월 20일에 합의한 양측의 화동안 자체의 부인이었다.[12]

그러면 왜 이렇게 양측이 합의한 화동안이 이행되지 못하였는가? 그는 양측의 이해관계 및 존립에 의거하여 합의되었고, 이러한 기준점에서 당시 상황이 약간만이라도 변화되면 더 이상의 진척은 있을

---

10) 『태고종, 총무원 문서철』 I, 63~68쪽.
11) 그 석명서 일부 내용은, "모모 일간신문 제3면 기사는 當院(필자주, 비구측)이 대처승측에 和同案을 제출하고 대처측은 이를 토의하였다고 보도한 바 있으나 當院은 前述 和同案을 제출한 사실이 없음은 물론 帶妻衆側은 이를 토의할 만한 아무런 기관이 없을 뿐 아니라 또 사실상의 회합도 없었아옵기 이에 그 진상을 釋明하오니"라 한다. 『태고종사』 388쪽.
12) 『태고종, 총무원 문서철』 IV, 141쪽.

수 없었던 태생적 한계 때문이다. 위에서 살핀 비구측이 화동안 자체를 부인한 것이 그를 단적으로 말해준다.

비구측은 일시적으로는 화동의 흐름을 견지하였지만 정화운동의 타당성, 정화운동의 이념이 흔들리게 되면 화동의 구도에서 후퇴하는 노선을 견지하였다. 그에 반해 대처측은 자신들이 정화운동으로 상실된 최소한의 종권을 회복하고, 대처승의 존립을 유지하려는 의도에서 화동에 나서게 되었다고 보인다. 요컨대 비구, 대처 양측은 자신의 이해관계 구도, 자신들의 정체성을 유지하려는 의도에서 화동책을 강구하였던 것이다. 그렇기 때문에 희생, 헌신, 양보를 저변으로 기능하는 화동안은 존립되지 않았다고 보인다.

한편 1957년 9월 17일, 서울 고등법원에서는 대법원의 환송 결정(1957.1.16)에 대하여 재심리의 결과를 발표하였다.[13] 비구승측의 승소였다. 비구측은 고등법원의 판결에 힘입어 이제는 보다 비구승단 중심의 적극적인 화동을 추진하였거니와 그를 알 수 있는 것은 1957년 10월 20일자로 발표된 설석우 종정 명의로 나온 공고문이었다.

公 告 文

佛敎는 三千年의 悠久한 歷史를 갖인 全人類의 生命이다. 倭政下에 腐敗된 傳統的인 佛敎를 更新하기 위한 淨化問題는 檀紀 四二

---

13) 『조선일보』 1957. 9. 19 참조.

八八年 八月 十二日字로 一段落을 告하였다. 這間 佛教宗團에 多少의 紛糾가 있었으나 이를 根本的으로 是正하기 위하여 今般 本宗에서는 佛陀의 大慈大悲하신 精神에 立脚하여 今後의 宗務行政 方針을 左와 如히 公布하는 바이다.

一, 全國 寺庵中 崔重要 寺庵을 選定하여 全國 獨身僧尼의 修行道場으로 하고 其 住持는 獨身僧尼로서 選任한다.

二, 獨身僧 住持 以外의 寺庵의 住持는 帶妻僧中 信心이 堅固하여 削髮染衣 不酒草肉할 者로서 寺內의 家族 不同居者를 選任하고 其 寺庵의 守護 保存의 責任者로 한다.
(但, 檀紀 四二八八年 八月 十二日字 以前의 帶妻僧에게만 限함)

三, 太古祖와 太古寺 名稱은 僧侶大會의 決議와 如히 從前의 稱號로 한다.

四, 宗立學校 및 企業體에 對하야는 評議員을 出資寺 住持로 하고 理事는 評議會의 推薦에 의하여 總務院의 承認을 얻은 바에 限하여 選任하되 其 運營은 理事會에 委任한다.

檀紀 四二九〇年 十月 二十日

大韓佛教曹溪宗
宗正 薛石友[14]

---

14) 『동아일보』 1957.10.23, 광고, 「공고문」.

이 공고문에서는 화동의 전제를 1955년 8월 12일의 승려대회를 기점으로 정화운동이 일단락된 것에서 찾았다. 그리고 나아가서는 주요 사찰의 주지는 독신인 비구승이 하되, 여타 사암은 기존 대처승 중에서 비구승단이 인정할 수 있는 최소한의 충족 요건만을 이행하겠다는 약속을 하면 주지로 선임하겠다는 것이다. 이는 상당히 유연한 화동책이었다. 이와 같은 큰 틀 안에서 태고국사, 태고사의 호칭도 정화 이전의 칭호를 수용하고, 학교 및 기업체에 대해서도 개방적인 자세를 표방하였다. 이는 대법원에서 정화운동으로 등장한 비구승단을 인정한 판결을 확고하게 굳히려는 포석에서 나온 것이라 보여진다. 비구승 측의 이러한 화동책에 의거, 대처승의 상당수는 동요하였고 비구측으로 넘어오려는 움직임이 적지 않았다.[15]

그러나 대처측은 고등법원의 판결로 다시 위축을 받았기에, 그 변화된 상황의 타개를 기하기 위해서 1958년 11월 10일에는 총무원장(임석진)과 대책위원장(이종욱)의 공동 명의로 탄원서를 작성하여 각계의 요로에 발송하였다.[16] 그 탄원서에는 화동 3대원칙과 비구측과 대처측의 종단 분리안이[17] 포함되어 있었다. 이렇게 대처측은 화동의 상대방인 비구측을 상대하지 않고 오히려 제3자 및 공권력에

---

15) 이는 1958년 2월 13일 개최된, 대처측의 각도 종무원장 회의록의 내용에서 찾을 수 있다. 당시 대처측은 이러한 비구측의 제안을 "公告文 自體가 本末부터 何等의 價値가 없는 虛勢이며 欺瞞手段인 것"으로 단정하였다. 『한국불교근현대 자료전집』 68(불교정화분쟁자료), 473쪽.
16) 『태고종, 총무원 문서철』 II, 274~275쪽.
17) 분리안은 태고파와 보조파로 분립하며, 태고파는 태고사를 본부로 하고 보조파는 선학원을 본부로 하며, 전국 사찰은 양파 소속 승려의 숫자의 비례에 의거하여 분배하되, 수행승들에게 3대 巨刹을 우선 제공하며, 종단의 부속 시설(기업체, 교화 사업체 등) 및 포교당은 태고파 소속으로 한다는 것이 요체이다. 『태고종, 총무원 문서철』 II, 274~290쪽.

그 해결책을 제안하였다.[18] 그러나 당시 국가권력의 집행처인 문교부 책임자인 최재유 장관은 각 시도 교육감 및 도지사에게 사찰정화에 대한 기본 준칙을 담은 공문을 발송하였는데, 그 내용에는 대처측을 부인하고 비구측을 옹호하는 내용이 담겨 있었다.

이렇게 대처측은 자신들의 주장과 행보가 전연 수용되지 않자, 1959년 12월 10일 제18회 중앙종회(대처측)에서 비구측 종단을 인정할 수 없다면서 몇 년간 내세웠던 화동 3대원칙의 철회를 결의하였다.[19] 이러한 대처측의 화동안의 자진 철수는 1950년대 중·후반 비구, 대처 양측의 화동 노력의 결실이 부재하였음을 상징적으로 보여주는 것이었다. 한편 비구측은 화동에 대한 완고한 입장을 견지하였다. 그는 종단을 주도하는 입장하에서 즉 정화운동은 타당하고, 그는 국가가 공인하였다는 것에서 나온 것이다. 1959년 7월 7일, 제15회 중앙 임시 긴급 종회에서는 종단 분규 수습의 건이 안건에 포함되었다. 당시 비구측 종회의원들은 화동, 단합의 내용을 놓고 치열한 논쟁을 하였다. 그 결과 화동을 추진한 위원들의 紙上決議案을[20] 폐기하는 등 대처측과의 화동에 유연성을 찾을 수 없었다. 그 회의의 분위기를 잘 대변하였던 이청담의 발언을 여기에서 살펴보자.

4288년 8월 12일 정화된 즉시로 대처승들은 퇴속하고 그중 독신승 몇

---

18) 1958년 2월 13일에 열린 대처측 각도종무원장 회의록에 의하면, 대처측은 비구측과의 화동 교섭에 큰 의미를 두지 않은 것을 알 수 있다. 당시 그 회의의 보고 자료의 일부 내용인 '화동교섭 관계'에서는 비구측의 의도를 기만정책으로 간주하고 있었다. 『한국근현대불교자료전집』 69, 471~472쪽.
19) 『태고종, 총무원 문서철』 Ⅲ, 107~108쪽.
20) 필자는 그 내용을 파악하지는 못하였다.

분이 지금까지 우리 상대가 되어 있다. 기외 퇴속자는 대처자인 고로 생
활유지를 위하여 모두 들어오겠다고 하며, 직업이 없는 자는 대다수가
생활 유지를 하게 될 때 들어올 것이며 지금 현재를 보아서는 대개가
직업을 정하여 생활을 유지하고 있다. 우리는 퇴속자를 받고 안받는 것
이 문제가 아닙니다. 「괴래」 종단은 해체하고 모든 소송을 취하하는 것
을 원한다.[21]

즉 비구측의 의도는 대처측의 종단 해체, 소송 취하를 전제로 한
화동인 것이다. 일부 종회의원은 화동을 주장한 경우도 있었지만 당
시 종회에 참석한 종정인 하동산도 정화는 성취되었으니 대처측과
의 교섭은 퇴속자를 수용한다는 취지로 발언하였고, 극단적인 강경
파인 김대월은 화합하는 것은 단념해야 한다는 의견도 피력하였다.
바로 이러한 비구측의 강경 태도가 대처측의 화동안의 자진 철수에
도 영향을 미친 것이 아닌가 한다. 이렇게 비구, 대처 양측은 화동안
을 놓고 내부적으로 진통을 겪었다.[22]
　　그 이후 화동의 움직임은 4·19, 5·16을 거치면서 양측의 타협,
통합종단의 등장이라는 구도에 의해 구체화되었다. 그리하여 그 결
과로 1962년 4월, 통합종단이 등장케 되는 밑거름으로 작용하였다.
당시 화동의 성격을 단적으로 드러내는 통합종단의 실마리를 제공
한 불교재건위원회[23] 출범에 즈음한 비구, 대처 양측의 종정의 선서
문을 보자.

---

21) 제15회 중앙 임시 긴급종회, 회의록. 필자는 이 회의록 사본을 입수하였다.
22) 비구측 종단 내에서는 총무원장인 이청담, 총무부장 양청우가 사의를 표하였다.
23) 불교재건위원회의 전모 및 성격에 대해서는 졸고, 「불교재건위원회의 개요와 성
　　격」(『근현대불교의 재조명』, 민족사, 2000)을 참고할 것.

> 국가와 민족에 끼친 불교 분규의 해독을 불식하고 대자대비의 불법
> 의 정신에 입각한 화동 단합의 대한불교를 재건하기 위하여 우리는
> 다음 조례에 의한 불교재건위원회를 구성하여 참신하고도 통일된
> 종단을 건설하기 위한 모든 준비와 절차를 갖출 것이며 이에 전적
> 으로 호응 추종할 것을 선서함.
>
> 1962년 1월 20일
>
> 수송동 대한불교조계종　종정　하동산　인
> 사간동 대한불교조계종　종정　국성우　인[24]

이렇게 양측 종정은 화동, 단합을 기치로 하여 통일종단을 만들
겠다는 다짐을 하고, 그에 흔연히 호응한다는 선서를 하였다. 그러나
그 구도에는 5·16으로 등장한 군사정권이 사회 안정을 기하려는 차
원에서 가시화된 강력한 공권력의 주문에 의거 양측이 불가피하게
화합에 응한 측면도[25] 배제할 수는 없다. 그렇지만 1962년 9월에 가
서는 대처측이 종회의원 비율 문제에서 촉발된 불만을 품고 다시 통
합종단을 이탈하였다. 그리고 통합종단을 출범케 한 재건 비상종회
에서의 제반 결정을 갖고 다시 사법부에 제소하였다. 이에 비구, 대
처측의 갈등과 대립은 사법부의 무대에서 치열한 정체성 논쟁, 통합

---

24) 『사진으로 본 통합종단 40년사』, 대한불교조계종, 2002, 49쪽.
25) 이 내용은 위의 졸고, 「불교재건위원회의 개최와 성격」 499~504쪽 내용 참조.

종단의 타당성, 종단 주도권의 우위성을 놓고 전개되었다. 이때에도 전국 사찰에서의 분규, 폭력 그리고 비구승 측의 종권 전횡이 맞물리면서 종단 안정, 불교 발전에 대한 우려가 등장하게 되었다. 이러한 요인이 다시금 비구, 대처 양측이 화동의 구도로 갈 수밖에 없는 새로운 환경을 만들었던 것이다.

3. 화동위원회의 성립과 전개

　　불교정화운동과 관련하여 본격적인 화해, 화동의 움직임은 1965년에 가시화되었다. 1965년에 화동의 움직임이 등장한 계기의 단초는 1962년 9월경 통합종단에 참여한 대처측이 종회의원의 비율(32:18)에 강력한 이의 제기였다. 그로부터 대처측은 통합종단에 참여한 대처측 간부를 전부 철수시키면서 통합종단 설립 자체를 부인하였다. 이에 대처측은 그 문제를 사법부에 제소하였다. 그 결과 비구, 대처 양측은 통합종단 설립의 정당성, 합법성을 두고 일진일퇴의 공방전을 사법부에서 전개하였다. 그리고 대처측은 서대문에 총무원을 두고 별도의 노선을 강구하고 있었다. 더욱이 전라도 지역의 사찰의 상당수는 통합종단에 귀속되지 않고 있어 비구측 조계종단의 고민도 적지 않았다.[26]

　　이렇게 통합종단의 고뇌 및 갈등에서 벌어진 그 사태는 불교재산

---

26) 『대한불교』 1965.2.7, 「문교부 65년도 불교정책 천명, 미등록사찰 강력조치키로」. 이 신문에서는 미등록 사찰을 191개로 제시하였다.

의 망실, 불교계 위상의 추락, 정화운동의 이념적 지표인 도제양성·
역경·포교의 지지부진 등 다양한 모순을 잉태하였다. 바로 이때 비
구, 대처 양측에서 치열한 대립을 지양하고 화합하여 불교 발전을 기
하려는 노선을 강구하였던 움직임이 일어났거니와 그것이 바로 和同
委員會였다. 이 화동위원회가 출범하였던 1965년 3월 16일의 동향을
보도한 『대한불교』를 우선 보자.

> 통일종단 발족후, 명실공한 통합종단의 방향을 모색해 오던 우리 종단
> 은 세칭 서대문측 인사들과 화동 협약을 맺고 그들의 귀의를 환영했다.
> 十六일 하오 문교부 회의실에서 윤천주 문교부장관을 위시한 문교부
> 관계관들의 임석하에 개최된 대한불교조계종화동위원회(大韓佛教佛教
> 曹溪宗和同委員會)는 孫慶山, 申鍾元스님 등 양측대표 八명이 허심탄회
> (虛心坦懷)한 심정으로 회합, 대한불교조계종 대동단결의 새 터전을 닦
> 았다. 孫慶山, 李行願, 朴西角, 李石虎, 申鍾元, 韓湖應, 崔泰鍾, 李龍祚
> 씨 등 여덟 사람은 교계 일각에서 추진해 오던 화동단결의 원칙을 받아
> 들여 자율적인 통일종단의 탄생을 보게 했다. 이로써 전남북의 미등록
> 사찰은 통일종단 산하로 들어오게 됐다.[27]

이 보도기사에 의하면 3월 16일, 비구측 조계종단과 이탈한 대처
측의 양측 대표 8명이 대한불교조계종 화동위원회를 출범시켰음을
알 수 있다. 그런데 위원회 출범에는 당시 정부측 관계 기관인 문교
부도 개입하였으며, 위원회 출범은 조계종단 미등록 사찰인 전남북
사찰의 종단 귀속과도 연계되었음을 감지할 수 있다. 또한 양측의 대

---

27) 『대한불교』 1965.3.21, 「통합종단 이탈인사 귀의 和同團合」.

표로 조계종단은 손경산, 서대문측은 신종원이었다. 그러면 이러한 전제하에서 화동위원의 성명서와 화동약정서를 제시하겠다. 여기에는 화동위원회의 성격 및 지향이 잘 나오기 때문이다. 우선 성명서를 살펴보자.

和同佛事로 우리 使命을 完遂하자

人類全般의 共同된 目的은 世界가 一家임을 覺醒하고 平和 共存을 實現시키려는데 있다.

菩薩의 修道場은 衆生界를 여이고 따로 없으며 주어진 現實을 올바르게 處理하는 것이 바로 佛法이며 存在意義다.

大義를 떠나 些少한 見害의 차이로 是非를 論難하거나 獨善에 고집하여 本然의 大勢를 외면함은 不和의 원인이 되는 것이다.

이제 世界는 元子武器의 對決로 焦土化될 卽前에 놓여 있다. 우리 佛子는 마땅히 그 원인을 除去시키고 인류를 이러한 위기에서 救出하지 아니하면 될 수 없다.

그러자면 우리 자신이 먼저 지난날의 모든 것을 참회하고 이 뼈저린 體驗을 살려 뜻 깊은 역사를 創造하여야 한다.

比丘다 帶妻다 하는 唯名論的 葛藤을 超克하고 大同團結로써 佛子의 雅景을 보이며 우리들의 言行이 眞實됨을 證明하여야 한다. 虛空같은 흉금으로 毫末의 걸림도 없이 우리의 현대적 사명인 세계평화를 위하여 和同의 法門을 크게 열고 한입으로 大海水를 吸盡하는 壯擧를 斷行하여야 한다.

우리부터 本然의 姿勢에 돌아와 率先垂範함으로써 自他가 一時에
成佛하는 淨土를 이룩하자.
南 無 釋 迦 牟 尼 佛

二九九二年 乙巳 春 三月　日

大韓佛敎曹溪宗
和同委員 一同[28]

　　이렇듯이 화동위원들은 사소한 견해 차이를 극복하고, 지난날의
잘못을 참회하고, 비구와 대처라는 명분론적인 차별을 벗어나 대동
단결할 것을 강조하였다. 즉 그들은 본연의 자세로 돌아와서 성불정
토 구현, 세계평화로 나가겠다는 다짐을 하였다. 그렇다면 그들은 지
난 10년간 본연의 자세에서 이탈한 것을 어떻게 극복하려고 하였는
가? 이런 의문을 풀기 위하여 화동위원회의 약정서의 전문을 보자.

大韓佛敎曹溪宗 和同 約定書

一, 本宗은 신라 道義國師가 創樹한 迦智山門에서 기원하여 태고
　　보우국사의 제종포섭으로 조계종이라 공칭하고 그 宗脈이 綿綿
　　不絶하여 오다가 一九四六年 五月 二八日 朝鮮佛敎 敎憲이 제

---

28) 『대한불교』 1965.3.21, 〈1면 하단 광고, 화동불사로 우리 사명을 완수하자〉.

정 반포됨으로써 一時 中絶되자 당시 敎正이신 曼庵大宗師께서 一九五三年 四月에 통도사에 전국승려대표 및 고승대회를 개최하여 본종의 再興으로 논의하였고 一九五四年 四月에 再次 불국사에다 회의를 소집하여 동 문제를 논의한 결과로 一九五四年 六月 二十日 中央敎務議員 대회에서 교헌을 廢하고 본종헌을 제정 공포케 되었으므로 如上 事實로 보아 本宗의 中興을 제창하신 만암대종사를 본종의 中興祖로 推載하고 태고종조의 浮屠 및 碑가 안치되어 있는 북한산 사지에 태고사 근본도량을 再建하는 동시에 만암 중흥조의 사리탑을 건립 봉안키로 한다.

二, 본종의 儀式과 衣制는 現時代에 如法適應하도록 硏究 改制키로 한다.

三, 본종은 圓融無碍의 大乘精神에 입각하여 僧風振作은 燥急을 避하고 점차적으로 수행하며 宗會와 中央機關를 和同과 동시 改編키로 한다. 단, 개편의 사무는 추진위원 五名을 선출하여 위임하고 六和大法會를 개최하여 추진 결과를 발표 통과키로 한다.

四, 본 和同은 自律的 精神에 입각하여 兩側 代表가 署名 날인과 동시에 공포 실시키로 한다.

一九六五年 三月 十六日

大韓佛敎曹溪宗和同委員會

和同委員		銓衡委員	
孫慶山	申鍾元	孫慶山	申鍾元
朴西角	李龍祚		
李石虎	韓湖應		
李行願	崔泰鍾[29]		

이상과 같은 화동 약정서를 요약하면 첫째, 조계종의 재흥을 기도한[30] 송만암을 중흥조로 그 위상을 조정하면서 태고 보우국사의 유지인 태고사 도량의 재건과 송만암의 사리탑 봉안. 둘째, 의식 및 의제의 현대적 개편. 셋째, 승풍진작은 점진적으로 단행하되 중앙기관의 개편은 조속히 실시. 넷째, 양측 대표자의 서명과 동시에 실시 등이었다. 당시 화동위원들은 이 약정서에 날인하였다. 그리고 화동추진위원도 선출하였다.[31]

이로써 화동의 약정은 실천 단계로 넘어갔던 것이다. 이러한 약정을 주도한 손경산은 당시 조계종단의 총무부장이었다. 그가 이런 결정을 한 것은 조계종단의 확고한 정책에서 나온 것으로 보아야 하는 문제가 있다. 이에 대한 해명을 하기 위해서 당시 종회 회의록에 나온 화동 관련 내용을 재구성하겠다. 화동위원회가 결성된 10일 후인 1965년 3월 25일 조계종단 제9회 임시 중앙종회가 열렸다. 이 종회에서 손경산은 총무부장 자격으로 경과보고를 하였는데, 그는 전남 120개 사찰의 미등록을 등록으로 전환시키기 위해 구성한 것을 화동추진위원회라고 언급하였다.[32] 이에 반해 종회의원이었던 이행원은 이탈 인사의 포섭을 위한 것으로 발언하면서 화동위원회를 인준해 줄 것을 제안하였다.[33] 그러자 오녹원은 지방에서 의혹이 많다고 지적하였고, 박벽안은 예비회의 때에 논의되었음을 환기시키면서

---

29) 위와 같음.
30) 일제말기의 불교의 종명은 조선불교 조계종이었으나, 1945년 8월 해방이 되면서 '조선불교'라고 공칭하였다. 이에 만암은 교정에 피선된 이후 종단 명칭의 환원을 강력히 요청하였다.
31) 그는 손경산, 신종원, 이행원, 이석호, 이용조이었다.
32) 『제1대 중앙종회 회의록』(대한불교조계종 중앙종회), 325쪽.
33) 위의 자료, 332쪽.

화동위원회를 종회에서 인정하되 부대 조건을 제시하였다. 그 조건은 1966년 3월 현재 시행중인 종헌 및 종법에 위배되지 않는 원칙에서 화동을 추진하되 그 가부 결정은 차기 종회에 상정하여 심의 결정하기로 하고 인준해 줄 것에 동의하였다.[34] 이러한 종회의 결정은 화동위원회의 존재는 추인하되, 당시 조계종의 종헌과 종법을 위배하지 않는 범위 안에서 화동 활동을 해야 한다는 것으로 그 최종 결정은 차기 종회에서 결정한다는 것이다.

그 후 화동 추진위원회는 지상으로 화동의 당위성을 홍보하면서[35] 보다 구체적인 작업을 진행하려고 하였다. 화동 추진위원 5인은 그 거점을 동국대 인근의 대학선원에 두기도 하였다. 그러나 당시에도 화동 추진의 움직임을 반대하는 목소리도 적지 않았다.[36] 예컨대 당시 범어사에서는 산중총회를 개최하여 대처측과 화동을 추진하는 종단 집행부를 강력 비판하는 결의를 하고 그를 종단에 전달하기도 하였다.[37] 바로 그럴 즈음에 비구측 조계종단은 대처측이 제소한 소송에서(1965.6.11, 서울민사지법)[38] 패하였다. 이에 조계종단은 대법원에 항소를 하였고, 그 준비를 하면서 강력한 대처를 천명하였다.[39]

1966년 3월, 조계종단의 제12회 임시 중앙종회가 열렸는데 여기

---

34) 위와 같음.
35) 『대한불교』 1965년 4월 25일자 광고면, 〈화동은 종단의 지상명령이다〉.
36) 이에 대해서는 김경우가 『대한불교』(1965.5.23)지에 기고한 〈화동불사에 대한 이의〉가 참고된다.
37) 그 비판의 글은 고광덕이 쓴 것으로 전해지고, 그 전달은 장문의 전보로 하였다고 한다. 송광사 원로스님인 법흥스님의 증언(2007년 4월 24일, 송광사). 그 비판은 은연중 종정인 이효봉에 대한 성격까지도 포함하였다고 한다.
38) 대처측은 종헌 및 종정 무효 확인 소송을 제기하였다.
39) 이에 대한 조계종단의 입장은 그 문제에 대하여 정부에 제출한 건의문과 결의문에서 찾을 수 있다. 『1대 종회 회의록』 361쪽 참조.

에서 화동 추진위원인 손경산은 총무원장에, 역시 화동위원인 박서
각은 재무부장에 선출되었다.[40] 이는 조계종단 내부에서 화동위원회
가 힘을 받을 수 있는 계기였다. 그러나 당초 화동위원회가 출범할
당시 약정한 화동과 동시에 개편하겠다는 중앙기구에 대해서는 이
렇다 할 조치를 취하지 못하였다. 조계종단에서 이러한 문제가 노골
적으로 불거진 것은 1966년 8월의 제13회 임시 중앙종회였다. 8월
11일, 종회의원인 윤기원은 이 문제를 구체적으로 제기하였다. 윤기
원은 긴급동의를 하면서, 종단 분규 해결 차원에서 서대문측과[41] 비
밀리에 타협을 한 결과[42] 화동의 방법을 '자리(의석)의 충족'으로 표
현하였다.[43] 이에 대하여 오녹원 의원은 화동에 대해서 풍문으로 들
었지만 방관하였다면서 그 경과를 설명해 달라고 요청하였다. 이런
질의 토론이 전개되자 화동위원인 이행원이 나서서 그 경과를 개진
하였다.

총무원의 대표로써 해명을 하겠다. 이 문제는 총무원 제반 문제의 경제
적 지장 또는 우리 후배의 양성을 위하여 이 문제가 발단됐다. 인재난,
재정난을 수습하자면 분규 수습을 모색해야 되겠기에 행정부에서 수습
할 방안을 모색했고, 통도사에서도 찬성했다. 소송비용만 없으면 종단
3대 사업은 충분히 할 수 있고 소송을 양측에서 취하하면 분규는 종결

---

40) 그는 이전에는 종회 수석 부의장이었다.
41) 당시 대처측은 서대문 충정로 1가에 자칭, 대한불교조계종 총무원이라는 간판을
    걸고 독자 행보를 하였기에 세간, 언론에서는 서대문측이라고 칭하였다. 그런데
    대처측 기록에는 충정로 2가 2-2번지로도 나온다.
42) 그런데 필자는 윤기원이 당초의 화동위원이 아닌데에도 불구하고 그런 역할을
    한 연유를 파악하지 못하였다.
43) 『제1대 중앙종회 회의록』 444쪽.

된다고 보았는데, 서대문측에서 사찰과 간부 반반을 주고 소송을 취하하라고 말이 있기에 반반은 줄 수 없지만 총무원에서 다음 종회에 건의하겠다고 하고 윤의원(필자주, 윤종근)을 부르고 조의원(필자주, 조용명)을 불러서 3개월 동안 타합했다. 그랬더니 저쪽 안은 재건위원회 전으로 돌아가서 새로 의원을 선출하자고 하기에 너무나 엉터리없는 안이므로 추진을 못 했다. 그 후 좋은 안이 나오지 않으므로 차후론 손을 뗀다고 말했다.[44]

이러한 이행원 총무부장의 보고에 대하여 종회의원들은 다양한 의견을 개진하였다. 그를 요약하면 다음과 같다. 오녹원은 총무원 간부의 책임 추궁을, 김서운과 김일타는 윤기원의 보고를 재검토할 것을 주장하였고, 박벽안은 논의 중단을, 소구산은 화동보다는 포섭해야 되는 것이기에 재검토 주장을, 김혜정은 총무원에 위임을 각기 주장하였다. 결국은 다음날에 다시 논의할 것을 주장한 오녹원의 동의가 수용되어 다음날로 이첩되었다.[45]

이 문제는 8월 12일 종회에서 다시 제기되었다.[46] 논란의 초점은 서대문측에서 제기한 종회의원 23석 할애와 통합종단의 설립 자체를 부인하는 소송의 취하였다. 결국 화동을 주장하는 의원이 제안한 23석을 할애하고 소송을 취하시키도록 하자는 방안과[47] 소송을 취하하고 조계종단(종회)으로 들어오겠다는 것을 신뢰하지 못하겠다는

---

44) 위의 자료 444~445쪽.
45) 『1대 중앙종회 회의록』 445~446쪽.
46) 위의 자료, 448~449쪽 참조..
47) 이 주장을 한 의원은 김상호, 윤벽산, 문정영 등이다. 문정영은 23석중 10석은 이미 대처측에서 온 승려들에게 선임하였기에 실제는 13석을 의미한다고 주장하였다.

반대측 입장이[48] 팽팽히 맞섰다. 이에 종회의장인 이청담은 무기명 비밀투표로 화동 추진에 대한 가부를 결정하였다. 그 결과 가 18표, 부 16표로 통과되었다.[49] 이처럼 이 문제는 조계종단 내부에서도 뜨거운 감자로 표현될 만큼의 첨예한 주제임이 분명하였다.

그 후 서대문측에 23석을 양보하는 문제 그리고 서대문측의 승려가 조계종단으로 들어오는 절차 및 그에 수반되는 문제를 논의, 결정하는 15인 전형위원을 선정하였다.[50] 이청담 의장이 지명한 그 위원은 다음과 같다.[51]

박벽안, 박서각, 박기종, 이범행, 김혜정, 김일타, 조용명, 오녹원
채벽암, 이행원, 김서운, 양청우, 문정영, 소구산, 김상호

위원을 지명한 이청담 종회의장은 전형위원들에게 그 문제를 심사숙고해서 그 결과를 다음날의 회의에 보고해 주기를 요청하였다. 8월 13일 전형위원들이 검토한 내용을 전형위원인 김혜정이 대표하여 그를 공표하였다.

먼저 23석 할애 건에 대하여 말하겠다. 23석을 할애해 주고 그들이 들어오는 절차로서는 1. 소송을 취하한다. 소송을 취하하되 금후 다시는 제

---

48) 이 주장에 선 의원은 이진용, 장희찬, 오녹원, 채벽암, 김지웅 등이다. 이들은 정화 일선에 나서 정화의 어려움을 겪었던 승려들이라고도 볼 수 있으나 이 그룹에 대한 성격을 일률적으로 말하기는 어렵다.
49) 처음에는 가 17표, 부 16표, 기권 1표로 과반수 미달이 되어 재투표하였다.
50) 이는 임석정의원의 제안인데, 김서운이 재청을 하여 통과되었다.
51) 위의 자료, 450쪽.

기하지 못하도록 법적으로 가장 완벽한 변호사에게 물어서 한다. 2. 23 명의 의석중 10석은 이미 피측에 들어온 분으로 계산하고 나머지 13석 만을 금후 선임한다. 3. 전반 감찰위원회에서 결의에 의하여 체탈도첩 당한 자는 의원이 될 수 없다. 단 의원으로 선임해야 할 경우는 법적으로 먼저 징계사항을 해결해 놓고 해야 한다. 이러한 조건부로 받아들일 것을 전제로 지금 조용명 의원이 저쪽측에 의사를 타진하러 갔으니 그 결과를 곧 알게 될 것이다.[52]

이에 종회의원들은 대처측 출신으로 이미 조계종단에 들어왔으며, 전형위원이었던 조용명이 서대문측에 가서 교섭한 결과를 기다리고 있었다. 그런데 바로 그 즉시 종회 사무국에 화동추진에 대한 건의서가 접수되었다. 그 건의서는 재경승려 대표 송월주와 그의 의견에 찬동하였던 전형위원 김일타 외 4인이 함께 의견을 제시한 것이다.[53] 재경의 젊은 승려들이 건의한 요지는 서대문측에게 할애하기로 한 23석 결정을 반대한다는 것이다. 그들은 그 결정은 중대한 일인데도 불구하고 18:16으로 통과되었다는 것은 상식 이하인바 재석 3분지 2 이상의 찬성을 얻어야 한다, 2대 종회의원은 정화이념이 투철한 분이 되어야 한다, 찬성을 한 의원은 반성하고 자퇴하라는 것이었다.[54] 이런 주장에 대해 당시 종회 사무국장이면서, 전형위원이었던 김혜정은 23석 할애 문제는 이미 통과된 기정사실임을 환기시키면서, 문호개방을 한 것은 소송을 취하하는 전제조건으로 한 것이

---

52) 위의 자료, 452쪽.
53) 당시 송월주는 종회의원이 아니었다. 그리고 김일타와 같이 동의를 한 승려는 알수 없다. 또한 김일타는 전형위원이면서 이렇게 반대를 한 이유도 단언키 어렵다.
54) 위의 자료, 456쪽.

고, 부득이한 처사라고 답변하였다. 그리고 이 문제로 종단은 손해가 없다고 보면서, 일단은 교섭하려 간 조용명 의원을 기다리자고 하였다.

마침내 서대문측의 의사를 타진하러 갔다 온 조용명 의원의 보고가 있었다. 그 요지는 서대문측의 윤종근, 이남채 등을 만났는데, 그들도 화동은 원칙적으로 찬성을 하였으나[55] 소송취하, 의원선출 등은 공식 결의가 있어야 공신력이 있으니 서대문측의 종회를 열어야 하기에 3주간의 시간적 여유를 달라고 요청하였다는 것이다. 이에 종회에서는 서대문측의 결의에 철저히 대비하면서,[56] 공식 결의된 문헌을 받아 23명중 13명의 의원은 추후 전형위원들이 심사 처리하고,[57] 전체 종회의원 50명중 13명을 제외한 37명의 제2대 종회의원을 선출하였다. 이에 종회에서는 통합종단측 출신으로 27명, 통합종단의 이념을 지지하여 조계종단으로 들어온 대처측 출신으로 10명을 선출하였다. 그 직후 서대문측에서 추가로 올 13명의 의원 선출은 37명의 종회의원을 선출한 7인의 위원에게[58] 일임하되, 서대문측에서 거부할 경우에도 7인 전형위원들이 적격자를 선임할 것을 결의하고 종회를 종료하였다. 이로써 제1대 종회는 여기에서 마감하였던

---

55) 대처측도 화동 단합으로 종단을 운영해야 함을 강조하였다. 그러나 대처측은 그 조건으로 이른바 이판승(교화승)을 인정하고, 종단을 비구승과 대처승이 균등하게 운영해야 한다고 강조하였다. 『근현대불교자료전집』 권 68, 668쪽의 임석진 〈성명서〉(1962.9.16) 참조.
56) 윤기원의 주장으로 서대문측이 고법에서 승소하더라도 대법에 제소하지 않는다는 언질과 성의에 대한 것이다. 그런데 2심인 고법에서는 비구측이 승소하였다. 『조선일보』 1965.6.11, 〈비구측 승소 고법, 불교종헌 싸움에서 1심 번복〉.
57) 이행원의 주장이다.
58) 그 7인은 오녹원, 박벽안, 김서운, 문정영, 채벽암, 박기종, 조용명이었다.

것이다.

그런데 서대문측(대처)의 13명의 의원 추천과 그에 대한 7인 위원의 추인 등에 대한 기록을 파악하지 못하여 그 이후의 진행은 알 수 없다. 그러나 1966년 11월 28일에 개회한 제2대 중앙종회의 회의록을 보면 2대 종회의원이 50명으로 나온다. 이를 보면 서대문측의 인사 13명이 종회의원으로 추가된 것으로 보인다. 추후 상술하겠지만 1967년 2월에 화동추진의 협정이 체결된 것으로 보아도 서대문측의 인사는 유입된 것으로 보아도 좋을 듯하다. 그러나 그에 관한 분명한 기록이 없기에 추가의 13명 전원이 서대문측 승려인지 혹은 그 대상 숫자가 축소된 것인지, 아니면 서대문측에서 통보가 오지 않아서 종단 내부에서 임의로 추천한 것인지는 단언키 어렵다.[59] 여기에서 추가로 종회의원이 된 대상자를 제시한다.[60]

이대의, 김석우, 이진용, 김도광, 임석정, 김혜원, 배도원
정경운, 전도원, 김양택, 김봉인, 김법일, 유수인

의아스러운 것은 1966년 11월 말에 열린 종회, 즉 제2대 중앙종회의 개원 종회에서도 화동추진에 대한 것은 일체 논의되지 않았다.

그러나 1967년 2월 7일, 8일의 일간지 신문들은 일제히 불교계의 비구, 대처 양측이 화합, 화동하였다는 보도를 일제히 하였다. 요컨대 화동추진위원회의 작업이 성사되어 비구, 대처 양측 대표가 화동

---

59) 후술하겠지만 1967년 2월 3일의 화동 협정에 의하면 "단 전종회에서 이탈측 11명 포함"운운이라는 단서의 문구를 주목하면, 13명중 11명은 서대문측 승려로 보인다.
60) 『제2대 중앙종회 회의록』 11쪽, 〈제2대 중앙종회 현황표〉.

통합을 하였다는 것이다. 그 중에서 『동아일보』의 보도 내용을 우선
보자.

> 불교 종단의 주도권을 싸고 10여 년간 말썽을 빚어온 비구(比丘)·대처
> (帶妻)승 간의 오랜 분쟁이 일단 종결, 불교계는 대동단결을 이루게 됐다.
> 6일 오후 비구측을 대표한 孫慶山(대한불교조계종 총무원장) 李行願(동
> 총무부장) 스님과 대처측을 대표한 申鍾元(백양사 주지) 李載昕 스님 등
> 40여 명의 지도급 승려들은 아서원에 모여 통합종단의 종헌을 재확인하
> 는 협정에 서명 날인 비구·대처승들의 실질적인 통합을 이루게 됐다.
> 이날 체결된 양측의 협정은 ① 62년에 제정한 통합종단의 종헌 종법을
> 준수, 통합종단을 유일 합법적인 종단으로 재확인한다. ② 중앙종회원
> 의 수는 비구 29, 대처 21(종래는 비구 32, 대처 18)로 한다. ③ 전국의 23
> 개 본산(큰절) 중 비구가 15, 대처가 8(현재 비구 18, 대처 5)씩 갖는다는
> 등을 주요 골자로 하고 있다.[61]

즉 1967년 2월 6일, 양측의 중진승려 40여 명은[62] 아서원에서 모
여 통합종단을 재확인하며, 양측은 화동의 추진 요체에 서명 날인하
였다. 그들이 서명 날인한 화동의 핵심은 62년 통합종단의 종헌과 종
법의 준수, 종회의원의 수를 21개로 할애,[63] 전국 본사를 8개처로 제
공 등이었다. 당시 양측 대표는 다음과 같은 공동 성명서를 발표하였다.

---

61) 『동아일보』 1967.3.7, 〈비구·대처 10년만에 握手 40여 지도승려들 통합종단에
   서명〉.
62) 비구측은 손경산, 이행원, 김서운, 이범향 등 12명이었고 대처측은 신종원, 박창
   수, 이재흔 등 28명이었다.
63) 그런데 필자는 당초 23명에서 2명이 줄은 연유를 파악치 못하였다.

장구한 세월동안 비구, 대처라는 관념적인 自我 모순의 분쟁이 계속
되었으나 이제 自性返照의 정신 아래 명실공히 이를 일체 지양하고
六和均等의 승가 본연의 자세에 돌아가 중생제도의 菩薩 誓願을 실
천함으로써 건전한 종단 중흥을 기하고자 한다. 이 정신에 찬동하는
이가 모여 단합의 의의를 다시 한번 천명하고 문호를 크게 열어 아
집적인 분별성을 버리고 정진된 次元에서 피차가 충정으로 和同단
결하여 佛祖의 혜명을 길이 받들지어다. 신춘의 대기에 만물이 약동
하듯 우리 사부대중은 모름지기 이 뜻을 같이 하여 시대적 요청이요
민족적 과업인 종단 중흥의 대작 불사에 일약 정진하시기 바랍니다.

1967년 2월 6일

추진위 대표　　孫慶山 申鍾元[64]

양측의 화동추진 대표는 이 같은 성명서를 발표하고, 조속히 미
등록 사찰 166개의 종단 등록, 그리고 1개월 내에 시민회관에서 불
교화합을 의미하는 4부대중이 참가하는 불교대회를 열겠다고 합의
하였다.[65] 그러면 그날 서명 날인한 것의 모체와 위의 공동성명서의
근원은 무엇이었는가. 그 모체와 근원은 2월 3일 비구, 대처 양측 고
위 대표가 참여하여 서명한 협정서로 볼 수 있다. 우선 그 협정서 전
문을 제시하겠다.[66]

---

64) 『대한불교』 1967.2.12, 〈六和의 僧家 本然으로〉.
65) 『대한불교』 1967.2.12, 〈社說, 佛敎紛爭의 安結을 歡迎한다〉.
66) 이 원문은 현재 조계종 총무원, 중앙기록관에 보관되어 있는 것을 필자가 입수,
활용하는 것이다.

협정서

대한불교 조계종 발전을 위한 비구승측 추진위원을 "갑"이라 칭하고 대처승측 추진위원을 "을"이라 칭하여 일체 분규를 지양하고 건전한 종단 중흥을 기하고자 하의 청규를 약정한다.

기

제1조 일체의 파벌의식을 지양하고·종단 중흥에 전력키 위하여 문호를 개방하고 종헌, 종법에 의한 유자격자는 적이 등용한다.

제2조 중앙종회는 의원 정족수 50명 중 "갑"의 측 29명 "을"의 측 21명의 비율로 각기 선정 구성하되 종헌, 종법에 의한다(단, 전 종회에서 이탈인사측 종회의원 11명을 포함함).

제3조 본사 23사개 중 8개사와 현재 "을"측이 거주하고 있는 전사찰의 주지는 "을"측이 추천하여 종헌, 종법에 따라 임명 취임토록 한다.

제4조 본 협정은 체결일로부터 점차적으로 시행한다. 이 협정을 설립함에 본 협정서에 각 서명 날인한다.

1967년 2월 3일

서울특별시 종로구 수송동 44번지

대한불교 조계종

"갑"측 추진위원 대표 이　　청　　담 (인)

　　　　　　　　동　　　　손　　경　　산 (인)

　　　　　　　　동　　　　이　　행　　원 (인)

"을"측 추진위원 대표　신　종　원 (인)
　　　　동　　　　　　이　재　흔 (인)
　　　　동　　　　　　김　철　현 (인)
　　입 회 인　　　　이　상　은 (인)
　　　　동　　　　　　이　용　조 (인)
　　　　동　　　　　　이　한　상 (인)

이러한 협정에 의하면 화동의 원칙이 파벌의식 지양과 문호개방
이라는 것을 알 수 있다. 그리고 종회의원 21개 할애,[67] 본사 8개 처
제공, 대처측 출신 승려가 거주하고 있는 사찰을 대처측 출신에게 제
공하는 것 등이 구체적인 내용이었다. 그런데 이러한 제반 조치는
1962년 4월 통합 조계종단의 종헌, 종법을 준수하는 전제에서 나온
것이었다. 더욱이 조계종단의 당시 종정인 이청담과 총무원장인 손
경산이 직접 나섰음을 보면 적지 않은 무게가 실린 결정이라고 보겠
다. 그에 비해서 서대문측은 어떤 내부 토의 과정을 거쳤는지를 파악
하기는 어렵다. 그러나 비구, 대처 양측의 화동추진위원들은 이러한
결실을 맺기 위하여 그간 50여 차례의 회담을 갖고, 가장 첨예한 문
제인 승려자격에 대한[68] 것을 타결시키고, 대처승들의 종단 등용, 대

---

67) 이전 협의에서 23명이었으나 21명으로 전환된 것은 기존 10명과 1966년 11월
　　경 종회의원 선출시에 11명이 포함된 것을 현실적으로 묵인, 합의한 것에서 나온
　　것으로 보인다.
68) 추측건대 1962년 2월, 통합종단 종헌을 제정할 시의 승려자격에 준해서 논의하였
　　을 것이다. 『대한불교』 1967.2.12, 사설, 〈불교분쟁의 타결을 환영한다〉에서는 그
　　를 비구승측이 제시한 승려자격(삭발, 염의, 독신)이 관철되었다고 하였다.

처승들의 기존 사찰주지에 재발령 등 개방적인 흐름을 유도하였다.

조계종단으로서는 본사 및 종회의원을 양보한 대가로 전라도 지역의 미등록 사찰을 종단으로 등록케 하고, 각처의 분규가 해소되고,[69] 통합종단의 정통성을 계승하였다는 측면에서 큰 성과를 올린 것이라 하겠다. 화동의 협정은 조계종단의 종회에서 서대문측(이탈인사)에게 종회의원 5석을 할애하였음을[70] 보면, 실천 단계에 있었다고 볼 수 있다.

그렇지만 서대문측의 입장을 전하는 기록을 보면 대처측 전체는 화동의 입장으로 선회한 것으로 보기는 어렵다. 대처측 서대문 본부에서는 화동의 협정뿐만 아니라 대처측 대표로 활동한 신종원의 자격부터 문제를 삼고 있었다. 즉 협정의 거부이었다.

그러나 서울 서대문 충정로 1가에 자리잡고 있는 또 하나의 대한불교조계종(대처측 宗正 鞠聲祐 院長 朴大倫)은 『신종원씨 등은 대처측 대표가 아니며 비구측 사세가 불리해지자 사회의 이목을 끌기 위해 벌인 쑈라고 말하면서 아직 1개의 사찰도 떨어져 나가지 않았다』고 반발했다.
(중략)
이에 대해 8일 서대문에 있는 대처측 총무원은 『신종원씨는 백양사 주지도 아니며, 비구측에서 주지를 시켜준다는 말에 변절, 함부로 대처측

---

69) 당시에는 전국에서 80여 건의 법정 소송이 진행 중이었다.
70) 『대한불교』 1967.3.19, 〈일부 종회의원 개선, 이탈인사에게 5석〉. 『제2대 중앙종회 회의록』 75쪽에는 사표를 제출한 종회의원 6명(이청담, 김지효, 양청우, 정운문, 강석주, 박추담)의 후임으로 7인 전형위원(의장단 3인, 오녹원, 김서운, 박기종, 이진용)이 김자운, 정일우, 윤기봉, 김상현, 박준용, 서상인 등 6명을 선출하였다. 이중 김자운을 제외한 5명이 이탈인사로 보인다.

대표 행세를 하고 있다고 비난하면서 비구승은 비구승대로 소승불교의 계율을 지키고, 대처는 대승불교 방향으로 분리 독립해야 한다』고 주장하고 있다.

또 이들은 『통합협정이란 것은 완전히 비구측의 종헌에 따른 것이며 우리의 종헌은 따로 있다』면서 요로에 보낼 해명서를 쓰기에 바빴다.[71]

이렇게 대처측 본부, 서대문측은 화동 협정 자체를 완전 부인하였다. 나아가 대처측은 2월 27일에는 화동 통합을 반대하는 제7차 전국 대의원대회를 서울 시민회관에서 열었다. 그 대회에서 그들은 2월 6일의 화동 조인식은 대표권이 없는 사람들에 의해 이루어졌으며, 교리가 다른 양측의 화동은 불가하므로 선종(비구), 교종(대처)의 양파로 분립할 것, 그리고 통합종단(조계종)을 전제로 한 불교재산관리법은 철폐하라는 내용을 담은 성명서를 발표하였다.[72] 이는 대처측 독자적인 분종을 선언한 것의 다름이 아니었다. 대처측은 3월 31일, 서울 삼일당에서 전국 사찰 주지 및 포교사대회를 개최하여 혼란과 정략을 위한 화동은 분쇄할 것이라고 거듭 강조하면서 비구와 대처승의 분립을 선언하고, 분종 선언만이 불교 분쟁을 막을 수 있다고 강조하는 성명서를 발표하였다.[73] 이러한 대처측의 움직임에

---

71) 『조선일보』 1967.2.9, 〈比丘·帶妻 악수 그 裏面 10년만의 和同이라지만 紛糾의 불씨는 아직 남아〉.
72) 『동아일보』 1967.2.27, 〈또 불붙은 佛敎分爭 帶妻 一部서 分宗을 宣言〉.
   『조선일보』 1967.2.28, 〈佛敎界에 紛糾 再燃 帶妻側 代議員大會 열고 分宗 선언〉.
73) 『조선일보』 1967.4.1, 〈비구측과 분리 선언 대처승들 전국 사찰대회〉. 대처측은 3월 20일과 3월 31일 두차례에 걸쳐 박정희대통령에게 보내는 건의문을 작성, 전달하였다. 그 건의문에서 대처측은 자신들이 조계종 사찰 2,063개중 1,700 사찰이 대처승의 것이며 신도도 비구측(15만명)의 배에 가까운 25만 명이라고 하였다.

대하여 조계종단은 화동, 통합 운동을 지속해 가기로 결의하였다.[74] 이렇게 비구, 대처 양측은 화동 통합과 분종을 위한 노력을 경주하였다. 그 움직임은 그해 5월 25일 비구측의 서울 시민회관에서 열린 전국불교도 대표자 대회에서, 대처측은 서울 충정로 제일예식장에서 열린 전국종단 기관장 및 서울 경기지구 각 사찰 조직자 대회를 통하여 노골화되었다.[75] 비구측 조계종단은 화동, 통합을 추진하면서 그 여력으로 불교 현대화에 적극 나서겠다는 포부를 밝힌 것인 반면, 대처측은 지속하여 분종을 내세우면서 불교재산관리법에 의거하여 대처측도 정부에서 공인해야 함을 강조하는 포석이었다.

　　이렇게 화동위원회가 그 출범에 있어서 의도하였던 것과는 전연 다른 방향으로 가고 있었다. 그런데 화동의 흐름이 또 한 번 왜곡된 큰 사건이 일어났거니와 그것은 조계종단의 종정인 이청담과 총무원장인 손경산의 동반 퇴진이었다. 1967년 7월, 해인사에서 열린 제16회 임시 중앙종회에서 이청담과 손경산은 종정, 총무원장의 자리에서 물러났다. 그 퇴진은 손경산이 추진하였던 불교현대화를 위한 자금 모집에서 야기된 종단 부채를[76] 종정인 이청담이 좌시할 수 없다는 강력한 현실인식이 작용하였다.[77] 그러나 일각에서는 대처측과

---

74) 『동아일보』 1967.4.1, 〈불교화동운동 계속, 조계종 총무원 결의〉.
75) 『동아일보』 1967.5.25, 〈비구·대처 또 確執 代表者大會 따로 열고 分宗 주장〉.
　　『동아일보』 1967.5.26, 〈再燃되어서는 안될 佛敎分爭〉.
　　『동아일보』 1967.5.27, 〈비구승·대처승 平行의 唯我獨尊〉.
76) 그는 동국대이사장, 총무원장 재직시에 불교현대화를 추진하기 위해 진 빚으로 당시 돈 4천만 원이었다.
77) 당시 종정인 이청담은 종단이 처한 현실을 난국으로 규정하고, 해인사 종회에서 손경산 총무원장이 책임을 지고 퇴진해야 한다고 하였다. 그러나 종회에서는 손경산의 입장을 고려하여 1967년 12월까지 총무원장에 재임하는 중재를 하였으나 이청담은 그를 거부하고, 종정의 자리에서 퇴진하였다. 이에 종회에서는 종정, 총

의 화동을 강력히 추진한 손경산의 정책에 대하여 종정인 이청담은 일정한 이견이 있었던 것으로 전해지고 있다.[78] 즉 손경산은 대처측과의 갈등, 대립으로 인한 수많은 손실, 모순을 타개하기 위한 방책으로 화동을 내세우면서 나가야 한다는 입장이었지만, 이청담은 화동보다는 정화운동을 더욱 추진해야 한다는 입장에 서 있었다. 이청담은 승단정화는 되었지만, 종단내의 부정부패를 처단해야 하고, 승려 재교육을 실시해야 한다고 하였다.[79]

이런 조계종단의 변화는 곧 화동의 흐름이 약화되는 것을 의미한다. 그리하여 화동위원들이 1967년 12월 15일 조계종 중앙종회 의장에게 보낸 아래의 건의서는 그 정황을 단적으로 말해 준다.

건 의 서

1. 별첨 대한불교 조계종 화동 추진위원회의 협정을 실천하여 주시기를 촉구합니다.

1. 별첨 협정에 의하여 화동위원회는 발족 이후부터 지금까지 최선을 다하여 그 실천에 노력하고 있는바,

무원장을 퇴진시키고 윤고암과 박영암을 그 후임으로 선출하였다.

78) 졸고, 〈이청담과 불교정화운동〉『한국 현대불교사 연구』, 불교시대사, 2006, 328~329쪽.

79) 이청담의 입장은 그가 종정에 취임할 때의 취임사, 『제2대 중앙종회 회의록』 349쪽과 『신동아』 1967년 2월호에 수록된 인터뷰 기사에 잘 나온다. 그리고 『대한불교』 1967.4.2, 〈종정 특별 담화문, 정화의 목표위해 종도들 단합하자〉도 당시 이청담의 의중을 짐작케 한다.

1. 종단 측으로서는 협정의 실천에 있어 협정 전조를 이행하여 주시지 않고 있음으로,

1. 종단 분규를 종식하고 화동 단합하고 종단 중흥에 진력하려는 화동의 본래 목적 달성에 있어 지장을 초래하고 있으니,

1. 종단으로서 협약 실천을 적극적으로 실천함으로써 소기의 목적 달성에 조속히 이루어지도록 종회에서 협조하여 주시기를 바랍니다.

위 건의 하나이다.

1967년 12월 15일

대한불교 조계종

화동 추진 위원회 위원장　신종원 (인)

소개 위원　　　　　조용명 (인)

소개 위원　　　　　문정영 (인)

소개 위원　　　　　최원종 (인)

소개 위원　　　　　윤기원 (인)[80]

이 건의서는 요컨대 비구, 대처측의 대표가 서명한 화동협정이 정상적으로 이행되지 않고 있음을 말해 주는 것이다. 이에 화동 추진 위원 5명은 그 정황을 제17회 종회에 기타사항의 안건으로 제출하였던 것이다. 그런데 종회에서는 합법적으로 인준할 수 없으므로 상정

---

80) 이 건의서도 조계종 중앙기록관에 소장되어 있다.

을 폐기키로 하였다. 즉 완전 거부였다. 당시 종회의장인 박벽안은 다음과 같이 발언하였다.

종단 중진 스님과 종회의 인준을 못 받았는데 합법적으로 인준을 할 수 없으니 새삼스레 상정할 문제가 아니다. 실질적으로 현실이 증명하니 앞으로 이런 문제는 가져오지 않았으면 좋겠다. 실력에 따라서 얼마든지 협정을 이행할 수 있다고 본다.[81]

화동 협정은 종단 중진과 종회의 인준을 받지 못하였기에 합법적으로 인준할 수 없다고 하였다. 1967년 2월 3일, 6일의 협정이 종회의 인준을 받지 않았다는 것은 수긍된다. 그런데 그 협정의 주체인 당시 종정인 이청담과 손경산이 생존하고 있었고, 더욱이 그 핵심 주체인 손경산은 당시 종회에 종회의원으로 참가하였고, 위 건의자인 조용명과 문정영은 종회 부의장이었으며, 문정영은 그 종회에 참석하였음을 고려하면 박벽안의 발언은 쉽게 납득되지는 않는다. 이러한 제반 정황은 화동의 흐름이 종단에서 퇴진하고 있음을 의미한다. 다만 실제의 종단 현실에서 구현되면 되지 않겠느냐는 박벽안의 발언은 화동 흐름의 존재를 완전 배척한 것은 아니라 하겠다. 필자는 1968년 이후에도 화동의 협정에 의거 대처측 출신으로 조계종단에 합류한 주지 발령은 지속되었다고[82] 판단한다. 그러나 1965~1967년, 약 2년

---

81) 『제2대 중앙종회 회의록』 145~146쪽.
82) 필자는 조계종단이 1968년 3월 12일, 용궁사(경기도 부천군) 주지 발령의 내부품의 사본을 입수하였다. 그 품의서에는 대한불교조계종 화동추진위원회에서 협정 제3조(을측이 거주하고 있는 전 사찰의 주지는 을측이 추천하여 종헌, 종법에 따라 임명 취임한다)에 의거 주지로 임명해 줄 것을 요구하는 공문(한불화동 제 21

반 동안 비구측의 조계종단, 대처측을 뜨겁게 달구었던 분위기는 분명 아니었다. 그를 상징하는 것이 1969년 7월 5일 조계종단을 탈종하겠다는 선언을 한 이청담이 "화동의 미명 아래 고개를 쳐드는 대처승의 무리들"이라고[83] 비판한 표현이다. 이제 1968년에 접어들면서 화동위원회, 화동협정은 더욱 퇴진하였다. 다만 그 흐름에 의거 대처측에서 조계종단으로 유입된 和同派라는 역사의 흔적만이 남았다.

4. 결어

이상으로 불교정화운동 기간과 통합종단이 등장한 이후의 기간에서 비구, 대처 양측이 전개한 화동의 흐름을 정리하여 보았다. 맺는말은 위에서 살핀 내용에서 나온 미진한 측면과 화동위원회의 성격, 한계 등을 대별하여 제시하는 것으로 대신하고자 한다.

첫째, 정화운동이 일단락된 직후인 1956년부터 1959년까지 비구, 대처 양측은 화동안을 작성하고 체결하는 등 일정한 화해의 흐름이 존재하였다. 그러나 그 화동의 성격은 자파 중심의 종단 주도권과 정체성을 유지, 회복하려는 성격이 짙게 깔려 있었다고 보인다.

둘째, 그런데 통합종단 출범 이전 기간에서 대처측이 제시한 화동안이 비구측에서 일정 기간 수용되었음은 비구측의 자신감이 배어나

호, 68년 2월 11일)이 첨부되어 있다. 그 공문서는 을측 위원장 출신으로 조계종단에 들어온 신종원이 종정 앞으로 보낸 추천서이다.

83) 이청담, 〈나의 편력, 完─종단과 결별〉『매일경제신문』1969. 9. 3.

는 면도 찾을 수 있다. 그러나 대처측은 수행승과 교화승의 이원적인 구도를 지속적으로 주장하였음에서 자신들의 정체성 유지의 성격이 최우선의 목적이라고 보여진다. 그러나 1956년에 나온 화동합의안은 양측의 명분, 실제 내용을 수용할 수 있는 방안이었음에도 당시 급변하는 환경으로 인해 수용되지 않은 아쉬운 대목이라 하겠다.

셋째, 통합종단이 등장할 때에 나온 화동의 분위기는 외형적으로는 그 이전 정화 및 분규로 야기된 행태 및 모순을 반성하면서 나온 것이다. 그러나 이면에 있어서는 공권력의 강력한 화해, 타협의 구도를 배제할 수 없는 흐름이 존재하였음을 부인하기 어렵다.

넷째, 1965년에 시작되어 1966년에 본격적으로 전개된 이른바 화동위원회는 조계종단 중심의 화해 흐름이었다. 조계종단 종헌을 인정하고, 정화운동의 역사를 수긍하는 역사인식하에서 추진된 것이었다. 그 결과 조계종단 내부에는 화동파라는 이질적인 승가 집단이 분명하게 자리 잡게 되었다. 그들은 본사 및 개별 사찰에서의 기득권 인정, 종회의원 배려 등 종단 내부에서의 존립 및 운영에 대한 일정한 권한을 갖게 되었다. 일면으로는 대처측의 종단에서 최종적인 승인을 받지 못하였기에 태고종 등장의 빌미를 제공한 것도 부인하기는 어렵다.

다섯째, 결과적으로 1960년대 중반의 화동위원회는 조계종단 중심, 조계종단 정통성 확보에 일익을 주었다고 보고자 한다.

여섯째, 그렇지만 화동안, 화동위원회에서 고민한 것이 어느 정도가 이행되었는가에 대한 측면에서 아쉬움이 적지 않다. 화동을 통해 대립이 소멸되고, 불교 발전을 의도한 것이었다면 이러한 당초의 의도가 구현되었는가에 대해서는 미흡함을 감출 수 없을 것이다.

이렇게 화동의 흐름과 화동위원회에 대한 성격, 평가를 조망하여 보았다. 본 고찰은 화동의 흐름, 전개과정을 소개, 정리한 것에 불과하였다. 추후에는 이에 대한 본격적인 분석이 뒤따라야 할 것이다. 특히 조계종단 종정을 역임한 이청담은 화동파, 화동의 흐름으로 종단의 정화가 후퇴하였으며, 계율정신이 퇴진하고, 종단 3대 지표(도제양성, 역경, 포교)라는 측면에서도 역효과를 내었다는 비판을 하면서 종탄 탈퇴까지 하였음은 추후 이 분야 연구에 있어서 하나의 시사점이 될 것으로 본다. 다른 연구자들에 의해서 다양한 접근, 시각에 의해 연구가 지속되길 기대한다.

근현대 비구니와 불교정화운동

황인규 | 동국대 역사교육과 교수

근현대 비구니와 불교정화운동

1. 들어가는 말

기원전 5세기 부처님 당시 세계최초의 여성종교교단인 비구니교단이 설립되었다. 이는 타종교, 특히 천주교 여성 성직자교단인 수녀원의 설립보다 무려 5세기나 앞선 일이다.[1]

현재 우리나라 비구니들의 숫자는 비구보다 많으며, 실제 각 사찰·포교당에서 비구니들의 활약은 사찰운영이나 유치원·복지관 등 교육 복지 분야뿐만 아니라 사찰음식·꽃꽂이 범패음악·미술 등 문화 예술 분야에서 매우 활발하다. 이는 한국에 불교가 들어온 이래 비구니의 활동이 면면히 계승 발전된 것이라고 할 수 있다. 특히 비구니의 활약은 억불숭유의 산중불교시대인 조선시대의 불교를 지탱하게 하였고 개항 이후 지금까지 한국불교의 발전에는 비구니의 땀과 노력이 숨어 있었다.

그러나 이러한 비구니에 대한 자료는 남아 있는 것은 없으며, 대

---

1) 팔경계에 의하여 비구니승가는 비구승가에 종속되어야만 했고 각 부파로 분리된 비구승들 사이의 분쟁과 비구승들의 무시 때문에 비구니승가가 몰락의 길을 걷게 되었다. 비구니 교단의 성립에 대해서는 다음의 논고가 참조된다.(전해주,「비구니 교단의 성립에 대한 고찰」,『한국불교학』11, 1986 ; 황순일-남아시불교와 Gender: 율장의 아난다와 고따미 에피소드를 통해 본 초기인도불교의 비구니교단」,『한국불교학』38, 2007.)

부분이 승려를 통칭한 기록이다. 그마저도 조선시대의 경우 불교를 억압하였던 남성 중심의 수직적 사고를 지닌 성리학자들의 기록이기 때문에 그 실상을 파악하는 데 어려움을 더해 주고 있다.

우리의 근현대불교의 참모습을 제대로 알기 위해서는 조선후기 불교의 실상을 바로 알아야 하고 개화 및 근대기 불교로 어떻게 이행되었으며, 일제강점기 불교로 계승되었는가 하는 문제를 되짚어 볼 필요가 있다. 일제강점기 불교는 사찰령으로 대변되는 일제불교[2]의 영향을 직접적으로 받았다고 할 수 있다. 그러나 일제강점기 36년간의 일제불교는 우리의 현대불교로 바로 이어진다는 점에서 중요하긴 하지만 1700년 역사의 한국불교라는 전체적인 입장에서 본다면 오히려 작은 것에 불과하다.[3] 그러한 점에서 본고는 比丘와 함께 僧團의 한 축을 이루었던 근대 비구니의 존재양상을 살펴본 후[4]

---

[2] 흔히 근대 우리나라에 침투된 일본의 불교를 왜색불교라고 하고 있으나 일본의 불교 자체가 모두 다 나쁜 것으로 간주하는 것은 다소 무리다. 대처육식의 성향이 있는 일본의 불교가 우리의 전통적인 불교와 대치되고 제국주의적 침탈적 요소가 있다는 점에서 일제불교라는 용어가 보다 학술적 용어로 적당하다고 생각한다. 용어의 검토와 더불어 일본불교에 대한 보다 깊은 이해가 요청된다.

[3] 현대 불교정화에 관련된 대표적인 논저를 소개하면 다음과 같다. 김광식교수의 일련의 제 학술서들에서 현대불교정화에 대한 제 연구가 진척되어 있는데 그 가운데 대표적이고 기본적인 논문을 소개하면 다음과 같다. 김광식, 「정화운동의 전개과정과 성격」, 『새불교운동의 전개』, 도피안사, 2002 ; 김광식, 「한국 현대불교와 정화운동」, 『대각사상』 7 ; 『한국 현대불교사연구』, 불교시대사, 2006 ; 「불교 '정화'의 성찰과 재인식」, 『근현대불교의 재조명』, 민족사, 2000 ; 송월주 외, 『교단정화운동과 조계종의 오늘』, 한국불교근현대사연구회·불교신문사, 2001

[4] 한국 근현대 비구니 고승에 대한 연구는 불교신문 기자인 하춘생의 비구니 인물열전이라고 할 『깨달음의 꽃』 1.2(여래, 1998, 2001)이 있고, 근현대 비구니 강원과 선원에 대해서는 조계종 교육원의 두 저서가 참고된다(『강원총람』, 1997 ; 『선원총람』 2000).

그리고 최근에 한국비구니의 조명을 다룬 두 학술서가 간행되었다.(한마음선원, 『동아시아 전통에서의 한국비구니의 삶과 수행』, 학술포럼 자료집, 2006 ; 전국비구니

現代佛教淨化運動에 있어서 비구니의 역할과 그 의미는 무엇인가 천착하여 보고자 한다.[5]

2. 근대 불교계 비구니의 동향

현대 불교계의 정화는 이승만의 유시부터 시작되었다고 알려져 있으나 이미 일제강점기부터 일제불교에 대항하여 조선불교의 정체성을 찾는 운동이 제기되었다. 일제불교라고 알려진 소위 대처육식의 일제불교가 한국불교계에 어떻게 침투되기 시작하였는지 알아볼 필요가 있다. 이런 사실과 관련하여 고종 31년(1894) 5월 우리나라를 방문하고 견문록을 남긴 비숍여사의 다음과 같은 기록이 참조된다.

회, 『한국 비구니의 수행과 삶』, 예문서원, 2007.

특히 한국 비구니사에 대한 연구는 중앙승가대 불교학과 本覺스님께서 원력을 내어 설립한 韓國比丘尼研究所에서 10여년간 기획 연구 출판한 일련의 연구서가 돋보이고 있다. 이를 소개하면 다음과 같다. 『(신문기사로 본) 한국 근현대 비구니 자료집』 1~6, 2003 ; 『(신문기사로 본) 한국 비구니 자료집』 1·2(2001~2006), 2007 ; 『비구니와 여성불교. 1 : 한국의 비구니와 여성불교』 2003 ; 『비구니와 여성불교. 2-1 : 비구니와 여성성불(1)』, 2003 ; 『비구니와 여성불교. 2-2 : 비구니와 여성성불(2)』, 2003 ; 『비구니와 여성불교. 3 : 석·박사 학위논문』, 2003 ; 『비구니와 여성불교. 4 : 비구니와 여성불교』, 2003 ; 『비구니와 여성불교. 5 : 한국 비구니 스님들 이야기』, 2003 ; 『한국 고·중세 불교여성·비구니 자료집 : 정사류 편(번역문)』, 2005 ; 『韓國比丘尼修行談錄』 上·中·下, 2007. ; 『韓國比丘尼名鑑』, 2007.

5) 본고는 비구니의 역할만 강조하여 차별적이거나 독립성을 부각시키기 위함이 아니라 비구니의 정체성을 되찾아 승가발전에 조금이라도 도움이 되었으면 하는 바람으로 작성하였다. 혹 필자의 비구니사나 현대 불교사에 대한 일천한 지식으로 오류나 미흡함이 있을 수 있다. 특히 비구니스님들에 대한 역할이나 위상에 누가 되지 않았을까 조바심이 된다. 이러한 점 독자 제현의 양해를 구하고자 한다.

長安寺에는 종교적 드라마들의 무대를 이루는 크고 작은 건물들, 종각과 비각, 참배객들의 조랑말을 위한 마구간, 방들, 승려들의 숙소, 승려들을 위한 요사채(식당), 절의 하인들과 신참승려들을 위한 숙소, 큰 부엌, 넓은 접객실, 女僧房 등이 있었다. 이러한 것들 외에도 절름발이, 귀머거리, 장님, 불구자, 그리고 과부, 고아 극빈자 등 괴로운 사람들을 받아들여 돌보는 숙소가 있었다. 이들 식객들은 1백여 명에 달했는데 절로부터 잘 대접을 받고 있는 것으로 보였다.

승려들, 절의 불목하니들, 승려의 길을 걸으려는 동승들 사이 100~120명 가량 보이는 비구니들이 있었다. 이 비구니들은 소녀로부터 87세에 이르는 노파까지 모든 연령층을 포괄하고 있었다. 이 많은 수의 사람들은 산 아래에 있는 사원 토지의 임대료와 생산품들, 그리고 절을 찾는 신도들의 헌금, 그리고 일종의 종교적 수행으로 멀리 서울의 4대문까지 탁발을 다니는 승려들이 모아 온 시주 쌀로 부양되고 있었다. 얼마 전까지만 해도 승려들이 4대문 안에 들어선다는 것은 곧 죽음을 의미했으나 민비의 포고령에 의해 점점 출입이 자유로워지고 있다.[6]

금강산 4대 사찰 가운데 하나인 長安寺의 도량을 비교적 자세하게 소개하고 있다. 여승방과 100~120명가량의 비구니들이 있었고 비구니들은 소녀로부터 87세 노파에 이르기까지 모든 연령층을 포괄하고 있었다고 한다. 1917년 30本山本末寺別 僧尼 및 信徒數 一覽表 가운데 유점사본말사 비구니 253명·비구니 783명의 기록[7]과 비

---

6) 이사벨라 버드 비숍, 이인화 옮김, 「금강산의 여러 사원들-장안사」, 『한국과 그 이웃나라들』, 살림출판사, 1994, 162쪽.
7) 『佛敎叢報』 8호 ; 김광식, 이철교, 『韓國近現代 佛敎資料全集』 민족사, 1996.

교해 보았을 때 이전보다 많은 숫자이다. 사찰 도량승으로서 수행하는 모습을 읽을 수 있고 도성출입금지가 해제된 사실을 말해 주고 있다. 그녀는 장안사와 그리 멀지 않은 곳에 위치한 금강산 4대 사찰인 표훈사 승려의 청정한 모습을 다음과 같이 전하고 있다.

> (표훈사) 이 절의 규율은 우유나 달걀조차 허락하지 않는 엄격한 채식주의를 지키는 것이었고 어디에서도 가금이나 가축을 기르고 있지 않았다. 나는 주인들의 편견을 다치지 않게 하려고 차나 밥 꿀물 잣 그리고 잣과 꿀을 잘 버무린 요깃거리로 식사를 때웠다.[8]

아직까지는 육식의 일제불교의 모습은 찾아 볼 수 없다. 그렇지만 일제불교의 침탈이 있게 되면서 대처육식이 만연해 갔다. 이러한 사실은 당시 일본불교학자인 高橋亨이 다음과 같이 언급한데서 확실하게 알 수 있다.

> 1929년까지, 8할의 寺刹이 그 寺法 중에서 娶妻 금지 조항을 삭제함 … 그런데 그 후(本末寺住持被選擧者의 자격 가운데 '比丘戒及 菩薩戒를 具足해야 한다'는 규정이 있는 各本末寺法이 제정된 뒤를 말함＝編者) 舊習을 輕蔑하고 人類生活에 있어서의 자연의 욕망을 중시하는 新思想의 風이 僧俗을 막론하고 통행하게 되었다. 이에 따라 승려 가운데에는 老壯靑少를 불문하고 실제에 있어서 比丘戒를 엄수하는 者는 극소하게 되었다.

---

8) 이사벨라 버드 비숍, 이인화 옮김, 「한국불교의 현실-유점사 가는 길」, 『한국과 그 이웃나라들』, 살림출판사, 1994, 167쪽.

지금은 本山 住持職에 있는 者까지도 몰래 畜妻를 하면서 표면상으로 숨기고 있는 者가 적지 않다. 이것은 僧侶相互간에 잘 알려져 있는 사실이다. 따라서 寺法 중 住持資格規定에 관한 조항은 권위가 없어지게 되었다. 이에 대하여 당국은 本條項이 시세에 합당치 않다하여 大正15年10月, 本條項의 삭제를 허가하는 뜻을 指示, 그것을 개정케 한 이래 昭和4年에 이르기까지 약 8할의 寺刹이 寺法改定을 신청하여 本條項을 삭제하였다. 이 개정은 朝鮮佛敎史에 있어서 한 時代를 긋는 것이 되었다. 朝鮮人은 사상의 고착성이 현저하기 때문에 당국에서 지령이 없는 한 사회일반은 물론 승려들도 畜妻해방이 승려라고 하는 身分까지 주어진다는 것은 영구히 상상도 하지 못했을 것이다. 따라서 朝鮮寺刹에서는 乳兒의 웃음은 물론 강보를 해에 말리는 풍경을 목격하지 못했을 것이다.

그리하여 언제까지나 社會一般으로 하여금 진정한 승려의 淸淨生活者임을 禮讚하게 하였을 것이다. 그러나 이제 그것이 해제됨에 이르러 장래 거의 전부의 朝鮮僧侶는 制慾의 고통에서 해방되는 동시에 持戒가 주는 聖者의 自覺은 상실하게 될 것이다.[9]

당시 자연의 욕망을 중시하는 새로운 풍속이 승속을 막론하고 유행하여 계를 지키는 승려들은 극소수였다. 심지어는 본산의 주지조차 몰래 축처를 하고 있었으며, 승려들 사이에도 널리 알려져 있었다. 때문에 총독부는 持戒조항이 時勢에 맞지 않자 1926년 사찰조항을 삭제하라는 지시를 내리고 1929년까지 8할의 사찰이 그 寺法중에서 娶妻를 금지하는 조항을 삭제하였다는 것이다. 이러한 사법의

---

9) 高橋亨, 『李朝佛敎』, 東京 : 國書刊行會, 昭和48〔1973〕, 953쪽.

개정은 조선불교사에 있어서 한 획을 긋는 사건이라고 하였다. 이러한 불교계의 실태를 당시 신문기사는 다음과 같이 보도하고 있다.

李朝의 排佛策으로 佛敎의 교세가 위축되었으나 최근 다시 발흥하기 시작. 신도는 현재 169,151人에 달해 1928년보다 2,777명이 증가했다. 그러나 사찰은 97개소가 줄었으며 참선승려도 409명이 줄어 현 參禪人 6,454명, 이중 여승도 79명이 감소되어 637명이다. 이와 같이 사찰·승려의 감소는 시운의 변천으로 어느 정도까지 계속되리라 추측하고 있다. 寺院 1,358개소(本寺 31. 末寺 1,327) 僧尼 6,454(尼 637포함)명, 信徒 169,151(日人 139포함)명, 信徒增加比率 2%(日人 6%), 布敎所 104개소[10]

당시 사찰이 97개소 감소되었고 참선승이 409명이 줄어들었으며, 비구니도 79명이 감소되어 1917년과 비교하면 비구 5,874명에서 5,817명으로, 비구니 868명에서 637명으로 조사되었다. 이러한 상황에서 1926년 龍城震鍾(1864~1940)을 중심으로 127명 비구의 대처 육식을 금지하라는 건의가 있었으나[11] 조선불교계는 일제불교의 영향력을 막을 수 없었다. 그리하여 40년간이나 대처승에게 불교계의 주도권을 빼앗기게 되었다.[12] 당시 신문기사에 의하면 신도는 전년도에 비해 늘었지만 사찰 100개소와 참선승 409명, 비구니 79명이 줄었다고 한다. 승니를 참선승으로 지칭한 것으로 보아 청정승인 듯하고 비구니도 1년 사이에 79명이나 줄었는데 앞으로 이러한 추세는

---

10) 『東亞日報』, 1930. 11. 2. 〈1929년 총독부 종교과, 다음과 같이 전국 사찰·승려의 상황을 조사 보고함〉.
11) 『東亞日報』, 1926. 5. 19.
12) 『동아일보』, 1955. 8. 22.

계속될 것이라고 하였다. 취처금지가 해제되었기 때문에 나타난 현상이라고 생각되지만 사찰 승니수는 대체로 큰 변동이 없었다.[13] 이는 훗날 정화운동의 심부름꾼으로 큰 역할을 하였던 비구니 趙德修(1922~현)[14]의 다음과 같은 증언에서도 알 수 있다.

정화 이전에는 주지가 비구스님인 사찰이 전무하다시피 하였다. 대부분 대처승들이 큰 절의 주지로 있었고 비구스님들은 주로 작은 암자에 기거했었다. 비구스님들이 선방을 운영하며 살던 절로는 수덕사가 유일하다. 인심이 좋은 본사는 암자에 식량을 대어주었지만 그렇지 않은 경우에는 직접 탁발을 하여 식량을 마련하는 등 어렵게 생활을 꾸려갔다.[15]

삼보사찰을 비롯한 대부분의 사찰은 대처승이 장악하였다. 다행히도 조선불교의 일부 선각자들은 청정선풍진작을 위해 나름대로 노력을 아끼지 않았다. 조선후기 억불시책으로 선이나 계를 지키는 승려가 별로 없었다는 기록도 있으나 다음과 같이 청정 고승들이 출현하여 활동하였다.

1875년(고종 12) 서울 봉은사의 비구니 自休·完璧·香蓮·玩域·

---

13) 일제 강점기 승려의 수는 1930년 수준을 유지하였다. 대략 사찰 1330사, 비구 5,600여명, 비구니 1000여명 이었다.(이에 대해서는 대한불교 조계종 교육원 불학연구소, 『한국근현대불교사연표』를 참조하기 바람.

14) 비구니 스님에 대한 이름은 비구 스님과 마찬가지로 법호와 법명을 사용해야 하나 덕수스님처럼 법호가 없는 경우도 있고 널리 알려지지 않은 비구니스님들도 많다. 때문에 본고에서는 속성과 법명을 부득이 표기했음을 밝혀둔다.

15) 「덕수스님·보인스님·정화스님 비구니, 잊혀진 정화의 공로자들」(1998년 1월 20일 수덕사 견성암 인터뷰), 『22인의 증언을 통해 본 근현대불교사』, 선우도량 한국불교근현대사연구회, 2002.

性明·性允·恭安·大希 등의 스승인 南湖永奇(1819~1872)는 청정하게 수행을 한 고승이었고[16] 1893년(고종 30) 신계사의 비구니 知洪·普和·斗玄·大典 등의 스승인 大應坦鍾(1830~1894)은 신계사 普雲庵에서 개강하여 華嚴宗主라고 불리었던 고승이다.[17]

뿐만 아니라 계율을 강조하는 고승들이 조선말 불교계에 출현하여 활동하였다. 예컨대 龜岩寺의 白坡亘璇(1767~1852), 지리산 七佛庵의 大隱朗旴(1780~1841), 通度寺의 海曇致益(1862~1942), 월정사의 蓮坡永住(1790~1877), 법주사의 竺源震河(1861~1926)[18] 素荷大隱(1899~1989) 등이 바로 그들이다.[19]

이러한 持戒僧 뿐만 아니라 그들의 선풍을 계승한 만우상경(1855~1924), 滿空月面(1871~1946)과 漢岩重遠(1876~1951), 타불, 耘虛龍夏(1892~1980) 등 이들 선사들은 한국불교계의 선풍을 진작하였다. 특히 滿空月面(1871~1946)과 漢岩重遠(1876~1951)은 비구니에게 가장 큰 영향을 끼친 선사로 평가받고 있다.

예컨대 俞法喜(1887~1975)·金一葉(1896~1971)·金萬性(1897~1975)·俞守仁(1899~1997)·李大英(1903~1985)·徐本空(1907~1965)·金智明(1921~　)·尹法衡(1921~2001)·朴寶仁(1924~2004)·金

---

16) 「198. 서울 봉은사 南湖堂 永奇대사비문」, 이지관, 『한국고승비문총집-조선조·근현대』, 가산불교문화연구원, 2000. 767쪽.

17) 「204. 고성 신계사 大應堂 坦鍾대사비문」, 이지관, 『한국고승비문총집-조선조·근현대』, 가산불교문화연구원, 2000. 791쪽.

18) 竺源震河는 탄종의 법을 이은 선사였으나 친일행위를 했기 때문에 持戒라는 측면에서 볼 때 의구심이 가는 부분이 있는 듯하다. 이에 대해 엄밀한 고증이 필요하다.

19) 정광호, 「한국 근대불교의 '대처육식'」, 『근대한일관계사연구』, 인하대학교 출판부, 1994. 100~101쪽.

明洙(1925~)·徐賢行(1928~2002)·金慈允(1928~) 등이 각기 滿空
에게 계를 받거나 수행하였다. 그리고 徐道準(1900~1993)·徐仁成
(1901~1989)·禪敬(1904~1996)·李仁弘(1908~1997)·李雷默(1919~
)·金妙瓊(1919~1978)·柳世燈(1926~1993)·金慶喜(1931~) 등이 漢
岩에게 계를 받거나 수행했다.[20]

비구니들은 나아가 강원과 선원에서 정식으로 교육을 받게 된다.
1916년 1월 수덕사 견성암에서 개설된 최초의 비구니 선원과[21] 2년
후인 1918년 통도사 옥련암에서 개설된 최초의 비구니 강원[22]을 필
두로 여러 강원들과 선원들이 개설된다. 이러한 곳을 통하여 강원교
육을 받은 비구니들이 출현하였다.[23] 이들은 아직 비구니가 아닌 비
구강사에게 교육을 받은 경우이지만, 이들 가운데 해방 후 정화운동
의 주역으로 활동한 비구니들이 적지 않았다.

---

20) 1959년에 세워진 한암의 비문 門人秩 선좌대표 尼로서 淨慈와 仁弘을 들고 있
다.(지관, 「253. 평창 월정사 漢巖堂 重遠大宗師舊碑文」, 『한국고승비문총집 조
선조·근현대』, 가산불교문화연구원, 2000. 1008쪽.) 정자는 월정사 지장암에 주
석하였던 대비구니였고 인홍이 바로 출가제자이다(본각, 「원허당 인홍선사와 비
구니승가 출가정신의 확립」, 『한국 비구니의 수행과 삶』, 예문서원, 2007. 320
쪽).
21) 해주, 「한국 근·현대 비구니의 수행에 대한 고찰」, 『한국사상과 문화』, 한국사상
문화학회, 2006. : 「한국 근현대 비구니의 수행」, 『한국비구니의 삶과 수행』, 전국
비구니회, 2007. 133쪽.
22) 수경, 「한국 비구니강원 발달사」, 『한국비구니의 삶과 수행』, 전국비구니회, 2007.
22쪽.
23) 이러한 비구니들을 소개하면 다음과 같다. 즉 李亘坦(1885~1980, 동학사)·兪法
喜(1887~1975, 동학사)·鄭金龍(1892~1965)·鄭性文(1893~1974, 국일암)·李
永春(1895~?, 통도사)·朴慧玉(1901~1969, 청암사 극락전, 해인사, 법주사 수
정암)·鄭守玉(1902~1966, 해인사, 서울 응선암)·鄭淨行(1902~ , 해인사 국일
암)·金法一(1904~1991, 운문사)·宋恩英(1910~1981, 보문사)·혜운(1911~?,
국일암)·安光豪(1915~1989)·李泰具(1920~?, 운문사)·李光雨(1925~, 남장
사) 등이다.(수경, 앞의 논문, 21쪽, 도표 참조.)

이렇듯 근대 비구니사에 있어서 주목되는 것은 비구니 전문 선원과 강원이 개설되어 비구니들도 비구들과 더불어 종단 및 불교계 일선에 참여하게 된다. 이러한 교육과 더불어 교단 차원의 움직임도 일게 되었다. 즉 근대불교의 중흥조로 평가되는 鏡虛惺牛(1849~1912)의 제자 滿空月面(1871~1946) 등이 禪學院을 중심으로 청정불교운동인 선학원수좌대회를 개최하였다. 최근에 발견된〈首座大會會議錄〉에 의하면[24] 일제강점기인 1935년 4월 禪學院 수좌대회에 비구 65명과 더불어 洪詳根(경성 청룡사)·薛妙禎(회양 장안사)·鄭國典(고성 유점사)·金荷葉(회양 표훈사)·金了然(양주 원통사), 李慈雲(예산 수덕사) 등 비구니 6명이 참여하였다. 전국선종수좌대회에서 조선불교선종의 출범을 선언하고 선원의 중앙조직체인 종무원을 구성하였는데, 여기에 비구니 6명이 참여했던 것이다.

1935년 수좌대회에 이어 1941년 2월 고승 遺教法會가 열렸다. 유교법회에서는 청정승풍과 전통계율의 수호를 위한 설법이 있었다. 종료된 후에 선학원은 수좌대회를 개최하여 그 기념사업으로 誓定均慧 비구승만을 중심으로 하는 梵行團을 조직하여 선학과 계율의 종지를 선양하는 노력을 기울였다.[25] 이어 범행단의 후신인 僧團再組織運動과 불교정화운동을 전개하기도 하였다.

---

24) 이 기록은 1935년 동산 청담 등이 주도하여 조선불교선종수좌대회를 개최한 자료인데 김광식박사가 발굴한 자료이다. 본 기록은 최근에 首座大會會議錄과 安居芳啣錄을 選佛場이란 冊題로 간행되었다(法眞, 『選佛場-安居芳啣錄과 首座大會會議錄』, 韓國佛教禪理研究院, 2007.).

25)〈교계소식〉「선학원의 수좌대회 梵行團조직」『불교시보』69, 1941.4. 15. ; 김광식, 「일제하 선학원의 운영과 성격」, 『한국근대불교사연구』, 민족사, 1996. 136쪽.

스님의 遺志를 이어 스님이 지어두신 中央禪學院에서 스님이 弟子들과 스님 門下에서 修鍊받은 比丘 比丘尼들의 率先으로 梵行團의 後身인 僧團再組織運動과 佛敎淨化운동을 熱烈하게 해가면서 새삼스러이 스님을 懇切히 追慕하여 마지못하게 되는 바이다. 그러나 追慕니 무어니 하는 말은 未成年인 우리들의 어린 말이고 頭頭物物이 다 스님의 法體요 소리소리가 다 스님의 遺訓으로 스님을 그대로 모신 우리는 스님의 事業體를 우리 힘껏 運營해 나아가며 스님의 人間的 年輪을 따져 이 땅에 再出現하여 韓國佛敎의 曙光이 宇宙에 비칠 날을 爲하여 미리 기뻐하기를 그치지 못할 뿐이다.[26]

범행단에 이어 승단재조직운동과 더불어 불교정화운동을 전개하는데 비구니들도 참여하였다. 해방 후에도 비구니들이 적극적으로 불교대회에 참여하였다.

기보한 바와같이 전국불교도대회는 九일 오전부터 수송동(壽松洞) 태고사(太古寺)에서 승려(僧侶) 니승(尼僧) 남녀신도대표 등 五백여 명이 참석한 가운데 성대히 열리어 열렬한 토의가 진행되었다.[27]

8.15 해방 후 교단을 정비하고 식민지 잔재를 청산하기 위한 불교계 혁신단체에서 혁신운동의 연합체인 佛敎革新總聯盟을 결성하여 1947년 5월 8일에서 5월 14일까지 독자적인 전국불교도대회를 개최하였다. 마지막 날인 14일 천명한 선언[28]에서 修道僧 중심의 교

---

26) 『동아일보』 1955. 8. 03. 滿空禪師와 佛敎淨化.
27) 『경향신문』 1947. 5. 10. 全國佛敎徒大會.

단운영체제와 敎徒들을 교단내로 흡수한다는 의지를 다졌다. 때문에 여기에 참여한 500여명 가운데 비구니들도 다수 포함되어 있었으며, 해방 직후 불교정화에 참여하였던 사실을 알 수 있다.[29]

해방직후인 1947년 전국불교도대회가 열리고 지방에서는 그 유명한 봉암사결사가 열려 청정승풍운동이 전개되었는데 1951년 8월 경남 창원의 聖住寺에서 40여명의 비구니들이 모여 대중결사운동을 전개하였다. 이들은 윤필암에서 정진하고 있던 대중들과 부산으로 피난을 내려갔던 오대산 지장암 대중들이 함께 모인 것이었다. 이 정진은 退翁性徹(1912~1993)을 비롯한 靑潭淳浩(1902~1971), 慈雲盛祐(1911~1992) 등이 주도하여 실시한 봉암사 결사를 그대로 실현한 결사였다. 봉암사 결사에서 내걸었던 共住規約을 성주사에서도 李仁弘(1908~1997)을 비롯한 비구니들에 의해 결사운동으로 전개되었던 것이다.[30] 즉 후대 종정에 올랐던 退翁性徹(1912~1993)은 대처승이 주지를 하고 있는 경남 창원 성주사에서 비구니들을 지도하였는데 그 명단은 다음과 같다.[31] 朴彰浩(1889~1976)·裵性蓮(1920~　)·徐仁成(1901~1989)·李仁弘(1908~1997)·李惺牛(1918~　)·법연·묘정(무착)·묘영·裵妙瓚(1926~　)·장호·金玄覺(1935~　)·도용·金妙瓊(1919~1978)·희견·李妙嚴(1931~　) 등이다.[32] 이들은 처음으로 普

---

28)「전국불교도연맹 선언문」,『대한불교』2, 1947.6.1.

29) 전국불교도연맹의 활동 전모에 대해서는 다음의 논고를 참조바람.(김광식,「전국불교도총연맹의 결성과 불교계 동향」,『한국 근대불교의 현실인식』, 민족사, 1998.)

30) 박원자,「인홍스님 일대기 길을 찾아 길 떠나다」, 김영사, 2007. 105~115쪽.

31) 본각,「원허당 인홍선사와 비구니승가 출가정신의 확립」,『한국 비구니의 수행과 삶』, 321~327쪽.

32) 한국비구니연구소,『한국비구니수행담록』상. 仁弘(1908~1997)스님, 500~501쪽.

照國師 知訥의 장삼을 法服으로 삼아 입고 대중결사에 정진하여 '비구니의 출가정신을 회복'[33]시켰던 것이다.

3. 현대 불교정화운동과 비구니

일반적으로 본격적인 불교정화운동은 대통령 이승만의 帶妻僧 물러가라는 훈시로부터 시작되었으나 외형적인 것에 지나지 않았다. 그러나 앞장에서 언급한 바와 같이 이전에 비구니들이 선풍운동에 참여한 바 있다.[34]

정화운동초기 비구니의 참여문제가 제기되었고[35] 이후『정화일지』감격사에서 언급된 바와 같이 정화운동에 비구니의 참여와 그 역할은 매우 컸다.[36]

1954년 9월 28일과 29일에는 선학원에 열린 全國比丘僧大會에 비구니 30명과 비구 116명이 참여하였다. 30명의 비구니에 대한 개별 명단은 파악되지 않고 있지만 후술하는 바와 같이 정화운동에 적극적으로 참여한 비구니들이었을 것이다. 같은 해 9월 30일 淨化日誌에는 제1회 임시종회 개최에 참여한 인원이 146명이었는데 비구 116명, 비

: 앞의 책, 중. 현묵스님, 179~180쪽.

33) 박원자,『인홍스님 일대기 길을 찾아 길 떠나다』, 김영사, 2007, 114쪽.

34) 이는 이승만의 정화유시가 있기 한 달 전인 1953년 4월에 불국사에 열린 조계종 법규위원회에서 18개의 사찰을 수좌측에 제공하였다는 사실에서 단적으로 알 수 있다.

35) 한국불교승단정화사 편찬위원회,『한국불교승단정화사』41쪽.

36) 위의 책, 11~12쪽.

구니 30명이었다고 기록되어 있다.[37] 그 다음달 10월 10일에 경무대를 방문하였을 때에도 80명의 비구와 비구니가 함께 하였다.

11월 3일 제2회 임시종회에서 종정 河東山과 부종정 鄭金鳥로 임원을 개선하면서 의원 50명이 선정되었는데, 비구니들 10명이 의원으로 추가되었다. 이들 비구니들은 바로 鄭金光(金龍, 1892~1965)·鄭守玉(1902~1966)·李仁弘(1908~1997)·李惺牛(1918~)·李蓮眞(1909~1996)·安慧雲(1911~)·강자호·裵妙全(1915~2003)·裵妙璨(1926~1989)·劉慧春(1919~1998) 등 10명이다.[38] 임시 종회의원이기는 하지만 비구니들이 처음으로 종회의원으로 선정된 것은 비구니의 역할과 위상이 제고된 것을 의미한다.

11월 5일 비구측이 태고사를 점령하여 조계사 간판을 붙이는 등 적극적인 실천으로 옮겼을 때 비구측과 대처측의 유혈사태가 발생하였다. 이 때 17·18세의 어린 비구니들도 참여한 가운데, 비구니 덕수는 조계사 진입 시 문을 장도리로 뜯는 등 적극적인 투쟁을 하였다.[39] 11월 20일 이승만의 3차 정화유시가 내려진 후 12월 1일 전국비구승대회가 열려 종헌을 개정하고 대표자회를 개최하였다. 다음날 비구니와 비구 80명이 또다시 경무대를 방문하였다.

12월 11일부터 13일까지 개최된 전국비구승니대회가 열린 후 500여 명의 비구·비구니들이 경무대 시위 및 방문에 동참하였다.

---

37) 위의 책, 70쪽.
38) 위의 책, 110쪽.
39) 「덕수스님·보인스님·정화스님 비구니, 잊혀진 정화의 공로자들」(1998년 1월 20일 수덕사 견성암 인터뷰), 『22인의 증언을 통해 본 근현대불교사』, 선우도량 한국불교근현대사연구회, 2002.

머리를 빡빡 깎은 스님들이 회색법의를 걸치고 눈 내리는 서울 시가를 시위행진 하였다. 처(妻)를 갖고 있는 대처승(帶妻僧)을 불교계에서 물리쳐야만 정화될 수 있다는 비구승(比丘僧)과 비구니(比丘尼) 스님들의 시위행진이었다. 불교정화운동 제三일째이며 마지막 날인 十三일 二시 태고사를 출발한 약 五백 명의 이 스님들은 전국 각 사찰에서 모여들어 불교정화를 위한 투쟁을 과시한 것이다. 七명의 비구승과 비구니 등 대표들은 행진 후 경무대를 방문하고 대처승들의 비행을 시정시키는 조속한 조치 있기를 호소하였다.[40]

위의 글에서 보듯이 500여 명 비구·비구니들이 경무대로 향하게 되었는데 강자호와 정수옥을 비롯한 비구니 고승을 선두로 몇백 명의 비구니들이 시위에 참여했는데 그 숫자가 비구의 2배가 넘었다.[41] 특히 덕수와 같은 비구니는 경무대 앞 총대를 빼앗아 경찰을 찌르고 문을 열고 진입하였고[42] 중앙청 뒷문에서 나온 경마순사와 대치하는 등 적극적으로 참여하였다.[43]

1954년 11월 11일 전국승려대회에 비구 211명, 비구니 221명이 참여했다. 8월 12일 전국승려대회가 개최된 가운데 종회의원 56명이

---

40) 『경향신문』 1954. 12. 15. 比丘僧들 示威 13日 景武臺 앞에서.
41) 위와 같음.
42) 위와 같음.
43) 위와 같음. 이와 관련한 당시 구술을 들어보면 다음과 같다. 1954년 스님은 덕문 스님과 정화운동에 참여하였다. 당시에는 대비원에서 선학원과 조계사로 출퇴근하며 일을 보던 때였다. 스님은 경무대에 진입할 때 경찰의 총을 빼앗아 총대로 경찰을 찔러 넘어뜨리고 다른 스님들이 안으로 들어갈 수 있도록 길을 여는 용감한 모습을 보여주었다. 두 줄을 서서 행동할 때에는 앞뒤사람이 덜어지지 않게 장삼 끈으로 서로 묶고 또 옆사람과 묶어 몸 싸움을 하다가 흩어지지 않도록 하였다(한국비구니연구소, 『한국비구니수행담록』 상. 덕수스님, 477~479쪽).

선출되었는데 비구니 金慧眞(1924~현)·李仁弘(1908~1997)·李惺牛 (1918~)·鄭守玉(1902~1966)·朴慧玉(1901~1969)·金法一 (1904~1991)·鄭淨行(1902~2000)이 정식 종회의원으로 선출되었다. 여기서 九山秀蓮(1909~1983)이 比丘尼叢林 장소를 선정하자[44]고 발 언한 것도 결코 우연이 아니다.

12월 22일과 23일 대회에서 거듭 강조한 佛敎淨化對策案에서 승 려명단(비구 366명, 비구니 441명, 총 807명)을 치안국에 제출했다. 여 기서 승려의 일상 수행과 비구 비구니의 차별이 없다는 것을 전제한 후 비구니의 사찰 주지나 종회 의원 1/6 임명사항이 의결되었다.[45] 현재 종회의원 81명 가운데 비구니가 10명이므로 1/8보다 많은 비율 이다.[46]

1954년 12월 25일 비구승측은 승가개혁안을 제출했는데 여기에 360명의 비구와 441명의 비구니가 서명을 했다. 주목되는 것은 1955 년 5월 16일에는 500명의 비구니가 비구들과 불교정화를 위해 단식 도 서슴지 않았다는 것이다.[47]

단식 무언 기도를 올리던 비구승려들은 단식을 시작해서부터 약 백二 십五시간만인 십五일 하오 五시 정했던 一주일간의 단식을 마쳤다. 비 구승단의 종정(宗正)인 河東山씨의 말에 의하면 그들은 십六일 상오 七 시까지 단식을 계속할 작정이었으나 외부의 정세가 낙관적인 공기로 돌 았으며 또한 당국자들의 간곡한 중지 권고에 마지 못하여 단식을 미리

---

44) 한국불교승단정화사 편찬위원회, 『한국불교승단정화사』. 649쪽.
45) 위의 책. 203쪽.
46) 전해주, 앞의 논문, 136쪽.
47) 『경향신문』 1955. 5. 17. 단식으로 기도 비구 비구니승 신도들.

중지케 하였다는데 노승(老僧)들은 아직도 계속 단식 기원을 올리고 있다 하며 그들은 문제가 완전히 해결될 때까지 계속할 것이라 한다. 한편 그동안의 '단식투쟁'으로 比丘尼 三명 比僧 三십三명 도합 三십六명이 생명이 위태로운 상태에 빠져 경찰당국에서는 首都경찰병원에 십一명 國立경찰병원에 二십五명을 각각 수용하고 치료를 가하여 왔는데 이번의 단식기간의 완료와 더불어 십六일 상오에 二십九명을 퇴원시켰으며 나머지 七명만은 아직 건강이 회복되지 못하여 首都경찰병원에서 치료를 계속하고 있다고 한다.[48]

보인스님은 1954년 불교정화운동에도 함께하였는데 조계종 종도라면 모두 동참하였다고 해도 과언이 아닐 것이다. 견성암 스님들도 거동이 불편한 노스님들만 사중을 지키고 모두들 선학원과 조계사 마당에 집결하였다.

스님은 단식대회에서 물도 마시지 말라고 하여 이틀 동안 물 한 모금도 마시지 않았다. 우물에서 손을 씻을 때 물이 너무 마시고 싶었지만 꾹 참았는데, 나중에는 더 이상 버티기가 어려울 만큼 탈진하였다고 한다. 어느 큰 스님께서 '철도국이 우리 조계종 때문에 먹고 산다'고 할 정도로 전국 각지에서 많은 스님이 올라와 동참하였다.

보인스님은 1952년 8월 대성암에서 2안거를 성만하고 다시 견성암에서 1961년까지 정진하다가 1962년 해미 개심사 강원총무로 부임하여 1970년까지 맡은 바 소임을 다하였다.[49]

---

48) 『동아일보』 1955. 6. 17. 比丘僧 斷食을 中止.
49) 한국비구니연구소, 『韓國比丘尼修行談錄』. 上, 寶仁(1924~2004)스님, 448쪽.

위의 인용한 글에서 보듯이 '철도국이 우리 조계종 때문에 먹고 산다'고 할 정도로 전국의 조계종도들이 상경하여 정화운동에 모두 동참했다고 해도 과언이 아니었다고 한다. 예컨대 견성암의 비구니 법령은 尹法衡(1921~2001)과 제석 등과 함께 노쇠한 승려를 제외하고 상경하여 참여하였다.[50] 뿐만 아니라 陳快愈(1907~1974)는 속리산 수정암 입승인 金淨行(1904~1980)과 함께 속리산에서 대전역까지 걸어가서 기차를 타고 상경해 참여했고[51] 李仁弘(1908~1997)은 태백산 홍제사의 문도들을 이끌고 정화에 참여했다.[52] 또한 金道鍊(1911~2004)은 윤필암에서 수행하다가 기차 기관실에서 승차하면서까지 상경하여 참여하였고[53] 구례 화엄사에서 수행하던 成觀晶(1937~)은 자호·종현과 함께 서울에 올라가 정화에 참여하였다.[54] 이들은 위에서 언급한 朴寶仁(1924~2004)이나 다음에 인용한 金道鍊처럼 당시 비구니들은 단식투쟁에 적극 참여하였다.

스님은 앉아서 물도 마시지 않고 단식을 하는데 사흘이 지나자 몸에서 너무 냄새가 나서 "몸에서 썩은 냄새가 난다"고 하시니 다른 스님들께서 물을 먹었냐고 물어서 물을 못먹게 해서 안 먹었다고 하니 죽을려고 그러냐며 몰래라도 물을 먹어야 한다고 했다고 한다. 단식을 풀고 대중이

---

50) 「덕수스님·보인스님·정화스님 비구니, 잊혀진 정화의 공로자들」(1998년 1월 20일 수덕사 견성암 인터뷰), 『22인의 증언을 통해 본 근현대불교사』, 선우도량 한국불교근현대사연구회, 2002. 279~280쪽. ; 한국비구니연구소, 『韓國比丘尼修行談錄』. 上, 寶仁(1924~2004)스님, 448쪽.
51) 하춘생, 『깨달음의 꽃』 2, 2002. 136쪽.
52) 한국비구니연구소, 『한국비구니수행담록』 상. 仁弘(1908~1997)스님, 500~501쪽.
53) 위의 책. 中, 道鍊스님(1911~2004), 155쪽.
54) 한국비구니연구소, 1999~2000년 녹취 취재자료. 관정스님.

죽을 먹을 때 스님께서는 사흘 동안 물 한모금도 마시지 않았기에 죽을 두 숟가락도 넘기지 못하셨다.[55]

그야말로 죽음을 두려워하지 않고 청정불교계를 만들겠다는 고귀한 정신의 발로이다. 그리하여 단식 투쟁 5일째 되는 날인 6월 13일 희찬·김지월·현극·종수·운영·성덕·혜종 등의 비구와 本賢·正行·妙明 등의 비구니들이 위독하여 병원에 입원하기도 하였다.[56] 특히 비구니 심범현은 위독한 상황에 처하기도 하였다.

비구승들의 단식기도 五일째인 十三일 오후 十一명의 비구승과 비구니가 실신함으로써 十시 수도경찰병원에 입원시켰다. 실신한 비구승은 김성덕(十七)씨 외 十명이며 그 중 三명이 비구니이었는데 특히 비구니 심범현(六四)씨는 특히 위독상태이므로 '링거' 등으로 응급치료를 하였다.[57]

그리고 1955년 6월 23일 전국승려 준비위원 66명 가운데 비구니 이인홍·정수옥·박혜연·정성문·박혜옥·정금광·김혜진이 선출되었고, 이러한 비구니들의 정신과 실제 참여활동 때문에 비구니에게도 정화운동기 1/10의 종회의원을 배석하였는데 앞서 언급한 바와 같이 현재보다 그 비율이 높은 것이다.[58] 6월 29일에 개최된 비공개

---

55) 위의 책. 中, 道鍊스님(1911~2004), 155쪽.
56) 한국불교승단정화사 편찬위원회, 『한국불교승단정화사』, 422쪽.
57) 『경향신문』 1955. 06. 15. 失神者 續出의 斷食場 比丘僧尼 11名을 警察病院에 收容.
58) 전해주, 앞의 논문, 136쪽.

간담회에도 李仁弘(1908~1997)·강자호·李惺牛(1918~)가 비구니계를 대표하여 참여했다.

그리고 역사상 최대의 인원인 900여 명이 참여할 것이라던 전국승려대회에는 전국의 비구니가 상경하였다고 한다.[59] 같은 해 8월 비구승대회에 423명의 비구니가 250명의 비구와 함께 참여했다.[60]

비구승단에서 개최하는 전국승려대회는 二일 상오 십시 당국의 제지에도 불구하고 이청담(李青潭)씨 사회로 약 八백 명의 비구승니들이 참석한 가운데 개막되었다.

당국에서는 一일밤 오늘의 대회중지를 시달한 바 있음에도 불응하고 개최한 동 대회를 해산하려 하였으나 대회를 계속 진행할 것을 허용하라는 이대통령(李大統領)에게 보내는 혈서와 장문의 만인소(萬人訴)가 통영에서 참석한 미래사(彌來寺) 주지 소(蘇九山)씨가 공개하자 대회장은 승려와 신도들의 흥분에 넘친 울음소리로 충만하여 일시 수라장을 이루었다.[61]

8월 12일 개최 후에도 8월 5일 경무대 방문에 비구 河東山·李青

---

59) 「덕수스님·보인스님·정화스님 비구니, 잊혀진 정화의 공로자들」(1998년 1월 20일 수덕사 견성암 인터뷰), 『22인의 증언을 통해 본 근현대불교사』, 선우도량 한국불교근현대사연구회, 2002. 이 대회에 참석자는 비구 350명(동의서 440), 비구니 423명(동의서 140) 합 773명(184명 동의)이었다.

60) 『朝鮮日報』 1955. 08. 03. 僧侶大會를 强行 集會 許可 없어서 場內 騷然.; 김광식, 『근현대불교의재조명』 민족사 2000, 401, 269, 393~397쪽.; 박포리, 「현대 한국 비구니 사찰의 설립에 대한 고찰」, 『동아시아 전통에서의 한국비구니의 삶과 수행』, 2006, 128쪽.

61) 『경향신문』 1955. 08. 03. 當局勸告도 不應 比丘僧尼大會 開幕.

潭·朴碧眼·蘇九山·金智曉·玄悟·李貞洙와 더불어 비구니 李仁弘 (1908~1997)이, 문교부 방문에 비구 金呑虛·楊廳雨·宋鶴根·申韶 天·金大越·尹月下·金鏡牛·白光豪·李壽山과 더불어 비구니 鄭守 玉(1902~1966)이 참여했던 것이다.[62] 8월 12일 소명자료에 의하면 전국승려대회의 회의록의 참석인원이 위임장을 포함하여 비구 430 명(위임장 48명), 비구니 571명(위임장 140명)이었다.[63] 이처럼 비구 니들은 비구들 못지않게 정화에 동참하였음을 알 수 있다.

이상에서 살펴본 바와 같이 적극적인 정화운동에 힘입어 40년간 대처승에게 빼앗겼던 불교계의 주도권을 되찾았음은 다음에서 알 수 있다.

선학원(禪學院)계 승려(比丘僧, 尼)들은 四十년간이나 대처승(帶妻僧＝ 舊總務院) 세력에 빼앗겼던 한국불교(佛敎)의 주도권을 다시 찾고 전국 일선 一백八십 사찰(寺刹)의 새주인이 되었으나 이 많은 사찰을 수호할 주지(住持)의 부임은 그들 지도층의 심각한 고민거리가 되고 있다. 그들은 오랜 투쟁끝에 숙원의 교단(敎團) 주도권을 자신들의 손아귀에 넣었으나 五천명이 넘는 '대처승'들을 사찰로부터 추출하고 그 뒷자리 를 메우기에는 너무도 힘이 미약하다는 현실에 부닥치고 말았다. 현재 '선학원'계 승려는 약 八백명(比丘僧 四〇〇名 比丘尼 四〇〇名)으 로 추산되고 있는데 이들 전원을 주지로 임명한다는 것은 이지종교(理 智宗敎)로 알려진 '불교'의 전도가 높은 지식과 교양을 필요로 하는 점 에 비추어 도저히 불가능한 것으로 보여지고 있다.

---

62) 한국불교승단정화사 편찬위원회, 『한국불교승단정화사』, 534쪽.
63) 위의 책, 664쪽

그들은 전국에서 전통있는 六백二십三 사찰을 골라 주지를 내정하고 있으나 실제로 문교부에 인허(認許)를 신청한 것은 십구 사찰에 불과하였다는 것은 그간의 사정을 증명하는 것으로서 결국 '대처승'의 교섭은 불가피한 것으로 관측되고 있다.

정통한 소식통에 의하면 그들은 일시에 전사찰을 접수하려던 당초의 계획을 포기하고 모든 대처승을 포섭하게 될 것이라고 말하였다.

또한 二十일 '선학원' 대변인도 '경우에 따라서 대처승도 주지서리(住持署理)로 임명하게 될 것이라'고 언명한 바 있는데 이로 미루어 보아 '대처승'들은 아직도 승려(僧侶)로서의 생명을 계속 유지 할 수 있을 것이라는 것이 일반적인 견해로 되고 있다.[64]

위의 기사에서 보듯이 대처측에 빼앗겼던 불교계 주도권을 되찾고 180寺의 주인이 되었다. 그러나 500명이 넘는 대처승을 몰아내기에는 아직 힘이 미약하였다. 이는 대처승이 비구측보다 4,200명이나 많았기 때문이었다. 그리하여 전통이 있는 623寺를 골라 주지를 내정하였으나 문교부에 신청 사찰을 인허받은 것은 19寺에 불과하였다. 그런 가운데 비구니들의 사찰이 종단 차원에서 처음으로 분배되었다.[65]

---

64) 『東亞日報』 1955. 8. 22. 帶妻僧 包攝 不可避 禪學院側, 住持人選에 腐心.

65) 1955년 10월경 대처승 1000개 사찰 중 450개 사찰을 접수하였는데, 비구니들도 사찰을 접수하였는데 현재의 선원의 모태가 되고 있다. 덕수의 구술에 따르면 비구측 지방사찰 주지임명 접수 운문사(묘전), 천은사(혜운) 선암사였다고 한다(「덕수스님·보인스님·정화스님 비구니, 잊혀진 정화의 공로자들」(1998년 1월 20일 수덕사 견성암 인터뷰), 『22인의 증언을 통해 본 근현대불교사』, 선우도량 한국불교근현대사연구회, 2002).

1959년 종단에서는 정화운동 당시 살신성인의 정신으로 참여한 비구니 스님들의 노고를 치하하며, 전라도 지역에서는 仙巖寺를 비구니스님들에게 내어주고, 경상도 지역에는 桐華寺에 비구총림을 내주었다.

성경스님은 이후 2년 동안 동화사에서 생활하였다. 그러나 중앙 종단에서 비구스님들이 내려오면서 동화사 강원이 폐지되고 동화사에 상주하던 비구니스님들은 뿔뿔이 흩어지게 되었다.[66]

특히 1955년 鄭性文(1893~1974)은 비구니로서는 최초로 本寺인 桐華寺 주지에 취임하였다. 즉 대구 桐華寺를 全國比丘尼叢林으로 개설하기 위해 도량으로 인수하였다. 당시까지 비구니가 교구본사 주지에 참여한 사례는 전무하다. 총무부장은 李仁弘(1908~1997), 교무부장은 金法一(1904~1991),[67] 재무부장은 정안이 맡게 되었다. 그리하여 동화사 비구니 총림에서는 1년간 80명이 함께 수행하였다고 한다.[68]

그만큼 정화운동에 있어서 비구니의 공로가 인정되었던 것이라고 볼 수 있지만 당시 교단사정으로 청도 雲門寺와 맞바꾸게 되었다.[69]

---

66) 한국비구니연구소, 『韓國比丘尼修行談錄』. 중, 晟鏡(1941~)스님, 506쪽.
67) 1953년 동화사비구니총림과 1954년 운문사 비구니 강원교무국장을 역임한 스님은 1953년 9월 조계종 중앙종회의원에 피선되어 수년 동안 비구니승가교육에 많은 관심을 기울였다. 1955년 9월 5일 주지로 부임한 대원사는 거의 폐허가 된 절이었다. 대작불사의 원력을 세우고 그 면모를 일신하기까지 스님의 원력보살의 삶 그 자체였다.(한국비구니연구소, 『韓國比丘尼修行談錄』上, 法一(1904~1991)스님, 376쪽) 법일이 정화후 대처승과의 싸움에서 승소하는 등 비구니도량으로 가꾼 사실에 대해서는 하춘생, 『깨달음의 꽃』, 여래, 1998, 257쪽을 참조하기 바람.
68) 한국비구니연구소, 『韓國比丘尼修行談錄』. 중, 경주스님, 151쪽.
69) 본각, 「원허당 인홍선사와 비구니승가 출가정신의 확립」, 『한국 비구니의 수행과 삶』, 329쪽.

그리하여 동화사 비구니총림에서 수행하던 비구니들은 경주 분황사, 태백산 홍제사, 선암사 등으로 뿔뿔이 헤어지게 되었다.[70] 이는 실로 불교계에 있어서 비구니의 위상과 관련된 단적인 표상이라고 아니 할 수 없다.

1957년 불교정화운동 당시 수인노스님께서는 권속들을 데리고 동화사로 거처를 옮겨 불교정화운동에 동참하셨다. 동화사의 정화가 끝나자 노스님은 표충사에 가서 3개월 정도 머물다가 다시 운문사로 거처를 옮겼다. 그 당시 운문사에는 대처승들이 거주하고 있었다. 노스님이 들어가시면서 운문사에도 정화의 바람이 일어나자 대처승과 비구니스님들이 부처님 말씀을 배울 수 있는 장을 마련하셨다. 그리고 길고 어려운 갈등 끝에 마침내 대처승들이 운문사를 떠나게 되었다.
노스님은 가까이 지내던 부산 소림사 금광 노스님을 모시고 와서 주지 소임을 맡게 하시고 당신은 총무 소임을 맡으면서 운문사를 비구니도량으로 가꿔나가셨다. 그리고 이후 10여 년간 운문사 소임을 맡으셨다. … 대처승들과 긴 갈등을 겪으면서 사중의 경제는 극도로 피폐해졌고 노스님께서 운문사 대중을 외호하는 소임을 살고 계셨기 때문에 스님도 노스님을 도와 대중을 외호해야 했다.[71]

---

70) 한국비구니연구소, 『韓國比丘尼修行談錄』, 中, 경주스님, 151쪽.
71) 한국비구니연구소, 『韓國比丘尼修行談錄』, 上, 妙全(1938~2004) 627쪽. 당시 이런 상황에 대한 구술을 소개하면 다음과 같다. 즉 수인스님은 정화이후 팔공산 동화사 비구니 총림에서 운문사로 옮겨오면서 소임을 맡았는데 대처승이 휩쓸고 간 운문사는 폐허가 되었다. 1955년 스님은 운문사 주지직을 맡아 직접 후학의 도제양성을 위해 강원의 도제양성을 위해 강원교육 체제를 신설하면서 각종 불사에 전념하였다. 그러던 중 대처승의 모함과 소송제기로 법정에 세 번이나 서게 되었다. 마지막 재판 때에는 승소한 줄도 모르고 그 자리에서 합장한 채로 관음

위의 글에서 보듯이 정화 후 비구니들의 사찰운영은 쉽지만은 않았다. 그러한 사례로 서울 개운사의 경우를 들 수 있다.

정화 이후 개운사는 비구스님들의 뒤에서 묵묵히 실질적인 힘을 위해 정화를 이룩해낸 비구니스님들이 살게 되었다. 서울에서 재정이 튼튼한 사찰 중의 하나로 손꼽혔던 개운사는 당시 주지였던 대처승의 횡포가 심하기로 유명했다. 이리하여 개운사의 큰 방에서는 비구니스님들이 발우공양을 하고 대처승들은 사무실 쪽에서 밥을 지어먹으며 살게 되었다. 당시 개운사의 주지소임은 덕수스님의 사형이신 덕문스님이 맡았다.

덕문스님은 소임을 사는 기간 동안 요사채를 짓고 법당을 짓기 위한 터를 닦아놓았다. 이는 전후 불교역사에 불사의 원력을 더하여 도량 가꾸기에 전념을 쏟은 비구니들의 역량을 여실히 반영하는 대목이다. 이렇게 비구니스님들의 개운사 도량중창의 역사가 이루어지는 동안에도 대처승들의 횡포는 끊임없이 계속되었다.[72]

이와 같이 정화운동에 적극적으로 참여하였던 德修의 사형 德文이 대처승의 횡포 속에 비구니도량으로 가꾸어 갔음을 알 수 있다. 그러한 가운데 비구니 사찰의 주지 취임과 더불어 선원과 강원을 일구기 시작하였다.[73] 선학이 이미 지적한 바와 같이 비구니들이 강원

주력 삼매에 들었다고 한다. 굴뚝 하나도 온전하지 못했던 운문사를 새로운 청정 도량으로 가꾸어가는 데는 수 년의 세월이 걸렸다. 한국비구니연구소, 『韓國比丘尼修行談錄』. 上, 守仁(1899~1997)스님. 114쪽.

72) 한국비구니연구소, 『韓國比丘尼修行談錄』, 上, 덕수스님, 477~479쪽.
73) 이에 대해서는 수경스님과 해주스님의 앞의 논고를 참조하기 바람.

교육을 받을 수 있는 환경이 조성된 것은 해방이후이다. 1956년 경봉 스님을 모시고 동학사에 비구니 전문강원을 설립하면서 비구니 강원 교육은 활기를 되찾기 시작하였다. 당시 비구니 강사는 경봉·호경· 대은 등이었고 거기에서 배출된 비구니들이 다시 비구니 강원을 설립 하여 교육을 하게 되었다.[74]

최초의 비구니 법사인 鄭金龍(1892~1965)은 정식으로 비구로부 터 강맥을 받은 최초의 비구니이고 1958년 자신의 가르침을 광우에 게 전수했다. 이는 비구니가 비구니에게 전한 최초의 강맥이다. 鄭守 玉(1902~1966)은 최초로 강사의 지위를 가진 비구니로서 해방 전 유일한 비구니 강사였다.[75] 李永春(1894~1993)은 30세에 당대 최초 의 비구니 화엄 법사가 되었고 鄭淨行(1902~)은 최초의 비구니 전 계사이다.

1956년 李妙嚴(1931~현)이 경봉으로부터 전강을 받았는데, 이는 비구니가 처음으로 비구에게 전강을 받은 사례이다. 그 후 鄭泰鏡 (1930~)이 1945년 해인사 삼선암에서 비구니 鄭性文에게 출가하여 1957년 운문사에서 만우로부터 전강을 받았다. 全明星(1931~)이 1958년 선암사 성능으로부터 전강을 받았고 韓智賢(1933~)이 1960 년 범어사에서 대은으로부터 전강을 받았다.

동학사 강원이 설립된 이후인 1960년대 비구니 강원에서 교육을 받았으며, 비구에게 전강을 받은 비구니는 19명이다. 그 가운데 5대 강원인 동학사(1956)의 鄭一超(1943~), 운문사(1958)의 全明星

---

74) 수경, 「한국 비구니강원 발달사」, 『한국비구니의 삶과 수행』, 전국비구니회, 2007.
   17~18쪽.
75) 박포리, 앞의 논문, 126쪽.

(1931~), 그 후 봉녕사(1974)의 李妙嚴(1931~), 삼선승가대학(1978)의 朴妙洵(1946~), 청암사(1987)의 朴志炯(1947~)이 승가대학을 책임지는 학장으로서 비구니교육을 지휘하고 있다.[76]

그러나 이러한 비구니의 총림 건설 시도와 사찰운영, 비구니전문강원과 선원을 설립하는 등 비구니 도량을 중심으로 청정 불교계를 일구어가고 있었지만 대처측와의 대립은 쉽게 끝나지 않았다. 그 대표적인 사건이 바로 1956년 6월 15일 서울지방법원의 '종헌 등 결의 무효 확인에 관한 판결문(民 제1326호)'으로 비구측의 제2종헌 무효로 선고가 되자 비구측은 이에 불복하여 서울고등법원에 항소하였던 것이다.

불교 내의 분규재연은 불가피하게 되어 비구 대처 양측의 대결은 심각한 모습을 새로 나타내기 시작하였는데 二十八일로서 비구승들이 입주하고 있던 조계사(曹溪寺)를 점거한 대처승들은 조계사라는 간판을 떼고 태고사(太古寺)라는 간판으로 복구시켜 종무(宗務)를 三十일부터 개시하였다.[77]

한편 법원 판결에 의하여 부득이 조계사에서 물러나온 비구승측은 三十일 전국 각처에 산재하고 있는 비구승니에게 시급 전보를 치고 급거 상경할 것을 통보하여 대처승측을 상대로 새로운 각도로 투쟁을 전개할 준비 공작을 취하고 있다. 그런데 이번 재연된 불교분쟁은 비구승측이 일시 불교 주도권 장악하던 一년 전보다 확대된 기세를 보이고 있는데

---

76) 수경, 앞의 논문, 28쪽.; 해주, 앞의 논문. 138쪽.
77) 「덕수스님·보인스님·정화스님 비구니, 잊혀진 정화의 공로자들」(1998년 1월 20일 수덕사 견성암 인터뷰), 『22인의 증언을 통해 본 근현대불교사』, 선우도량 한국불교근현대사연구회, 2002, 271쪽.

대처승측은 지난 二十七일자 서울지방법원에서 가처분 결정이 있자 태고사(太古寺)를 비롯한 해인(海印), 통도(通度), 범어(梵魚) 등 三대 사찰과 三十개 본사의 운영권도 장악하게 되어 대처승측 주지를 배치하고 있다는 것이다.

그리고 지방에서 급거 상경 통보를 받은 비구승니들은 三十一일 저녁까지는 전원이 서울에 도착될 것으로 전해지고 있는데 이들 비구승니들은 안국동(安國洞)에 있는 선학원(禪學院)에 일단 집결되어 투쟁방법을 결정할 것이라고 전하여지고 있는바 이들의 투쟁방법은 관계당국에 해결책을 제시 절충하여 이것이 여의치 못할 경우에는 또 농성(籠城)과 단식(斷食) 투쟁으로 들어갈 것이라 한다.[78]

그 후 3년 후인 1959년 3월 22일 대법원 판결을 앞두고 비구니도 적극 참여하였다.

淨化기초에 數字的 比丘僧(比丘尼)의 千餘名 帶妻僧으로 熱戰中 曹溪寺 法堂앞에 얼음 땅에 엎드려 간이 오그라들고 손발이 퉁퉁 부어 올라도 帶妻僧의 잠근 法堂門을 열때까지 꼼짝 않고 終日있던 일이나 六·七일 씩 斷食祈禱중 三百名의 帶妻僧들의 集團습격으로 數十名이 무르팍이 쪼개지고 다리가 부러지며 갈비대가 다함께 우그러져 內出血로 죽게까지 되었고 大統領의 面會를 위하여 경무대앞 籠城쩍에 뻐스와 騎馬가 발부러 대들어도 五·六百名이 깍지끼고 꼭껴안고 한명도 움직이지 않고 決死的인 態勢를 보이던 修道僧은 觀念的으로라도 生死에 뛰어난 정신이 아니면 그런 集團的 實行은 하지 못하는 것이다.[79]

---

78) 『朝鮮日報』 1956. 07. 31. 帶妻僧 宗務를 開始 比丘側은 地方僧尼 上京 指示.

결국 1960년 11월 23일에 5백여 명 승려들이 단식에 다시 돌입하게 되었는데 그 다음 날인 11월 24일 지방인 부산 시내 중심가인 광복동·중앙동·동광동·창선동 일대에서 비구니들도 비구와 더불어 약 3백여 명의 시위가 열렸다.[80] 그 다음날인 1960년 11월 25일 대법원 판결에 항의하여 비구·비구니들이 대법원 청사에 난입하는 일이 발생하였다. 이에 대해서 당시 일간지는 다음과 같이 적고 있다.[81]

司法史上 前代未聞의 混亂惹起 四百餘名이 마구 亂動 20名負傷 警察, 衝突 끝에 모조리 連行 判決에 不滿 품고

'불교분쟁사건'에 대한 대법원판결에 불만을 품은 비구승·비구니 및 신도 四백여 명이 二四일 하오 대법원 청사에 난입, 긴급 출동한 경찰관 三백여명과 충돌하여 대법원, 서울고법, 대검, 서울고검 및 서울지검을 포함하고 있는 법원청사는 사법사상 전대미문의 대혼란을 일으켰다. 이 난입사건으로 승려 六명이 할복하여 중상을 입고, 충돌로 경상을 입은 자는 二O여 명에 달하며 법원, 경찰의 사무는 약 二시간 동안 계속된 수라장 상태로 거의 중단되고 말았다.

이날 하오 三시 二O분경 극렬분자로 보여지는 비구승 六명이 대법원 장실에서 裵廷鉉대법원장 직무대행 대법관을 만나 대법원의 판결에 항의하려다 면담을 거절당하고 할복 중상을 입자 '승려 一명이 죽었다'고 와전되어 하오 三시 五O분경 曹溪寺에서 단식하던 비구승 중 三五O

---

79) 『동아일보』 1959. 03. 22. 佛敎正化의 緊急問題…大法院 判決을 앞두고(上). 〈김일 엽도 당시 상황을 신문기고에 같은 내용을 지적한 바 있다.(『東亞日報』, 1959. 03. 22. 佛敎正化의 緊急問題…大法院 判決을 앞두고(上),)

80) 『동아일보』 1960. 11. 24. 比丘僧尼 데모 帶妻僧 물러가라고.

81) 『동아일보』 1960. 11. 25. 여섯名이 割腹劇.

여 명과 비구니 및 신도들 五○여명. 도합 四백여 명이 光化門 시청 앞을 통과하여 일부는 차로, 일부는 도보로 법원청사까지 집결한 다음 '우리도 전부 다 같이 죽자' '대법원은 돈먹고 대처승에 유리한 판결을 내렸다'는 등 구호를 외치며 법원구내에 난입하였던 것이다.

이들 중 약 반수는 법원청사 안으로 난입. 나머지 약 반수는 법원청사 앞마당에서 기타 경찰관에 의하여 제지되어 경찰에 욕설까지 퍼부었던 것이다. 이 사태는 경찰이 이들 전원을 연행함으로써 二시간 후인 하오 五시 반경에 완전히 강제 해산되었다.[82]

당시 비구·비구니들이 법원의 판결에 대항하여 대법원 청사에 진입하였고, 특히 당일 대법원 진입시 月呑·도헌·性遇·권진정·李道明·文性覺 6명의 비구가 할복을 기도하면서 주장을 펼쳤다.[83] 당시 6비구의 할복소식을 들은 비구와 더불어 비구니들도 서소문 청사로 향하는 등 비구니들도 적극 참여하였다. 예컨대 비구니 덕수는 3층 사무실로 올라가다가 경찰의 곤봉에 맞아 1층으로 떨어졌고[84] 거기에 참여한 승려들은 시내 11개 경찰서에 분산 수용되었는데 경찰서 안에는 승려들로 발 디딜 틈이 없었다고 한다.[85] 특히 나이 어린 비구니 2명과 노쇠한 여신도 2명이 석방되었지만[86] 비구니 현진은 9일간이나 감금되기도 하였다.[87]

---

82) 『동아일보』 1960. 11. 25. 比丘僧 大法院 廳舍에 闖入.
83) 최근에 할복 6비구 중 한 인물인 성준선사의 열반 30주기 추모학술대회가 신흥사와 계간 불교평론 주최로 설악산 신흥사에서 열렸던 것은 매우 고무적이라고 하겠다.
84) 한국비구니연구소, 『韓國比丘尼修行談錄』上, 덕수스님. 477~479쪽.
85) 11월 26일 비구 133명에게 영장이 발부되었다고 한다.
86) 『京鄕新聞』 1960. 11. 27(朝). 四名을 釋放 나어린 比丘尼等.
87) 한국비구니연구소, 『韓國比丘尼修行談錄』중, 玄眞(1937~현)스님. 477~478쪽.

그리고 견성암의 덕수(1922~현) 등은 서울 대비원에 주석하면서 비구의 뒷바라지를 하였고[88] 대처승들과의 싸움에서 제일 앞에 나아가 싸웠다. 덕수는 입적한 덕문과 함께 박정희 대통령의 장모인 대각화보살과 인연이 깊었고 그러한 인연으로 비구승측의 탄원서를 박대통령에게 직접 전달하는 역할을 하였다.[89]

박대통령 장모 대각화보살과 덕수의 은사가 친밀하였는데 박대통령에게 탄원서를 제출할 때 덕수와 덕문이 도맡아 하였고 채벽암이 쓴 탄원서를 덕수가 전달하였던 것이다.[90] 그리고 덕수의 올케 친정동생인 김성한 동아일보 논설위원에게 정화운동의 보도를 의뢰하였다.[91] 혜춘의 부친이 판사였는데 법원의 문제를 도움받았다.[92]

그 후 2년이 지난 1962년 2월 21일에 열린 불교재건비상종회에서는 비구측은 불교의 전통을 살려 종단 구성을 비구·비구니 및 신도에 국한하며 대처승은 도저히 승려로 인정할 수 없었다. 그러나 그 밖의 대우 즉 布敎師 등으로 인정해 준다고 주장하고 있는데 반하여 대처측은 종단을 僧尼 및 신도로 구성하고 승니는 修行僧과 敎化僧으로 나누어 대처승을 敎化僧으로 인정해야 한다고 주장하

---

88) 위의 책, 玄眞스님. 현진은 운동의 주동자가 청담이라는 사실을 말했으면 금방 풀려 났을 수 있었음에도 말하지 않아 비구니로서 유일하게 서대문경찰서 유치장에 9일이나 감금되었다. 이렇듯 정화운동의 주역이라고 평가받고 있는 청담을 곁에 시봉한 스님들 가운데 비구니들이 적지 않았다. 그 대표적인 비구니로 도문(1942~) 등을 들 수 있다(위의 책, 도문스님).

89) 「덕수스님·보인스님·정화스님 비구니, 잊혀진 정화의 공로자들」(1998년 1월 20일 수덕사 견성암 인터뷰), 『22인의 증언을 통해 본 근현대불교사』, 선우도량 한국불교근현대사연구회, 2002. 263쪽.

90) 위의 책. 274~276쪽.

91) 위의 책, 275쪽.

92) 하춘생, 『깨달음의 꽃』 2, 여래, 2001. 67쪽.

였다.[93]

이러한 비구니들의 적극적인 노력으로 1964년 11월 28일, 29일 양일에 걸쳐 興天寺에서 열린 중앙종회에서는 정기총회를 열고 남녀교도 출신의원 12명과 비구니의원 5명을 뽑았다.[94]

그러나 정화운동의 막바지에 들어선 1969년 정화운동에 있어서 핵심이자 선봉에 섰던 靑潭淳浩(1902~1971)가 1969년 8월 12일 조계종을 탈퇴하는 일이 벌어졌다.[95] 8월 24일 禪學院 중심의 蔡碧岩(禪學院長·東大재단이사장), 耘虛(東國譯經院長), 梵香(佛國寺 住持), 徐京保(東大佛敎大學長)와 더불어 수덕사 비구니 金一葉(1896~1971) 등 44명은 전국比丘僧尼대표자대회를 발기로 靑潭淳浩의 종단 탈퇴의 경위 청취, 종단 비상사태의 수습방안 토의, 종단 淨化 진전 상황 재검토 등 안건을 놓고 사태수습을 위한 구체적 해결책을 논의하기로 하였다.[96]

이렇듯 정화기에 비구니의 역할은 지대했다고 볼 수 있는데 정화운동과정과 그 후 비구니의 위상의 변화에 대하여 살펴보기로 한다.

우선 정화운동을 전개하는 데 있어서 비구를 중심으로 이루어졌다는 것은 전국비구승대회라는 명칭에서 읽을 수 있다. 그러나 비구니의 역할과 그 위상이 중요하게 되면서 제3회에 전국비구·비구니대회라고 하여 그 명칭이 바뀌었다가 아예 전국승려대회로 명칭을 변경한 사실에서 단적으로 알 수 있다.

그리고 정화운동기 당시 비구는 400명, 비구니는 200~300명인

---

93) 『동아일보』 1962. 2. 22. 兩側 試案 相反 새 宗憲을 審議中인 佛敎再建非常宗會.
94) 『동아일보』 1964. 11. 30. 四部大衆도 任員에 曹溪宗 定總서 選出.
95) 『조선일보』 1969. 8. 24. 再燃된 佛敎紛爭 다시 술렁이는 宗團 안팎.
96) 『조선일보』 1969. 8. 24. 雜音속 比丘僧大會.

데 반하여 대처승은 7,000명 정도였기 때문에[97] 수적으로 불리하였을 것이다.

1954. 9. 28	제2회 전국비구승대회(2일간) 선학원
	146명(비구 116, 비구니 30명)
1954. 12. 27.	정화대책안 서명(비구 366, 비구니 441, 합 807명)
	익일에 치안국전달
1955. 5. 16.	조계사 단식
	비구 119 비구니 179 신도 50 합 347명
1955. 8. 2.	전국승려대회 개최
	참석자 비구 350(동의서 440), 비구니 423명(동의서 140)
	합 773명(184명 동의)

제2회 전국비구승대회에는 전체 146명 가운데 비구니가 30명 정도 참여했으나 정화대책안에 서명한 것은 비구니가 75명이나 더 많았으며 조계사 단식기도에 참여한 것도 비구니가 60명이나 더 많았다. 전국승려대회에서도 마찬가지로 비구니가 더 많이 참여했다.

비구니들의 정화에 대한 적극적인 참여 사례를 들면 다음과 같다. 수덕사 견성암에서는 노쇠한 비구니 외에는 다 참석했다거나[98] 법일과 그 문도가 다 참여했다는 것,[99] 그리고 이인홍과 그 문도들이

---

97) 김광식, 『근현대 불교의 재조명』, 민족사, 2000, 419쪽.
98) 「덕수스님·보인스님·정화스님 비구니, 잊혀진 정화의 공로자들」(1998년 1월 20일 수덕사 견성암 인터뷰), 『22인의 증언을 통해 본 근현대불교사』, 선우도량 한국불교근현대사연구회, 2002. 279~280쪽.
99) 위의 책, 279~280쪽: 한국비구니연구소, 『비구니와 여성불교』 5, 2003. 449~468쪽.

다 참여했다.[100] 비구니들이 정화운동에 참여한 기록은 근대이전과 마찬가지로 많이 남아 있지 않아 그 명단을 복원하기 쉽지 않으나 대략 적어 보면 다음과 같다.

> 觀晶(1937~2004), 金龍(1892~1965), 亘坦(1885~1980), 德修(1922~현), 德文, 道鍊(1911~), 道圓(1904~1971), 妙明, 妙雲(1921~1997), 妙典(1915~1954), 妙璨(1926~1954) 심범현, 법령 法一(1904~1991), 법형, 寶仁(1924~2004), 本賢, 성경, 性文(1893~1974), 惺牛(1918~), 守玉(1902~1966), 守仁(1899~1997), 蓮眞(1909~1996), 仁弘(1908~1997), 一葉(1896~1971), 자호, 長一(1916~1997), 재덕, 정화, 正行, 金淨行(1904~1980), 鄭淨行(1902~2000), 제석, 종수, 종현, 陳快愈(1907~1974), 玄眞, 慧玉(1901~1969), 慧雲(1911~), 慧眞(1924~), 賢行(1928~2002, ?) 慧春(1919~1998) 慧陀(1904~1974), 普覺(1904~2004, 신도대표)[101] … 등등[102]

위의 명단은 정화에 참여한 비구니들이나 당시의 증언처럼 조계종도로서 참여하지 않은 승려는 없었다고 했다.[103] 앞서 언급한 바와

; 한국비구니연구소, 『韓國比丘尼修行談錄』. 上, 寶仁(1924~2004)스님, 448쪽.

100) 한국비구니연구소, 『한국비구니수행담록』 상. 仁弘(1908~1997)스님, 500~501쪽.

101) 보각은 정화운동 당시 신도대표로 정화운동에 참여하고 후에 출가하였다. 보각에 대해서는 다음의 글을 참조하기 바람(편집부, 「유관순열사와 3.1만세 부르고 독립자금 제공한 보각스님」, 『대중불교』124, 1993.11. : 한국비구니연구소, 『비구니와 여성불교』 5, 2003. 415~422쪽).

102) 위의 사항은 『한국비구니명감』과 『한국비구니수행담록』 상·중·하와 하춘생, 『깨달음의 꽃』 1·2, 여래 1998·2002.을 중심으로 자모순으로 명단을 작성한 것이지만 그 외에 다수의 비구니가 있었을 것이다. 이에 대해서는 후고를 기약하고자 한다.

같이 문도들을 이끌고 동참하였고 나이 어린 비구니들도 참여하였다고 하였으므로 비구니들은 정화운동에 적극적으로 참여했음을 알수 있다. 비구니들은 '일만 잘하면 된다는 생각으로 살았다. 공부는일 다 해 놓고 하겠다는 마음으로 정화의 일만 열심히 하였던 것'이다.[104] 즉 비구니들은 수적인 측면만이 아니라 적극적인 활동으로 비구 못지않게 열렬히 참여했음을 비구니들의 생생한 증언을 통해 알수 있다. 그 가운데 두 사례를 더 들어보기로 한다.

불사를 하기 위해 우선 절 밑에 움막집을 짓고 부처님을 모시고 쉬지않고 기도정진하여 2년 만에 사리탑 옆에 조그마한 탑전을 짓게 되었다. 그러던 중 비구 대처간의 치열한 분규가 있던 정화에 휩싸이게 되어 약 4여 년의 소송끝에 고등법원에서 승소를 인정받았다. 그러나 깊고 험난한 산골짜기에 불사는 쉽지 않았다. 은사인 법일스님은 발바닥이 부르트도록 탁발을 다니셨고, 총무인 행원은 손 발이 얼 정도로 오직 간절한 기도로서 불사를 도왔다. 그렇게 기도를 하는 동안 1980년까지 사리전 및 탑전, 대웅전, 천광전, 원통전, 산신각 등 17여동 3백 20평에 이르는 불사를 완성해서 대원사의 사격을 갖추었다. 불보살의 가피가 아니면 이루기 힘든 일이었다.[105]

18세 때 수덕사 견성암 등 많은 선방에서 참선수행을 하였고, 39세 때는 백련사에 살고 있는 대처승을 내보내고 정화를 하며 들어와서 증·개축

---

103) 한국비구니연구소, 『韓國比丘尼修行談錄』. 上, 寶仁(1924~2004)스님, 448쪽.
104) 한국비구니연구소, 1999~2000년 녹취 취재자료. 현진스님.
105) 한국비구니연구소, 1999~2000년 녹취 취재자료. 행원스님: 한국비구니연구소,
    『韓國比丘尼修行談錄』. 上, 행원스님, 520쪽.

의 불사를 하여 현재의 모습을 갖추고 있다.[106]

그러면서도 '스님은 충남 보덕사에서도 불사를 하시고 정화에도 참여하였으며, 많은 비구니회에도 참여를 하였지만 그저 할 일을 했을 뿐이라고만 一笑한다. 다만, 13년 동안 인조를 직접 짜서 생활에 도움이 되게 했을 뿐'이라고 했다.[107]

이와 같이 비구니들이 정화운동에 적극적으로 참여하고 활동한 것은 한국불교의 정체성을 회복하고자 하는 일념 때문이었고 그 덕분에 정화 후 최초로 비구니총림이 탄생하게 되는 것이다. 정화기 최고의 비구니 고승은 다음과 같이 말해지고 있다.

평생 참선수행의 정진에 몰두하였던 스님은 1954년에 일어난 불교정화운동에도 큰 역할을 하였다. 그해 11월 3일 임시종회 참여 비구니로 활약하였고 1955년 8월에 열렸던 전국승려대회 준비위원으로도 많은 활동을 하였다. 당시 비구니 지도자로 정금광스님, 정수옥스님, 배묘전스님, 배묘찬스님, 유해춘스님 그리고 이성우스님 등이 항시 거명된다. 정화운동에 끝까지 애를 쓴 분으로는 수옥스님과 인홍스님, 성우스님이 거론된다. 또한 정화가 끝나고 대구동화사를 비구니총림으로 잠시 내주었을 때, 인홍스님이 총무부장을 맡고 성우스님이 교무부장을 맡아 대중을 인도하기도 했다.[108]

---

106) 한국비구니연구소, 1999~2000년 녹취 취재자료. 性坦스님(1911~) : 위의 책, 160~161쪽.
107) 위와 같음.
108) 위의 책. 惺牛(1918~2004)스님, 604쪽.

그리하여 비구니들은 사찰을 독립적으로 운영하기 시작했으나 결과적으로 비구·대처간의 不統合이 1970년 太古宗의 창립을 가져 오게 되었다. 비구와 비구니의 非統合이 2년 뒤인 1975년 世界唯一의 比丘尼 宗團인 大韓佛敎普門宗의 창립으로 이어졌다고 생각된다. 다행히도 1969년 우담바라회(優曇鉢羅會)의 결성과 그 뒤를 이은 1985년 全國比丘尼會의 창립으로 비구니의 본산역할을 하게 된 것은 그나마 매우 고무적인 일이라 아니할 수 없다.

4. 나가는 말

비구니는 비구와 더불어 승단을 이끌어 가는 양 날개였지만 그 존재 기록조차 찾아보기 힘든 실정이다. 다만 중세 도성에 왕실녀와 귀족사녀의 출가도량인 淨業院이 비구니도량의 대표적인 사례로 알려져 있을 뿐이다. 그 외에 조선시대 도성 내 20여 도량의 존재가 확인된다.

그마저도 性理學的 禮制가 확산되어 가기 시작하였던 조선 성종대 무렵 대부분 폐지되고 말았다. 당시 도심의 비구니들은 숭유억불의 산중불교시대의 도심불교의 마지막 보루이자 불교의 공식적 하한이라고 생각된다. 더욱이 억불시책이 척불시책으로 강화되어 가던 이른바 성리학적 예제시대인 현종대(1641~1674)에는 사찰에 대한 官收給制가 막을 내렸고 승려의 도성출입금지령은 조선후기 불교를 더 이상 도심지에 발을 붙이지 못하게 하였다. 향후 산속의 불교사찰시대로 들어갔다.

다행히도 조선중기 조선불교의 중흥조로 알려진 淸虛休靜 (1520~1604)과 浮休善修(1543~1615)의 문도들이 산중수행으로 불교계의 명맥을 이어갈 수밖에 없었다. 白谷處能(1617~1680)의 간곡한 상소는 이러한 상황의 흐름 속에 도심불교의 마지막 보루였던 왕실원당이나 비구니도량의 폐치에 대한 저항이었다.

다만 조선말 지방의 산속의 사찰에서는 白坡亘璇(1767~1852) 등을 비롯한 선사들의 선풍운동으로 새로운 선풍이 진작되어 가고 있었으며, 비구니들도 이들에게 공부를 배우면서 증가되고 있었고 淸淨 高僧들이 출현하기 시작했다.

서세동점의 시기에 승려의 도성출입금지 해제로 산중불교시대의 막을 내리는 듯 했으나 곧 일제불교의 침투로 또 다시 조선불교는 주체성과 정체성이 흔들리기 시작했다. 그러한 상황 속에서도 조선말 선풍을 계승한 鏡虛惺牛(1849~1912)와 그의 문도 滿空月面(1871~1946)을 비롯한 선사들의 禪學院을 중심으로 한 조선불교의 정체성 회복운동이자 도심불교시대와 전국불교시대의 개막이었다. 여기에도 비구니들이 동참했다. 예컨대 견성암의 兪法喜(1887~1975)를 비롯한 선풍진작운동, 鄭金光(金龍, 1892~1965)·鄭守玉(1902~ 1966)·朴慧玉(1901~1969) 3대 비구니 강백의 출현과 활동은 향후 비구니 전문 선원과 강원이 개설되는 계기가 되었다.

해방 직후부터 제기된 일제 잔재의 일소를 위한 불교도대회가 열렸을 때 비구니들도 적극 참여하였고 1947년 선풍진작운동의 최고봉을 이루고 있는 봉암사 결사의 영향으로 1951년 李仁弘(1908~1997)을 중심으로 하는 비구니결사운동이 열렸다.

그러한 가운데 1950년대 이승만의 정화유시를 계기로 정화운동이 교단차원에서 본격적으로 전개되었다. 여기에서도 비구니들의 절대적 적극적 참여가 있었다. 승려대회 30명의 비구니 참여를 위시하여 경무대 시위 시 선봉적 역할이나 비구보다 2배 이상 많은 비구니 참여, 정화대책안에서 비구보다 더 많은 서명참여, 조계사 단식 정진 시 적극적인 참여 등등에서 단적으로 알 수 있다.

특히 鄭金光(金龍, 1892~1965)·鄭守玉(1902~1966)·李仁弘(1908~1997)·李惺牛(1918~)·李蓮眞(1909~1996)·安慧雲(1911~)·강자호·裵妙全(1915~2003)·裵妙璨(1926~1989)·劉慧春(1919~1998)·金一葉(1896~1971) 朴慧玉(1901~1969)·金法一(1904 ~1991)·鄭淨行(1902~2000)등을 비롯한 지도자들[109]을 중심으로 비구니들의 역할과 참여로 인해 그들의 위상은 점차 높아 갔다. 임시종회의원의 추가 선정(10명), 전국승려대회의 준비위원 선정(6명), 비공개간담회에 비구니대표 참여, 경무대와 문교부 방문 시 비구니대표로 참여, 전국승려대회의 종회의원 피선(7명) 등등이다. 당시 九山秀蓮(1909~1983)을 비롯한 고승들에 의해서 단적으로 比丘尼叢林의 신설이 교단에서 정식으로 제기되었고 최초의 비구니 교구본사로 동화사가 선정되어 비구니만으로 이루어진 총림운영이 이루어졌던 것은 비구니 역사상 독립된 비구니만의 불교계 운영이라 할 만하다.

다만 아쉬운 것은, 그 후 比丘尼 叢林인 桐華寺가 雲門寺로 자리를 옮기게 되면서 총림의 자리를 잃어버렸고 韓國佛敎太古宗으로의 분종이나 일부 비구니의 종단 창설(大韓佛敎普門宗)은 통합종단의 분열을 그대로 보여주는 것이었다.

---

109) 여기서 말하는 비구니 지도자들(無順)은 대체로 종회의원이나 정화운동기 대표 등등 정화운동에 대표적으로 활동했던 비구니들이다. 이들 뿐만 아니라 도연·덕수·심범현 등등 정화운동에 적극적으로 활동했던 비구니들도 많았다.

　　그러나 비구니 전문 강원 및 선원의 확립, 비구니 전계사의 등
장, 전국비구니의 창설 및 운영, 비구니 문중 계보의 확립 등등은
근세 이래 비구니 선풍운동과 현대 비구니 정화운동의 참여로 이어
져 현대 비구니 불교계의 주체성과 정체성을 일구어 가는 것이라고
하겠다.

농지개혁과 사찰농지 변동

김순미 | 한국교원대학교 대학원

1. 서론

    종교는 인간의 내적 생활에 영향을 줄뿐만 아니라 정치·사회 등 제반 제도의 사상적 기반과 도덕적 정당성을 부여하는 역할을 하였다. 종교단체를 유지하기 위해서는 물질적 기반이 필요하였다. 전통사회에서 토지는 기본 생산수단으로 사회의 경제기반이었다. 특히 종교단체의 토지를 소작하는 농민들은 정신적·육체적·경제적으로 종교단체에 예속되어 있었다.

    우리나라의 전통사회에서는 불교가 이런 역할을 수행하였다. 불교는 국가권력의 비호 아래 성장하여 사회 전반에 강력한 영향력을 행사하였다. 신라·고려시기에 이르면 寺領을 표시하기 위해 長生標를 설치할 정도로 사찰은 지주로서 막대한 토지를 소유하였다. 유교가 사회의 지배원리로 작용하면서 그 역할이 축소되었지만 불교는 우리나라의 대표적 종교 중 하나로 기능 하였다.

    근대사회로 넘어오면서 종교단체가 운영하는 물적 기반을 해체하기 위한 여러 움직임이 있었다. 이는 대부분 토지개혁이란 방법을 통해 이루어졌고 한국사회 역시 마찬가지였다. 먼저 북한의 경우 1946년 3월 5일 토지개혁의 원칙에 따라 종교단체가 소유한 토지 15,195町步를 모두 無償沒收하여 농민에게 분배하였다.[1] 반면 남한의 경우 토지개혁이 아닌 농지개혁으로 임야, 대지, 社寺地, 기타의 경우는 매수에서 제외되었다. 더구나 농지의 매수에서도 종교단체의 운영에 필요한 농지를 부분적으로 인정하는 조항을 두어 전면적인 해체가 이루어지지 않았다.

농지개혁과정에서 종교단체가 소유한 농지를 어떻게 처리하였는가에 대한 연구는 종교단체의 현재의 모습을 이해하는 데 중요한 문제이다. 예를 들어 향교가 왜 토지의 비효율성에도 불구하고 도심에 위치하고 있는지, 사찰이 왜 입장료수입으로 유지되고 있는지에 대한 설명이 가능하다.

농지개혁에 대한 평가와 연구는 농지개혁이 자본주의 축적과정에서 갖는 의미, 법의 내부적 모순, 농지개혁 이후 한국사회의 성격과 한국농업의 실태 변화를 추적하는 등 다양한 측면에서 실증적인 연구가 이루어지고 있다. 그러나 농지개혁 당시 종교단체에 관한 연구는 농지개혁의 일환으로 간략히 다루어지고 있어,[2] 종교단체 소유 토지가 농지개혁으로 어떻게 변화하였는지에 대한 구체적인 실상을 파악하기 힘들다.

종교단체에 대한 연구는 향교[3]와 사찰[4] 두 영역에서 진행되고

---

1) 임혜봉, 『한권으로 보는 불교사 100장면』, 가람기획, 1994, 409쪽.
2) 김성호·김경식·장상환·박석두, 『농지개혁사연구』, 한국농촌경제연구원, 1989.
3) 정기홍, 「향교소유토지에 대한 농지개혁의 의의-충북 향교의 사례를 중심으로-」, 충북대학교 석사학위논문, 1992.
4) 유진채, 「일제하 사찰토지의 소유관계 연구-충북 법주사 사례를 중심으로-」, 고려대학교 박사학위논문, 1993.
   김용의, 「농지개혁에서 사찰 소유농지의 분배과정과 결과-충북 속리산 법주사 사례를 중심으로-」, 충북대학교 석사학위논문, 1999.
   김광식, 「농지개혁법 시행과 불교계의 대응」, 『불교평론』20, 불교평론사, 2004.
   유진채, *The Relationship between Tenants and Their Religious Landlord in The Process of Land Reform : A Case Study of Sa- Village in Poun-Gun, Chungchong Buk-Do, Korea,*

있다. 먼저 향교에 대한 것은 정기홍의 연구가 유일하다. 그는 충북 향교재단의 사례를 통해 농지개혁의 역사적 의미를 분석하였는데, 일제시기의 기생지주적 토지소유형태가 농지개혁으로 해체되지 않았다고 평가하고 있다.

다음으로 사찰에 관한 것은 법주사의 사례를 통해 농지개혁을 분석한 유진채와 김용의의 연구, 농지개혁과정에 대응한 불교계의 모습을 전체적으로 다룬 김광식의 연구가 있다.

유진채는 조선후기부터 농지개혁까지 사찰토지의 변화모습을 분석하였다. 하지만 '일제시기'에 초점을 두어 농지개혁의 전반적인 과정을 이해하는 데는 부족함이 있다. 이후의 연구에서는 '사찰자경농지 반환'에 주목하여 소작농과 사찰의 대응모습을 살펴보았다. 그 결과 소작농들은 6·25전쟁으로 인한 반공적 분위기로 사찰에 적극적·집단적 대응을 할 수 없었다고 보고 있다. 또한 김용의는 사찰농지가 어떻게 분배되었는지 실증적인 분석을 하였다. 그는 '사찰농지의 방매'에 주목하여 이자율을 고려하지 않았을 경우 방매가 농민에게 유리하였다는 결론을 얻었다.

김광식은 『寺刹維持對策委員會에 대한 會錄 및 其他記錄』이라는 새로운 자료발굴을 통해 농지개혁을 둘러싼 불교계의 대응을 살펴보았다. 그는 조계종 총무원에 설치한 사찰유지대책위원회의 활동을 중심으로 농지개혁의 진행과정을 다루었는데, 주로 사찰자활대책이었던 자경농지에 대해 언급하고 있다.

그러나 이들의 연구는 농지개혁의 전 과정, 특히 사찰농지 반환

Information Service for East Asian Research Program for Southeast Asian Area Studies, 1999.

과정에서 나타난 정치권과 사찰의 유착, 이에 따른 소작농의 대응모습을 유기적으로 살피고 있지 못하다. 또한 법주사의 사례에 국한되어 연구가 진행되는 등 다양한 사찰의 사례를 담고 있지 못해 사찰 전체의 모습을 조망하기 어렵다.

이런 한계점에 주목하여 본고에서는 불교계의 경제적 기반을 뒤흔든 농지개혁으로 인해 사찰농지가 어떻게 변동되었는지를 살펴보고자 한다. 세부적으로는 사찰농지의 방매상황, 농지개혁법의 처리 규정에 따른 사찰농지의 분배와 사찰의 대응모습을 정치권, 소작농과의 관계 속에서 분석할 것이다. 이를 위해『농지개혁시 피분배지주 및 일제하 대지주 명부』,『寺刹維持對策委員會에 대한 會錄 및 其他記錄』, 신문자료, 잡지, 대법원판결, 증언에 나타난 다양한 사례를 활용하고자 한다.

2. 농지개혁과 사찰농지 처리규정

1) 농지개혁 직전의 사찰농지 방매

해방 후 농민들의 토지소유욕은 북한에서 무상몰수·무상분배의 토지개혁이 이루어지면서 더욱 높아졌다. 미군정은 토지개혁을 실시하고자 했으나 좌·우익의 반대로 무산되고 귀속농지만이 유상몰수·유상분배의 방식으로 분배되었다.

그러나 당시 남한 내에서는 토지개혁이 기정사실화되면서 지주들은 자신의 재산과 지위를 지키기 위한 방안을 모색하였다. 구체적인 지주들의 대응방식으로는 농지개혁입법의 지연, 소작지의 사전

방매, 토지대장에서의 누락, 명의 변경 등이 있다.[5] 우선 지주들은 농지개혁입법과정에 직접 참여하여 입법을 지연시키고 자신들에게 유리한 쪽으로 입법하기 위해 노력하였다. 그 결과 농지개혁법은 처음 농림부가 제시한 안보다 지주에게 유리하게 제정되었다. 더욱이 농지개혁 실시 전까지 소작지의 매매와 소작권의 박탈을 금지하는 農地改革臨時措置法案[6]이 보류되어 지주들의 방매를 제어할 법적 근거 마련에 실패하였다. 그 결과 농지개혁 대상면적은 처음의 개혁 예정 면적인 833,381町步[7]보다 훨씬 적은 577,000町步밖에 되지 않았다.

다음으로 소작지 사전방매의 경우는 당시 지주들이 가장 흔히 사용한 대응책으로 1946년부터 4년여 동안 지주가 방매한 농지면적은 61萬 町步[8]에 이른다. 그 결과 500石 이상을 수확하는 대지주 수도 1943년 1,630名에서 1947년 1,048名으로 546名(33.5%)이 감소하였다.[9] 방매 시기는 1947년 가을부터 본격화되어 농지개혁법의 재심의

---

5) 김종규, 「한국농지개혁과 지주층의 대응」, 경성대학교 박사학위논문, 1996, 116~185쪽.

6) 농지개혁임시조치법안은 1948년 12월초 농림부의 요청에 의해 국회에 제안되었으나 산업위원회에 의해 묵살되었다. 그 후 이승만대통령은 국회의장에게 이 법안의 시급한 제정을 서면으로 요청하였으나 농지개혁법안이 심의 중이라는 이유로 부결되었다. 다급해진 농림부는 소작지의 방매금지 조항을 농지개혁법안 부칙(제 27조)에 신설하는데 성공했으나 국회는 이 조항의 효력 발생일을 '본법 공포일'이 아닌 '본법 통과일'로 규정하여 정부에 이송하였다. 이런 경과로 이 법이 국회에서 반송한 날로부터 공포, 시행되기까지 약 2개월이 소요되었다(한국농촌경제연구원 편찬, 『한국농정 50년사』, 1999, 201~202쪽).

7) 일반농지 601,049町步와 귀속농지 232,832町步를 합한 면적이다.

8) 1946년~1947년 122,000町步, 48년 299,000, 49년 상반기 158,000, 그리고 그 후 10개월 동안 31,000町步가 공급되었다.

9) 『동아일보』, 1947. 6. 3.

과정에서 1949년 산업위원회가 24割案을 제출하자 더욱 극심해졌다. 결국 전체 소작지의 반 이상이 지주의 방매로 분배되었고 이에 따라 소작쟁의도 매년 증가하였다. 당시의 신문기사를 보면 이런 상황을 자세히 알 수 있다.

> 지난가을 이래 금년 봄에 걸쳐 不在地主의 토지방매로 인하여 토지의 離農이 격심하고 심지어 3,000坪 미만의 자작 가능한 경지만 남기고 모두 賣渡하는 지주도 있어 이 때문에 소작쟁의가 빈번하였으며 다음 農牛가 방매되었으며 高利起債 등 농촌경제에 새 혼란을 일으켰다고 한다.[10]

당시 소작지의 방매 가격을 알아보기 위해 먼저 현실 지가의 추이를 보면 1940년경 논 지가는 연간수확량의 약 6배, 밭 지가는 연간 수확량의 5.5배 정도였다. 그 후 소작료 통제령, 임시농지가격 통제령, 식량 공출제, 3·1제의 실행, 귀속농지매각 등으로 인해 지가의 하락 추세는 계속되었다.[11] 그 결과 농지개혁 당시 소작지의 방매가격은 보통 自作地의 매매가격보다 30% 정도 할인되었을 뿐만 아니라 대금 지불방식도 2~3년간의 분할지불이 보통이었다.[12]

사찰 역시 지주로서 농지개혁의 손실을 막기 위해서 방매를 실시하였다. 이는 법주사의 사례를 통해 알아볼 수 있다. 법주사는 1949년 2월에서 5월 사이에 토지를 방매하였는데, 이는 일반지주의 경우에

---

10) 한국농촌경제연구원, 『농지개혁사관계자료집』제 5집(신문기사편), 1984, 36쪽.
11) 한국농촌경제연구원, 『한국농정 50년사Ⅰ』, 농림부, 1999, 200쪽.
12) 한국농촌경제연구원, 『한국농정 50년사 별책 농정반세기 증언』, 농림부, 1999, 24쪽.

비해 매우 단기간에 이루어진 것이다. 법주사가 1949년에 방매를 시작한 것은 산업위원회의 24割案의 영향으로 지주방매가 급증한 것과 유관하다. 또한 5월 이후에는 문교재단 소유농지에 대한 특별보상이 있을 것이라는 소식에 더 이상 농지를 매각하지 않았을 것이다.

법주사는 단기간 동안 전체 소유면적 106町步 중 19.7町步, 즉 총 소유면적의 18.6%를 방매하였다. 법주사 방매농지의 경우는 일반지주의 방매농지 지가[13]보다도 더 낮았다. 농지의 구입은 대부분 법주사의 간청과 구매자의 자발적인 의지에 의한 것이었다. 그런데 농지 매입자 중 기존의 소작농은 5명에 불과하고 나머지는 마름이나 일반 농민이었다.[14] 법주사의 농지는 일반농지보다 저렴하여 농민들의 토지소유에 대한 강한 염원을 해결해 줄 수 있었다. 더구나 대부분의 농민은 오랫동안 사찰과 정신적·경제적으로 연결되어 있었기 때문에 사찰의 건의를 무시할 수 없었다.

법주사의 사례에서 중요한 것은 농지방매시기이다. 대부분의 사찰의 방매시기도 법주사의 경우와 비슷했을 것이다. 당시 불교계에서도 농지개혁을 예상했지만 집행부는 사찰이 자경 농지를 보유할 수 있을 것이라고 예견하였다. 더구나 입법과정에서 사찰은 자경농지를 보유할 수 있고, 종교단체의 법인농지는 별도의 규정에 의해 특별매수를 받을 수 있을 것이라는 보도가 있었기 때문에 농지개혁의

---

13) 지금까지 소작지 방매가격에 대한 연구는 소작지의 방매가격이 시가보다 낮은 가격에 이루어졌다는 연구와 농지개혁의 보상조건보다 불리했다는 연구로 나뉜다. 이는 연구대상지역의 차이에서 비롯된 것으로 소작지 방매가격은 지역적 상황과 방매시기에 따라 달랐다고 보는 것이 타당하다.
14) 김용의, 「농지개혁에서 사찰 소유농지의 분배과정의 결과-충북 속리산 법주사 사례를 중심으로-」, 1999, 30~32쪽.

파장에 대해 크게 염려하지 않았다. 결국 사찰농지의 방매는 지연될 수밖에 없었고 1949년이 되어서야 방매가 이루어졌다. 또한 문교재단의 농지는 특별보상을 받는다는 소식에 사찰의 방매는 점차 감소하였을 것이다. 결국 사찰농지의 방매는 법주사의 경우처럼 단기간에 이루어졌을 것이고 이는 사찰의 방매가격을 결정하는 데도 중요한 원인이 되었다.

다음으로 소작지를 가족, 친지 등의 명의로 소유권을 분산시키거나 재단설립을 통한 명의변경을 들 수 있다. 사찰의 일부 대처승들은 토지를 뺏길지 모른다는 두려움에 토지의 명의를 상좌·속가·친척의 이름으로 변경하여 등기하였다.[15] 그러나 이 방법은 3町步 상한이라는 제한이 따랐기 때문에 중소지주의 경우는 가능할지 모르나 대지주에게는 그렇게 효과적인 방법이 아니었다.[16] 1930년 5町步 이상 토지소유 사찰 수는 346개이고, 이 중 대지주로 분류되는 50町步 이상 소유한 사찰은 46개였다.[17] 또한 1939년 31本寺의 재산소유현

---

15) 선우도량 한국불교근현대사연구회, 「22인의 증인을 통해서 본 근현대 불교사」, 2002, 424쪽.
16) 김종규, 「한국농지개혁과 지주층의 대응」, 경성대학교 박사학위논문, 1996, 180쪽.
17) 5町步 이상 토지소유 사찰 수(1930)

소유규모	사찰수
99町步 이상	14
79町步 이상	6
50町步 이상	26
30町步 이상	34
10町步 이상	135
5町步 이상	131
합계	346

자료 : 조선 총독부, 『朝鮮の 小作慣行』, 上, 1932, 882쪽.

황을 보더라도 사찰은 막대한 토지를 소유한 대지주였음은 쉽게 알 수 있다.[18] 결국 대지주인 사찰의 경우 소작지의 명의변경을 통해 소유권을 분산시키는 방법은 유용한 해결책이 아니었다.

재단설립을 통한 명의 변경은 일반지주보다 많이 이루어졌을 가능성이 높다. 불교계는 이미 일제시기에 들어오면서 明進學校, 佛教師範學校, 佛教高等講塾, 中央學林 등의 학교,[19] 포교와 기타 사회사업을 위한 재단을 설립·운영하고 있었다. 더욱이 공인하는 학교, 종교단체, 후생기관 등의 토지에 대해 특별보상이 주어진다는 규정은 재단설립을 가속화시켰다. 당시 "농지개혁에 대응하는 재산보존의 수단으로 우후죽순처럼 솟아났던 사립대학들"[20]이란 말이 유행한 사실 또한 명의변경 방법이 지주들 사이에서 많이 이루어졌음을 시사하고 있다. 농지개혁과정에서 불교계가 사원을 법인으로 규정한 판결례를 근거로 사찰을 문교재단으로 간주해 달라고 청원한 사실은 사찰의 재단설립을 통한 명의변경의 가능성을 뒷받침해 준다.

그러나 불교계가 설립한 재단 가운데 어느 정도 인가를 받아 농지개혁대상에서 제외되었는지 명확하지 않다. 다만 불교계가 설립한 재단이 법인으로 인가를 받은 사실을 미루어 짐작이 가능하다. 〈표 1〉은 불교계가 설립한 재단 중에 법인으로 확인이 가능한 경우이다.

---

18) 〔부록 1〕 1939년 31本寺의 사찰재산 소유 현황 참고.
19) 1943년 31本寺 중 27寺에서 운영한 학교 수는 모두 53개에 달하였다(〔부록 2〕 1943년 각사의 교육활동 상황 참고).
20) 『조선일보』, 1958. 11. 27.

<h3 align="center">〈표1〉 불교계의 재단법인 인가 상황</h3>

조선불교중앙교무원	1922. 12. 30 재단법인 인가 → 1940. 2. 6 조계학원으로 변경 인가 → 1948년 동국학원으로 통합
조선불교단	1925. 5. 6 재단법인 인가
向上회관	1927. 8. 12 재단법인 인가
조선불교선리참구원	1933. 8 재단법인 인가 신청 → 1935. (재)조선불교선리참구원, 선학원에서 명칭 변경
불교경남교무원	1946. 4. 8 재단법인 인가
불교전북교무원	1947. 7. 1 재단법인 인가, 금산사-금산중학교 인가
원불교	1948. 1. 16 재단법인 설립 인가
불교중앙교원	1948. 3. 2 재단법인 설립 인가
光東學園	봉선·봉영·현등·홍룡·수국사 1947. 9. 12 (4. 12)재단법인 광동학원 설립 인가 1964. 1. 24 학교법인으로 조직변경 인가
金井學園	梵魚寺 1946. 9. 5 재단법인 불교경남교무원 명의로 금정초급중학교 설립 인가
能仁學園	동화사, 직지사, 고운사, 은해사, 불국사 1945. 재단법인 능인학원 설립 1964. 2. 15 학교법인으로 조직 변경 인가
東國學園	대한불교조계종 명진학교-불교사범학교-불교고등강숙-중앙학림-중앙불교전문학교-혜화전문학교-동국대학-동국대학교 1964. 4. 14 재단법인을 학교법인으로 바꿈
普門學園	1952. 7. 28 재단법인 보문학원 인가 1964. 1. 26 학교법인으로 조직 변경 인가
元曉學園	불교경남교무원 1945. 12. 12 재단법인 원효학원으로 명칭 변경
淨光學園	백양사, 대흥사, 화엄사, 송광사, 선암사 1951. 5. 19 고등학교 설립을 목적으로 전남교원재단을 양도받음

*주 : 경북교무원, 전북교무원의 경우처럼 교무원에서는 각 지방단위의 사업을 총괄할 수 있는 교무원을 설립하였다. 이에 따라 전국에는 중앙불교교무원을 필두로 하여 10개의 교무원이 설립된 것이다.

*자료 : 한국불교총람편찬위원회, 『한국불교총람』, 대한불교진흥원, 1993.

이 중 동국학원과 경남·경북·충남교무원의 경우는 대지주로 분류되어 매수되었다. 이처럼 재단설립을 하였다고 해서 반드시 농지개혁에서 제외되는 것도 아니었고 일단 재단 소유의 농지로 명의 변경될 경우는 다시 환원되기가 쉽지 않았다. 그러나 설사 이러한 보장이 없다 하더라도 실질적으로 영향력을 행사할 수 있고, 일시불 내지 특별보상을 받을 수 있다는 점에서 유용한 방법이었다.[21]

마지막으로 농지개혁 대상자를 확정하기 위해 실시하였던 '農地小票' 작성에서 누락시키는 방법이다. 이는 농지개혁법 제6조 1항의 '自耕 또는 自營' 규정을 악용하여 과수원이나 위토로 인정받아 분배대상에서 제외되는 것이다. 증언에 따르면 외지의 大·中·小 부재지주의 소작지의 경우에는 農地小票 작성에서 누락되거나 의도적으로 대상에서 제외되는 일이 거의 없었으나 在村, 中·小 지주의 경우에는 대부분 선대부터 오래도록 지역 안에서 정착하고 있었으므로 얼마쯤의 농지는 개혁대상에서 제외될 수 있었다고 한다.[22] 사찰역시 在村地主로 일반농지보다 소작료가 저율인 경우가 보통이었기 때문에 소작농과 강한 유대관계를 맺고 있었다. 또한 당시 대부분의 농민들은 불교도였고 사찰은 빈곤에 시달리는 농민들에게 쌀을 빌려주거나 산림의 이용을 허가하였다. 이렇듯 사찰과 농촌사회 구성원간의 관계를 생각했을 때 소작지 회수나 農地小票 작성에서의 누락 가능성은 충분하다. 그러나 이에 관한 자세한 상황을 파악하기는 힘들다.

---

21) 홍성찬, 「한말 일제하의 지주제 연구-50정보 지주 보성 이씨가의 지주경영사례-」, 『동방학지』53, 1986, 382쪽.
22) 김종규, 「한국농지개혁과 지주층의 대응」, 1999, 170~172쪽.

결국 종합해 볼 때 농지개혁에 대해 사찰이 대응한 방법 중 가장 손쉽게 행해진 것은 소작지의 방매였다.

2) 농지개혁법과 매수제외 농지의 규정

해방 후 농지개혁은 1948년 미군정하에서 귀속농지 매각령이 공포되면서 시작되었다. 당시 귀속농지는 有償買受 有償沒收의 방법으로 田畓 2町步를 상한으로 하여 소작농에게 분배되었다. 이 때 농지의 가격은 15년부로 1년 생산량의 3배를 납부하였다. 그러나 미군정이 진행한 농지개혁은 개인이 소유한 농지를 중심으로 이루어져 기관이나 단체가 소유한 농지는 분배에서 제외되었다. 미군정의 농지개혁은 정부 수립 후 진행된 농지개혁에 동기부여는 물론 농지개혁의 방식을 결정하는 데 커다란 영향을 주었다.

이후 5·10선거로 수립된 단독정부의 최대의 과제는 헌법에서 명시한 농지개혁의 실시였다. 1948년 11월 22일, 농지개혁법기초위원회가 작성한 농지개혁법안이 처음으로 공개되어 커다란 관심을 받았다. 농지개혁법은 1949년 4월 27일 국회를 통과하였고 6월 21일에는 전문 6장 29조의 내용이 공포되었다. 그러나 지가문제, 소유상한, 自耕과 自營의 해석 차, 농지개혁임시조치법안 등을 둘러싼 대립은 쉽게 해결되지 않았다. 결국 농지개혁법은 1950년 6월 23이 되어서야 완성되었다. 공포 직후 6·25전쟁이 발발하면서 농지개혁법의 시행은 약간 늦추어졌으며, 10월 19일의 '농지개혁 실시 및 임시조치의 건'에 의해 본격화되었다.[23] 이에 따라 가구당 농지소유의 상한을 3

---

23) 김성호·김경식·장상환·박석두, 『농지개혁사연구』, 1989, 602쪽.

町步로 제한하고 그 이상의 농지는 국가가 매수하였다. 이때 소작농들은 분배농지에 대해 5년 동안 생산량의 150%를 현물상환 함으로써 소유를 확인받을 수 있었다.

매수대상농지는 국유농지와 소유권이 불명확하여 정부가 취득한 농지, 부재지주의 농지, 호당 3町步 초과농지로 577,000町步였다. 반면 분배대상자는 해당농지의 소작인, 3町步 미만농가, 농업경영을 수행해본 순국열사의 유가족, 그리고 국외로부터의 귀환농가 등이었다.[24] 이 때 121개의 문교재단은 농지개혁대상에 포함될 것을 예상하고 '교육·교화 재단법인의 농토만은 체감규정을 적용치 말 것'과 '특별사정을 실시하며 대금은 현금, 증권을 막론하고 일시불로 하여 법인재단의 동요를 일으키지 않도록 하여 달라'는 건의서를 제출할 것을 가결하였다.[25] 이런 점이 감안되어 농지개혁법 6조 및 25조 2

년 월 일	立法過程	推進過程
1949 6. 20	-	買收小作地調査 着手(11. 21 결과보고)
6. 21	農地改革法 公布	-
1950 2. 3	-	對地調査(農地小票)開始
2. 24	-	「耕作者農地一覽表」作成(3. 10일까지)
3. 10	農地改革法 改正法公布	-
3. 15	-	分配確定, 一覽表 從覽 完了(3. 24일까지)
3. 25	同法施行令公布	-
4. 15	-	農地改革完了(政府發表)
4. 28	同法施行規則公布	-
5. 27	-	分配農地償還臺帳作成示達
6. 9	-	農地代價償還(夏穀)開始
6. 23	点數制規程公布	-
6. 25	-	韓國戰爭

24) 김용의, 「농지개혁에서 사찰소유농지의 분배과정과 결과-충북 속리산 법주사 사례를 중심으로-」, 1999, 21쪽.

항에서는 매수제외농지를 규정하고 있는데, 조건에 합당하면 자동적으로 매수에서 제외되는 농지와 정부의 허가를 얻어야만 매수에서 제외되는 농지로 구분된다. 매수제외 농지를 보면 다음과 같다.

• 자동 매수제외농지

1. 농가로서 自耕 또는 自營하는 一家當 총면적 3町步이내의 소유농지. 단 정부가 인정한 고원, 산간 등 특수지대에는 此限에 따르지 않는다.
2. 자영하는 과수원, 桑田, 種苗圃 기타 多年性 식물을 재배하는 농지.
3. 비농가로서 소규모의 가정원예로 경작하는 500평 이내의 농지.
4. 미완성된 개간 및 간척농지 단 基完成 부분은 특별보상으로 매수할 수 있다.
5. 본법실시이후 개간 또는 간척한 농지 단 國庫補助에 의한 것은 아래 단서에 準한다.

본 법의 공포일 현재에 미완성한 개간간척지 또는 본 법의 공포일 후 개간 혹은 간척한 농지는 본법을 적용하지 않는다.[26]

• 행정처분이 있어야 매수대상에서 제외되는 농지

1. 정부공공단체교육기관 등에서 사용목적을 변경할 필요가 있다고 정부가 인정하는 농지.
2. 공인하는 학교·종교단체 및 후생기관 등의 소유로서 자경이내의 농지 단 문교재단의 소유농지는 매수대상에서 별도로 정하는 바에 의하

---

25) 『동아일보』, 1949. 1. 21.
26) 『농기개혁관계법규집』, 농림부 농지관리국, 1950, 43쪽(제 25조 2항).

여 매수한다.

3. 학술연구 등 특수한 목적에 사용하는 정부인허 범위내의 농지.

4. 분묘를 수호하기 위하여 종전부터 소작료를 징수하지 않거나 기존위
   토로서 墓每 1위에 2段步이내의 농지.[27]

이 중 공인된 학교·종교단체 및 후생기관이 소유한 농지는 정부
로부터 확인을 받으면 매수 및 분배대상에서 제외되었다. 그 대상기
관을 농지개혁법 시행령 11조에는 다음과 같이 규정하고 있다.

학교 : 교육법 81조 및 82조에 의하여 교육구, 시, 서울특별시, 각도 또는
국가가 설립한 곳과 법령이 정하는 바에 의하여 법인 또는 자연인이
설립 경영하는 각급 학교 및 유치원.

종교단체 : 기독교, 대종교, 불교, 천도교, 유교 및 기타 문교부장관이 인
정하는 종교 단체.

후생기관 : 고아원, 양로원, 빈민구제 수용소 또는 요양원 및 나병환자
수용소.[28]

자경농지는 일반농지와 구분되어 운영상 농지소유가 필요한가를
판단하고 경작실태를 조사하여 사실이 확인될 경우 매수에서 제외
되었다. 이 때 농림부장관의 인허 및 확인을 받으려면 농지개혁법 시
행규칙이 공포된 날(1950.4.28)로부터 20일 이내에 신청해야 했다.[29]

---

27) 『농기개혁관계법규집』, 1950, 7~14쪽(제 25조 2항).
28) 『농기개혁관계법규집』, 1950, 10쪽(농지개혁법 시행령 제 11조).
29) 김성호·김경식·장상환·박석두, 『농지개혁사연구』, 1989, 632쪽.

그러나 6·25전쟁으로 신청이 중단되었다가 1951년 6월경이 되어서야 본격적으로 시행되었다. 사찰 자경농지를 제외하고 자경농지로 확인받은 면적은 田畓을 모두 합해 1,562,400坪(917건)이었다.[30] 사찰자경농지의 경우는 일단 매수되었다가 불교계의 요구와 대통령 유시로 다시 반환되는 독특한 과정을 거치게 된다.

3) 寺刹自耕農地査定要領의 제정

농지개혁을 앞두고 불교계 역시 농지개혁이 사찰경제에 커다란 영향을 줄 것임을 예견하였다. 혁신단체에서는 사찰토지를 국가 및 농민에게 제공해야 한다고 주장하였는데, 이는 집행부의 견해와 다른 것이었다. 당시 「토지개혁안의 미래〉[31]라는 글을 보면 '사찰도 자경농지를 보유할 수 있다', '사찰이 보유할 농지의 경작권은 사찰이 우선 취득한다'고 서술하고 있어 농지개혁의 근본취지에 대한 이해가 부족함을 알 수 있다. 또한 정부수립 후 실시될 농지개혁에서는 사찰이 매수제외농지규정에 포함될 것이라는 보도가 있어 불교계는 사찰이 자경농지를 보유할 수 있고 특별보상을 받을 것이라고 예상하였다.

그러나 불교계의 예상과 달리 사찰은 자경 혹은 자영하는 농지에 한해서만 매수에서 제외한다는 원칙 아래 매수제외농지에서 제외되었다. 사찰농지는 대부분 소작농에 의해 경작되고 있는 실정이었기 때문이었다. 그 결과 사찰농지는 소작농들에게 분배되었다.

이에 대응하여 당시 총무원장이면서 국회의원이었던 이종욱을

---

30) 〔부록3〕 자경농지 확인현황 참고.
31) 『불교』, 1948. 1, 62~64쪽.

비롯한 불교계 지도자들은 사찰유지대책위원회를 조직하였다. 승려의 생존과 사찰의 유지관리에는 최소한의 토지가 필요함을 강조하여 사찰도 매수제외농지에 포함할 것을 정부에 요청하였다. 이때 사찰유지대책위원회에서 요구한 내용을 정리하면 다음과 같다.

- 사찰을 문교재단에 포함하여 15할의 보상을 加給해줄 것.
- 지가증권으로 기업체를 매수 또는 관리 운영할 때에는 最優先權을 인정해줄 것.
- 전국에 있는 귀속재산 중 前에 일본 불교 사원과 이에 속한 모든 敵産 또는 가지고 있던 기업체 및 기타 문화기관은 현재 누가 관리하든지 간에 이를 불교에 무상으로 양여해줄 것.
- 사찰 복구에 요하는 긴급한 자금, 사찰 또는 사찰 유지를 목적으로 한 재단이 차지한 귀속 기업체의 운영에 요하는 자금은 특별 융자로써 융통해줄 것.
- 국보 사찰 또는 국가적 보존을 要하는 사찰의 경우 유지비의 일부를 국고에서 지출해줄 것.

불교계가 주장한 내용을 보면 이미 분배된 농지를 환수받기 위한 것이라기보다 사찰경제의 피해를 보상받으려는 의도가 더 강했음을 알 수 있다. 특히 사찰유지를 위해 귀속재산을 불하받으려는 불교계의 노력은 새로운 사회로 편입하려는 불교계의 의지가 표현된 것이다. 불교계는 이 내용을 골자로 해서 정치권과 협의해 나갔고 진행결과는 총무원장 이종욱의 이름으로 각도 교무원장에게 공문으로 발송하였다.[32] 이런 협의과정에서 정치권에 진출한 불교계 인물들의 활약은 정책결정에 있어 중요한 역할을 하였을 것이다.[33]

　　한편 국무회의에서는 사찰 유지 방법의 강구의 건을 급속히 해결하기 위해 관계 장관을 망라하는 위원회를 구성하였다. 이것이 바로 사찰유지방법연구위원회로, 그 구성원은 다음과 같다.

　　위원장 : 문교부 장관(백락준)
　　위원 : 농림부 장관(함인섭), 상공부 장관(이교선), 재무부 장관(백두진),
　　　　내무부 장관(장석윤)
　　옵서버 : 고시위원장 김법린[34]

　　이 중 총무원 원장의 경력이 있는 김법린이 참여하고 있다는 것은 대통령의 지시를 적극적으로 해결하려는 행정적 조치였다고 할 수 있다. 처음에 김법린은 고시원원장의 명목으로 위원회에 참여하였으나 이후 52년 10월부터 54년 2월까지 문교부 장관으로 활동하였다. 그가 문교부 장관을 지낸 시점은 사찰의 자경농지반환이 대부분 완료되는 시기였다는 점에서 더욱 중요한 의미가 있다.

　　결국 불교계와 정치권의 사찰유지에 대한 노력은 5월 7일 이종욱

---

32) 〔부록 4〕 사찰유지대책위원회에서 각도 교무원장에게 보낸 공문 참고.
33) 당시 정부와 국회에 참여한 승려출신은 전진한이 사회부 장관에, 백성욱이 내무부 장관에, 김법린이 문교부장관에 취임하였다. 또한 유성갑·최범술이 제1대국회의원에, 이종욱·허영호·박성하가 제2대 국회의원에 당선되었다(김광식, 『우리가 살아온 한국불교 백년』, 2000, 109쪽; 공보부 공보국, 『資料, 第 1輯』, 1961, 42~65쪽).

	성명	출신도	출생 연도	취임당 시연령	학력	최총 취학국명	취임전직업	취임 연월일	퇴임 연월일	재임 기간
내무부4	백성욱	서울	4229	55	대졸	독일	전련운위장	83.2.7	83.7.15	5월
사회부1	전진한	경북	4234	48	대졸	일본	국회의원	81.8.3	81.12.24	5월

34) 공보부 공보국, 『資料, 第 1輯』, 1961, 42~65쪽.

총무원장과 김법린이 대통령과 회견을 가지면서 어느 정도 합의가
이루어진다. 당시 대통령이 불교계의 요구에 대한 답은 다음과 같다.

1. 사찰 자경농은 부활시킵시다.

2. 30할 보상은 연구해 보지요.

3. 귀속 기업 최우선권은 불능하오.

4. 특별융자는 고려하리다.

5. 귀속사원은 목록을 적어서 나에게 제출해주시오. 그런데 귀속기업체
   보다는 신규 기업체 설립을 좋아하오. 특히 알콜 공장 같은 것을 설
   립하면 정부에서 크게 보조하리라. 비료공장도 좋을 것 같소

이를 보면 대통령은 불교계에 귀속기업체 불하보다 비료공장과
같은 새로운 공장설립을 권유했다. 증언에 의하면 불교계가 충주비

	성명	출신도	출생연도	취임당시연령	학력	최종취학국명	취임전직업	취임연월일	퇴임연월일	재임기간
문교부 2대	백락준	평북	4228	54	大卒	미국	교수	83.5.4	85.10.30	2년6월
문교부 3대	김법린	경남	4232	54	大卒	불란서	고시위원장	85.10.30	87.2.17	1년4월
농림부 6대	함인섭	서울	4240	46	大卒	일본	춘천 농림학교장	85.3.6	85.8.29	
상공부 4대	이교선	경기	4238	48	大卒	일본	국회의장	85.3.27	85.11.6	7월
재무부 3대	백두진	황해	4240	45	大卒	일본	공무원	84.3.5	86.4.24	2년2월
내무부 7대	장석윤	강원	4237	49	大卒	미국		85.2.5	85.5.24	4월

* 주 : 이교선은 장관취임 전 국회의원경력이 있었다. 또한 백두진의 종교는 기독교이고, 불교로 알려진 인물은
    김법린뿐이다. 김법린은 불교총무원 원장경력이 있으며 자유당 의원으로서 3대 국회의원, 국회 문교위
    원장, 자유당 원내총무, 동국대 총장을 역임하고 1964년 3월 14일 사망하였다.

료 공장설립에 참여하였다고 한다. 그러나 충주비료의 대주주 명단에 불교계 인사가 포함되어 있지 않은 것[35]으로 보아 참여를 했다 하더라도 그 비중이 크지 않았을 것으로 보인다. 결국 불교계의 요구를 수용한 정치권은 사찰의 자경농지 확보와 귀속기업체나 특별 융자를 통해 사찰경제를 부활시키고자 했다.

이후 사찰유지대책위원회의 주요 활동은 귀속사원 불하와 문교재단의 포함 여부에 관한 문제에 집중되었다. 6월에 이르면 귀속사원 사용권 이양에 관한 국유화 서류를 국무회의에 회부하였고 6월 말경에는 전국 귀속사원의 실태를 조사하였다. 또한 6월 20일에는 문교재단소유 농지보상법시행령 사안 전문에 대한 합의를 문교부로부터 관재청에 회부하였는데, 제1조에 사찰을 문교재단으로 간주한다는 내용이 포함되어 있었다. 7월부터는 문교재단 소유 농지 특별보상법시행령에 관한 협의를 해나가기 시작하였다.

이에 따라 1953년 이승만 대통령은 '사찰농지를 반환하라'는 유시[36]를 발표하였다. 국회에 상정할 구체적인 안은 5월 20일 의결·통

---

35) 충주비료주식회사편, 『충비10년사』, 충주비료주식회사, 1968, 107쪽.
36) 사찰을 보호유지하자!(『동아일보』, 1953. 5. 4)
  "나라마다 사찰과 교회당 등 건물은 그 나라 문화재 遺傳하는 國寶이므로 종교상 관계는 막론하고 누구나 다 공유물을 보호하는 직책이 있는 것인데 우리나라에서는 농지개혁법이 실시된 이후 사찰에 소속한 田畓을 다 국가에게 매수해서 농민에게 나누어 주었으므로 그 절의 중들은 먹을 것이 없어 다 흩어져 버리고 몇백년된 문명의 유전물을 다 포기하게 되었다. 또 무식한 백성들이 뜯고 깨뜨려 가져가고 보니 지붕이나 장벽이 退落되고 썩어져 없어지고 말 것이니……
  이 모든 사찰을 구호하려면 먼저 각 사찰의 소속으로 그 절 接境에 있어서 중들의 自農으로 일꾼을 한둘 얻어서 그 안에서 농사지어 살 수 있는 땅은 정부에서 도로 내주어 중들이 농사해서 살 수 있게 만들어 주어야 絶斷난 건물을 보호라도 하는 사람들이 있겠고, 또 그 중들은 새는 지붕을 고칠 수도 있게 될 것이며, 또 민간에 다니며 佛供이나 施主를 얻어서 수리할 기부금도 얻을 수 있게 될 것입니

과되었고 이어 「寺刹自耕農地査定要領」[37]이 제정·공포되었다. 이
요령에는 사찰실태 조사서, 사찰자경농지 집계표, 자경농지 명세서,
포기 승낙서의 양식이 첨부되어야 했다. 그 중에서 가장 중요한 것은
소작농들의 포기 승낙서로 이것이 전제되어야만 자경농지로 확인이
가능하였다. 자경농지로 확인 가능한 농지는 농지개혁법 공포 전
(1949. 6. 21 이전)의 사찰소유농지, 이해관계자(경작자)가 포기 승인
한 농지, 사찰소유지로부터 2km 이내에 있는 농지였다. 규정된 농지
에 한해 사찰이 인정받을 수 있는 면적의 한계는 〈표2〉에 따라 결정
되었다. 이를 보면 大刹일수록, 보유 문화재가 많을수록 보유면적이
많을 것임을 예상할 수 있다. 그 결과 〈표3〉에서도 나타나듯이 대찰
이 가장 많은 경남지역의 경우 다른 지역보다 자경농지를 더 많이
확인받을 수 있었다.

〈표2〉 사찰자경농지 보유면적 한계[38]

要 項	單 位	坪 數	備 考
本堂(大雄殿)	建坪(坪當)	50	
附屬建物	〃	30	
國寶	1點當	500	문교부 지정 국보
天然記念物	〃	300	문교부 지정 천연기념물
僧侶	1人當	200	修道中

다. 그러니 토지들을 이전에 사서 이미 농사짓는 사람들에게 이것을 알려주고 그
사람들에게 받은 돈은 되돌려 주고 이 땅을 사찰에 붙여주되 그 토지는 앞으로
國有物로 해서 어디 팔거나 양도하지 못하도록 해야 할 것이다."
37) 한국농촌경제연구원, 『농지개혁관계자료집 제 1편(법령)』, 1984, 177쪽.
38) 김성호·김경식·장상환·박석두, 『농지개혁사연구』, 1989, 640쪽.

〈표 3〉 사찰자경농지 확인상황(단위 : 坪)[39]

	사찰수	신청면적			확인면적		
		전	답	계	전	답	계
서 울	6	3,465	52,207	55,672	3,465	43,777	47,242
경 기	30	54,640	152,584	207,224	54,640	152,584	207,224
충 북	18	121,620	125,760	247,380	121,620	125,760	247,380
충 남	45	130,147	200,610	330,757	129,085	198,682	327,767
전 북	19	77,375	138,490	215,865	77,375	138,490	215,865
전 남	18	29,045	133,166	162,211	29,045	133,166	162,211
경 북	48	43,966	286,279	330,245	42,387	281,782	324,169
경 남	26	11,948	445,188	457,136	11,948	445,188	457,136
강 원 (以南)	1	8,729	1,085	9,814	5,000	246	5,249
(收復地區)	14	38,933	566,686	605,619	15,704	306,000	321,104·
計	225	619,868	2,102,055	2,721,923	489,672	1,825,675	2,315,347

　　당시 〈표3〉에 나타난 225個 사찰이 확인받은 자경농지의 면적은 2,315,347坪이다. 이는 해방공간 시 田畓의 면적 21,852,002坪[40]과 비교할 때 약 9.5%에 해당하는 것으로 자경농지반환으로 사찰재산이 어느 정도 보호받았음을 확인할 수 있다.

---

39) 한국농촌경제연구소, 『농지개혁사관계자료집 제 3집(통계편)』, 1984, 47쪽.
40) 김광식, 『우리가 살아온 한국불교 백년』, 2000, 111쪽.

3. 사찰자경농지의 반환과 사찰재산의 변동

1) 사찰농지의 매수와 보상

사찰소유의 농지는 농지개혁법에 의해 매수되었다가 자경농지 확인 절차에 따라 다시 사찰에 반환되었다. 결국 사찰농지는 자경농지와 매수농지로 구분되어, 자경농지로 확인된 2,315,347坪을 제외한 나머지가 매수되었다. 그 결과 1961년 매수된 문교재단과 사찰소유 농지는 〈표4〉과 같다. 당시 매수된 사찰농지 면적은 자경농지의 약 2.6배에 해당하는 5,951,100坪이었다.

〈표4〉 문교재단과 사찰소유 농지매수 상황(단위 : 坪)[41]

市·道	문교재단 소유			사찰 소유		
	田	畓	小計	田	畓	小計
서 울	104,400	85,500	189,900	99,000	72,000	171,000
부 산	–	–	–	9,900	6,900	16,800
경 기	1,401,900	572,700	1,974,600	330,000	160,500	490,500
강 원	458,100	332,100	790,200	467,400	203,400	670,800
충 북	347,700	264,300	612,000	296,100	183,000	479,100
충 남	702,900	158,100	861,000	204,300	146,100	350,400
전 북	1,003,800	325,800	1,329,600	378,600	99,600	478,200
전 남	1,719,000	298,200	2,017,200	119,100	1,790,400	1,909,500
경 북	485,400	193,200	678,600	296,100	148,500	444,600
경 남	878,700	304,500	1,183,200	752,100	188,100	940,200
제 주	–	14,700	14,700	–	–	–
계	7,101,900	2,549,100	9,651,000	2,952,600	2,998,500	5,951,100

---

41) 한국농촌경제연구원, 『농지개혁사관계자료집 제 3집(통계편)』, 1984, 32~33쪽.

　　1961년까지 매수된 전체 농지는 952,058,100坪으로 이 중 문교재단 소유 농지는 9,651,000坪(1.0%), 사찰소유 농지는 5,951,100坪(0.6%)이다. 매수상황을 보면, 문교재단과 사찰소유 농지 모두 전남지역이 가장 많이 이루어졌다. 그러나 농지개혁이 실시되기 전에 가장 많은 재산을 소유한 지역은 대찰이 가장 많은 경남지역이었다. 사찰의 보유재산과 매수상황이 차이를 보이는 이유에 대해서는 두 가지 원인을 추측해 볼 수 있다. 그 중 하나는 〈표3〉에서 확인되듯이 경남지역의 자경농지 확인면적이 457,136坪으로 다른 지역보다 많았기 때문이다. 다른 하나는 문교재단 지가증권 발급상황을 통해서도 확인할 수 있는데, 경상도 지역은 모두 203件(경북 133, 경남 70)으로 강원도의 6件과 비교했을 때 상당히 많은 수에 해당되기 때문이다. 이는 경상도지역의 재단이 다른 지역보다 문교재단으로 많이 인정되었음을 의미한다.

　　이 중 『농지개혁시 피분배지주 및 일제하 대지주 명부』를 통해 확인이 가능한 재단법인과 개별사찰의 매수상황은 다음과 같다.

〈표5〉 재단법인의 매수상황

주소	성명	피분배 면적			보상석수 (正租, 石)	비고
		畓	田	計		
동국학원	李鍾郁	270.7	7.6	215.3	3,230	200町步이상
종로구 수송동 44	불교중앙학원 이종욱	34.7	3.5	38.2	7,975	30町步이상
	재단법인 충북불교재단 鄭基煥	18.1	26.9	45.0	958.8	〃
대전시 대홍동	대한불교 충남교무원	39.9	26.2	66.1	1,988.8	〃

주소	성명	畓	田	計	보상석수	비고
전주시 교동	재단법인 불교전라교단	40.9	0.4	41.3	1,997.2	〃
김제군 금산면 금산리	재단법인 불교교단 鄭奉謨	36.3	17.5		1,770.3	〃
대구시 남산동	조선불교 경북교무원 朴性夏	81.9	0.4	82.3	3,476	達城, 永川, 慶山
부산시 신창동 1가 6	재단법인 불교 경남교무원 金相琦	163.8	11.0	174.8	8,960	30町步 이상

* 주 : 동국학원은 1922년 재단법인으로 인가된 조선 불교 중앙교무원이 1940년 조계학원으로 변경인가된 것이 1948년 통합된 것이다. 또 조선 불교 중앙교무원에서는 각 지방 단위의 사업을 총괄할 수 있는 교무원을 설립하였고 10개의 지방교무원은 차례로 재단법인으로 설립인가를 받았다.

* 자료 : 한국농촌경제연구원, 『농지개혁시 피분배지주 및 일제하 대지주 명부』, 1985.

〈표6〉 개별 사찰의 매수상황

주소	성명	피분배 면적(町步)			보상석수 (正租, 石)	비고
		畓	田	計		
고성군 간성면 신안리	건봉사 楊景雲	76.4	5.1	81.5	1,537	20町步 이상
보은군 내속리면 사내리	법주사 鄭基煥	52.1	44.3	96.4	2,125.9	〃
공주군 사속면 운암리	마곡사 黃正昊	22.1	1.8	23.9	768.3	〃
동래군 북면 청룡리	범어사 崔鳳九	145.4	3.2	148.6	8,001	〃
합천군 가야면	해인사 叢林	35.0	7.0	42.0	1,179	〃

* 자료 : 한국농촌경제연구원, 『농지개혁시 피분배지주 및 일제하 대지주 명부』, 1985.

〈표5〉, 〈표6〉에 나타난 재단법인과 사찰의 경우는 모두 20町步 이상으로 대지주였다. 특히 동국학원의 경우는 200町步이상의 대지

주였으나 보상석수를 보면 30町步이상을 소유한 경남, 경북, 불교중앙학원보다 적다. 이는 반대로 동국학원의 자경농지 확인면적이 상당히 많았음을 의미한다. 또한 범어사의 경우는 다른 사찰보다 보상석수가 월등히 많은데, 증언에 따르면 범어사의 소작농들은 부산이 가까워서 그런지 도장을 잘 찍어 주지 않았다고 한다.[42] 이는 범어사의 자경농지 확인면적이 상대적으로 적었음을 말해 주는 것이다.

매수된 사찰농지의 보상은 "5년 동안 매년 액면 농산물의 법정가격으로 산출한 원화를 지급한다"라는 농지개혁법의 규정에 의해 이루어졌다. 그러나 높은 인플레이션과 시가보다 낮게 책정된 법정가격은 지주측의 일방적인 희생을 강요하는 것이었다. 더구나 보상금의 지불마저도 원활히 진행되지 못하고 중단되는 사례가 빈번하였다. 이는 농지대가 상환금의 수납부진과 극심한 인플레이션으로 통화의 방출을 억제하고 있었기 때문이다. 1952년 10월 6일 동아일보 기사를 보면 농지개혁법에 呻吟하는 농민과 지주의 입장이 잘 나타나 있다.

농민은 토지수득현물세(15%)와 농지상환양곡 현물세(30%) 도합 평균 수확고의 약 절반을 현곡으로 바치게 됨으로써 自家消費食糧도 확보할 수 없는 지경으로 우선 굶어죽을 수는 없으니 상환을 연기하든지 분배를 취소하여 달라는 호소를 하고 있는가 하면 지주측에서는 정부에서 약속한 토지자본을 산업자본으로 활용은커녕 正租 石當 58,000여원이란 엄청난 헐값으로 환산된 증권마저 액면의 5割 또는 4割이라는 市勢

---

42) 선우도량 한국근현대불교사연구회, 『22인의 증언을 통해 본 근현대 불교사』, 2002, 46쪽.

로 매각하거나 전년도에 받아야 할 상환금을 그 다음해가 되어도 다 받지 못하고 한달에 60만원씩 지불한다는 그것마저 수개월씩 지연이 되어도 정부는 지연이유에 대하여 이렇다 할 말 한마디 없어 농민이나 지주의 양편이 다 역사적인 농지개혁이 가져온 결과에 신음하고 있는 실정이다.[43]

이처럼 1962년 지가증권의 총 수납실적은 4,493,328石으로 농림부 지가증권 총 발행石數인 10,797,684石의 41.7%에 해당한다. 또 문교재단이 발행한 지가증권의 경우는 총 1,337,943,377圓 중 旣補償額이 6,586,365,964圓이고, 未補償額은 3,983,073,134圓이다.[44] 이와 같이 지주보상이 지연된 이유는 기본적으로 농민들의 저조한 상환실적 때문이었다. 더구나 현물로 받은 상환곡을 軍警 공무원이 현물배합하여 식산은행에 입금하는 과정을 거쳐야 하기 때문에 시간이 소비되었다.

그러나 문교재단의 경우 특별보상 규정[45]으로 15할의 보상을 加

---

43) 『동아일보』, 1952. 10. 6.
44) 〔부록 5〕 지가증권과 문교증권의 수납실적 참고.
45) 제1조 농지개혁법에 의하여 정부에 매수하는 문교재단의 소유농지에 대한 보상은 농지개혁에 의하는 이에 본법의 정하는 바에 의한다.
    제2조 본법에서 문교부재단이라 함은 문교부장관의 허가를 얻어 幼稚園, 學校, 獎學會 또는 敎化事業을 경영하는 재단법인을 말한다.
    제3조 문교재단의 소유농지에 대한 평가에 있어서는 농지개혁법 제7조 제1항 제1호의 15할을 20할로 하여 보상액을 정한다. 전항의 보상액 중 15할에 해당하는 액은 귀속재산으로서 보상한다.
    제4조 농지를 매수당한 문교재단이 귀속재산의 매수를 신청할 때에는 문교부장관과 농림부장관이 정한 문교부재단간의 순위에 의하여 정부는 모든 신청자에 우선하여 문교재단에 매각하여야한다. 전항의 매수대금은 그 전부 또는 일부를 농지증권으로써 납부할 수 있다(한국법규, 『농지개혁관계법규집』, 1950, 225쪽).

給받을 뿐만 아니라 遞減率을 적용하지 않았고 일시불로도 지급이 가능하였다. 이후 시행령에서 사찰을 교화사업 법인으로 통합시킴으로써 결과적으로는 교육기관 이외에 향교재단, 사찰 및 불교재단, 그리고 기타 종교재단까지 특별보상이 확대되었다.[46] 그로 인해 사찰은 농림부와 문교부에서 발행한 두 종류의 지가증권을 보상받게 되었다. 문교증권은 총 1,019,100.72石으로 775件이 발급되었는데, 〈표6〉을 통해 알 수 있듯이 학교재단 304(39.23%), 향교재단 38(4.9%), 사찰 및 불교재단 350(45.16%), 종교재단 44(5.68%), 기타 재단 39(5.03%)로 사찰 및 불교재단이 차지하는 비중이 가장 높다.

〈표7〉 문교재단 지가증권 발급상황(단위 : 石)[47]

	학교재단		향교재단		사찰및불교재단		종교재단		기타재단		계	
	件	보상수량	件	보상수량	件	보상수량	件	보상수량	件	보상수량	件	보상수량
서울	106	322,893.80	-	-	42	17,283.30	11	31,466.40	10	34,055.60	169	405,699.10
경기	22	37,671.50	6	6,802.6	37	16,366.2			6	5,534.0	71	66,374.30
충북	12	18,032	6	6,464.6	6	3,417.30	2	382.92			26	28,296.82
충남	2	2,333.7	4	11,561.80	42	5,587.10			6	1,717.9	54	21,200.50
전북	36	68,648.70	3	18,932.20	4	5,692.80	9	8,721.20			52	101,994.90
전남	27	39,489.40	7	20,149.00	10	29,628.8	6	3,446.50	2	3,983.0	52	96,696.70
경북	44	64,318.09	5	30,908.24	133	17,467.98	11	15,434.04	9	12,188.72	202	140,317.07
경남	48	83,488.10	2	19,562.10	70	33,212.59	3	2,474.5	4	630.50	127	139,367.79
강원	4	1,274.77	4	1,937.0	6	1,791.77	2	6.10	1	290.10	17	5,299.74
제주	3	11,510.70	1	1,641.0					1	702.10	5	13,853.80
계	304	69,660.76	38	117,958.54	350	130,447.84	44	61,931.66	39	59,101.92	775	1,019,100.72

* 주 : 건수는 지가증권 발급매수와 동일함.

---

46) 김성호・김경식・장상환・박석두, 『농지개혁사연구』, 1989, 753쪽.
47) 김성호・김경식・장상환・박석두, 『농지개혁사연구』, 1989, 754쪽.

문교재단에서 발행한 지가증권은 귀속재산 매수대금으로만 사용할 수 있었다. 이는 곧 사찰이 받은 130,447.84石의 보상석수를 금액으로 환산한 1,858.79萬圜이 모두 귀속재산 매수대금으로 사용되었음을 의미한다. 이는 농지개혁으로 경제적 기반을 상실한 사찰에게 귀속재산 매수기회를 제공함으로써 새로운 체제 속에서 사찰의 운영을 도모하도록 하기 위함이었다.

2) 사찰농지반환과 소작농의 대응

사찰농지반환은 농지개혁법에 의해 이미 매수된 농지를 다시 자경농지 확인절차에 따라 매수를 취소한 것이다. 이는 농민을 위한 농지개혁법의 기본취지에 위배되는 것이었고, 이런 변칙적인 법의 개정은 많은 반발을 낳았다. 당시 李泳熙의 사설은 사찰농지반환의 문제점을 정확하게 지적하고 있다.

첫째, 사찰 및 향교농지(사찰농지 2,200町步, 향교농지 4,200町步)를 경작하는 농민 수는 적어도 1,500호 이상으로 유추된다. 그런데 반환조치로 소작농은 농토를 버리고 도시로 집중하거나 실질상의 소작농으로 전락하게 될 것이다. 이는 소작농 일소와 경자유전을 원칙으로 하는 농지개혁의 의도와 相異한 것이다.

둘째, 4년간에 납입한 상환곡을 현곡시세에 의해 보상하는 것이 아니라 그 당시의 매년 정해진 정부법정곡가에 의해 이루어지고 있다. 예를 들면 畓 5反步의 분배를 받은 농민이 있다면 그가 받을 보상금은 과거 4년간 매년 양곡 1石8斗을 상환했다고 가정했을 때 現時價에 의한 보상석수는 72,000원(石당양곡 1만원)인데도 불구하고 정부안에 의하면 막

대한 손실을 보게 된다.

셋째, 특권층에 대한 이익을 조장하지 않는가 하는 점이다. 불교의 교리가 우리 국민도덕의 확립정화에 커다란 영향을 주고 있는 것은 사실이다. 그러나 근래 신문지상을 장식하고 있는 것과 같이 그들 내부의 정화를 부르짖으면서 사찰재산의 쟁탈과 부질없는 紛糾만을 일삼고 있다. 이런 상황에서 本意아니게 일부 특권층의 이익만을 더한층 조장하는 결과가 되지 않는다고 누가 보장할 수 있는가?

넷째, 이 사찰과 향교농지의 반환을 계기 삼아 전국 각지에 산재하고 있는 서원재산의 반환을 요청하고 있는 사실이다.[48]

이 중 소작농이 납부한 상환대금의 보상 문제에 대해 좀 더 자세히 살펴보겠다. 농지개혁법은 분배농지의 상환금을 현물 또는 현금으로 납부하게 되어 있지만 특별한 경우 이외는 현물을 원칙으로 하였다. 그러나 농지상환금 납부가 지연되자 1953년부터는 도지사 또는 농림부장관의 승인이 있을 때에 한해 대금이나 지가증권으로 상환이 가능하였다. 승인절차는 농지별로 차이가 있겠지만 대부분 두 가지 방법으로 이루어졌다. 하나는 일시상환의 승인신청을 할 때 현금 또는 지가증권으로 신청하는 것이고 다른 하나는 금납승인을 신청하는 것이다. 그 대상이 되는 농지는 아래와 같다.

공용·공공용지로 편입된 농지, 농지를 매수당한 지주가 다른 농지를 분배받았을 경우의 농지, 사찰자경농지로 확인된 농지, 포기농지를 재분배한 농지, 광물 채집 등으로 생산성이 두드러지게 떨어진 농지, 귀속농지

---

48) 『경향신문』, 1954. 12. 12.

로서 사용목적변경을 인허한 농지, 법 공포 전에 지주로부터 매수했음
에도 분배된 농지, 6·25전쟁 후 民統線 이북으로 편입되어 출입경작을
하고 있는 농지, 고율의 임대등급이 시정되지 않는 농지, 상습 침수지로
서 생산성이 불량한 농지, 유엔묘지에 편입된 농지.[49]

사찰은 확인받은 자경농지의 상환대금을 농민에게 되돌려 주어
야 했기 때문에 금납승인대상에 포함되었다. 농민들이 현물로 납부
한 사찰농지의 상환금은 사찰자경농지의 금납승인이 가능해지면서
현금으로 농민들에게 돌아간 것이다. 그런데 당시 상환금은 현물보
다 현금이 훨씬 유리하였다. 그 원인은 인플레이션도 있겠지만 당시
책정된 법정곡가가 시장가격보다 훨씬 낮았기 때문이다. 〈표8〉을 보
면 법정곡가와 시장가격의 차이를 쉽게 알 수 있다.

〈표8〉 벼 1石의 가격 비교(단위 : 圓)[50]

연도	법정곡가(A)	시장가격(B)	비율(A/B) %
1950	14.8	29.1	50.8
1951	58.8	115.7	50.8
1952	180.6	419.4	43.6
1953	180.6	436.5	41.4
1954	277.5	354.9	78.2
평균	142.46	271.12	52.8

---

49) 김성호·김경식·장상환·박석두, 『농지개혁사연구』, 1989, 699쪽.
50) 김성호·김경식·장상환·박석두, 『농지개혁사연구』, 1989, 698쪽. 평균 첨가.

이를 보면 5년간 평균 법정곡가는 142.46圓으로 시장가격 271.12 圓의 52.8%에 해당한다. 결국 상환금을 현금으로 납부할 경우 현물 상환의 절반만으로도 상환을 마칠 수 있는 것이다. 이는 사찰에게 주어진 또 하나의 특혜라고 할 수 있다.

그러나 이런 사찰농지의 반환은 〈자경농지 사정요령〉에 따라 경작자의 농지포기가 전제되어야 했다. 소작농과 사찰의 전통적인 관계를 생각한다면 자발적인 농지포기는 전혀 가능성이 없는 이야기도 아니다. 대통령의 유시가 있기 전에도 주지의 설득이나 자발적으로 농지를 반환한 사례는 통도사나 동화사의 경우처럼 종종 확인된다. 그러나 오랜 염원으로 소유하게 된 농지를 포기하기란 쉬운 일이 아니었다.[51] 소작농의 경작포기를 위해서는 강제적인 수단을 동원할 수밖에 없었다. 이는 불교중앙총무원장 李鐘郁이 1953년 7월 27일 각 사찰 주지에게 보낸 공문을 통해 확인된다.

포기 승낙서는 현 경작자별로 별지에 날인을 받되 만일 그들이 불응 시에는 관활 지소장에게 그 전말을 상세히 진술하여 경찰에게 적절한 방법으로 경작자로부터 날인을 받아 달라고 신고할 것.
경작자가 불응할 시 조치할 것은 내무부를 통하여 또는 당원에서 직접 전국 각지 경찰서장에게 無違 시달된 것이나 양지할 것.[52]

---

51) 이런 점을 잘 보여주는 일화가 있다. 농지개혁의 입법과정에서 상환지가는 10할안과 12.5할안이 제출되어 12.5할안이 채택되었다. 보상지가 15할과 차액 2.5할은 정부가 부담하게 되고 상환기간도 10년에서 5년으로 단축되었다. 만약 이러한 경우 원안과 같이 10년 분할 상환이었으면 연간 상환율은 1.25할로서 농민에게 훨씬 유리한 것이었다. 그런데 농민들은 일반적으로 단기상환을 희망했다. 당시의 농민의식은 농업경영의 합리화보다 농지의 소유욕이 강했음을 말해주고 있다(한국농촌경제연구원, 『한국농정 50년사 별책농정반세기 증언』, 1999, 200쪽).

이처럼 사찰은 정치권과의 결탁으로 소작농이 권리포기를 거부할 때 경찰력을 동원할 수 있었다. 이는 전통적으로 유지해 오던 사찰과 官의 친밀한 관계에 따른 것이다. 또한 '대통령 유시'로 대통령의 강한 뜻이 전달되었기 때문에 이런 강압적인 방법의 사용을 묵인해 주었다. 그 결과 소작농들은 사찰과의 전통적인 관계를 생각해 도장을 찍어 주거나[53] 강제력에 의해 도장을 찍었다. 법주사의 소작농의 증언을 보면 소작농의 권리포기가 어떤 상황에서 진행되었는지 알 수 있다. 당시 여느 농촌과 마찬가지로 마을의 도장은 里長의 집에 보관되어 있었고 다른 농민들의 의견을 듣지도 않고 이장이 권리포기증서에 도장을 찍었다. 도장이 없는 경우는 이장이 경찰이나 다른 힘 있는 인물과 동행하여 도장을 찍으라고 설득했다. 소작농들은 마음속으로는 분개하였지만 당시 상황을 정확하게 인식하지는 못하였다. 이는 "그 땅은 원래 나의 땅이 아니므로 2년 동안 상환금을 납부하였다고 해서 진짜로 나의 것이 아니다"라고 한 당시 소작농의 증언에서도 잘 나타난다.[54]

이렇게 해서 1954년 6월이 되면 소작농에게 분배되었던 사찰농지의 47%가 다시 사찰로 반환되었다.[55] 이 중 좀 더 구체적인 상황을 알 수 있는 경우가 법주사와 해인사이다. 먼저 법주사의 경우는

---

51) 한국농촌경제연구원, 『한국농정 50년사 별책농정반세기 증언』, 1999, 33쪽.

53) 석주스님의 증언에 따르면 당시는 그래도 인심이 좋을 때여서 절 밑에 사는 이들이 도장을 다 찍어주었다고 한다(선우도량 한국근현대불교사연구회, 『22인의 증언을 통해 본 근현대 불교사』, 2002, 46쪽).

54) 유진채, *The Relationship between Tenants and Their Religious Landlord in The Process of Land Reform: A Case Study of Sa-町步 Village in Poun-Gun, Chungchong Buk-Do, Korea*, 1999, 14~15쪽.

55) 정광호편, 『한국불교최근백년사편년』, 1999, 171쪽.

매수농지 중 154,049坪(田 79,306坪, 畓 74,743坪)정도를 자경농지로 돌려받았다. 이는 약 60% 이상을 환수받은 것으로 충북지역의 27개의 寺와 菴 중 상환비율[56]이 가장 높은 것이었다. 다음으로 해인사의 경우는 대통령의 반환유시 후 田 2,954坪, 畓 16,492坪이 반환되어 1965년에는 田 3,444坪, 畓 180,317坪을 자경하였다.

또한 〈표9〉에는 나타나지 않았지만 大刹의 하나인 통도사의 경우는 해방 전에 약 4,000石을 추수할 수 있는 농지[57]를 보유하고 있었는데 농지개혁으로 대부분의 농지가 매수되었다. 그러나 주지의 설득과 호소로 106,000坪 정도를 반환받았고 유시 후에는 13萬坪의 농지에 대한 상환포기신청을 받아 모두 24萬坪 정도를 확보하게 되었다. 결국 1965년 통도사의 자경농지 면적은 270斗落정도로 대략 54,000坪을 보유하고 있는 것이다.

그러나 강압적인 방법에 의한 경작포기는 소송으로 이어졌다. 행정소송의 경우 訴訟前置主義에 의해 處分廳을 상대로 소송을 거치게 되어 있다. 그러나 농지개혁 실시에 관한 異議事項은 이해관계자가 소재지 농지위원회에 再審을 신청하게 되어 있었다. 그러므로 이 규정을 핑계로 訴願書를 수리하지 않으면 행정소송은 피할 수도 있었다.[58] 농지개혁으로 발생한 행정소송은 총 50件이었고 그 중 농림부를 상대로 제기된 것이 21件으로 가장 많았다. 문교재단과 관련된 것은 11件으로 경찰유족회의 1件을 제외한 나머지는 모두 학원에서 제기한 것이다. 소송의 결과를 보면 승소가 8件, 취하가 3件으로 승

---

56) 〔부록3〕 충북 지역 사찰별 농지면적과 자경농지 면적 참고.
57) 1951년 300坪當 생산량 1.23石(대한민국공보처, 『대한민국통계연감』, 1952, 40쪽)을 기준으로 면적을 환산해 보면 975,609.76坪 정도가 된다.
58) 김성호·김경식·장상환·박석두, 『농지개혁사연구』, 1989, 881쪽.

소율이 우세하였다.[59]

　반면에 민사소송은 국가를 상대로 한 것과 이해당사자 간의 소송으로 나뉜다. 당시 민사소송 중 문교재단과 관련된 사건 수(大法院上告審)는 전체 7件이었다.[60] 대부분의 소송은 사찰자경농지와 관련된 소송[61]으로, 비봉사의 사례[62]는 이례적이다. 농지개혁법에 따르면 자경농지 확인신청은 1950년 4월 28일부터 20일 이내에 농림부에 신청을 해야만 했다. 그러나 비봉사는 1953년 5월경에 확인절차를 신청하고 1954년 6월 26일에 농림부장관의 확인을 얻었다. 비록 비봉사가 자경농지 확인을 받았다고 하더라도 농지개혁법의 강행법령을 위배한 것이므로 확인행위가 무효임이 선언되었다. 그러나 6·25의 발발로 확인행위의 절차는 1951년 6월이 되어서야 본격 시행되어 대부분의 사찰의 확인신청은 기간 내에 이루어질 수 없었다. 비봉사의 판례대로라면 대부분의 소송에서 소작농들의 법적승리가 가능하였다. 그러나 향후 판례는 전혀 다른 방향으로 진행되었다. 여기에는 해인사의 소송결과가 크게 작용하였다. 해인사의 소송과정은 당시 신문기사를 보면 자세히 알 수 있다.

---

59) 김성호·김경식·장상환·박석두, 『농지개혁사연구』, 1989, 883쪽(농지개혁에 관한 행정소송 일람표).

60) 한국농촌경제연구원, 『농지개혁사관계자료집 제3집(통계편)』, 1984, 110~111쪽.

61) 사건번호 : 65다 1045(1965. 7. 25), 66다 2366(1967. 1. 31), 67다 2,879(1968. 2. 27)
　　농수산부, 『농지에 관한 대법원판결집』, 427~429쪽, 433쪽; 정광호편, 『한국불교최근세백년사편년』, 421쪽.

62) 대한불교조계종 총무원 기획실, 『불교판례집』, 1996, 109쪽(대법원 1958. 6. 26. 판결 4290 민상874).

해인사에서 30리 떨어진 陜川郡 伽倻面에 있는 倻川, 梅岩, 時峴, 伊川, 梅花, 九美, 大田, 加川里 등지에 사는 농민 280세대는 연명으로 농지개혁법을 무시하는 해인사측의 행패를 시정하여 달라는 요지의 진정서를 이대통령, 농림부장관, 검찰총장, 자유당경남도당부 등에 제출하였다고 한다. 동 진정에 의하면 해인사측의 부당성을 지적하며 분배농지 확인 및 경작권 침해 배제 청구소송을 1958년 10월 검찰당국에 제기하여 사건이 계속 중임에도 불구하고 해인사측에서는 공판의 결과도 기다리지 않고 행패를 부리고 있다는 것인데 사건 경위는 전기 280세대는 종래 해인사 소유농지 167,900坪을 소작하여 오다가 1950년 4월 10일 농지개혁법에 의하여 농지가 각자 소작인에게 분배되는 한편 5년 상환으로 결정되었고 이에 따라 농민들은 그동안 4년분까지 상환하고 나머지 1년분만 상환하면 개인소유가 되게 되었는데 해인사측에서는 1953년 5월 4일 이대통령의 종전 사찰에서 소유한 토지 중 자작이 가능한 것은 사찰에 반환하여 사찰유지에 만전을 기하라는 지시를 구실삼아 전기 토지를 환원하라고 농민들의 居住地面 경찰지서에서 농민들에게 강제날인을 요구하였고 농민들이 강제날인에 불응을 하자 해인사측에서는 대통령특명위반이나 적색분자니 하면서 위협하는가 하면 그 후에는 3·7제에 의한 소작료를 낼 것을 고집하고 이양을 방해하며 집단폭행하였다는 것이다.[63]

해인사의 사례에서 중요한 것은 경찰력의 힘을 동원하여 농민들에게 강제날인을 요구하였다는 것이다. 이는 총무원장 이종욱이 전국 사찰에 보낸 공문내용과 일치한다. 더구나 이를 거부하면 대통령

---

63) 『동아일보』, 1959. 8. 22.

특명위반이나 적색분자로 위협하여 날인을 요구하였다. 이는 6·25 직후 강화된 반공분위기 속에서 거부하기 힘든 것이었다. 이런 분위기 속에서 소작농들의 집단화된 행동은 더욱 기대하기 힘들었다. 결국 1961년 해인사의 소작농들은 패소하였고 그 결과는 다른 사찰에 보내져 소작농들의 행동에 참고자료로 삼도록 하였다.

또한 중요한 사실은 해인사가 자경농지를 소작임대하고 고율의 소작료를 징수하고 있었다는 것이다. 당시 많은 사찰이 해인사처럼 자경확인농지를 자경하지 않고 매각·증여 혹은 소작임대하고 있어 문교부가 이를 엄중히 경고[64]한 사실은 농지개혁으로 소작제가 해체되지 않았음을 증명해 준다. 이런 상황은 소작농의 불만을 증폭시켰고 결국 소송으로 이어진 것이다.

이후에 이어진 1962년 동화사, 1964년 개운사, 1965년 은해사, 1965년 영헐사의 소송에서는 해인사의 사례와 마찬가지로 사찰의 자경농지를 확인해 주었다.[65] 그러나 1967년 용흥사의 소송은 전혀 다른 결과를 낳았다. 농지개혁 당시 사찰이 자경이내 농지로 확인을 받았다고 해서, 또 권리포기가 適法히 이루어졌다고 해도 사찰이 농지를 자경하고 있지 않았으므로 자경이내의 농지라 할 수 없다고 판결한 것이다. 이 판결의 요점은 농지의 실제적인 경작자가 누구였냐 하는 것이었다. 결국 자경농지 확인과정에서 강제적인 힘이 동원됐다면 그 법은 효력을 상실한다는 것이다. 이 판결은 이후에도 적지 않은 파장을 낳았고 다음해에 제기된 미타사의 소송에서도 소작농이 승소하였다.

---

64) 『동아일보』, 1957. 4. 6.
65) 〔부록7〕 사찰농지의 대법원 판례 참고.

결국 이런 소송은 자경농지 반환결정과정에서 소작농의 이해관계가 배제되었기 때문에 발생한 것이다. 더구나 자경을 원칙으로 반환된 사찰농지는 자경하지 않고 고율의 소작료로 소작임대를 주었다. 이는 소작제의 부활을 의미하는 것이었다. 그러나 소작농들은 6·25전쟁으로 강화된 반공분위기와 공권력으로 인해 행동이 제한되었다. 또 초기에 제기된 소송에서 법원은 사찰의 손을 들어주었고 소작농들의 행동은 더욱 위축되었다.

3) 농지개혁 후 사찰재산의 축소

농지개혁 전후의 사찰재산을 정확하게 파악하는 것은 쉽지 않다. 학교설립,[66] 농지개혁, 6·25, 도시개발,[67] 불교정화운동 등의 혼란한 시대상황으로 인해 토지변동이 심했기 때문이다. 더구나 이승만 집권 당시 편향적인 종교정책은 불교의 혼란을 가중시켰고, 이는 불교 내부의 갈등은 물론 경제적 손실을 안겼다.

---

66) 1946년 운허스님의 제창에 의해 봉선사·봉영사·흥룡사·현등사·수국사 등 5개 사찰이 46만평과 임야 1,600町步의 재산을 모아 설립하였다. 운허스님은 절을 유지할 만한 토지만을 남기고 국가사업에 토지를 내놓아야 한다고 했다(선우도량 한국불교근현대사연구원, 『22인의 증언을 통해서 본 근현대불교사』, 2002, 181쪽).

67) 봉은사의 경우 도시개발로 인해 토지가 유실되었다(선우도량 한국불교근현대사 연구원, 『22인의 증언을 통해서 본 근현대불교사』, 2002, 307쪽).

〈표 9〉 농지개혁 전후의 사찰재산 현황(田·畓·垈地)[68]

구분 도별	사찰 수		田(坪)		畓(坪)		垈地(坪)	
	등록	미등록	개혁 전	현재	개혁 전	현재	개혁 전	현재
서울 경기	80	44	1,030,728	132,345	1,473,116	686,226	64,278	44,092
충북	17	16	301,889	141,433	286,286	123,560	23,995	10,847
충남	61	9	509,242	223,790	989,314	236,196	44,887	35,821
전북	51	29	347,703	172,024	657,917	231,962	26,177	26,156
전남	50	18	296,322	85,105	1,984,389	337,677	23,697	28,740
경북	138	16	1,353,475	563,623	3,570,272	638,476	81,474	118,836
경남	87	10	545,621	68,953	5,593,601	880,649	49,612	33,667
강원	29	19	1,173,594	301,746	1,783,533	455,167	57,776	36,621
전국	513	161	5,558,574	1,689,019	16,293,428	3,079,913	371,896	334,780

---

68) 정광호편, 『한국불교최근백년사편년』, 1999, 422~423쪽. 총무원에서 제공한 이 표는 농지개혁 전과 후를 비교한 유일한 자료라 할 수 있다. 그러나 농지개혁 전의 연도가 확실하지 않으며 경남과 전북의 전, 충북의 전과 답의 수치가 사찰 자경농지와 매수농지의 확인면적보다 적게 나타나고 있다. 이는 등록사찰수의 차이로 보여진다. 1964년 당시 사찰 수는 2,473個였으나 이 표에서 집계된 사찰 수는 513個에 불과하다. 그 한 원인은 1962년에 공포된 불교재산관리법에 의해 사찰의 재산을 국가가 관리하게 되면서 이에 불만을 품은 사찰이 등록을 하지 않았기 때문이다. 더구나 불교재산관리법은 대처승계의 사찰은 인정을 하지 않았기 때문에 미등록사찰 수도 상당했을 것으로 여겨진다.

<표 10> 농지개혁 전후의 사찰재산 현황(社寺地·林野·其他)[69]

구분 / 도별	사찰 수		社寺地(坪)		林野(町步)		其他(町步)	
	등록	미등록	개혁 전	현재	개혁 전	현재	개혁 전	현재
			59,920	52,680	11,530.5884	7,886.7790		
			52,680					
서울 경기	80	44	42,880	39	3,709.9406	2,236.8757	9,871	
충북	17	16	26,599		3,703.4767	4,341.9600	1,942	
충남	61	9	16,468	3,356	5,610.0432	3,337.3491	4,613	
전북	51	29	42,098	805	3,752.8772	4,672.4521	938	
전남	50	18	59,920	52,680	11,530.5884	7,886.7790	11,109	
경북	138	16	136,195	29,087	21,604.7203	19,009.2125	2,801	
경남	87	10	84,525	5,806	19,091.2877	13,196.8502	62,309	8,049
강원	29	19	36,695	8,930	20,849.7762	20,704.5497	8,279	
전국	513	161	445,380	100,793	89,852.7103	75,386.0283	101,862	8,049

　전국 사찰재산의 농지개혁 前後를 비교해보면 田 3,869,555坪(69.61%), 畓 13,213,515坪(81.1%), 垈地 37,116坪(9.98%), 社寺地 344,587坪(77.37%), 林野 14,466.6820町步(11%), 기타 93,813町步(92.1%)가 감소하였다. 대부분의 地目이 50% 이상 감소하여 사찰의 많은 재산이 유실되었음을 알 수 있다. 그러나 임야와 대지의 경우는 변화의 폭이 크지 않다. 이는 농지개혁에 이 두 지목이 포함되지 않았기 때문이며, 특히 임야의 경우 귀속임야 중 일부가 사찰에 분배되

---

69) 정광호편, 『한국불교최근백년사편년』, 1999, 423~424쪽.

었을 가능성이 농후하다.

농지개혁의 중요한 목적 중 하나는 토지자본의 산업자본화이다. 사찰 역시 피분배지주로서 분배농지를 대신해 막대한 지가증권을 발급받았다. 그 중 문교부에서 발행한 지가증권은 귀속재산 불하에만 사용할 수 있어, 이를 이용한 지주의 전업화가 가능하였다. 증언으로 확인한 귀속사업체의 경우는 충북여객, 충주비료, 전남여객, 대광유지공업(목포유지공장), 인천베어링(봉선사), 강원여객, 영도조선소(통도사), 영도도자기, 밀양내화벽돌, 부산백화점, 경기여객, 자유극장, 대구백화점, 대구 대한사, 충남여객, 대전백화점, 서울 한성극장, 마산 소모사 공장, 청구양조장, 전주도정공장, 전남유지(광주), 통영조선, 동래방직, 밀양모직 등이 있다.[70] 당시 극심한 인플레이션[71]으로 지가증권의 시세는 액면가의 50% 前後에서 거래되었다. 결국 사찰의 보상석수 130,447.84石(18,587.86萬圜) 모두가 매수대금으로 국고로 들어갔다.

이 중 전남여객과 밀양연와연탄공장은 1949년 경제연감의 기록과 법인대장에서 나타나는 관리인이 동일인물로 미군정 때 불하받은 것이었다. 반대로 경기·강원·충북여객의 경우는 1949년 관리인과 법인대장의 매수자가 차이를 보이고 있어 정부수립 후에 불하받은 것이다. 또 한성극장의 경우 지주전업의 알선 정책의 일환으로 불교중앙교단이 7,975石數의 지가증권을 이용하여 불하받은 것이다.

---

70) 김광식, 「농지개혁법 시행과 불교계의 대응」, 155쪽 ; 선우도량 한국불교근현대사연구회, 『22인의 증언을 통해 본 근현대 불교사』에서 종합,
71) "어떤 스님은 개인적으로 몇 백석을 했었는데, 지가증권 1만원짜리를 가지고 몇 해 후에 서울에 와서 양복 두벌을 해 입으니까 그 돈이 다 날아가 버리고 없더래요"라는 조명기의 증언 참조. 안덕암, 「일제통치와 8·15해방」, 『법륜』, 1979, 61~62쪽.

반대로 불교경기교단의 경우는 金剛莊採石場의 불하를 신청했으나 임차인이 있는 관계로 지주전업이 불가능했다.

이렇듯 불교계가 지가증권으로 매수한 귀속사업체의 운영은 농지개혁 후 감소한 사찰재산을 회복할 수 있는 중요한 기회였다. 그러나 많은 사찰이 정보의 부족, 6·25의 戰禍, 관리운영의 미숙 등으로 제대로 운영하지 못하였다.[72] 더구나 농지개혁 후 진행된 정화과정에서 대부분 상실하였다. 당시 신문기사를 보면 자세한 상황을 알 수 있다.

정화분쟁 동안에 대처비구 양측이 탕진해 버린 방대한 불교재산은 현재 고갈상태에 있다. 불교재산이라고 하여 당국의 확실한 통계가 없어 예거하기는 어렵지만 상당수의 기업체와 불교재단으로 구성된 학원 유지단체 그리고 막대한 농지와 임야 등등인데 모모한 기업체는 분쟁을 전후해서 대처승들에 의하여 이미 파산지경이 되어 버렸고 학원유지재단은 각각 독립되다시피 되었는가 하면 임야도 도벌, 남벌 등쌀에 벌거숭이가 되고 보니 남은 것이라고는 농지뿐인데 여기에서 수입되는 얼마간의 소작료는 7,342명이나 되는 교역자들 먹이기에 바쁘고 1,244개소나 되는 사찰 유지비 지출에도 모자랄 정도인 현실에 팔만대장경의 번역이나 총림의 부활, 포교소의 증설 같은 계책은 물어 무엇하랴? 할 실정이다. 한때는 득의양양했던 비구승들도 승리의 기쁨을 같이 날려 보내고 지금은 암중모색의 고배를 들이키고 있는 것이다. 이런 때문에 전국에

---

72) 인천베어링에 투자한 봉선사의 경우 처음에는 대주주였으나 증자를 하지 않아 점점 작아져 유야무야되었다. 또한 목포의 대광유지라든지, 광주의 전남여객, 강원도의 강원여객, 경남의 밀양모직 등에도 상당히 투자를 했지만 모두 운영부실로 해서 지금까지 유지되는 것이 없다(안덕암, 「일제통치와 8·15해방」, 『법륜』, 1979, 62쪽).

불교신도는 해방 전후를 기해 하등 변화를 가져오지 않아 남한에 있는 불교신도는 385만으로 고정되어 있는가 하면 사찰수도 1,244개소로 해방 전보다 줄어들었으면 줄어들었지 늘었다는 공적은 없는 것이다. 이에 비하면 4,385개소나 되는 기독교 교당 수나 155개소나 되는 천주교 교당 수는 8·15해방 전후에 비해서 얼마나 급증하였는가를 보여주고 있어 양자는 서로 좋은 대조를 이루어 자못 흥미로운 문제이다.[73]

당시 사찰의 재산관리는 대부분 대처승이 전담하고 있었는데, 사찰재산을 임의로 사용하거나 혼란기에 정치에 관여하여 사찰재산을 궁핍하게 만들었다. 결국 부평베어링, 목포유지, 통영조선, 충북여객 등 기간 사업에 투자된 1조 50억 원의 사찰재산은 혼란한 시대 상황 속에서 유실되었다.[74]

4. 결론

본 연구의 목적은 종교단체의 토지가 농지개혁과정에서 어떻게 해체되어 현재에 이르렀는지를 살펴보는 것이었다. 이 중 전통사회에서 가장 영향력이 컸던 사찰을 대상으로 연구를 진행하였다. 우리나라 농지개혁은 그 명칭에서도 알 수 있듯이 농지에 한해 진행되었기 때문에 불교계에서 설립한 재단법인과 사찰의 매수 농지를 분석하였다.

---

73) 『동아일보』, 1958. 7. 17.

74) 선우도량 한국불교근현대사연구회, 『22인의 증언을 통해 본 근현대 불교사』, 2002, 424쪽.

불교계의 예견과는 달리 사찰농지는 매수제외농지에서 제외되어 농민에게 분배되었다. 이에 불교계는 사찰경제의 부활을 위해 사찰 유지대책위원회를 조직하여 정치권에 사찰의 자경농지보유와 귀속 사원과 귀속기업체의 불하를 요구하였다. 이 과정에서 정치권에 진출한 불교계 인물, 특히 김법린과 이종욱의 영향이 크게 작용한 것으로 보인다. 그 결과 대통령 유시와 자경농지사정요령이 발표되고 소작농은 그동안 상환하던 분배농지를 사찰에 반환해야 했다. 결국 사찰의 자경농지반환은 농지개혁의 취지와 어긋나는 것으로 사찰농지의 지주적 속성이 유지되었음을 의미한다.

공권력이 개입된 자경농지반환은 소작농의 반발을 야기하였고 이는 소송으로 이어졌다. 이에 본 연구는 사찰자경농지 반환과정에 주목하여 대법원 판결문과 신문기사를 통해 소작농의 대응모습을 분석하였다. 소작농들의 소송은 자경농지를 환수한 것에 대한 불만도 있었지만 사찰에서 자경농지를 자경하지 않고 임차하여 고율의 소작료를 징수했기 때문에 불만이 가중되어 제기한 것이다. 소송결과를 분석한 결과 처음의 대법원 판결은 사찰의 자경농지를 인정해주는 방향으로 진행됐으나 이후의 판결에서는 분배 당시 농지를 누가 경작했는가, 혹은 강제력이 동원되었는가에 중점을 두어 소작농의 편을 들어주었다. 그러나 초기의 대법원 판결은 소작농들에게 강한 영향을 주어 단체행동이나 적극적인 대응을 제지하였다. 이런 소송은 사찰 자경농지반환의 결정과 그에 따른 일련의 과정에서 소작농들이 배제되었기 때문이었다.

결국 농지개혁 당시 정치권과 연결된 불교계는 '자경농지 반환', '금납 승인', '문교재단 지가증권 발급'의 혜택을 받았다. 사찰이 농지개혁으로 경제적 손실을 입었다고 해도 일반지주보다 훨씬 유리한 것이었다.

농지개혁 후 사찰은 사찰재산을 어떻게 운영할 것인가에 대한 문제에 직면한다. 자경농지의 반환으로 사찰경제에서 지주·소작관계는 해체되지 않았음에도 불구하고 농지개혁은 사찰경제를 크게 바꾸어 놓았다.

불교계 역시 지가증권을 통해 지주전업을 시도하였다. 그 중 문교재단에서 발행한 지가증권은 귀속기업체 불하대금으로만 사용할 수 있어 불교계의 지주전업은 상당수 진행되었다. 그러나 지가증권은 높은 인플레이션 속에서 가치가 폭락했으며, 더구나 사찰은 이를 제대로 운영하지 못하였다. 이는 귀속재산의 불하를 통해 새로운 사회구도에 편입하려던 불교계의 시도가 실패하였음을 의미하는 것이었다. 결과적으로 불교계의 적극적인 노력에도 불구하고 시대적 혼란과 대응부족으로 농지개혁 후 사찰재산은 50% 이상이 감소하여 커다란 경제적 손실을 보았다.

이상의 연구에서 농지개혁과정에서 사찰농지의 변동을 중심으로 불교계와 정치권의 유착, 이에 배제된 소작농의 반발로 야기된 소송과정을 알아보았다. 앞으로의 연구에서는 농지개혁 후 사찰재산이 어떻게 유지·관리되고 있는지에 대한 분석이 필요하다고 본다. 사찰경제는 1960년대 山坂이 일시적으로 사찰경제의 중심에 놓였고, 또한 농지개혁과정에서 강력히 개입한 공권력은 이후 정화과정을 거치면서 사찰관리는 불교계만의 관할 아래 둘 수 없다고 인식하였다. 그 결과 1962년 8월 22일에 불교재산관리법이 제정되고 불교재산 관리권과 그 관리인의 등록·인정은 공권력이 담당하게 되었다. 이후 사찰경제는 1970년대 후반의 국립공원에 편승하여 입장료징수구도에 합류하게 되었다.

寺名	田(畑)	水田(畓)	林野	其他	計
奉恩寺	130町 4611	215町 7211	1,929町 7205	15町 9705	2,291町 8732
龍珠寺	108町 0513	232町 1901	424町 4124	13町 4602	778町 1140
奉先寺	124町 2707	96町 9604	1,904町 9900	14町 0024	2,140町 2235
傳燈寺	73町 0133	97町 6316	999町 9123	10町 6317	1,181町 1890
法住寺	143町 2826	148町 3022	4,518町 3500	27町 2320	4,837町 1668
麻谷寺	153町 0104	272町 0607	4,609町 5805	17町 2304	5,051町 8820
威鳳寺	43町 1827	82町 5506	1,678町 7817	12町 0302	1,816町 5452
寶石寺	67町 5623	110町 5520	1,993町 9926	8町 3311	2,180町 4380
大興寺	25町 9919	126町 3117	2,571町 4216	21町 8408	2,745町 5660
白羊寺	103町 4125	179町 1606	5,192町 5129	12町 1020	5,487町 1880
松廣寺	38町 2915	259町 1509	5,234町 9209	11町 2229	5,543町 5862
仙巖寺	16町 4219	181町 8715	2,417町 1300	6町 8617	2,622町 2851
華嚴寺	11町 1917	150町 4624	2,651町 2500	9町 2611	2,822町 1652
桐華寺	53町 2014	262町 4925	3,059町 0000	14町 5629	3,389町 2568
銀海寺	36町 4904	244町 4300	1,752町 2700	8町 3900	2,041町 5804
孤雲寺	114町 5222	178町 2210	2,410町 7807	11町 8126	2,715町 3365
金龍寺	156町 4227	324町 3623	5,505町 8205	19町 4907	6,006町 0962
祇林寺	30町 8814	26町 5306	1,974町 2804	8町 6512	2,040町 3436
海印寺	107町 6521	617町 5228	10,881町 2323	24町 2704	11,630町 6776
通度寺	90町 5208	830町 8220	14,217町 2000	26町 8803	15,165町 4231
梵魚寺	20町 3828	541町 0705	1,866町 8829	9町 5316	2,437町 8678
貝葉寺	193町 4611	8町 4210	3,225町 3505	11町 6519	3,438町 8845
成佛寺	142町 5921	13町 5917	1,013町 0000	5町 6807	1,174町 8645
永明寺	39町 6823	6町 4926	355町 7009	1町 0628	402町 9386
法興寺	262町 5118	7町 5102	3,227町 6120	12町 6402	3,510町 2742
普賢寺	1,008町 3413	200町 6517	48,192町 4216	76町 3429	49,477町 7575
乾鳳寺	134町 9419	297町 3329	6,938町 8715	13町 0715	7,384町 2178
楡岾寺	230町 0407	367町 1403	20,117町 5000	23町 6003	20,738町 2813
月精寺	205町 5818	276町 3404	15,398町 1110	11町 8236	15,891町 8568
釋王寺	137町 0027	220町 8034	3,028町 1613	18町 3213	3,404町 2887
歸州寺	226町 9210	125町 8610	7,402町 1518	10町 2010	7,765町 1348
	4,229町 2944	6,702町 5228	188,693町 3228	488町 1629	198,113町 3092

* 자료 : 『불교시보』 48, 1938, 11쪽.

사찰명	대학	전문	전수	중학	유치원	사원명	대학	전문	전수	중학	유치원
봉선사			1			기림사				1	
전등사			1			해인사			9		
법주사						통도사				7	1
마곡사			4			범어사				1	1
위봉사			1			구엽사					
보석사			1			성불사					
대흥사			2			영명사				1	
백양사			3		1	법흥사					
송광사			3			보현사				1	
화엄사						유점사				3	
동화사			1	1		월정사				2	
은해사				1		석왕사				3	
고운사				1		귀주사					
김용사			1	1		**합계**	0	0	27	23	3

* 자료 :『(신)불교』 44, 1943, 44~45쪽(봉은사, 용주사, 선암사, 건봉사, 중앙불교 교무원은 제외됨).

시도별	件수	田(坪)	畓(坪)	計(坪)
서울		·	·	·
부산	1	·	900	900
경기	233	176,700	174,000	350,700
강원	139	120,000	119,700	239,700
충북	156	139,200	125,700	264,900
충남	7	8,400	11,700	20,100
전북	97	66,000	108,000	174,000
전남	119	2,400	206,700	207,600
경북	11	12,300	30,600	42,900
경남	156	102,300	159,300	261,600
제주	·	·	·	·
계	917	625,800	936,600	1,562,400

* 자료 : 김성호 · 김경식 · 장상환 · 박석두, 『농지개혁사연구』, 1989, 638쪽.

1. 공문(總庶第 240호)

대통령유시 사항 답신에 대한 임시 조치에 관한 건

농지개혁으로 인한 사찰농지의 정부 買上과 함께 그 기본 재산의 수익이 전무하게 되어 수년래 전국 사찰이 황폐하게 된 것은 심히 유감으로 생각하던바 현명하신 이대통령께서는 此에 대한 간절하신 관심으로써 수일 전에 "사찰보호에 대하여 긴급히 대책을 강구하라"는 유시를 나리시어 4월 1일 제 25차 국무회의에서 정식 의결한 바 있었고 동일 張내무부장관이 當원장을 초청 회담한바 있었아온데 此는 現下我國내 종교정책에 빛이어 천재일우의 호기회로서 감사 감격 岡知所措이온바 此에 대하여는 所轄문교당국의 내시도 있거니와 그 기초자료의 조사 및 요청 사항의 답신 及 기타 필요한 조치를 취하기 위하여 去月 4월 2일 이래 수차에 互하여 당원 직원 及 각도(경기, 충북, 전북, 전남, 경북, 경남 등) 교무원장의 연석회의를 開하고 신중 협의한 결과 좌기와 如한 임시 조치 요강을 결정 실시에 있아오니 본건 사업의 소기 목적을 달성시키기 위하여 금후 절대한 협력이 게시기를 慈以務望나이다.

대통령 유시 답신에 대한 임시조치 요강

(1) 사무기관

총무원장 統裁하에 총무원 총무부에 촉탁 1인을 배치하여 본

건 사무를 전담

(2) 협의기관

총무원장 配下에 총무부장 급 각도교무원장과 교구 유급인사
로써 위원을 배치함

(3) 사무집행 기간

4월부터 행후 6개월간

(4) 소요 경비 예산총액

금 6백만 원(별지 배당표에 의하되 6월말까지 완납하기로 함) "6
백만 원의 수입과 지출에 대한 내역은 다음과 같다. 우선 수
입은 중앙총무원이 150만 원, 경남·경북·전남 교무원이 각
각 1백만 원, 경기·충북·충남·전북·강원 교무원이 각각 30
만 원을 배당하여 해결하는 것이다. 지출은 인건비(촉탁 1인
월평균 50만 원, 6개월분) 지출이 300만 원이고 사무비(6개월간
사무비 일체) 지출에 300만 원이었다."

(5) 처리할 주요사무

2. 공문(총서제 302호)

首題의 건에 관하여는 其間 대통령 각하로부터 문교부 장관에게
대하여 별지와 如히 급속 回報의 독촉도 있아오며 또한 김법린씨와
同席하여 대통령 각하께 회견하고 별지 건백서를 奉呈한바 있아온

데 예상외로 호감을 얻었아오며 또한 후의의 分咐에 接하여 우선 그 경과를 좌기와 如히 보고 하나이다. 건백서에 摘記한 5개 방책에 대한 구체적 서류 작성에 필요하오니 그 기초 자료를 별지 양식에 의하여 금월 말일(단 귀속 사원에 한하여는 금월 20일)까지 필착토록 무위반 제출하심을 무망하나이다.

一, 4월 26일에 대통령께서는 김법린씨와 문교부장관에게 급속 보고를 독촉하시다.(건백서 첨부) "건백서 첨부라는 것은 건백서를 통하여 구체적인 대안을 제출하도록 하였음을 의미하는 것으로 보인다."

二, 4월 28일에 건백서의 부본을 국무총리 이하 12부 장관, 4처장 및 관재청장에게 발송하다.

三, 5월 1일에 국무회의에서는 사찰보호 문제 연구에 관하여 좌의 위원을 지명하다.
위원장 문교부장관(백락준) 위원 ; 내무부장관(장석윤), 농림부장관(함인섭), 상공부장관(이교선), 재무부장관(백두진)

四, 5월 7일에 총무원장은 김법린씨와 동석하여 대통령께 면회하고 건백서를 봉정한바 그 즉석에서 다음과 같이 말씀이 계시다.

1. 사찰 자경농은 부활시킵시다.
2. 30할 보상은 연구해 보지요.
3. 귀속 기업 최우선권은 불능하오.

4. 특별융자는 고려하리다.

5. 귀속사원은 목록을 적어서 나에게 제출해주시오. 그런데 귀속
   기업체보다는 신규 기업체 설립을 좋아하오. 특히 〔알콜〕 공장
   같은 것을 설립하면 정부에서 크게 보조하리다. 비료공장도
   좋을 것 같소.

五. 5월 9일부터 문교부에서는 次週 화요일 국무회의에 상정시키기
   위하여 此에 대한 구체안 작성에 착수하다.

* 자료 : 『사찰유지대책위원회에 대한 회록 및 기타기록』

1. 지가증권 수납 실적표

보상연도	지가증권수납석수(石)		금액	보상금수령액	차감보상금미수령액
1950	109,955	74	16,288,843	13,013,805	3,275,038
1951	294,970	923	173,531,394	159,951,709	13,579,685
1952	827,352	6745	1,493,867,989	1,411,804,444	82,063,545
1953	1,583,978	6865	2,860,031,916	2,687,966,503	172,065,413
1954	1,669,991	8585	4,634,227,407	2,313,629,503	2,320,597,904
1955	2,307	99	8,077,965	–	8,077,965
1956	2,066	61	19,697,273	–	19,697,273
1957	643	53	6,133,613	–	6,133,613
1958	749	17	7,140,489	–	7,140,489
1959	520	72	4,963,086	–	4,963,086
1960	343	78	3,276,635	–	3,276,635
1961	341	22	3,252,236	–	3,252,236
1962	105	64	1,003,875	–	1,006,875
계	4,493,328	5425	9,231,495,721	6,586,365,964	2,645,129,757

2. 문교증권 수납 실적표

보상연도	특별증권수납석수	금액	보상연도	특별증권수납석수	금액
1950	187,702.04	27,808,846	1956	167.62	1,597,619
1951	185,164.74	108,932,416	1957	167.62	1,597,619
1952	186,753.52	337,202,155	1958	167.62	1,597,619
1953	187,193.30	337,996,222	1959	167.62	1,597,619
1954	187,036.61	519,026,592	계	934,706.31	1,337,943,377
1955	167.62	586,670			

* 자료 : 재무부, 『재정금융의 회고』, 1958, 164쪽.

소유자명	주소	밭		논		하천	계	
법주사	분배농지	398108	100.0	440852	100.0	1679	840638	100.0
	자경농지	261710	65.7	246652	55.9		508363	60.5
각연사	괴산 장연면 태성리	20317	100.0	16050	100.0	0	36367	100.0
	자경농지	5501	27.1	11491	71.6		16992	46.7
공림사	괴산 청전면 사담리	38678	100.0	41223	100.0	0	79901	100.0
	자경농지	9521	24.6	11491	27.9		21012	26.3
현암사	청원 남이면 사동리	2403	100.0	7937	100.0		10341	100.0
	자경농지	1907	79.4	1845	23.2		3752	36.3
월리사	청원문의면 덕유리	4982		0		0	4982	
	산대리	3312		0		0	3312	
	문덕리	29338		1170		0	38952	
	소계	37633	100.0	1170	100.0	0	38952	100.0
	자경농지	16374	43.5	1170	100.0		17544	45.0
총계		497138	100.0	507232	100.0	1679	1006199	100.0
자경농지 합계		295013	59.34	272649	53.75	0	567663	56.42

* 자료 : 유진채, 「일제하 사찰토지의 소유관계 연구 - 충북 법주사 사례를 중심으로 -」, 1993, 60쪽 (개심사 제외).

농지개혁법 시행규칙 제9조 제3항 *所定*의 기간 경과 후에 제출된 확인신청과 확인행위의 효력

1958. 6. 26 判決上告棄却

4290 民上 874 土地引渡

원고(上告人)　　　昆盧寺

피고(被上告人)　　宋在義 外 4人

제 1심 安東地院　제2심 大邱高法

농지개혁법 제 6조 제1항 제5호 및 동 시행규칙 제9조에 의하면 공인하는 학교 종교단체 및 후생기관 등의 소유로서 自耕畓의 농지는 同規則 공포일인 단기 4283년 4월 28부터 20일 이내에 그 확인신청을 主務部長官을 거쳐 농림부장관에게 제출하여 그 확인을 받은 경우에 限하여 同法에 의한 매수를 免할 수 있는 것이다.

本件에 있어서 一件記錄 및 原判決摘示事實에 의하면 원고는 단기 4296년 5월경에 이르러 右確認節次를 履踐하고 농림부장관으로부터 단기 4287년 6월 26일에 이르러 그 확인을 얻었음을 肯認할 수 있으나 右 농림부장관의 확인행위는 강행법규인 右 법령에 위배된 것이므로 법률상 당연히 무효임을 인정할 수 있다고 아니할 수 없다.

동화사 승소판결

동화사 농지문제에 관한 訴訟件은 대구고등법원에 의하여 當寺 승소판결이 내려짐.

1949년 농지개혁으로 桐華寺의 寺畓이 소작인들에게 분배되게 되었는데, 소작인들은 三寶수호를 한다는 의도에서 경작포기증서와 함께 소작농지의 3분의 1을 당사에 반환하였다. 그 뒤(1953년) 李대통령의 사찰토지 반환 유시가 내리자 소작인들은 나머지 3분의 2의 토지까지 本寺에 반환, 小作農耕을 하게 되었다. 그러나 토지를 환수한 본사에서는 그 후 과중한 稅를 징수하는 사례가 있었고, 한편 소작인들은 토지를 빼앗긴 불만이 쌓이게 되었다. 그러던 중 1960년 4·19 의거가 일어나자 소작인들은 上記 3분의 2에 해당하는 토지반환 사실을 가리켜 정부의 강제에 의한 것이라고 주장하면서 분배농지확인소송을 제기했다. 이 소송은 전후 2차에 걸쳐 제기되었는데 1차에 原告 30여 명, 2차에는 다시 70여 명으로 증가됨과 동시에 係訴 土地面積도 더욱 증가되었다. 그러나 2년 뒤인 1962년 결국 대구고등법원에 의하여 승소판결이 내림으로서 該土地는 동 寺 소유로 확정되었다.

정광호편, 『한국불교최근백년사편』, 421쪽.

고양군 개운사

농지인도소송에 개운사 승소

개운사가 지난 2월에 최씨·동씨를 상대로 서울 민사지법에 제기한 농지인도소송이 9월 9일 원고의 승소로 끝났다. 경기도 고양군 원당면 주교리 443번지 답 1,647평을 전기 최씨가 30년 전부터 경작료도 내지 않고 점유해 오던 것을 개운사 종단에 접수됨에 따라 전기 농지를 수차에 걸쳐 접수하려고 했으나 완강한 거부로 결국 소송을 제기했던 것이다.

* 자료 : 『대한불교』, 1964. 9. 27.

분배받은 농지를 정부에 의하여 포기하여 정부가 사찰의 자경농지로 확인한 경우 그 적법여부

1965. 7. 27. 제2부 판결 上告棄却

65다 1045　분배농지확인 引渡 및 損害賠償

원고(상고인)　민정기

피고(피상고인) 영헐사

2심 春川地法

    原審이 適法히 확인한 사실에 의하면 원고는 1958. 5 본건농지
에 대한 경작권을 포기하고 이어서 같은 해 8·6 농림부장관으로부
터 本件農地에 대하여 피고 사찰의 자경농지로 인허를 받고 현재
피고사찰이 適法히 占有耕作中이라는 사실로서 원심은 결국 원고가
본건농지에 대한 경작권을 국가에 대하여 포기한 사실을 확인한 취
지이므로 원고의 경작권포기는 적법히 이루어졌다 할 것이므로 원
고의 耕作權確認請求는 그 이유 없음이 명백할 뿐더러 원고에게 경
작권 있음을 전제로 하는 土地引渡와 손해배상 청구가 이유 없음이
명백하므로 같은 이유로 원고청구를 배척한 원판결은 정당하다 할
것이다.

은해사

    1965년 11월 은해사에서는 농지개혁 이후 토지대장 미정리로 소
작인들이 소유권 행사를 하여오던 畓 4,000평을 다수 환수하였다.

* 자료 :『대한불교』, 1965. 11. 17.

수배자가 분배를 포기하여 寺刹者農耕地로 확인하였을 경우
에 그 농지의 매수에 관한 효력

1967. 1. 31 제 3부판결　　上告棄却
66다 2366 자료
원고(상고인)　　　용흥사
피고(피상고인)　　최귀동
2심　光州地法

그러나 원심은 証抛에 의하면 피고는 본건 답을 일정말기이래 繼
續 소작하여 오다가 농지개혁법 시행당시 분배받았다는 사실을 適法
히 확정하고 이 사실을 토대로 本件 畓은 농지개혁법 실행으로 당연
히 정부에 매수되고, 원고는 그 소유권을 상실한 것이라고 說示한
후, 가사 원고주장과 같이 그 후 本件畓을 피고에게 분배한 처분이
취소되고 本件畓은 원고의 自耕以內의 농지라고 확인하였으며, 또
피고의 耕作權抛棄가 있었다 하더라도 원고가 농지개혁법 실행당시
本件畓을 자경한 것이 아닌 이상, 위 畓을 농지개혁법 제6조 제1항
제5호에서 말하는 종교단체의 자경이내의 농지라 할 수 없는 것이어
서, 本件 畓이 농지개혁법 실시로 정부에 매수되는 효력에는 소장이
없다고 판시하여 원고의 本訴請求를 排拓하고 있는바, 이는 정당한
판단이라 할 것이고, 위 법조항에서 自耕이라고 한 것을 自營으로 解
釋하여야 한다 하더라도 원판결의 결론에는 아무 영향이 없는 것이
다.

국가에 매수된 농지를 분배 이외로 처분할 수 있는지의 여부

1967. 2. 28 제2부 판결　　상고기각

66다 961 土地引渡

원고(상고인)　　　백운암

피고(피상고인)　　강대봉

제1심　順天地院　　　제2심　光州高等

　　농지개혁법은 농지를 농민에게 적절히 분배하기 위하여 정부로 하여금 동법 제5조의 규정에 따라 농지를 취득 또는 買收케 하고 그가 취득 또는 매수한 농지는 동법 제11조의 규정에 따라 동법 제 4 조에 의하여 설치된 각급 농지위원회를 통하여 자경할 농가에게 분배케 하였든 것인 만큼 정부라 할지라도 違法에 의하여 매수한 농지를 위와 같은 분배방법 이외로 처분하거나 使用收益할 수 없는 것이며 일방동법 제6조 제1항 제5호에 해당되는 농지는 동법 시행 규칙에 의한 농림부장관의 확인조치(그 조치는 농지가 위 법조에 해당하는 여부를 가려내기 위한 행정절차에 지나지 않는 것으로 이에 어떠한 설권적인 효력이 있는 것이 아니다)의 有無를 불문하고 당연히 同法에 의한 정부의 매수에서 제외되는 것이다.

　　그러하므로 원판결이 위와 같은 견해하에 농지개혁법 실행당시까지 원고의 소유였든 本件 농지에 관하여 동법 시행 후 농림부장관이 원고의 자경이내의 농지로 확인한 사실이 있었음을 인정하면서 前述한 바와 같이 그 농지가 위법 실행으로 정부에 매수되었든 것이라고 단정함으로써 그 확인에는 아무런 효력도 없다 하여 이에 설권적인 효력이 있음을 전제로 하는 원고의 각 주장을 배척하였음을 할 것이니 위 각 소론 중 原判決의 위와 같은 조치를 論難하는 부분들도 그 각 論旨를 이 위 확인의 효력에 관한 그들의 獨自的 견해로서 그 조치를 나무라는데 지나지 않는 것으로 그 각 論旨는 이유 없다.

2. 原判決은 本件 농지가 정부에 매수됨을 따라 원고의 이에 대한 소유권은 공부상 원고 所有名義가 현존하는 여부를 불문하고 이미 상실되었던 것이라 하여 위 농지에 대한 소유권에 기한 원고의 本訴 請求를 배척하였을 뿐으로 그 농지를 분배받았던 강승구가 그것을 정부에 반환한 효력을 부정하는 趣旨가 아니었은즉(그 농지는 정부에 매수된 후 아직 적법한 분배가 없이 방치되어 있는 실정이다) 위 각 소론 중 그 농지가 분배자로부터 정부에 반환된 것임을 이유로 하여 原判示 내용을 論難하는 부분들의 각 論旨(그 논지 중에 摘示한 당원 판례들은 本件에 해당되는 것이 아니다)도 받아들일 수 없다.

사찰자경농지인허의 경우

1968. 2. 27 제1부 판결   상고기각

67 다 2,879 소유권이전등기등

원고(피상고인)　　　　윤봉남

피고(상고인)　　　　　미타사

2심　　　서울高法

　　원고는 원고가 분배를 받아 상환을 마친 本件土地(서울 영등포구 서초동 272번지, 畓 1,006坪)에 대해 當局에 반환(이른바 분배받은 권리의 포기)한 사실은 인정되지 아니한다라 하였다. 원심이 이러한 사실을 인정하기 위한 전제로서 거친 채증의 과정을 살펴보면 여기에는 논지가 공격하는 바와 같은 채증법칙위배의 違法事由가 없다.

　　論旨는 그럴듯한 근거도 없이 원심의 適法인 사실인정을 비난하는 것이다. 그리고 피고가 농림부장관으로부터 本件土地에 대하여 이것이 농지개혁법 6조 제1항 제5호에서 말하는 이른바 "자경이내의 농지"라는 확인을 받은 사실이 있다고 해서 반드시 원고가 이 토지에 대하여 한번 분배받은 권리를 적법하게 포기한 것이라는 단정이 내려져야 되는 것은 아니다.

* 자료 : 농수산부, 『농지에 관한 대법원판결집』, 426~433쪽.

연별	사찰임야 면적(町步)	도별(1960년도)	사찰임야 면적(町步)
1953	84,669	서울시	110
1954	111,583	경기도	2,707
1955	118,833	충북	4,100
1956	118,768	충남	3,173
1957	94,331	전북	5,688
1958	91,925	전남	14,005
1959	91,850	경북	22,154
1960	91,951	경남	19,829
		강원	20,169
		제주	16

* 자료 : 경제기획원 조사통계편, 『한국경제연감』, 1961, 67쪽.

근현대 불교 구술사 성과의 현황과 과제

이경순 | 한국철도대학 강사

1. 들어가며

2. 현황과 의의

3. 비판과 과제

근현대 불교 구술사 성과의 현황과 과제

1. 들어가며

최근 10여 년간 국내 역사학, 인류학, 사회학 분야에서는 새로운 연구방법론으로서 구술사를 주목하고 그에 바탕한 다양한 시도가 이루어져 왔다. 구술사는 역사 서술에 대한 20세기 후반의 인식론적 전환과 관련이 깊다. 즉 현전하는 문헌사료만을 객관적이고 권위 있는 기반으로 인식해 오던 문헌실증주의 역사학에 대한 문제제기와 비판이 일어나자 그 다양한 대안들 중 하나로 구술사가 모색되었던 것이다.

구술사는 역사서술의 주체에서 소외되었던, 지식인이거나 권력자가 아닌 일반민중, 지방민, 여성, 문화적 소수자들의 목소리를 '기억으로 역사쓰기' 대열에 합류시켰다. 지난 10여 년간 다양한 프로젝트와 수많은 연구자에 의해 구술사의 성과가 나왔다.[1]

1980년대 초부터 『뿌리깊은나무』에서 기획한 '민중자서전' 시리즈는 구술사의 선구적 프로젝트라고 할 수 있다. 그러나 역사학계에서 구술사에 본격적 관심을 기울인 것은 1987년 이후라 할 수 있다. 일제강점기, 해방 이후의 좌익 활동에 대한 관심이 고조되면서 이전까지 금기시되었던 주제에 대한 구술자료 수집활동이 활발히 진행

---

1) 역사학계의 구술사 성과에 대한 내용은 허영란, 「구술과 문헌의 경계를 넘어서」, 국사편찬위원회, 『현황과 방법, 구술-구술자료-구술사』, 2004, 17~33쪽 참조.

되었다.[2] 또한 문헌기록에는 나타나지 않았던 군 위안부들의 경험을 생생히 전한 증언집이 1993년 이후 2001년까지 다섯 차례에 걸쳐 출판되었다.[3]

1990년대 중반부터 구술사 이론이 국내 소개되기 시작하였고 구술작업에 기초한 지방사와 생애사 연구의 성과가 발표되었다.[4] 윤택림, 함한희, 유철인, 김성례 등은 구술사의 이론적, 방법론적 논의를 정리하면서 현지조사를 통한 구체적 성과를 보여주었다.[5] 근래에는 민중생활사, 주민생애사, 노동사, 노동운동사 등 다양한 분야에서 구술사연구가 진행 중이다.[6] 이제 구술사는 다양한 주체의 기억으로

---

2) 예를 들면, 한상구, 「한국현대사의 증언 : 6·25와 빨치산―6·25전쟁 발발의 실상을 밝힌다」,『역사비평』1988, 가을호 등. 1988~1992년『역사비평』의 '현대사의 증언' 시리즈, 제주 4·3연구소,『이제사 말햄수다 1, 2』, 한울, 1989.

3) 한국정신대문제대책협의회,『강제로 끌려간 조선인 군 위안부들』1-5, 한울, 1993, 1997, 1999, 2001.

4) 허영란, 위의 글, 19쪽.

5) 윤택림,『인류학자의 과거여행』, 역사비평사, 2003 ; 함한희, 「나주농민이 들려주는 역사이야기」,『한국사시민강좌』21집, 일조각, 1997 ; 김성례, 「한국 무속에 나타난 여성체험 : 구술생애사의 서사분석」,『한국여성학』7집(1991) ; 유철인, 「어쩔 수 없이 미군과 결혼하게 되었다 : 생애사이야기의 주제와 서술 전략」,『한국문화인류학』29집 2호, 1996 등.

6) 1990년대 후반부터 구술자료 수집은 개인은 물론 연구소, 지방자치단체, 각 기관 등에서 광범위하게 이루어졌다. 아래 열거된 것은 그 성과들의 일부에 불과하다. 한국정신문화연구원 현대사연구소,『지운 김철수』, 한국정신문화연구원, 1999 ; 한국정신문화연구원 현대사연구소,『격동기 지식인의 세 가지 삶의 모습』, 한국정신문화연구원, 1999 ; 진양교 외,『주민생애사를 통해 본 20세기 서울 현대사』, 서울학연구소, 2000 ; 한국정신문화연구원,『내가 겪은 해방과 분단』, 선인, 2001 ; 한국정신문화연구원,『내가 겪은 민주와 독재』, 선인, 2001 ; 김석형 구술, 이항규 녹취, 정리,『나는 조선노동당원이오!』, 선인, 2001 ; 수원시,『수원 근현대 증언 자료집』1~2권, 수원시, 2001 ; 국가보훈처,『독립유공자 증언자료집』1~2권(2002) ; 한국정신문화연구원,『내가 겪은 한국전쟁과 박정희 정부』, 선인, 2004 ; 박현수 편,『20세기 한국민중의 구술 자서전』, 소화, 2005 ; 20세기 민중생활사연구단 편,『한국민중

복원되는 역사, 아래로부터의 역사, 거대역사 담론의 대항 담론 등의 가능성을 내세우며 인류학, 역사학계 등에서 당당히 시민권을 주장하게 되었다.

한편, 최근에 출판된 대표적 구술사 저술들은 그동안 한국학계에서 10여 년 동안 축적된 구술사 성과들을 개관하면서 그동안의 시행착오를 지적하고 구술사의 이론적 배경과 작업 원칙, 방법론, 활용가능성에 대해 보다 체계적으로 보여주고 있다.[7]

이러한 학계의 움직임에 대해 2000년대 들어서 불교계에서도 몇몇의 성과가 출간되었다. 불교계에서도 구술사의 영역에 대한 조심스런 모색이 시작된 것이다. 그 첫 번째가 2002년 선우도량 한국불교근현대사 연구회에서 펴낸 『22인의 증언을 통해 본 근현대불교사』였다. 물론 이전과 이후에도 구술을 바탕으로 한 근현대 불교사 입문서나 회고록은 다수 출판된 바 있다.[8] 그러나 구술자료 채집과 출판이라는 목적과 계획하에 진행된 것은 이 책이 최초라 할 수 있다. 이 책은 출판당시 '불교계 최초의 구술사 자료집'임을 공표하고 출판기념회와 구술사로서의 성과를 평가하는 세미나를 개최한 바 있다.

이후 구술사 출판물은 근현대 불교사 연구자 김광식에 의해 생산되었다. 『아! 청담』(화남, 2004) 『그리운 스승 한암스님』(2006, 민족사) 『동산대종사와 불교정화운동』(영광도서, 2007)이 그것이다. 이러

구술열전』, 눈빛, 2005.

7) 대표적 출판물로는 다음을 들 수 있다. 국사편찬위원회, 『현황과 방법, 구술-구술자료-구술사』, 2004; 한국구술사연구회, 『구술사-방법과 사례』, 선인, 2005 ; 윤택림, 함한희, 『새로운 역사쓰기를 위한 구술사 연구방법론』 아르케, 2006.

8) 삼보학회, 『한국불교최근백년사』, 1965~69 ; 석주스님의 증언을 바탕으로 한 박경훈, 『불교근세백년』 중앙일보사, 1980 ; 서화동, 『산중에서 길을 물었더니』, 은행나무, 2002.

한 성과들은 대체로 근현대 불교사의 주역에 대한 회고담이 주된 내용을 이루고 있다.

이밖에 큰스님을 찾아 문답을 기록한 많은 책과 '시봉일기'류의 책들을 들 수 있다. 이러한 책들은 구술내용을 바탕으로 하고 있어 넓은 의미의 구술 자료라고 볼 수 있다.[9] 하지만 구술사를 의도하여 기획한 결과물이 아니고 구술내용을 온전히 담아내기 보다는 저자나 편집자의 의도에 따라 구술내용 일부가 이용되고 심한 경우 재창작되는 수준에 머무르고 있다. 이에 본고에서는 구술사를 표방하고 기획된 성과들만을 다루기로 하겠다.[10]

이 글에서는 2002년 이후 산출된 구술사 성격의 저서를 중심으로 근현대 불교의 구술사 성과에 대해 개관하고 그 의의와 한계를 평가해 보도록 하겠다. 각 성과의 내용을 다루기보다는 구술사의 형식적, 방법론적 측면에서 기왕의 성과를 논하는 것이다. 이러한 구술 성과들에 대한 비판적 검토는 앞으로 올바른 구술사연구의 적용과 확산을 위해서도 반드시 필요한 일이라 생각된다.

2. 현황과 의의

불교계에서 구술사 연구의 필요성은 1990년대 초반부터 제기되었다고 할 수 있다. 1987년 민주화 이후 한국사회 전반의 근현대사

---

9) 김광식, 「구술사 연구의 필요성」 『불교평론』 2003년 여름호.
10) 이와 같은 이유로, 최근 발간된 현진, 효범, 『한국비구니 수행담록(상,중,하)』(한국비구니연구소, 2007)을 본고에서는 다루지 않았다.

에 대한 관심 증대, 종단개혁 이후의 체계적 종단사 연구의 필요성 제기 등이 배경이 되었다. 또한 근현대 불교사의 주요인물에 대해 남겨진 문헌도 적고 교계의 체계적 자료보존 노력이 거의 없었다는 불교계의 특수한 여건에서 비롯된 것이기도 했다. 많은 역사적 사실을 구전과 구술에 의해 확인할 필요성이 제기되었다. 또한 식민지기, 해방 후 전쟁기간, 교단정화를 기억하는 인물들이 고령화하고 입적하는 경우가 늘어감에 따라 그들에 대한 인터뷰 작업의 절박함이 교계 이곳저곳에서 터져 나오기 시작했다. 그러한 교계의 요청에 의해 구성된 것이 선우도량 한국불교근현대사연구회였다. 선우도량 한국불교근현대사연구회에서 펴낸 『22인의 증언을 통해 본 근현대불교사』는 선우도량 한국불교근현대사연구회가 1994년부터 기획하여 3년여의 준비기간을 거쳐 1997년 착수하여 2000년까지 인터뷰한 22인의 증언집이다.[11]

이 책은 크게 3부분, 즉 '1부－불교와 함께 한 세기를 살아오다', '2부－해방과 전쟁의 소용돌이에서', '3부－내가 겪은 종단정화' 로 나누어졌다. 이 구성은 각 구술자의 구술내용을 시기별로 나눈 것으로, 1부는 식민지기부터 정화시기까지 구술한 인물을 중심으로 하고, 2부는 1945년 해방에서 전쟁까지를, 3부는 교단정화시기를 중심으로 다루었다. 1부, 2부가 각각 5명씩 배정된데 비해 3부는 12명의 증언을 싣고 있어 무게 중심은 종단정화에 있음을 보여준다.

이 책의 기획 의도는 애초에 '종단정화관련 인사 증언 채록'에 있었지만 작업과정에서 식민지기, 해방 공간의 기억이 함께 다루어지

---

11) 선우도량 한국불교근현대사연구회, 『22인의 증언을 통해 본 근현대불교사』, 선우
　　도량 출판부, 2002, 5쪽.

게 되었던 것이다.[12] 그런데 이 책에는 종단정화를 다루면서 대처승 출신에 대한 인터뷰는 단 한 건에 불과하고[13] 재가자의 경우에도 비구승 출신이거나 그 입장에 섰던 사람들을 구술자로 선정하였다. 또 대담자도 선우도량 회원 중심으로 짜여 있었는데[14] 이들은 구술사나 인터뷰 내용에 대한 풍부한 이해가 없는 상태에서 질문자의 역할만 한 경우도 많았다.[15]

그러나 이 책은 이러한 한계에도 불구하고 교단정화를 중심으로 한 근현대 불교사에 대한 최초의 구술 자료집을 표방하였다는데 의의가 있다. 그리고 증언채록의 취지, 인터뷰 대상자와 대담자의 선정, 인터뷰 과정, 자료집의 구성, 자료집의 의의와 한계를 머리말에서 설명하고[16], 각 장에서는 인터뷰 일시, 장소, 대담자를 밝히고 각 구술자에 대한 약력과 구술자 선정 이유와 인터뷰 당시의 분위기 등을 간략히 소개하였다.

또 구술자의 생애사를 전반적으로 질문하면서 중요사건에 대한 내용을 다루고 있다. 이러한 점들은 부족하나마 구술사에 대한 기초적 인식이 있었음을 보여주고 있다. 또한 이 책의 각 구술내용에는 각주가 달려 있다. 이것은 구술내용을 문헌자료 등으로 사실 확인하고 보충하는 의미를 지니고 있는 것으로 주목할 만하다. 또한 마지막 장에는 종단정화의 연표와 참고자료를 상세히 싣고 있어 종단정화

---

12) 위의 책, 5쪽.
13) 위의 책, 398~418쪽. 춘명스님의 인터뷰.
14) 위의 책, 9~10쪽.
15) 이 책의 한계점에 대해서는 김광식에 의해 지적된 바 있었다(김광식, 「구술사 연구의 필요성」 『불교평론』 2003년 여름호).
16) 선우도량 한국불교근현대사연구회, 『22인의 증언을 통해 본 근현대불교사』, 선우도량 출판부, 2002, 7~13쪽.

연구의 기초자료로서도 의미가 있다.

　그 다음으로 살펴 볼 수 있는 것이 김광식의 3편의 책들이다. 그 공통점은 근현대 주요 인물을 중심으로 한 회고담이라는 것이다. 그리고 모든 인터뷰의 대담과 녹취문 작성, 편집은 김광식 한 사람에 의해 이루어졌다.

　그 중 첫 번째 작업이 『아! 청담』(화남, 2004)이다. 이 책은 근현대 불교사에 큰 족적을 남긴 청담스님의 탄신 100주년을 기해 기획된 것이다. 이 책은 도선사에서 발행하는 『여성불교』에 2001년에서 2003년까지 3년간 연재했던 「청담스님의 발자취를 찾아」의 원고를 정리한 것이다.[17] 사실상 이 책은 도선사, 『여성불교』, 청담문화재단 등의 후원을 받아 김광식의 기획으로 발간되었다고 할 수 있다.[18] 이 책의 기획의도에서 김광식은 다음과 같이 말하고 있다.

　이러한 연재를 시도한 것은 필자가 생각하기에 우리의 불교를 이해, 연구하기 위해서는 청담스님을 모르고서는 불가능하다는 단순한 생각에서 출발한 것이었다. 그리고 청담스님을 문헌으로만 접하고, 연구한 필자가 청담스님의 진면목과 참정신을 파악하려는 잠재의식도 개재되었다. 또한 불교계 외부에서는 새로운 연구 방법으로 정착, 시도되고 있는 구술사를 불교사에도 접목시키려는 의도도 일정 부분 작용하였음을 고백한다.[19]

---

17) 김광식, 『아! 청담』, 화남, 2004, 7쪽.
18) 위의 책, 8쪽.
19) 위의 책, 7~8쪽.

위와 같이 이 책은 청담스님의 '진면목과 참정신'을 파악하기 위해서는 구술 자료의 수집이 필요하다는 점과 구술사를 불교사에 접목시키려는 의도를 가지고 기획되었던 것이다. 이 책은 모두 36인의 구술 내용으로, 크게 '1부-스님의 증언', '2부-사회인의 증언'으로 나뉘어 각각 19명, 17명의 구술자를 배치하였다. 이 책은 청담스님과 관련이 있다고 알려진 인물들을 차례로 만나면서 청담스님에 대한 회고를 담고 있다. 자연히 그 내용은 청담스님을 언제 어떻게 만나 알게 되었는지, 그들의 기억 속에 남은 청담스님의 언행은 무엇인지, 그들에게 청담스님은 어떤 인물로 평가될 수 있는지를 다루고 있다. 각 인터뷰의 첫 장에는 구술자에 대한 간략한 이력이 소개되었지만 인터뷰 날짜가 기록되지 않았으며 각 인터뷰의 분량도 매우 소략한 편이다. 질문도 간단하며 답변도 정리, 요약되었다는 느낌을 준다. 이것은 저자가 각 구술자의 구술내용 중 청담스님에 대한 내용만을 압축적으로 편집했음을 보여주고 있다. 이는 원래의 원고가 수록된 『여성불교』의 연재면수가 제한되어 있었고 당시 책의 편집 당시 그 원고를 그대로 실었기 때문이 아닌가 생각된다.

그 다음으로 출간된 것이 『그리운 스승 한암스님』(2006, 민족사)이다. 이 책은 조선불교 조계종(1941~1945)의 초대종정과 해방 공간의 불교교단에서 종정을 역임한 월정사 내 상원사의 조실 한암스님의 수행과 정신의 일화를 찾기 위해 기획되었다. 이 작업과 책의 출판 역시 한암문도회와 월정사의 후원에 의해 이루어졌으며 인터뷰는 2년 동안 진행되었음을 밝히고 있다.[20]

이 책은 한암스님을 회고하는 25인의 구술이 각 장으로 구성되었

---

20) 김광식, 『그리운 스승 한암스님』, 민족사, 2006, 30쪽.

다. 각 장 첫머리에는 인터뷰 일시와 장소 구술자의 약력이 간단히 소개되었다. 또한 김광식의 앞선 책과는 다르게 인터뷰 분량이 상당히 늘어나 있으며 내용도 한암스님을 중심으로 하되 구술자의 생애사에 대한 내용도 일부 들어가 있다. 이 작업은 문헌자료가 극히 부족하고 신비화되어 있는 한암스님의 행적에 대한 연구에 귀중한 의미가 있을 것으로 생각된다. 예를 들어 전설화로 남아 있는 한암스님의 입적이라는 한 가지 사건을 구술자가 각각의 시점으로 구술하고 있는 내용은 흥미로운 것이었다. 즉 이 내용은 구술자들은 당시 각각 다른 곳에서, 다양한 사람을 통해, 또는 이후의 소문을 통해 스님의 입적소식을 들었고 그것을 기억하였다. 하나의 사건을 두고 발생한 이러한 기억의 차이를 그대로 드러내는 것이 구술사의 묘미가 아닐까 생각되었다.

가장 최근에 나온 구술사 저술은 김광식의 『동산대종사와 불교정화운동』(영광도서, 2007)이다. 이 책은 2006년 1월, 『태고종사』가 발간되어 '불교정화운동의 주역에 대한 스님들의 인간적 폄하와 왜곡을 심각하게 기술'하고 있는데 자극받은 동산문도회가 '동산대종사의 역사 찾기를 위한 절치부심의 기회로 인식' 기획하여 출발된 것이다. 이에 동산의 은사인 백용성의 생애와 사상을 연구하는 대각사상연구원의 연구부장인 김광식의 평소 각별한 관심이 문도회의 열의와 결합되어 인터뷰 사업이 진행된 것이다.[21] 인터뷰는 2006년 5월에 기획되어 같은 해 10월 33명의 인터뷰를 마치고 성과물을 상재하였다고 한다. 불과 5개월 만에 기획과 구술자 선정, 인터뷰 작업, 녹취문 작성과 편집을 마쳤다는 것이다.

---

21) 김광식의 『동산대종사와 불교정화운동』, 영광도서, 2007, '펴내는 말'.

이 책은 33인의 구술내용이 각 장을 이루고 있으며 간략한 구술자 소개, 인터뷰 장소와 일시가 게재되어 있다. 구술내용은 책의 기획배경에서도 알 수 있듯이 동산스님의 행적과 교단정화사에 대한 것이 중심이 되어 있다. 더욱이 33인 중에는 선우도량의 『22인의 증언을 통해 본 근현대불교사』에는 수록되지 않은 정화의 주역들과 평소 지면으로 만날 수 없었던 흥미로운 인물들이 다수 포함되어 있다. 또한 이 책의 중요한 의의 중 하나는 인터뷰 과정에서 그 동안 묻혀 있던 많은 사료가 발굴되어 이 책에 소개되어 있는 것이다.[22] 새로운 문헌이나 사진자료, 역사적 인물의 유묵, 친필 등이 공개되게 된 것이다. 한마디로 연구자가 발로 뛰지 않았다면 얻을 수 없었던 수확인 것이다.

이상과 같은 몇 권의 책으로 출간된 불교계 구술사 성과는 무엇일까? 먼저, 그동안 밝혀지지 않았던 사실, 즉 문헌으로는 드러나지 않은 사실과 사건의 진상에 대한 중요한 단서를 제공하였다.

홍태욱씨가 봉은사 주지로 있었지만 봉선사와 관련이 있었어요 봉은사에는 강성인이라는 스님이 실권을 지니고 계셨는데 몇 번 주지 연임을 하셨습니다. 그런데 봉은사에 큰 불이 나서 법당이 모두 소실된 일이 있었습니다. 그렇게 큰 화재가 나자 주지가 책임을 질 수 밖에 없어 물러났습니다. 홍태욱스님은 봉은사 말사 수종사 주지였는데 총독부 추천에 의해 봉은사 주지가 되었어요 그래서 봉은사의 재건사업을 하시게 되었습니다. 그리고 봉은사 일대를 장악하자 강성인스님측에서 불만을 갖

---

22) 이 책에는 구술자들이 소장하고 있었던 각 종 수계증, 방함록, 친필게송, 전보문을 비롯한 다양한 문건과 인물사진이 실려 있다.

게 되었습니다. 해방이 되고 본사주지 전부가 물러나자 강성인스님은 자기 중심으로 세력을 모으려 했습니다. 그런데 해방 직후 31본산제가 도 단위로 교무원제로 개편되면서 운허스님이 경기교구 교무원장이 되시고 홍태욱스님이 경기도 교무원 총무부장으로 활동하셨습니다. 홍태욱스님이 봉은사 주지 때보다 큰 힘을 발휘해서 적산사원을 접수하는 사업을 맡으셨죠. 강성인 일파가 보기에는 홍태욱 스님을 제거하지 않으면 자기들에게 어떤 일이 생길지 모른다고 판단했죠. 강성인스님이 주지로 있을 때 불이 났기 때문에 스스로 주지가 되지는 못하고 친일파인 김태흡스님을 끌어들여 봉은사 주지를 시켰습니다.[23]

위의 내용은 『22인의 증언을 통해 본 근현대불교사』에 수록된 김지복 선생의 인터뷰 중 일부이다. 김지복 선생은 놀라운 기억력으로 1945년 해방직후 혼란했던 불교계의 사정을 구체적으로 구술하였다. 그 중 봉은사 주지 홍태욱스님의 암살사건에 대한 내용이다. 당시 신문과 잡지를 통해 그 사건의 전말을 그리기 위해서는 많은 추리와 상상력이 필요했다. 그런데 김지복 선생의 구술을 통해 당시의 상황의 실체가 드러날 수 있었던 것이다. 이러한 예는 문자로 기록될 수 없었던 역사가 기억을 통해, 구술을 통해 복원될 수 있다는 것을 보여준다.

또 다른 구술사의 성과로는 근현대 불교사의 수많은 사건과 인물에 대한 입체적 이해가 가능하게 되었다는 점을 지적할 수 있다. 다음은 월정사 시절과 한암스님에 대한 범룡스님의 구술과 한암스님

---

23) 선우도량 한국불교근현대사 연구회, 『22인의 증언을 통해 본 근현대불교사』, 선우도량출판부, 2002, 171~172쪽.

의 조카 방문성 거사의 구술내용 중 일부이다.

> 울력은 모든 대중들이 다 참가했어요. 그러나 한암스님은 직업 하시지
> 는 않지만 동참은 했어요. 울력을 할 때 기왓장을 져 올리는데 탄허 스
> 님이 중강으로 "강의 준비를 해야 하므로 저는 못하겠습니다" 고 하니,
> "야! 네가 나가서 하는 척이라도 해야지 빠지면 되냐"고 하였어요. 이는
> 당신 상좌라고 뺄 수는 없다는 뜻이겠지요. 그때 한암 스님도 걸망에 기
> 와 두 장을 들고 다녔어요. 아무리 힘이 없어도 기와 두 장은 질 수 있지
> 않겠어? (중략)
> 설날에는 집집이 떡국을 먹는데 누구라고 안 먹겠어요? 남이 다 떡국
> 끓여 먹기에 우리들도 떡국 먹지요.[24]

> 한암스님은 따로 공양을 하지 않으시고 꼭 대중공양에 참석하셨어요.
> 공양을 할 때면 스님은 발우 네 개로, 일반인은 그릇으로 하였지요. 한
> 암스님이 방에 들어오셔서 좌정해야 시작하지 그렇지 않으면 시작 못
> 해요. 처음에 천수물 돌리면 그때부터 다 같이 공양을 시작하지요(중략)
> 거기(상원사; 필자주)에서는 쌀 한 톨도 내버릴 수가 없었어요. 보통 절
> 풍속이기도 하지만, 쌀뜨물도 아낀다고 하지 않습니까? 한암 스님은 시
> 주물 은혜를 강조하시며 공짜로 먹으면 안 된다고 하셨습니다. 저는 중
> 노릇 하기가 이 세상에서 제일 어렵다고 생각합니다. 군인생활이 아무
> 리 힘들어도 중노릇보다 힘들다 볼 수 없습니다.[25]

---

24) 김광식, 『그리운 스승 한암스님』, 민족사, 2006, 38쪽.
25) 위의 책, 371~372쪽.

　　위의 내용은 인터뷰 내용 중 수없이 나오는 일상적이며 평범한 이야기 중 하나이다. 한암스님이 상원사에서 대중과 함께 울력을 했는지, 그 시절 절에서도 설날에 떡국을 해먹었는지, 대중공양 풍경은 어떠했는지, 시주물에 대한 태도는 어땠는지 등등은 미시적 사건이며 역사책에는 쓰일 수 없는 일화일 뿐이라 여길 수 있다. 하지만 문헌자료에서는 발견할 수 없는 당시의 생활상, 인물의 됨됨이를 생생히 느낄 수 있다. 이러한 인물이나 생활상에 대한 입체적 체감은 구술사가 아니고서는 불가능하다고 할 수 있을 것이다.

　　하지만 이러한 점들에 앞서 구술사의 의미에 대해 생각해야 할 점은 미진하긴 하지만 어쨌든 비구/비구니, 승가/재가, 큰스님/작은스님, 중앙/지방에 속한 다양한 인물들의 시각에서 역사를 구성할 수 있는 가능성을 열었다는 것이다.

　　나는 앞에 나서서 하는 활동은 하지 않았습니다. 큰스님들이 앞에서 활동하셨고 항상 나는 심부름 다녔습니다. 그때 나는 정부 각 부 장관들에게 진정서를 써서 청담스님하고 이종익박사에게 읽어보시라고 보여드렸습니다. (중략) 덕문스님이 대비원에 있으면서 종단 뒤치다꺼리를 다 했었는데 기념관 지을 때도 일을 많이 했었죠. 민도광스님이 쓰신 일지에는 앞에서 일하신 어른 스님 이야기만 나오고 뒤에서 일하신 스님들 이야기는 거의 없더군요. 덕문스님 같은 분이 일을 많이 하셨습니다. 덕문스님이 그렇게 뒤에서 어려운 일을 다 했건만 돌아가셔도 아무도 들여다보는 사람이 없었습니다.[26]

---

26) 선우도량 한국불교근현대사 연구회, 『22인의 증언을 통해 본 근현대불교사』, 선우도량출판부, 2002, 276~277쪽.

위의 내용은 『22인의 증언을 통해 본 근현대불교사』중 수덕사 견성암 덕수스님의 교단정화에 대한 구술이다. 덕수스님은 기존의 문헌자료에 나오는 '어른 스님'이 아닌 정화를 위해 '뒤에서 일하신 스님'들의 이야기를 하고 있다. 이렇게 구술내용은 문헌자료의 권위에 눌려 있던 그림자들에게 빛을 비춘다. 소수이고 힘이 없지만 역사의 또 다른 주인공이었던 인물들을 복권하는 것이다. 그리고 구술자가 누구이건 동등하게 그들의 이야기를 실어 준다. 전문적 역사가나 유명인이 아니더라도 한 사람의 이야기를 나름의 개성과 역사관을 지닌 역사서술로 인정한다. 그러기 때문에 구술사 작업에 참여한 각자가 역사가가 되며 서로 다른 시각으로 역사를 이해하고 쓰게 되는 것이다.

이는 구술사가 기존 역사학계의 지배적 담론체계의 대항 논리로서 기능하는 가장 큰 의의라 할 수 있다. 물론 기존의 성과들이 이러한 구술사 본래의 의미를 제대로 살려 모든 작업을 해 왔다고는 볼 수 없다. 하지만 근현대 불교사 인터뷰 작업은 가능성을 열어 보이기 시작했다고 보아야 할 것이다.

3. 비판과 과제

불교계에서 근현대역사에 대한 인터뷰 시작된 지 얼마 지나지 않은 현 시점에서 본다면 현재까지 생산된 자료량은 상당하다고 할 수 있다. 그러나 지금까지의 몇 권의 저술이 질적 발전을 보이고 있다고 볼 수는 없다. 무엇보다 문제로 지적될 수 있는 것은 불교학계, 더 넓게는 불교계에서 과연 구술사에 대한 인식을 제대로 하고 있는가

이다. 이것은 출판된 성과물에 대한 올바른 평가의 문제에 앞서 구술 사업의 기획주체들에게 질문할 수 있는 것이다. 구술사에 대한 올바른 인식은 단순히 구술사 본래 기능과 의미에 충실한 사업인가 아닌 가에 머무는 것이 아니라, 사업의 목적과 방법론에까지 영향을 미친 다고 할 수 있다. 그렇다면 구술사 연구방법론에서 제시하고 있는 점 들을 기준으로 하여 지금까지의 성과들을 평가해 보면 어떨까.[27]

무엇보다 먼저 지적해야 할 점은 구술사 관련 작업은 시간과 경 제적 지원이 바탕이 되지 않으면 이루어질 수 없다는 것이다. 일단 구술자를 만나려면 충분한 시간과 비용을 투자해야만 한다. 인터뷰 를 위해 오가는 시간, 교통비, 선물비는 기본이다. 구술자를 한번 만 나고자 한다고 만날 수 있는 것이 아니라 연락을 몇 번씩 하고, 한참 을 기다려서 인터뷰 시간을 확보할 수 있다. 인터뷰를 한다면 구술을 녹음하게 되는데 오디오나 비디오로 녹음된 것을 녹취하여 문서로 작성, 편집해야 한다. 이러한 일에도 엄청난 시간과 노력, 비용이 든 다. 물론 자비(自費)로 이러한 연구를 수행하는 개인 연구자도 있지 만 이제까지 불교계에서 나온 성과들은 대부분 단체, 사찰이나 문도 회의 경제적 지원에 힘입어 진행되었다. 그랬기 때문에 이렇게 단시 간 내 많은 성과물이 나온 것이라 할 수 있다.

그런데 문제는 이제까지 나온 구술사 성과들의 기획주체들은 앞 에서 보아왔듯이 어떠한 학문외적 '목적'하에 구술자료 채집 작업을 기획하게 되었다는 점이다. 예를 들어, 선우도량 한국불교근현대사

---

27) 필자는 구술사 전공자는 아니지만 구술 작업의 경험자로서 위의 성과들에 대한 한계점들을 지적하였다. 구술사에 관련된 기존의 이론적, 방법론적 논의에 기초 하여 논의를 진행하였다.

연구회에서 교단 정화증언 채록사업을 결정하게 된 것도 사실상 불교정화의 주역들의 원대한 꿈과 고투를 복원해내면서 정화정신의 회복을 통한 현실 불교계의 자성을 꾀하고자 하는 의도가 컸다. 과거를 통해 현재와 미래의 전망을 도출한다는, 소박하고 어찌 보면 바람직한 역사상이라 할 수도 있을 것이다.

하지만 분명한 것은 '정화주역의 공적을 알리고 교단정화의 당위성을 역설'하는 목적에서 출발했다는 것이다. 이러한 목적 아래 기술된 자료집에, 교단정화를 폄하하거나 정화주역들을 비난하는 내용이 어느 정도나 실릴 수 있을 것인가. 작업과정에서 자유롭게 구술자를 선정하고 구술내용 자체를 통제했다고 할 수 없더라도, 구술자를 섭외하면서 '선우도량'에서 교단정화에 대한 역사를 쓴다는 내용을 알리면, 구술자는 이미 자신이 의식하든, 의식치 못하든 인터뷰에서 할 말에 대한 자기검열을 시작하는 것이다.

이러한 예는 단지 『22인의 증언을 통해 본 근현대불교사』에 그치지 않는다. 이후 김광식의 일련의 성과들은 어떠한가. 이 성과들은 모두 문도회와 사찰의 후원하에 해당 스님의 현창사업의 일환으로 나오게 되었다. 인터뷰 과정에서 연구자의 능력이 아무리 출중하다 하더라도 그러한 의도에 위반되는 구술이 나오기 쉽지 않다. 구술자는 이미 인터뷰 의도에 대해 너무나 잘 알고 기획자들의 원하는 답변을 해 줄 준비가 되어 있었을 것이다.

이러한 상황에서는 그 스님의 행적을 아름답게 기억하고 돌아가신 분을 안타깝게 그리워하는 구술들이 실리게 되는 것은 당연하다. 이러한 목적이 자명한 인터뷰들은 대체로 이야기 흐름의 차이를 발견할 수 없다. '그분'에 대한 기억을 더듬으며 그분을 그리워하고, 지금 여기 계시지 않음을 안타까워하고 존경을 보내는, 한 가지 플롯에 의해 개인경험의 케이스만 달라진 이야기들이 양산된다.

물론 이러한 이야기에서 얻는 것이 전혀 없는 것이 아니다. 새로운 사실도 발굴되고 각기 다른 경험과 기억의 내용들도 추출된다. 그리고 특정 목적하에 이루어지는 인터뷰 사업 자체를 비판할 수는 없다. 그러나 그것이 초래할 한계를 깨닫고 어떻게 인터뷰 전략을 짜서 그 한계를 뛰어넘을 것인가 고민해야 할 것이다.

하나의 대안전략으로 생각할 수 있는 것은 바로 생애사에 대한 접근이다. 이제까지 구술사 성과들은 대체로 특정한 역사적 사건이나 유명한 인물의 행적에 관한 구술증언(oral testimony) 성격의 내용이 대부분이었고,[28] 이따금 생애사적 측면이 결합되었으나 본래의 목적은 생애사의 맥락을 따라가다가 특정 사건이나 인물에 대해 묻는 데 있었다. 이에 비해 구술생애사(oral life story)는 한 개인이 태어나서 현재까지 살아온 경험을 구술하는 것을 말한다.

필자는 현재 불교계 구술사의 단계에서 불교계의 이름난 인물 이외에도 평범한 이들의 구술생애사를 엮는 작업이 무엇보다 필요하다고 생각한다. 그것이 구술자료를 통해 일상사, 생활사, 미시사적 측면에서 근현대 불교사를 이해하는 데 필요하다고 생각하기 때문이다. 더욱이 아래로부터의 역사, 그동안 소외되어 온 계층, 여성, 문화적 소수자를 주체로 새로운 역사쓰기를 시도하는 구술사의 본래 성격에 비춰 봐도 다양한 성격의 구술자를 대상으로 한 생애사의 관점에서 인터뷰하는 것이 타당하다 할 수 있다.

지금까지의 구술 작업은 어찌 보면 다수의 구술자들을 배경삼아

---

28) 구술자료의 종류는 크게 구전(oral tradition), 구술증언, 구술생애사(oral life history)로 나뉜다. 윤택림, 함한희, 위의 책, 57~58쪽 참조.

중요한 역사적 사건이나 주요 역사인물을 부각시키는데 주력해 왔다고도 할 수 있다. 그러다 보니 막상 인터뷰 작업에서 역사의 주체이고 주인공으로 대접받아야 할 구술자들 그 자신의 생애와 기억들이 오히려 역사의 주류 담론과 위인들을 위해 가려지고 무시되어 왔던 것이다. 이러한 경향은 반성되어야 할 부분이라고 생각된다. 구술사를 구술자와 면담자간의 쌍방향적 공동 작업으로 여기고 구술자체가 구술자의 역사해석이 담긴 역사서술로 존중하는 태도가 필요할 것이다.

또한 구술에서 중요 사건과 인물에 대한 새로운 정보만이 중시되다 보니 구술자들 자신의 구술형식과 구술내용의 구성에 대해 간과해온 것도 사실이다. 이를테면, 실제로 인터뷰를 해보면 어떤 사람들은 시간 순으로 이야기를 풀어가는 한편, 어떤 이들은 일어난 시간에 관계없는 에피소드 중심으로 이야기를 한다. 그런데 이제까지 출판된 대부분의 녹취문에는 누구나 할 것 없이 시간 순으로, 일목요연하게, 반복된 내용 없이 구술한 것처럼 꾸며져 있다. 이것은 연구자의 편의나 녹취문의 독자를 위한 배려일 수도 있는데 이것은 엄연히 잘못된 방식이라고 할 수 있다. 사람마다 중요하게 기억하는 것, 자주 이야기하는 것이 있으며 기억이 반드시 시간 순으로 배열되지만은 않는다. 또한 사실과 다른 이야기를 진실로 믿고 있어서 녹취문에서 편집자가 그것을 바로 잡는 경우도 많을 것이다. 바르게 고쳐서 구술의 사료적 신뢰성을 높이려는 의도이다.

그러나 구술사에서 중시하는 것은 구술내용의 '구성적' 성격이다. 즉 왜 그 사람은 어떤 사실을 중요하다고 생각해서 모든 경험에 앞서 그 이야기를 하는지, 무슨 의도와 배경에서 어떤 경험은 반복해서 말하고 싶어 하는지, 왜 확인되지 않거나, 엄연히 진실이 아닌 이야

기를 사실로서 믿고 있는지를 분석하는 것이 중요하다는 것이다. 주
관적 기억, 선택적 기억 자체가 의미가 있으며 기억 자체가 어떠한
역사성을 지니고 있다는 것이다.[29] '기억의 정치학'이라는 말에서도
알 수 있듯이 정치, 사회, 경제, 문화적 맥락에 의해, 권력의 작용에
의해 집단 기억은 원형을 유지하지 않는다. 변형되고 심지어 새롭게
창조되기도 한다.[30]

　　적절한 예가 될지는 모르지만 석주스님의 경우를 보자. 석주스님
은 근현대 불교사의 산증인으로 알려졌고 수많은 불교계 매체의 인
터뷰 대상이 되었던 인물이다. 그런데 동일한 사건을 두고 한 1970
년대 말 인터뷰 내용과 2000년경 인터뷰 내용이 같을 수 있을까? 물
론 대담자의 컨디션과 주위 여건에 따라 기억이 잘 될 수도, 표현력
이 좋아질 수도 있을 것이다. 그러나 필자가 말하고자 하는 것은 수
많은 인터뷰를 거치면서 구술자 자신이 대담자의 영향으로 새로운
기억을 만들 수도, 그 전에 기억하고 있었던 것과는 전혀 다른 내용
의 기억을 갖게 될 수도 있다는 것이다. 대개 대담자가 기대하는 내
용에 따라 구술자는 의식적, 또는 무의식적으로 호응하게 되었을 것
이다. 그러면서 이전에 분명치 않았던 기억이 좋아지고 인터뷰 중 소
환되지 않은 기억들은 말하지 않아도 되는 하찮은 것으로, 또는 망각

---

29) 최근 기억의 문제는 역사학의 일대 화두가 되고 있다. 서구의 역사학계에서 기억
　　의 문제가 주목된 것은 1920년대 '집단기억' 이론을 제시한 모리스 알바쉬
　　(Maurice Halbwachs)이래라고 할 수 있다. 근년, 피에르 노라(Pierre Nora)가 기획
　　한 〔기억의 터〕(lieux de memoire)(1984, 1986, 1992)는 역사와 기억의 변증법을
　　통한 새로운 프랑스 역사 연구로 '역사학의 혁명'이란 평가를 받고 있다. 이러한
　　영향으로 한국학계의 한국 근현대사, 여성사, 사회사, 문화인류학 분야에서 기억
　　의 문제를 주제로 다룬 논문들을 접하는 것은 드문 일이 아니다.
30) 윤택림, 함한희, 위의 책, 67~69쪽 참조.

의 늪으로 빠져들었을 것이다. 그렇게 본다면 석주스님의 구술내용
은 시간에 따라 변할 수 있으며, 그 이전의 기억과는 사뭇 다른 내용
을 석주스님 자신의 기억으로 가지고 있었을 수도 있다. 문제는 우리
가 구술되는 것을 바로 그 사람의 원래 고유한 기억으로 인정하기
보다는 그 기억의 변화과정을 이해하고 기억의 맥락을 파악하는 것
이 중요하다는 것이다.

구술자들의 교단정화에 대한 기억도 정화 이후의 종단정치의 추
이와 조계종단 측의 미디어를 통한 선전, 관련서적의 독서 등을 통해
얼마든지 이러한 변화가 가능했으리라 본다. 구술된 경험과 사실 자
체도 중요하지만 기억의 내용, 구술의 형식의 메커니즘도 중시되어
야 한다는 이야기이다.

더 나아가서 구술사 연구방법론에서는 구술자의 어투, 사투리,
간투사는 물론이고 표정, 인터뷰 당시의 상황까지 그대로 살려서 녹
취할 것을 권고하고 있다. 어떠한 이야기를 하다가 주저하는지, 동작
은 어떤지도 그대로 기록하라는 것이다.[31] 이러한 점에 유의하여 녹
취한 예를 보면 다음과 같다.

면담자 1 : 할머니, 할머니 얼굴에 여기 흉터 있죠? 그거 왜 무슨 흉터
예요?

구술자 : 응(웃음)

면담자 2 : 어디?

구술자 : 요거, 요거(* 오른쪽 광대뼈에 난 흉터자국). 고 잘 봤네.(모두 웃
음) 이거는 어려서 집에서…[32]

---

31) 한국구술사연구회, 위의 책, 141~142쪽. '녹취문 작성의 기본 원칙' 참조.

　　구술자의 어투와 표정, 동작들까지 모두 살려서 녹취할 경우 구술자의 사회적 배경이나 심리상태, 구술맥락을 이해하는데 큰 도움이 된다는 것이다. 이에 비하면 지금까지 불교계에서 나온 구술사 성과물은 모두가 거의 동일한 어미로 자신의 말을 마무리 짓고, 한 사람도 지방색이 드러나는 사투리를 쓰고 있지 않다. 사실상 구어를 문어로 바꾸어 녹취문을 작성하면서 생생한 육성과 개인이 지닌 특성의 많은 부분을 사장시킨 것이라 할 수 있다. 또한 가독성을 염두에 두고 문법에 맞고 시간 순에 맞는 문장 만들기를 하고 있다고 보인다. 그런데 실제 다양한 형태의 녹취문을 접하다 보면 오히려 구어적 특징을 그대로 살린 글들이 훨씬 생생하고 재미있고 쉽게 읽힌다는 것을 발견할 수 있다.

　　또한 면담자의 자세도 중요한 것 같다. 구술자가 터놓고 이야기하는데 면담자는 구술자와의 신뢰감, 친밀감(rapport)을 형성하는 데 시간과 노력을 기울이고 구술자를 존중하는 자세를 가져야 한다.[33] 지금까지는 구술자와 면담자의 관계와 위상에 대한 섬세한 고찰 없이 인터뷰에 임하지 않았나 생각된다. 대부분 연구자, 전문가의 위상에서 처음부터 인터뷰를 하다보면 구술자는 아마도 면담자에 대한 신뢰감은 형성될지도 모르지만 오히려 지식인이라는 권위에 눌리거나 틀린 사실을 지적당할까 봐 두려워해서 제대로 이야기를 못하거나 자기검열을 거쳐 이야기하는 경우가 많을 것 같다. 그러니까 인터뷰 전 시간을 두고 구술자와의 라포를 형성하여 속내를 마음 놓고 털어놓을 수 있는 바탕을 마련해야 할 것이다.

---

32) 위의 책, 143쪽 '녹취문 보기' 〈예 2〉.
33) 윤택림, 함한희, 위의 책, 80~82쪽. '현지 조사와 라포 형성' 참조.

불교 구술사 작업의 또 다른 한계점 중 하나는 연구 인력과 시간의 문제이다. 이제까지의 성과는 지극히 적은 수의 연구자들에 의해 이루어져 왔다. 그리고 이것이 단체나 사찰의 사업으로서 진행되다 보니 단기간 내 성과를 내야 하는 부담이 있다. 『동산대종사와 불교정화운동』의 경우 연구자 한 명이 5개월 안에 33명을 인터뷰하고, 녹취문 작성까지 마쳤다는 것은 기록에 남을 만한 초스피드 작업이라 할 만하다. 물론 연구자가 근현대 불교사에 대한 다수의 탁월한 연구 성과를 산출한 사람이고 누구보다 많은 배경적 지식과 정보를 갖고 있는 경우라 하더라도 너무 짧은 기간이라 무리가 따르지 않았다고 할 수 있을까?

김광식은 2003년, 구술사 연구의 필요성을 주장한 글에서 인터뷰 사업의 졸속 시도를 지양하자고 주장한 바 있었다.[34] 하지만 이 『동산대종사와 불교정화운동』안에는 시간을 넉넉히 두고 인터뷰하여 후속 질문과 답변이 물 흐르듯 이어지길 바라게 되는 대목이 한둘이 아니다. 길게 이어지게 될 인터뷰가 시간과 공력에 비해 사료로서 영양가가 없을 수도 있다. 하지만 단박에, 사실관계만 묻고 대답하는 인터뷰보다는 구술자 자신이 카타르시스를 느낄 만큼 속내를 털어놓고 하는 이야기 자체가 의미 있지 않을까? 결국 말하고자 하는 것은 인력과 시간을 더 투자를 해서 인터뷰를 해야 한다는 것이다. 아마 누구나 공감하는 이야기가 아닐까 생각된다.

마지막으로 지적할 수 있는 것은 구술 자료의 활용문제이다. 불교학계에서도 구술자료의 가치에 대해 적극적인 인식을 가져야 할 것이다. 이제까지 구술 작업은 문헌자료에서 확인할 수 없었던 많은

---

34) 김광식, 「구술사 연구의 필요성」 『불교평론』 2003년 여름호.

사실을 드러내거나 또는 기존의 문헌 사료를 더 잘 이해하고 기존의 학설을 입증할 또 하나의 자료를 제시하는 데 주력한 경향이 있다. 사실, 불교계에서 구술사 작업을 기획할 때 의도한 것은 바로 이점이라 할 수 있다. 어찌 보면 이것은 구술자료를 문헌자료의 보조적 역할로 위치 지우고 있는 것이라고도 할 수 있다.

문헌자료를 보충하거나 확인하는 수준에서 구술자료를 평가하고 이용할 것이 아니라 구술자료의 특성을 잘 파악하여 문헌자료와 동등한 연구자료로서 다루어져야 할 것이다. 위에서 살펴본 바와 같이 구술사의 방법론에 기초한 성과가 어느 정도 축적되었음에도 불구하고 그 가치를 인정하고 이러한 성과를 적극 활용한 연구들이 많이 보이지 않는다. 물론 일부 논문에서 사례가 보이기는 하지만[35] 구술 내용을 바탕으로 한 본격적 연구는 거의 드물다. 물론 구술사에는 '구술에 기반을 둔 역사서술'과 '구술방법에 의해 생산된 자료' 라는 의미를 모두 포함하고 있어[36] 기존의 성과들도 엄연한 '구술사'로 포함할 수 있다.

그러나 현재의 성과들은 구술내용만을 담고 있는 것이고 그에 대한 구체적 분석과 연구는 이루어지지 않은 것이다. 최근 다른 학계에서는 구술자료를 분석한 연구 작업이 이미 일반화되고 있다. 이러한 구술자료의 적극적 활용뿐 아니라 연구자의 분석 작업을 거친 구술사 서술이 이루어져야 할 것이다. 불교계에서 이루어진 구술사 성과들은 인터뷰 사업의 여건과 풍토 자체가 극히 척박한 상태에서 이루

---

35) 그 대표적인 것으로 김광식, 「봉암사결사의 전개와 성격」『청담대종사와 현대 한국불교의 전개』, 청담문화재단, 2002 ; 김순미, 「해방 후 농지개혁과 사찰재산의 변동」 한국교원대학교 대학원 석사논문(2006)을 들 수 있다.
36) 허영란 위의 글, 8쪽.

어진 것이다. 더욱이 극히 소수의 연구자들의 끈질긴 노력과 열정의 결과물이기도 하다. 그러한 성과를 값진 연구물로서 인정하는 풍토가 무엇보다 필요하다는 것이다.

물론 위에서 지적한 문제들에서 알 수 있듯이 앞으로 개선되어야 할 점들은 한둘이 아니다. 우선 구술사의 취지와 방법론에 대한 철저한 인식이 우선시 되어야 할 것이다. 또한 체계적이고 조직적인 인터뷰팀이 결성되어 재정적 지원과 시간을 충분히 확보하면서 인터뷰를 진행시켜야 할 것이다. 장기간의 기간을 거쳐 주제를 정하고, 구술자, 면담자를 선정하고 매뉴얼을 작성하는 기획단계를 거쳐, 실행단계에서는 면담자를 교육하고, 구술자 동의를 얻고 예비접촉을 하며 질문 목록을 만들고, 장비점검을 거쳐 인터뷰를 진행시켜야 된다. 또한 인터뷰가 끝난 후에는 면담일지와 녹음, 녹화자료를 정리하고 녹취문을 작성하는 작업이 이어져야 할 것이다. 이때 모든 과정에 대한 매뉴얼은 기획단계에서 만들어져 있어야 할 것이다. 더 나아가서는 인터뷰 결과물을 체계적으로 정리 보관하기 위한 아카이브즈(archives)구축까지 이 인터뷰 사업이 담당해야 할 몫이다.[37] 이렇게 본다면 구술사 성과는 하루아침에 탁월한 연구자와 비상한 기억력의 구술자가 만나 이루어지는 것이 아니다. 다수의 주체가 수많은 시간과 노력을 들여서 함께 이루어야 할 공동의 작업인 것이다.

---

37) 최근, 지난 10여 년간의 구술사 작업의 시행착오와 방법론적 모색 끝에 구술사 작업 전 과정에 대한 바람직한 모델들이 제시되고 있다. 이에 대해서는 아래의 책들을 참고할 수 있다. 국사편찬위원회, 『현황과 방법, 구술-구술자료-구술사』, 2004; 한국구술사연구회, 『구술사-방법과 사례』, 선인, 2005 ; 윤택림, 함한희, 『새로운 역사쓰기를 위한 구술사 연구방법론』 아르케, 2006.

불교정화운동의 재조명

1판 1쇄 인쇄 2008년 3월 3일
1판 1쇄 펴냄 2008년 3월 6일

지은이 대한불교조계종 불학연구소
     불교사연구위원회 (02-2011-1818)
발행인 이혜총
펴낸곳 조계종출판사

출판등록 제 300-2007-78호
등록일자 2007년 5월 1일
주   소 서울시 종로구 수송동 5번지 동일빌딩 8층
전   화 02-733-6390
팩   스 02-720-6019
E-mail inyeon@buddhism.or.kr

ⓒ대한불교조계종 교육원, 2008
ISBN 978-89-86821-70-3 03220

※책값은 뒤 표지에 있습니다.